UNE RÉTROSPECTIVE

Du même auteur

Histoire secrète du Costaguana
Seuil, 2010
et « Points » n° 2875

Les Amants de la Toussaint
Seuil, 2011

Le Bruit des choses qui tombent
Seuil, 2012
et « Points » n° 3084

Les Réputations
Seuil, 2014
et « Points » n° 4179

Les Dénonciateurs
Actes Sud, 2008
et Seuil, 2015

Le Corps des ruines
Seuil, 2017
et « Points » n° 4843

Chansons pour l'incendie
Seuil, 2021

JUAN GABRIEL VÁSQUEZ

UNE RÉTROSPECTIVE

roman

TRADUIT DE L'ESPAGNOL (COLOMBIE)
PAR ISABELLE GUGNON

OUVRAGE TRADUIT AVEC LE CONCOURS
DU CENTRE NATIONAL DU LIVRE

ÉDITIONS DU SEUIL
*57, rue Gaston-Tessier, Paris XIXe*

Titre original : *Volver la vista atrás*

Éditeur original : Alfaguara, Penguin Random House Grupo Editorial
ISBN original : 978-958-5118-37-9

Cette édition est publiée en accord
avec Casanovas & Lynch Literay Agency S.L.

ISBN 978-2-02-149594-2

www.seuil.com

À Sergio Cabrera et Silvia Jardim Soares

À Marianella Cabrera

Car, dans notre vision des choses, un roman devrait être la biographie d'un homme ou d'un fait, et toute biographie, celle d'un homme ou d'un fait, devrait être un roman.

Ford Madox Ford

PREMIÈRE PARTIE

RENCONTRE À BARCELONE

I

Comme il me l'a raconté lui-même, Sergio Cabrera était à Lisbonne depuis trois jours lorsqu'il apprit par téléphone l'accident de son père. L'appel l'avait surpris dans le jardin de la place de l'Empire, un parc aux larges allées pavées où sa fille Amalia, âgée de cinq ans à l'époque, essayait de maîtriser le vélo rebelle qu'on venait de lui offrir. Assis à côté de Silvia sur un banc en pierre, Sergio dut alors s'éloigner vers la sortie, la proximité d'une autre personne l'empêchant peut-être de se concentrer sur les détails des faits. Apparemment, Fausto Cabrera se trouvait chez lui, à Bogotá, et lisait le journal dans le canapé du salon quand il s'était tout à coup demandé si la porte de la maison était bien verrouillée, puis il s'était levé brusquement avant de s'évanouir. Nayibe, sa deuxième femme, qui l'avait suivi pour lui demander de revenir s'asseoir et de ne pas s'inquiéter car le verrou était tiré, le réceptionna dans ses bras avant qu'il s'écroule de tout son long. Elle appela aussitôt sa fille Lina, qui passait quelques jours à Madrid, et c'était cette dernière qui à présent annonçait la nouvelle à Sergio.

« Je crois que l'ambulance est en route, lui dit-elle. Qu'est-ce qu'on fait ?

– On attend. Tout va bien se passer », répondit Sergio.

Mais il n'en croyait rien. Même si Fausto avait toujours eu une excellente santé et la force physique d'un homme de vingt ans plus jeune que lui, il venait néanmoins d'avoir quatre-vingt-douze ans, un âge qu'il accusait et auquel tout est grave : les maladies deviennent plus menaçantes, les accidents plus pernicieux. Il se levait toujours à cinq heures pour ses séances de tai-chi-chuan, mais avait de moins en moins d'énergie et faisait davantage de concessions à son corps usé. Comme il était encore très lucide, cela l'énervait passablement. D'après le peu que Sergio en savait, la cohabitation avec ses proches était tendue et difficile, raison pour laquelle personne ne s'était opposé à son projet de se rendre à Pékin et Shanghai lorsqu'il l'avait annoncé. Il avait décidé de séjourner trois mois dans les endroits où il avait été heureux et où ses anciens disciples de l'Institut des langues étrangères comptaient lui rendre une série d'hommages. En quoi cela était-il problématique ? Certes, prévoir un voyage aussi long à un âge avancé pouvait paraître imprudent, pourtant jamais personne n'avait réussi à convaincre Fausto Cabrera de renoncer à quoi que ce soit dès lors qu'il se l'était mis en tête. Il était donc allé en Chine pour recevoir ses hommages, puis avait regagné la Colombie, prêt à fêter son anniversaire. Et voilà que quelques semaines après son retour de l'autre côté de la terre, il était tombé entre le canapé et la porte d'entrée ; depuis, il s'accrochait à la vie.

Ce n'était pas une vie ordinaire, il convient de le préciser. Fausto Cabrera était une figure célèbre qu'on évoquait dans le monde du théâtre (mais aussi de la télévision et du cinéma) avec tout le respect qu'on témoigne aux pionniers, même s'il avait toujours fait l'objet de controverses et compté autant d'amis que d'ennemis. Il avait été le premier à adopter la méthode Stanislavski pour interpréter des poèmes, et pas seulement des personnages dramatiques ; il avait créé des écoles de théâtre expérimental à Medellín et à Bogotá et osé un jour transformer les arènes de Santamaría en scène pour y représenter une pièce de Molière. À la fin des années 1940, il avait imaginé des émissions de radio qui changèrent la manière dont les gens appréhendaient la poésie, et quand la télévision arriva en Colombie, il fut un des premiers metteurs en scène de téléthéâtre et un de ses acteurs les plus renommés. Par la suite, en des temps plus houleux, il s'abrita derrière la réputation qu'il avait acquise dans les arts de la scène pour militer au sein du Parti communiste colombien, ce qui lui attira les foudres de nombreuses personnes, jusqu'à ce que cette période sombre dans l'oubli. Les générations plus jeunes se souvenaient de lui pour le rôle qu'il avait interprété dans *La Stratégie de l'escargot*, le plus connu des films de Sergio et sans doute celui qui lui avait donné le plus de satisfaction, où Fausto était Jacinto, un anarchiste espagnol à la tête d'une petite révolution populaire au cœur de Bogotá. Il jouait avec un tel naturel et semblait se sentir si à l'aise dans son personnage que Sergio, quand il parlait du film, résumait ainsi sa participation :

« Il interprétait son propre rôle. »

Maintenant, après être sorti du jardin avec Silvia, tandis qu'il marchait entre le monastère des Hiéronymites et les eaux du Tage tout en gardant un œil sur Amalia qui, devant eux, bataillait avec le guidon de son vélo, il se demandait s'il aurait pu faire un effort pour voir son père plus fréquemment ces derniers temps. Ça n'aurait de toute façon pas été simple car, dans son existence, deux pôles accaparaient son temps et son attention, ne laissant que très peu de place à d'autres préoccupations. D'un côté une série télévisée ; de l'autre ses tentatives pour sauver son couple. La série traitait de la vie du journaliste Jaime Garzón, son ami et complice, dont les brillantes émissions de satire politique s'étaient interrompues en 1999, le matin où des tueurs d'extrême droite l'avaient criblé de balles pendant qu'il attendait dans sa fourgonnette que le feu passe au vert. Et son mariage battait de l'aile sans que ni lui ni son épouse en connaissent les raisons. Portugaise, Silvia était de vingt-six ans sa cadette ; ils s'étaient rencontrés à Madrid en 2007 et avaient passé plusieurs années agréables à Bogotá avant que leur relation s'effrite. Pourquoi ? Ils ne le savaient pas avec certitude, mais la séparation leur avait paru être la meilleure solution, en tout cas la moins douloureuse, et Silvia était partie à Lisbonne, non comme si elle rentrait au pays et se réappropriait sa langue, mais comme en visite, pour échapper à une tempête.

Sergio supportait tant bien que mal de vivre privé de la présence de sa femme et sa fille, mais il avait conscience de souffrir plus qu'il ne se l'avouait. Jusqu'à ce que se présente une occasion qu'il attendait sans le savoir : la Cinémathèque de Catalogne organisait une rétrospective de ses films et les responsables de l'événement lui demandaient s'il pouvait venir passer un long week-end à Barcelone, du jeudi 13 octobre au dimanche suivant. Il y aurait pour commencer une inauguration avec des coupes de cava, des musiciens, des poignées de main et de généreux éloges, le genre de cérémonies qui contrariaient sa timidité naturelle mais auxquelles il ne se dérobait pas car, au fond, il trouvait que même une timidité comme la sienne ne justifiait pas une réaction ingrate de sa part. Il assisterait ensuite pendant trois jours à la projection de ses films et en discuterait avec un public intéressé et cultivé. C'était une aubaine. Il décida immédiatement de profiter de l'invitation pour se rendre à Lisbonne, passer quelques jours en compagnie de son épouse et de sa fille, et tâcher de recoller les pots cassés ou au moins de comprendre les causes profondes de cette rupture. La cinémathèque réserva ses billets d'avion en tenant compte de sa requête.

Si bien que le 6 octobre, lorsqu'il arriva à l'aéroport de Bogotá, il était déjà enregistré sur la correspondance pour Lisbonne, le lendemain. Il appela son père depuis la salle d'attente. De sa vie il n'avait jamais quitté le pays sans lui dire au revoir par téléphone.

« Tu rentres quand ? lui demanda Fausto.

– Dans quinze jours, papa.

– Parfait. Eh bien, on se verra à ton retour.

– Oui. À mon retour », répondit Sergio.

Il songea qu'ils répétaient les phrases qu'ils s'étaient adressées des milliers de fois lors de coups de fil identiques, et que ces simples mots n'étaient plus ce qu'ils avaient été : ils avaient perdu de leur valeur, comme les pièces de monnaie qui ne sont plus en circulation.

À l'aéroport El Prat, une des personnes qui s'occupaient de la rétrospective l'attendait, Sergio ayant proposé de leur apporter dans son bagage à main tout le matériel dont ils avaient besoin : les disques durs sur lesquels étaient sauvegardés ses films, évidemment, mais aussi des photos de tournages et même l'original d'un scénario qui serait exposé dans les vitrines de la cinémathèque. L'employé, un jeune homme mince et barbu qui portait de grosses lunettes en plastique noir, prit la valise avec un sérieux imperturbable et voulut savoir s'il était accompagné.

« Pour réserver une chambre double si c'est le cas, précisa-t-il.

– Mon fils Raúl doit me rejoindre, mais ils sont déjà au courant à la cinémathèque. »

Il avait pris cette décision quelques jours auparavant. Même si leur relation avait été au beau fixe, Silvia n'aurait pas pu se libérer, d'une part parce que son travail ne le lui permettait pas, de l'autre parce que Amalia allait bientôt entrer dans une nouvelle école. Il était donc tout naturel qu'il invite Raúl, le fils unique de son mariage précédent. Il était en troisième et lui demandait dans chacun de ses mails quand ils se reverraient, ce qui n'avait pas été possible depuis deux ans car l'adolescent vivait avec sa mère à Marbella – une ville hors des itinéraires de Sergio quand il voyageait. Raúl prendrait l'avion le jeudi après-midi, après ses cours, et atterrirait à Barcelone juste à temps pour assister à la cérémonie d'inauguration et passer près de trois jours avec son père. Il verrait les films qu'il n'avait pas vus et reverrait ceux qu'il connaissait déjà, mais projetés sur grand écran, avec le son d'une salle de cinéma. Qui plus est, il n'était encore jamais allé à Barcelone, et l'idée de lui faire visiter la ville tout en lui montrant ses films semblait étrangement séduisante à Sergio. Ces pensées l'occupaient lorsqu'il arriva à Lisbonne peu avant vingt et une heures, où le visage de Silvia, qui l'attendait à la sortie, lui donna l'illusion d'un retour au foyer au lieu d'être simplement de passage. Amalia était là également et, malgré l'heure tardive pour une petite fille de son âge, elle eut assez d'énergie pour ouvrir les bras et se pendre à son cou. Sergio comprit alors que ce détour en valait la peine.

Il était si heureux de les retrouver qu'il n'accorda guère d'importance à la perte de ses bagages. Des trois valises qu'il avait enregistrées à Bogotá, une seule était arrivée à bon port, et au guichet de couleur jaune l'hôtesse ne lui cacha pas qu'il devrait revenir à l'aéroport le lundi matin. Mais aucun sujet de discorde ou contretemps ne risquait d'entacher le bonheur de revoir sa famille. Le samedi, à une heure trop matinale compte tenu du décalage horaire, il laissa Amalia l'entraîner par la main et lui montrer le quartier Benfica qui, pour elle, se limitait à la rue Manuel Ferreira de Andrade et au commerce le plus important à ses yeux : la pâtisserie Califa. Il lui acheta ses croquettes sucrées préférées, l'emmena à la fête d'anniversaire d'une amie, puis écouta ses chansons en portugais et essaya de chanter avec elle, et fit de même le dimanche, en compagnie de Silvia.

« Je suis content d'être venu », confia-t-il à sa femme dans la soirée.

C'était vrai.

L'appel de sa demi-sœur Lina le ramena brusquement à la fâcheuse réalité. Le matin, Silvia et lui étaient allés récupérer les valises perdues, et en rentrant ils avaient acheté à Amalia un vélo au cadre un peu trop rose, avec un feu à piles sur le guidon et, à l'arrière, un couffin où loger une poupée, ainsi qu'un casque assorti au cadre de la bicyclette. Telle était la raison pour laquelle ils s'étaient rendus au jardin de la place de l'Empire, devant le monastère des Hiéronymites, où ils se trouvaient quand ils apprirent la nouvelle. C'était une journée au ciel limpide, l'eau du Tage renvoyait des reflets blancs ; les pavés des trottoirs brillaient tellement que Sergio avait mal aux yeux et dut chausser ses lunettes de soleil pour pouvoir continuer à marcher jusqu'à l'endroit où ils avaient garé la voiture de Silvia. Mais leurs pas n'étaient plus aussi légers qu'auparavant et le bonheur frivole causé par le vélo neuf, la satisfaction que leur apportait le spectacle de la bouche concentrée de leur petite fille essayant de rouler droit, tout cela s'était vite envolé.

Ils regagnèrent la rue Manuel Ferreira de Andrade à dix-neuf heures. Sergio posa ses lourdes valises devant le numéro 19 et les traîna jusqu'aux arcades de l'immeuble pendant que Silvia cherchait une place autour du pâté de maisons. Son portable se remit à vibrer au fond de sa poche, le numéro qui l'avait appelé quelques instants plus tôt s'afficha de nouveau sur l'écran. En répondant, Sergio savait ce que lui annoncerait la voix de Lina, il connaissait tous les mots qu'elle emploierait, guère variés dans ces circonstances. Lorsque sa femme et sa fille le rejoignirent dans la galerie couverte de marbre, entre les colonnes à petits carreaux verts, immobile malgré les courants d'air qui lui frappaient le visage, le téléphone encore dans la main, ses valises tristes à côté de lui comme deux chiens fidèles, il trouva que, tout compte fait, cette conjonction de hasards lui était favorable : il n'aurait pas souhaité recevoir cette nouvelle ailleurs que dans cet endroit ni en une autre compagnie. Il saisit la main de Silvia tandis qu'Amalia s'éloignait à vélo.

« Il vient de mourir. »

Il monta à l'appartement et s'empressa de s'enfermer dans la chambre de Silvia pour appeler sa sœur Marianella. Ils passèrent de longues secondes téléphoniques à pleurer ensemble, sans éprouver le besoin d'échanger un mot, se contentant de partager la sensation terrifiante que toute une vie – et pas seulement celle de Fausto Cabrera – venait de prendre fin. Marianella avait deux ans de moins que Sergio, mais pour des raisons qu'ils ne s'étaient jamais arrêtés à expliquer, cet écart avait eu quelque chose d'irréel, d'arbitraire, sans doute compensé par leurs personnalités : la sœur cadette avait toujours été plus audacieuse, plus rebelle, plus contestataire ; le frère aîné semblait en revanche avoir contracté dès la naissance le vice de la réflexion profonde et de l'incertitude. Mais ils avaient tous deux vécu tant d'aventures, si différentes de celles qu'ils auraient dû traverser, que depuis leur âge le plus tendre ils manifestaient l'un envers l'autre une loyauté singulière : celle des gens qui savent que leur existence est incompréhensible pour autrui, et que la seule façon d'être heureux consiste à l'accepter sans broncher. Sergio tenta d'atténuer de loin la tristesse de sa sœur et ne trouva rien de mieux que lui raconter par le menu ce qu'il savait de la mort de leur père. Il lui parla du canapé sur lequel il lisait le journal, de l'entêtement qu'il avait mis à se lever pour fermer une porte déjà cadenassée, de son évanouissement dans les bras de sa femme. Il lui raconta qu'il n'était même pas monté dans l'ambulance, n'ayant déjà plus aucun des signes vitaux à l'arrivée des infirmiers. Le certificat de décès avait été rédigé sur place, dans son propre salon où on attendait à présent le personnel des pompes funèbres. C'est ce que lui avait dit Lina, qui avait conclu sur une phrase étrange, à la fois cryptique et ampoulée :

« Il est mort debout, Sergio. Comme il avait vécu. »

C'était le lundi 10 octobre 2016. La soirée d'inauguration à la cinémathèque était prévue le jeudi 13 à dix-neuf heures trente. Après avoir raccroché d'avec Marianella, Sergio se surprit à faire des calculs mentaux en comptant les heures de vol et d'escales, à comparer sur l'ordinateur les itinéraires possibles entre l'Espagne et la Colombie. Le décalage horaire ne jouait pas en sa faveur, mais en se dépêchant, il pouvait prendre un vol pour Bogotá et voir une dernière fois le visage de son père, saluer Nayibe, serrer Marianella dans ses bras et être de retour à Barcelone avec à peine un jour de retard afin de participer au reste de la rétrospective, de voir ses films et de répondre aux questions de son public. Mais dans la soirée, après avoir dîné en compagnie de Silvia et d'Amalia, il s'allongea sur le canapé gris devant le téléviseur éteint et, sans trop savoir quand au juste, il commença à éprouver une émotion qu'il n'avait encore jamais ressentie. Là, dans cet appartement inconnu au sol parqueté, se trouvait sa famille, celle qui lui avait déjà échappé un jour ; en outre Raúl l'attendait à Barcelone, une perspective qui conférait à son voyage en Europe l'aspect de retrouvailles. Sergio songeait peut-être à cela quand il prit une décision qui, sur le moment, ne lui parut pas aussi saugrenue qu'il le pensa par la suite.

« Je n'irai pas », annonça-t-il à Silvia.

Non, il ne prendrait pas l'avion pour Bogotá : il n'irait pas aux obsèques de son père. Son engagement vis-à-vis de la cinémathèque, dirait-il à ceux qui voudraient des explications, ne lui laissait pas le temps de faire un aller-retour, or il ne pouvait dédaigner ni ce travail ni l'argent que les organisateurs de l'événement avaient investi dans cet hommage. Oui, c'était la solution. *Je suis vraiment désolé*, dirait-il à l'épouse de son père, et il ne mentirait pas. Leurs rapports étaient cordiaux, mais malgré des années de cohabitation, ils n'avaient jamais réussi à partager une quelconque intimité. La présence de Sergio n'était pas essentielle à Nayibe et, pour des raisons qu'il n'arrivait pas à formuler par des mots précis, il ne se sentait pas vraiment le bienvenu à Bogotá.

« Tu es sûr ? lui demanda Silvia.

– Sûr et certain. J'ai beaucoup réfléchi et ma place est auprès des vivants, pas des morts. »

Tous les médias colombiens parlèrent du décès de Fausto Cabrera. Quand Sergio arriva à Barcelone le mercredi, à la fin d'une matinée grise, les articles sur la vie de son père inondaient les journaux de son pays. La presse des derniers jours donnait à penser qu'il ne se trouvait pas un seul acteur colombien qui n'ait fréquenté avec lui les cours d'interprétation du maître Seki Sano, pas un seul admirateur qui n'ait pris place dans l'arène pour voir sa mise en scène du *Malade imaginaire*, pas un collègue qui ne l'ait félicité quand on lui avait décerné le prix Vie et Œuvre du ministère de la Culture. Les stations de radio diffusèrent de vieux enregistrements où Fausto récitait des poèmes de José Asunción Silva ou León de Greiff, et dans un recoin caché d'Internet surgit un article de Sergio publié des années auparavant dans le journal madrilène *ABC*. « Un bon ressortissant n'est pas un homme qui passe sa vie à prouver que son pays est le meilleur, mais celui qui tente d'élever le pays qui l'accueille, car c'est la plus belle façon d'honorer la nation qui l'a vu grandir », avait-il écrit. Les réseaux sociaux n'étaient pas en reste : de leurs cloaques émergèrent des figures anonymes ou des pseudonymes ronflants – Patriote, Porte-Drapeau, Grand Colombien – qui évoquaient le passé militaire de Fausto Cabrera et sa participation à la guérilla maoïste, et concluaient qu'un bon communiste est un communiste mort. Sergio reçut de multiples appels de numéros cachés ou inconnus et son WhatsApp fut saturé de messages de pétitions ou de demandes qu'il refusa avec toute la politesse dont il était capable. Il savait qu'il ne pourrait pas toujours s'esquiver, mais pendant quelques heures, voire davantage, il voulait garder pour lui seul le souvenir de son père et les images du passé – bonnes ou mauvaises – qui commençaient à l'assaillir.

La Cinémathèque de Catalogne le logea dans un hôtel luxueux de la Rambla del Raval, un de ces endroits où les murs sont des baies vitrées et les lumières colorées, mais il n'eut pas le temps de profiter de sa chambre : les organisateurs de l'événement l'emmenèrent aussitôt à un déjeuner de bienvenue dans un restaurant du quartier. Personne n'avait évoqué le sujet, mais Sergio comprit que tous connaissaient la triste nouvelle et affichaient les mines empruntées de ceux qui tâtent le terrain pour voir s'ils peuvent exprimer des marques de sympathie, savoir où se situe la frontière tolérée du sourire. Avant le dessert, le directeur de la programmation, un homme aimable avec de grands yeux et des lunettes dépourvues de monture, qui parlait cinéma en haussant ses sourcils épais avec une sorte de tendresse, interrompit la conversation pour remercier Sergio d'être venu, et déclara sans ambages qu'ils étaient ravis de l'avoir parmi eux, mais que s'il préférait, il était libre de repartir en Colombie. La rétrospective était déjà mise sur pied, les films prêts, l'exposition montée, et s'il voulait renoncer aux débats pour rester auprès des siens et assister aux obsèques de son père, ils comprendraient parfaitement. Sergio avait eu le temps de prendre la mesure de cet homme, Octavi Martí, qui avait réalisé plusieurs films pour le cinéma et la télévision et évoquait les grands metteurs en scène de manière intime, comme seuls ceux qui les ont vraiment compris peuvent se le permettre. Il donnait parfois l'impression d'avoir vu tous les films et de n'en avoir jamais oublié aucun dans ses articles. Sergio l'avait trouvé immédiatement sympathique, mais ce n'est pas uniquement pour cette raison qu'il lui fit cette réponse :

« Non, je reste ici.

– Vous pourriez partir et revenir pour la clôture de l'événement, si vous voulez. Vous auriez l'occasion de discuter avec le public car il y aura un cocktail à la fin de la rétrospective.

– Merci, mais non : un engagement est un engagement. »

À la fin du repas, sur la chaise située à sa droite, restée mystérieusement vide pendant le déjeuner, vint s'asseoir une jeune fille qui lui détailla le contenu du dossier qu'elle avait apporté – plusieurs pages d'informations classées avec soin – en adoptant une voix de professeur empreinte d'une patience infinie. Elle énuméra une par une les interviews prévues pour leur invité les jours suivants, une longue liste de journaux, radios et télévisions qui, sur la page blanche, formait un fleuve tumultueux qu'il devrait traverser à la nage, comme s'il reprenait les entraînements militaires du passé. Elle tira également de la chemise le programme de la rétrospective :

13 octobre. *Tout le monde s'en va* (2015). Débat et questions du public.

14 octobre. *Stade en grève* (1998). Débat et questions du public.

15 octobre. *La Stratégie de l'escargot* (1992). Débat et questions du public.

Du 16 au 19 octobre. *Perdre est une question de méthode* (2004). *Ilona vient avec la pluie* (1996). *Une question d'honneur* (1989). *Les aigles ne volent pas que pour chasser* (1994). Films projetés sans la participation de Sergio Cabrera.

Sergio songea qu'il aurait pu ajouter autre chose : *Projections dans un monde où mon père n'est plus*. Il frissonna à cette idée : le fantôme de Fausto Cabrera planait dans chacun de ses films et s'affirmait même en chair et en os dans la plupart d'entre eux, interprétant tantôt un anarchiste espagnol, tantôt le portier d'un hôtel de marins ou un curé célébrant des funérailles. Depuis son premier court-métrage – un épisode du voyage en Colombie d'Alexandre de Humboldt –, il n'avait jamais terminé un film sans se demander ce que son père en aurait pensé ; il ne s'était du reste encore jamais posé la question de savoir comment ses films seraient considérés dans ce nouveau monde orphelin, ou si les films changent quand le monde extérieur, le monde non filmé, a subi une transformation aussi violente : si les photogrammes ou les répliques se modifient quand la personne qui les a rendus possibles dans plus d'un sens a disparu. Pendant qu'il discutait du programme avec la jeune femme, Octavi Martí s'approcha. Il s'était aperçu que les trois premiers films, ceux projetés en présence de Sergio, formaient une sorte de chronologie inversée, du plus récent au plus ancien. Était-ce intentionnel ?

« Non, mais c'est très bien comme ça, dit Sergio en souriant. On regarde derrière soi, n'est-ce pas ? Ce sera en fait une vraie rétrospective. »

Il regagna directement sa chambre après être sorti du restaurant. C'était l'après-midi à Barcelone et le matin en Colombie : le matin des obsèques. Il voulait téléphoner à Marianella, qui traversait une période sombre. Ces derniers temps, après une série de disputes insolubles, ses rapports avec son père s'étaient dégradés au point de s'interrompre complètement, ce qui expliquait les accents de fureur dans sa voix quand elle décrocha : maintenant, après cette distanciation douloureuse, elle aurait aimé s'investir dans la mort de son père. Mais personne ne l'avait avertie à temps, ne serait-ce que pour lui permettre à elle aussi d'être affligée ; on ne l'avait pas davantage invitée chez Fausto afin qu'elle l'accompagne dans les rituels mortuaires.

« Ils ne m'ont pas prévenue, se plaignait-elle. Ils disent que j'ai abandonné papa dans ses dernières années, que je l'ai laissé vieillir seul… Ils ne comprennent pas, Sergio. Ils ne savent rien et ne comprennent rien. »

Les rancœurs cachées ou jamais exprimées qui existent dans toutes les familles, les malentendus et les mots qu'on ne prononce pas ou au mauvais moment, la fausse idée selon laquelle nous sommes faits de ce qui se passe dans la tête ou dans l'âme d'autrui : ce maillage complexe de silences conspirait maintenant contre sa sérénité et, attristée, Marianella annonça à Sergio qu'elle non plus n'assisterait pas aux obsèques.

« Non, ce n'est pas possible ! Tu es à Bogotá, tu dois y aller.

– Et toi ? Pourquoi tu n'es pas là ? » rétorqua-t-elle.

Sergio ne sut que répondre. Il avança de vagues raisons et finit par obtenir le consentement de sa sœur : cela faisait neuf ans que leur mère était morte, et Sergio étant à l'étranger, elle était la famille et devait représenter la famille.

L'après-midi, il eut sa première interview dans le hall de l'hôtel. La journaliste lui expliqua qu'il s'agissait d'une page spéciale – la quatrième de *La Vanguardia* – et que pour respecter le format de l'article elle devait commencer par une courte liste d'éléments biographiques, de sorte que Sergio se retrouva à répondre à un véritable interrogatoire de police : il avait soixante-six ans, s'était marié trois fois et avait quatre enfants, était né à Medellín, avait vécu en Chine et travaillé en Espagne et ne croyait pas en Dieu. Il ne s'étonna pas qu'après ces formalités la première question n'en soit pas une, et que la femme lui adresse ses condoléances : « Je suis désolée pour votre père. » Il fut en revanche surpris par sa propre réponse, non seulement parce qu'il ne s'attendait pas à prononcer ces mots, mais parce que, en le faisant, il éprouva tout à coup la sensation désagréable d'en avoir dit plus qu'il n'aurait dû, comme s'il avait dénoncé quelqu'un.

« Oui, merci. Mon père est mort aujourd'hui et je ne pourrai pas assister à son enterrement. »

C'était faux, bien entendu, il avait décalé volontairement la date du décès de quarante-huit heures, mais là où il se tenait, dans le fauteuil de couleur vive du hall de l'hôtel, ça n'avait aucune importance : selon toute probabilité, la journaliste s'en rendrait compte, auquel cas elle attribuerait facilement sa confusion au chagrin et à la désorientation qu'on ressent lorsqu'on vient de perdre un être cher. Mais pourquoi ? Pourquoi avait-il menti ? Il se demanda si, par la suite, il regretterait d'avoir décidé de ne pas se rendre aux obsèques, à croire que la honte peut être une compagne de voyage qui nous rattrape sur le tard. La journaliste voulut en savoir plus sur son père, ce fils d'une famille de militaires qui n'avaient pas appuyé le coup d'État de Franco, cet exilé républicain en Colombie, et Sergio continua de répondre avec diligence aux questions, mais trahir ses propres émotions le gêna pendant toute la durée de l'entretien.

« Ah… Il a donc vécu ici ? À Barcelone ?

– Pas longtemps, mais oui.

– Et où vivait-il ?

– Ça, je l'ignore. Il ne me l'a jamais dit. Je ne crois pas qu'il s'en soit souvenu. »

Il accorda deux autres interviews, puis s'excusa auprès du personnel de la cinémathèque : il était fatigué, comptait dîner de son côté et aller se coucher.

« Tant mieux, c'est préférable parce que le vrai travail commence demain », lui répondit-on.

Il monta dans sa chambre, dont les vitres épaisses l'isolaient de l'agitation des groupes de gens qui buvaient sous les palmiers. Il voulait s'allonger, fermer les yeux et se reposer un peu mais n'y parvint pas. Il songeait aux questions qu'on lui avait posées et aux réponses qu'il avait aimablement fournies, toujours convaincu que le cinéma est un des sujets les plus ardus du monde dans la mesure où les mots brouillent tout et sont source de malentendus ; il se réjouissait cependant de cette obligation qui le distrayait de sa douleur et tenait la tristesse à l'écart. Il avait fait l'éloge du roman de Wendy Guerra, *Tout le monde s'en va*, dont s'inspirait son film, et avait parlé de *Stade en grève*, une comédie où les guérilleros et les soldats déclarent une trêve le temps de regarder un match de football, et aussi de *Perdre est une question de méthode* et de son amitié avec le romancier Santiago Gamboa ; dans ses réponses aux questions qu'on lui avait posées à propos de *La Stratégie de l'escargot*, il avait dû à de multiples reprises faire brièvement allusion à son père, qui avait vécu la guerre civile à l'endroit où il se trouvait à présent, à Barcelone, avant de partir pour des années d'exil et d'errance qui avaient fini par le conduire en Colombie. Mais où, dans quelle partie de la ville avait-il vécu ? Fausto ne le lui avait jamais dit, ou alors il avait oublié.

Il ne trouva pas le sommeil : la fatigue, si tant est qu'il ait été fatigué, s'était dissipée. C'était peut-être lié aux effets du décalage horaire car il ne s'était pas écoulé cinq jours depuis son arrivée de Colombie, ou à son propre corps, tendu comme une pile électrique. Toujours est-il qu'il ne put rester au lit. Il mit une veste, la température ayant brusquement baissé, étudia les prospectus disposés dans la chambre, découvrit des photos publicitaires qui lui plurent, et quelques minutes plus tard il était dans l'escalier menant à la terrasse de l'hôtel, où il trouva une place où apprécier la nuit fraîchement tombée sur la vieille ville qui, du bas des Ramblas, s'étendait jusqu'à la mer. Le ciel était dégagé et le vent soulevait les serviettes. Il s'était installé sur une chaise haute qui, devant la table en verre, semblait sur le point de tomber dans la rue. Il ignorait ce qui avait surgi en premier : la serveuse et son verre de vin rouge ou l'interrogation gênante venue une fois de plus le tenailler. S'il devait expliquer la raison pour laquelle il avait décidé de ne pas se rendre à Bogotá pour voir une dernière fois le visage de son père, que dirait-il ? Qu'il voulait rester avec Silvia et Amalia, bien entendu, et retrouver son fils Raúl à Barcelone. Très bien, mais était-ce tout ? N'y avait-il pas autre chose ?

En bas il voyait briller les lampadaires du quartier, qui commençaient à s'allumer, et sur sa gauche la ligne lumineuse des Ramblas attirait le regard jusqu'au port, du côté de la statue invisible de Christophe Colomb. Dans le ciel scintillaient les feux des avions qui s'approchaient de l'aéroport El Prat. Il prit son téléphone – dont l'éclat blanc perturba la pénombre du bar et concentra sur lui l'attention des clients voisins – et consulta ses messages sur WhatsApp. Il compta vingt-sept SMS de condoléances avant de lire une ligne de Silvia :

Comment ça va ?

Bien. Je ne te cache pas que je pense à toi. Je veux qu'on s'en sorte.

L'important pour l'instant, c'est de penser à ton père. Tu penses à lui ?

Je me rappelle certaines choses, oui.

Mais ces souvenirs étaient mal dessinés, difficiles à distinguer avec netteté ou refusant de se laisser voir, des images désagréables qui n'apparaissaient qu'à moitié dans la nuit calme, cette solitude dont il ne profiterait plus le lendemain, quand Raúl serait là. *Tous ces conflits*, écrivit-il. *On a pourtant fait beaucoup de choses ensemble. En Chine, dans la guérilla, au cinéma, à la télévision, mais j'ai beau édulcorer cet ensemble de souvenirs, ils ne sont pas positifs.* Il leva la tête : un autre avion passait, sans doute plus près cette fois car il entendait son moteur au loin. *Et malgré tout je sais, et je le dis dès que j'en ai l'occasion, que je suis un disciple de mon père. Je n'aurais jamais pu faire ce que j'ai fait si je n'avais pas grandi dans son monde.* Il baissa son portable et observa le ciel que l'avion sillonnait en volant vers le sud et l'aéroport, ou bien l'endroit où Sergio supposait qu'il se trouvait. Le mobile vibra (Silvia avait dû répondre), mais il s'en désintéressa car son regard, rivé sur l'avion ou ses lumières minuscules, embrassait à présent toute la ville aux constructions basses, puis tomba sur un élément différent : les contours d'une montagne posée à l'horizon comme un animal endormi et auréolée des lueurs de braises du château. Il sentit son cœur battre plus vite dans sa poitrine, certain de ne jamais avoir été sur cette terrasse ni sur aucune autre similaire dans la ville. Pourtant il y avait forcément une explication à l'émotion imprévisible qui le submergeait depuis qu'il avait constaté que, de là où il se tenait, on voyait Montjuïc.

II

De la terrasse on voyait Montjuïc. Fausto, qui devait avoir treize ans à l'époque, aimait y monter avec son frère Mauro pour contempler le ciel et la mer au loin et, dans le ciel, les avions de Franco qui survolaient la ville résistante. La guerre civile, c'était beaucoup de choses : un curé qui, du haut du clocher d'une église du quartier, tirait sur la foule désarmée ; le sifflement de chatte en chaleur émis par une bombe avant de s'écraser, puis la secousse de l'explosion, qu'on sentait dans son ventre comme un désordre intestinal. Pour les deux frères, la guerre équivalait à se faufiler sous la table de la salle à manger pendant que la silhouette d'un Junkers ennemi fendait le ciel. Ils apprirent ensuite à se réfugier lorsque les sirènes s'élevaient, mais perdirent très vite cette habitude quand elles devinrent partie intégrante de leurs journées : à compter d'un certain moment, seul Pilón, le chien-loup de la famille, continua d'aller se cacher au refuge. Fausto entendait les bombes tomber ailleurs – loin ou près, mais ailleurs –, et en interrogeant les adultes il apprenait que ces avions venaient des îles Baléares, dominées par Franco, mais il était aussitôt rassuré de savoir que Barcelone, en revanche, ne tomberait jamais aux mains des fascistes. Pourquoi donc ? Parce que son père le lui affirmait.

Ce dernier s'appelait Domingo Cabrera. Au début de la guerre, il avait encore un corps d'athlète et était en outre un poète amateur doublé d'un guitariste avec une belle voix et un visage d'acteur de cinéma. Aventurier las de la vie provinciale des Canaries, il avait rassemblé à seize ans ses quelques effets pour embarquer sur le premier bateau faisant cap vers l'Amérique. Il avait économisé tout juste assez d'argent pour payer son billet et dut financer le reste du voyage à la sueur de son front, une expression tout à fait vérifiée dans son cas puisqu'il s'était mis d'accord avec un ami pour organiser des combats de catch devant les passagers scandalisés et fascinés. Durant ce voyage audacieux, il passa par Cuba, travailla dans les champs argentins et administra une hacienda au Guatemala, à quelques kilomètres d'Antigua. Il y fit la connaissance d'Antonio Díaz Benzo, un colonel espagnol envoyé là par le roi en personne dans le but de fonder une école militaire. La vie du jeune homme s'en trouva changée.

Díaz Benzo était un héros de la guerre hispano-américaine à l'uniforme d'apparat bardé de médailles. Personne n'aurait pu prévoir ce qui arriva : Domingo, le jeune aventurier, s'éprit de Julia, la fille du militaire, et le pire, c'est que son amour fut payé de retour. Julia Díaz Sandino était une aristocrate de Madrid, monarchiste jusqu'au bout des ongles ; leur relation semblait donc la plus improbable qui soit, jusqu'à ce qu'on se rende compte que la petite monarchiste était aussi une bonne lectrice de poésie espagnole et récitait Lope de Vega, à condition qu'il ne s'agisse pas d'un texte obscène. Elle parlait de Rubén Darío aux Guatémaltèques comme s'il était madrilène. Ils convolèrent et retournèrent à Las Palmas. Là, dans une maison de la rue Triana avec vue sur la mer, et plus précisément dans une chambre où le salpêtre avait corrodé la peinture des fenêtres, naquirent leurs enfants – Olga, Mauro et Fausto –, et ils auraient occupé cette demeure toute leur existence si celle-ci n'avait pas pris un tour inattendu.

Un soir, après avoir couché le petit Fausto, Julia se plaignit pour la première fois d'une douleur à la gorge qu'on attribua à l'arrivée de l'automne – elle avait dû attraper quelque chose, conclut-on –, mais la douleur s'intensifia au fil des jours au point de devenir intolérable. Quelques semaines plus tard, un médecin diagnostiqua un cancer très agressif et lui conseilla en toute honnêteté de partir pour la capitale, où on avait découvert un nouveau traitement.

« Et de quoi s'agit-il ? » demanda Domingo.

L'homme de science lui répondit à sa manière :
« Du toucher du trijumeau. Même le nom est joli. »
Ils arrivèrent à Madrid en des temps difficiles. La monarchie d'Alphonse XIII subissait depuis plusieurs mois l'assaut des fantômes de la République et, bien qu'elle les ait tenus à distance, il semblait évident pour tout le monde que des changements s'annonçaient en Espagne. Doña Julia souffrait tout autant que son roi car, dans sa famille, pesait la figure d'un colonel héroïque, défenseur des territoires de la Couronne pendant la guerre de Cuba ; sa souffrance était double du fait du comportement de son frère, un des grands pilotes d'Espagne. Le commandant d'aviation Felipe Díaz Sandino, de l'armée de l'air de Catalogne, était un de ces personnages qui donnent l'impression de vivre avec la devise de sa famille tatouée sur la poitrine. Celle-ci se composait de douze mots funestes : *Vis la vie de sorte qu'elle perdure jusque dans la mort.* Julia aurait été fière de lui et aurait transmis ce sentiment à ses proches si l'oncle Felipe, qui rendait visite aux Cabrera un jour sur deux, n'avait pas eu trois défauts : primo, c'était un républicain convaincu ; secundo, il conspirait pour faire tomber le roi ; tertio, il avait persuadé Domingo de s'unir aux conspirateurs.

Un soir de 1930, Domingo, qui rentrait tôt pour s'occuper de sa femme malade, ne revint pas à la maison. Personne n'avait de ses nouvelles, personne ne l'avait vu dans la journée, personne ne savait s'il lui était arrivé quelque chose d'inhabituel. Un air de subversion soufflait déjà dans Madrid, une ville où des événements graves pouvaient survenir sans que nul en soit informé. Les Cabrera se couchèrent – Fausto se rappellerait par la suite avoir eu parfaitement conscience des mensonges de ses parents, qui lui disaient que non, il ne se passait rien, que c'était une affaire d'adultes – et avaient réussi à s'assoupir deux heures avant qu'on les réveille à coups de crosse frappés contre la porte. C'étaient trois agents de sécurité, qui ne retirèrent pas plus leurs chapeaux qu'ils ne rengainèrent leurs pistolets pour s'introduire de force dans l'appartement comme on pénètre chez un délinquant. Ils demandèrent où se trouvait Felipe Díaz Sandino, puis ouvrirent les portes à coups de pied et vérifièrent sous les lits. Quand ils se furent assurés de l'absence de l'intéressé, ils voulurent voir le chef de famille. Julia les regarda à tour de rôle.

« Il n'est pas là non plus et j'ignore où il peut bien se trouver. Si je le savais, je vous le dirais.

– Eh bien, dès que vous le verrez, madame, répondit un des agents, faites-lui savoir que nous l'attendons à la Direction.

– Et si je ne le vois pas ?

– Vous le verrez, évidemment. Évidemment que vous le verrez. »

Elle le vit à l'aube. Il arriva si discrètement que le petit Fausto ne s'en rendit compte qu'en entendant les pleurs de sa mère. Les nouvelles étaient mauvaises : des policiers les avaient poursuivis, lui et l'oncle Felipe, et ils s'étaient cachés pendant des heures, changeant sans cesse d'endroit, se faufilant dans des cafés pour semer les agents, qui avaient fini par leur tomber dessus. Domingo avait pu s'enfuir, mais ils avaient arrêté l'oncle Felipe, qu'ils accusaient de conspirer contre Alphonse XIII et l'avaient enfermé dans une prison militaire.

« Parfait, on va y aller, décréta Julia.

– Tu dis n'importe quoi ! lui reprocha son mari. Tu es malade !

– Pas pour ça. On y va tout de suite. Qui plus est tous ensemble. »

Fausto avait donc six ans quand il entra dans une prison pour la première fois. Olga et Mauro trouvèrent le lieu simplement sombre et laid, mais Fausto le jugea sordide, dangereux, et pensait que l'oncle Felipe souffrait parce que c'était un homme droit qui combattait les injustices. Rien n'était moins vrai : le centre de détention n'était pas sordide et ne comportait pas de couloirs angoissants. L'oncle Felipe n'avait du reste subi aucune torture ni mauvais traitements. Les prisons pour militaires, en tout cas ceux de vieille souche avec des médailles sur le torse, étaient des endroits très confortables. Mais Fausto s'en moquait, et les jours qu'il passa en captivité firent de l'oncle Felipe son héros. La famille lui rendait visite une fois par semaine et Fausto étreignait Felipe comme s'il venait de rentrer du front.

« Dis-lui que tout va bien, le supplia Julia. Il ne dort plus la nuit. Dis-lui qu'on ne te torture pas, que tu es bien traité et que tu sortiras bientôt. »

L'oncle Felipe ne se contenta pas de rassurer son neveu :

« Je sortirai bientôt, Fausto, lui dit-il. Et quand je sortirai, l'Espagne sera une république. »

Plus tard, Fausto se remémora cette conversation en voyant les gens célébrer l'événement dans la rue. L'oncle Felipe le porta sur ses épaules dans tout Madrid en tenant d'une main une de ses jambes et en agitant un drapeau tricolore de l'autre. Il hurlait l'hymne de Riego[1] tandis que Julia pleurait dans sa chambre en prédisant la fin du monde. Des mois durant, les conversations autour de la table de la salle à manger devinrent insupportables, car Julia avait l'inébranlable conviction que sa famille était condamnée à l'enfer, ce que lui confirmait le curé qu'elle invitait à la moindre occasion. Entre-temps Domingo et l'oncle Felipe avaient formé une alliance qui avait tout d'une mafia. Grâce à son beau-frère, Domingo avait décroché un emploi à mi-temps au ministère de l'Intérieur, mais la nuit il se métamorphosait en agent de la Direction de la sécurité. Fausto, son frère et sa sœur avaient reçu des instructions précises afin de ne pas ébruiter cette activité, car – leur avait-on expliqué – les murs ont des oreilles.

L'après-midi où son père vint lui annoncer la nouvelle, Fausto avait passé la matinée seul à errer dans l'appartement, et à un moment donné, il s'était retrouvé devant l'armoire où Domingo rangeait ses affaires. Qu'il ne l'ait pas fermée tenait du miracle, et le garçon comptait bien en profiter : il découvrit sa plaque d'inspecteur, son arme sans son chargeur, qu'il tira de son étui et caressa, imaginant des scènes dangereuses et violentes, quand son père ouvrit tout à coup la porte. Le visage empreint d'émotions

1. L'hymne de Riego (de Rafael del Riego) est en Espagne celui du Triennat libéral (1820-1823), de la Première République (1873-1874) et de la Seconde (1931-1939). (*Toutes les notes sont de la traductrice.*)

confuses, d'une voix que Fausto ne lui connaissait pas, il lui intima un ordre qui ressemblait davantage à une supplique :

« Viens faire tes adieux. »

Il le conduisit dans une autre pièce où gisait dans un lit un corps au visage couvert d'un bandage blanc ne laissant voir que des yeux clos. Il baisa la bande et songea par la suite que ne pas avoir effleuré de ses lèvres le visage froid de sa mère, loin de représenter une consolation, était une occasion perdue qu'il regretterait toute sa vie.

La mort de sa mère fut le présage d'autres désastres. Des années plus tard, lorsque la guerre éclata, il ignorait s'il valait mieux qu'elle ne l'ait pas connue, mais eut à jamais la certitude dérangeante que si elle avait été à ses côtés, il aurait traversé ce conflit de manière différente, moins effrayé et se sentant moins seul. À l'époque, il cherchait déjà du réconfort dans les livres qu'elle avait parcourus, certains à la reliure abîmée à force d'être lus tandis que d'autres n'avaient jamais été rognés. C'est ainsi qu'il découvrit les œuvres de Luis Adolfo Bécquer (abîmé), Pedro Salinas (non rogné), Federico García Lorca (non rogné) et Manuel Reina (abîmé). Domingo n'y voyait pas d'inconvénient, bien au contraire : de temps en temps, il lui offrait un livre neuf, car tout remède était bon pour épargner à son fils la douleur que lui-même ressentait. Fausto lut donc *Las islas invitadas*, où Manuel Altolaguirre dédie un poème à sa mère défunte. Il trouva un semblant de paix dans ces vers qui auraient dû être alarmants.

J'aurais préféré
Être orphelin dans la mort,
Que tu me manques
Là-bas, dans le monde mystérieux,
Et non ici, en terre familière.

Les membres de la famille Cabrera étaient désormais *personæ non gratæ*. L'oncle Felipe, qui avait bien connu Franco et avait combattu avec lui en Afrique et été décoré, qui s'était, d'après les rumeurs, rendu célèbre sur ce continent en sortant des tranchées afin de braver les balles ennemies, était resté fidèle à la République, pour laquelle il avait lutté. À une époque où le gros de l'armée soutenait les auteurs du coup d'État, cette fidélité était suicidaire.

« Ton oncle est un courageux, disait son père au garçon. C'est ça, le courage. Ne pas faire ce que d'autres lui auraient pardonné avec le temps. »

Mais la vie de la famille à Madrid devenait de plus en plus difficile. Après la mort de Julia, dont la seule présence pouvait calmer les hostilités des monarchistes, le foyer des Cabrera n'était plus qu'un nid de séditieux, et les militaires loyaux envers le roi, qui appuyaient la rébellion de Franco, commencèrent à les harceler sans scrupules. La situation fut très vite intenable. Un soir, alors que Domingo et ses enfants dînaient, l'oncle Felipe fit une apparition soudaine.

« On part, dit-il. Pour la sécurité de tous.

– Où ça ? demanda Domingo.

– À Barcelone, j'ai des amis là-bas. Ensuite on verra. »

Une semaine plus tard, Fausto montait dans un avion pour la première fois de sa vie. Un Junkers G24 de la flotte aérienne républicaine piloté par le colonel Felipe Díaz Sandino – son oncle adoré, son oncle intrépide, le sauveur de la famille – et, l'appareil disposant de neuf sièges, il y avait largement assez de place pour tout le monde. L'oncle Felipe se savait condamné car les militaires qui tournaient le dos à Franco venaient grossir une liste noire et on les poursuivait avec encore plus d'acharnement que les communistes. Il avait donc pensé à mettre ses proches à l'abri avant de continuer à mener sa guerre. Domingo jouait le rôle de garde du corps : la sécurité de l'oncle Felipe, une personnalité gênante pour les conspirateurs, ne pouvait pas être mieux assurée. Olga, qui avait un jour demandé en quoi consistait le travail de son père, s'entendit répondre par son oncle :

« Empêcher les autres de me tuer.

– Et si on le tue, lui ? » s'étonna Olga.

Elle le laissa sans voix.

Les Cabrera s'installèrent dans un appartement avec vue sur la mer et de grandes fenêtres qui allaient du sol au plafond. De la terrasse on voyait Montjuïc. Ils poursuivirent leur existence dans une Barcelone bombardée : Fausto allait à l'école et se rendait compte qu'il aimait cela, et aussi qu'il était frustrant de ne pas pouvoir se vanter d'être le neveu de Felipe Díaz Sandino, le héros républicain à l'origine des bombardements des casernes franquistes de Saragosse. Il apprit des années plus tard ce qui s'était passé pendant ces journées : l'oncle Felipe était entré en conflit avec sa hiérarchie politique pour des différends militaires (cette guerre étant très divisée, les pires ennemis des républicains étaient bien souvent d'autres républicains) ; les disputes s'intensifièrent au point que la seule manière de les régler fut une mutation, et Felipe accepta un poste diplomatique à Paris, pensant qu'il pourrait ainsi rallier d'autres pays d'Europe à la cause républicaine. À l'occasion de sa nomination, les syndicats ouvriers de Barcelone lui firent un cadeau auquel il ne s'attendait pas : une Hispano-Suiza T56 d'une puissance de 46 chevaux fabriquée à La Sagrera et conçue pour accueillir cinq passagers. Quand il alla la montrer aux Cabrera, il leur dit que c'était du gâchis d'avoir autant de chevaux : trois lui auraient suffi pour se rendre à Paris.

Au cours de cette visite, Fausto apprit que l'oncle Felipe les emmènerait en voyage, lui et son frère Mauro, alors que son père et sa sœur resteraient à Barcelone. Il ne sut jamais au juste qui avait pris cette décision, ni si ce séjour à Paris avait été planifié avec la complicité de leur père ou simplement son approbation, mais plus tard, en traversant les Pyrénées dans l'Hispano-Suiza, il remarqua l'expression de respect avec laquelle le gendarme prenait les documents que lui remettait ce diplomate de la République, et pendant le reste du trajet, il prit conscience qu'il éprouvait une sensation de sécurité tout à fait nouvelle. L'oncle Felipe semblait détenir les clés du monde. Les premiers jours qu'ils passèrent à Paris, il les emmena dans les meilleurs restaurants pour que les deux garçons goûtent tout ce dont la guerre les avait privés, et il parvint ensuite à les faire admettre au lycée Pothier, un internat pour fils de familles fortunées situé à Orléans. Déjà adolescent, Fausto passait ses journées à se bagarrer avec les Français qui le regardaient de travers sans aucune raison perceptible ; puis il découvrit la sexualité, ou plutôt la rêverie autour du sexe, avec les filles de quinze ans qui venaient le voir le soir pour apprendre l'espagnol. Elles lui récitaient du Paul Géraldy et, en échange, il leur déclamait les poèmes entiers de Gustavo Adolfo Bécquer qu'il avait mémorisés sans le vouloir en lisant les volumes de la bibliothèque maternelle, des vers à la musicalité contagieuse où tous les yeux étaient invraisemblablement bleus et tous les amants se demandaient ce qu'ils donneraient pour un baiser. Entre-temps, Felipe Díaz Sandino répondait à des interviews dans les journaux français et reconnaissait que des débordements avaient été commis dans son camp, mais que les comparer aux excès des franquistes – qui anéantissaient des villages sans défense avec les avions nazis pendant que les pays supposés démocratiques détournaient le regard, sans penser qu'à terme, la défaite de la République se solderait par la leur – était une grande erreur morale.

Sa mission diplomatique fut de courte durée. Des nouvelles décourageantes arrivaient d'Espagne et le gouvernement français, occupé à régler une grave crise économique et à esquiver les nationalistes de la Cagoule, qui assassinaient des syndicalistes ou fomentaient des coups d'État, semblait n'avoir ni le temps ni la patience d'écouter ses doléances. Il était préférable de continuer à se battre en Espagne, mais quand ils regagnèrent Barcelone, il eut la surprise de constater que les journaux franquistes avaient fait courir le bruit qu'il s'était enfui et avait été capturé. Il vécut une expérience que peu de gens ont l'occasion de traverser : découvrir dans la presse la photographie de son cadavre et y apprendre qu'on l'avait fusillé. En se voyant ainsi exécuté sur la place de Catalogne, répudié pour trahison et qualifié de rouge, il eut pour la première fois la certitude que ceux de son bord étaient en passe de perdre la guerre.

Fausto et Mauro trouvèrent eux aussi leur vie changée : Domingo avait rencontré une femme. Un soir, il réunit ses trois enfants pour leur annoncer qu'il allait se marier. Josefina Bosch était une Catalane beaucoup plus jeune que lui qui s'adressait aux enfants de son conjoint en s'approchant tout près d'eux, les croyant peut-être incapables de comprendre son accent à la bouche pincée et aux *l* insistants. Elle paraissait se plaire davantage en compagnie des chiens. Elle avait un caractère si bien trempé que Fausto se demanda s'il n'y aurait pas moyen de retourner vivre en France et, contre toute attente, il éprouva une sorte de rancœur à l'égard de son oncle, car faire endurer cela à un garçon qui s'éveille à la vie était affreux, il n'aurait pas dû le ramener dans un pays en guerre, dans une ville de nouveau bombardée par des avions qui n'étaient même pas espagnols, dans une famille recollée comme une porcelaine brisée.

Après le mariage de Domingo et Josefina, ils déménagèrent dans un grand appartement, non loin de la place de Catalogne. Les sirènes retentissaient plusieurs fois par jour, mais dans ce logement, on ne pouvait pas monter sur la terrasse pour y voir les avions. La ville vivait dans la peur, Fausto la lisait sur le visage de Josefina, en discutait avec son frère et sa sœur, la sentait dans l'air quand leur père les emmenait chez leur tante Teresa. Un jour, moins d'une semaine après leur emménagement, les sirènes se mirent à hurler comme elles l'avaient déjà fait, mais cette fois ils n'eurent pas le temps de se cacher. Une explosion ébranla l'immeuble, brisant une des fenêtres. L'onde de choc fut si forte que la soupe se répandit hors des assiettes et que Fausto tomba de sa chaise.

« Sous la table ! » ordonna Domingo.

C'était une précaution inutile, pourtant tous s'exécutèrent. Olga agrippa le bras de son père et Josefina, qui avait encore un morceau de pain dans la bouche, serra contre elle Fausto et Mauro, qui pleuraient et criaient.

« Regarde s'ils ne sont pas blessés », lui dit Domingo.

Elle souleva leurs vêtements et leur palpa le ventre, la poitrine et le dos pendant que Domingo faisait de même avec Olga.

« Tout va bien, tout va bien. Restez ici, j'arrive tout de suite. »

Il partit et revint quelques minutes plus tard avec des nouvelles : les avions italiens avaient survolé Barcelone et s'étaient acharnés sur la ville. Une des bombes était tombée par hasard sur un camion chargé de dynamite garé au coin de la rue. Josefina l'écouta patiemment, puis se releva en lissant sa robe.

« Bon. Maintenant qu'on sait ce qui est arrivé, finissons de manger, il reste encore de la soupe. »

Quelques jours plus tard, ils tinrent un conseil de famille afin de prendre des résolutions. Les républicains allaient perdre la guerre et Barcelone était la cible préférée des fascistes. Les Italiens, à bord de bombardiers Savoia, ne cesseraient pas de sitôt de torpiller la ville. L'oncle Felipe décida pour tout le monde :

« Il est temps que vous quittiez le pays. Je ne peux plus vous protéger. »

Ils chargèrent donc leurs valises dans le coffre de l'Hispano-Suiza et, un matin, partirent vers la frontière française. Alors que Fausto était serré contre sa sœur et son frère, plusieurs pensées occupèrent son esprit pendant le trajet : il songea à sa mère défunte, à des poèmes de Bécquer et Géraldy, à des Françaises de quinze ans et à son père, resté en arrière pour protéger Felipe. Mais il songeait surtout à son oncle, le colonel Felipe Díaz Sandino, républicain, conspirateur et héros de guerre. À compter de ces instants, Fausto allait regarder son oncle en se disant : Je veux être comme ça. Je veux être comme ça quand je serai grand. Et il adopterait sa devise : *Vis la vie de sorte qu'elle perdure jusque dans la mort.*

La scène ressemblait à la toile de fond d'une mauvaise pièce de théâtre : une route, quelques arbres, un soleil qui blanchissait tout. Là, dans ce piètre décor, se tenaient Josefina et les enfants Cabrera, à l'étroit dans une Hispano-Suiza, à cinq kilomètres de la frontière française, au milieu de nulle part. Mais ils n'étaient pas seuls : comme eux, les nombreux occupants de nombreux véhicules, ainsi que des hommes et des femmes venus à pied, des malles sur le dos, attendaient la même chose qu'eux. Ils fuyaient la guerre, laissaient derrière eux leurs maisons, et surtout leurs morts, avec l'audace ou le désespoir qui permet à quiconque, même l'individu le plus lâche, de se lancer dans les incertitudes de l'exil. La frontière était fermée et il n'y avait pas d'autre solution qu'attendre, mais pendant ces heures moroses du premier jour, puis du second, la nourriture s'épuisait et les femmes devenaient de plus en plus nerveuses, sans doute conscientes d'une réalité que les enfants ignoraient. Certaines attentes sont horribles parce qu'elles n'ont pas d'issue visible, qu'on n'entrevoit pas les éléments susceptibles de les conclure ou de remettre le monde en mouvement, comme par exemple l'ordre donné par les autorités – mais lesquelles et où sont-elles ? – de rouvrir une frontière. Fausto et Mauro en étaient là, à s'interroger sur les personnes habilitées à donner cet ordre, ce qu'elles avaient refusé de faire jusque-là, quand un murmure s'étendit dans l'air et gonfla au point de se changer en rugissement. Alors, avant même que les Cabrera s'en soient rendu compte, un avion les survola et les mitrailla.

« Allez vous cacher ! » cria quelqu'un.

Mais il n'y avait pas de cachettes possibles. Fausto se réfugia derrière l'Hispano-Suiza, et quand l'avion s'éloigna, il se douta que l'attaque n'était pas terminée et que l'arrière d'une voiture, lorsqu'un avion vole d'un côté, devient l'avant quand il fait demi-tour. Il ne se trompait pas : l'appareil manœuvra dans les airs et revint dans la direction contraire. Le garçon se glissa sous l'automobile et là, la tête contre la terre battue, sentant les cailloux sur sa peau, il entendit de nouveau le rugissement et les mitrailleuses et reconnut la voix de Josefina, ses cris de peur et de rage :

« Salauds ! »

Puis le silence s'abattit sur les lieux. L'attaque avait pris fin sans causer de morts, laissant partout des visages épouvantés, des femmes en pleurs, des enfants allongés entre les roues des voitures, des orifices de balles – ces yeux sombres qui vous regardent – dans certaines carrosseries. Mais pas de morts. Pas de blessés non plus. C'était invraisemblable.

« On n'a rien fait ! protestait Fausto. Pourquoi ils nous tirent dessus ?

– Parce que ce sont des fascistes », répondit Josefina.

Ils dormirent dans la crainte d'un deuxième raid, du moins Fausto ressentit de la peur, une peur différente car à l'air libre. Le lendemain, ils se dirent que la pire décision était de n'en prendre aucune, alors ils allèrent marcher : ils longèrent la frontière, un poste de contrôle après l'autre, jusqu'à ce qu'ils remarquent des mouvements de foule, d'un genre bien reconnaissable car ils sont à l'opposé de ceux du désespoir ou de la défaite, des mouvements où on décèle ce qui pourrait s'apparenter à une volonté de rester en vie. Un des Cabrera demanda ce qui se passait et on lui fit la réponse qu'il attendait :

« Ils viennent d'ouvrir la frontière.

– Ils ont ouvert la frontière, dit Fausto.

– Ils l'ont ouverte, oui », répéta Josefina.

Ils prirent alors la mesure du problème qui s'annonçait. Les gendarmes faisaient traverser la frontière, mais ils séparaient les hommes des femmes.

« Pourquoi ? s'étonna Fausto. Où les emmènent-ils ?

– Dans des camps de concentration, lui expliqua Josefina. Sales Français de merde. »

Elle signifia à Fausto de se rapprocher, s'exprima en regardant en l'air et en haussant les sourcils. Le garçon comprit qu'il ne devait pas se concentrer sur ses yeux mais sur ses mains, qui lui tendaient un portefeuille comme pour lui confier un secret.

« Essaie d'aller leur parler, lui dit-elle.

– À qui ?

– Aux gendarmes. Tu parles français, non ? Eh bien, vas-y ! »

Les deux frères se frayèrent un passage dans la foule et s'arrêtèrent devant la porte d'un des bureaux. Ils voulurent entrer, pensant à raison que de l'autre côté du battant on délivrait les autorisations dont ils avaient besoin, mais les gendarmes les mirent dehors sans ménagement.

« Ils nous traitent comme des pestiférés, se plaignit Mauro. Les salauds ! »

L'attention de Fausto fut alors attirée par un homme en costume élégant qui marchait, son chapeau à la main, et il trouva que la façon qu'il avait de le tenir lui conférait de l'autorité. Fausto empoigna son frère par le bras et ils suivirent l'homme au chapeau sans le lâcher d'une semelle, au point qu'ils auraient pu lui faire un croche-pied. Deux gendarmes tentèrent de les stopper.

« Où allez-vous ? leur lança l'un d'eux.

– Comment ça où je vais ? Je suis avec mon oncle », répondit Fausto dans un français impeccable.

Confus, l'homme regarda son collègue.

« Dans ce cas, si vous êtes avec *Monsieur**[2]… », fit l'autre.

Fausto pressa le pas en direction de l'homme au chapeau sans se soucier de le perdre de vue : ils avaient esquivé l'obstacle.

« Et maintenant ? demanda Mauro.

– Maintenant on cherche un bureau », répondit Fausto.

Ce ne fut pas difficile : une effervescence, des corps se groupaient au fond du bâtiment. L'un d'eux portait un uniforme, un individu corpulent aux cheveux blancs et à la moustache un peu moins blanche que ses cheveux. Fausto alla lui parler :

« On nous a dit de nous adresser à vous », commença-t-il avec tout l'aplomb qu'il pouvait imprimer à sa voix d'adolescent.

Il lui raconta leur histoire, lui parla de son oncle, héros de la résistance au franquisme, de sa famille républicaine qui voulait désespérément quitter ce pays où les fascistes bombardaient les femmes et les enfants. Il lui dit qu'il avait été au lycée à Paris et que les valeurs de la République étaient les siennes.

« Nous ne pouvons pas faire d'exceptions », conclut l'officier.

Après avoir prononcé ces mots, il pénétra dans un bureau où il eut une courte conversation avec un employé, et Fausto tira de sa poche le portefeuille de Josefina pour en sortir une liasse

2. Tous les termes en italique suivis d'un astérisque sont en français dans le texte original.

de billets qu'il laissa au creux de sa main tendue dans le vide. L'officier regarda l'employé.

« Exceptionnellement », souffla-t-il.

Fausto leur remit l'argent et obtint en échange un laissez-passer pour se rendre à la gare. Quelques minutes plus tard, ils se tenaient devant le guichet et demandèrent où allait le prochain train. Josefina paya les billets.

« Où va-t-on ? Où va ce train ? s'inquiéta Fausto.

– En Sibérie, c'est tout comme », dit Josefina.

Le terminus du train était Perpignan. Fausto ne garda aucun souvenir de la ville car ils restèrent des jours enfermés dans un hôtel miteux, angoissés de ne pas avoir de nouvelles de Domingo et de l'oncle Felipe. Mais ils ne pouvaient rien faire de mieux que dire où ils étaient et qu'ils se portaient bien. Ils avaient convenu d'utiliser pour leur correspondance l'adresse d'une famille d'Orléans que Fausto avait rencontrée quand il était au lycée Pothier. Quelques jours plus tard, ils reçurent un courrier leur apprenant que les deux hommes avaient été internés dans le camp d'Argelès-sur-Mer, mais que l'oncle Felipe avait obtenu leur libération en se servant des contacts qu'il s'était faits à l'époque où il était attaché militaire à Paris. Dans la lettre, Felipe donnait des instructions aux Cabrera pour qu'ils les retrouvent à Bordeaux, où ils décideraient de la marche à suivre.

Et ils firent ce que faisaient tous ceux qui pouvaient se le permettre, à savoir fuir l'Europe. Cette fois la résolution ne revint pas à Felipe. Fermement convaincu que Hitler perdrait la guerre, il nourrissait l'espoir que Franco tomberait très vite. Les autres ne partageaient pas son avis : peut-être étaient-ils plus pessimistes, plus réalistes ou tout simplement plus craintifs. Quoi qu'il en soit, ils finirent par imposer leurs vues, et c'est ainsi que Fausto revit son père après des mois qui lui avaient paru des siècles. La famille de rouges pestiférés se mit à parcourir les rues de Bordeaux, en quête d'un pays qui les accepte. Ils se rendirent dans tous les consulats d'Amérique latine et essuyèrent refus sur refus, jusqu'à ce qu'un pays dont ils ne savaient pas grand-chose leur ouvre ses portes, si bien que quelques jours plus tard, au port, sur l'estuaire, ils prirent la pose avec un groupe de passagers inconnus face à l'objectif du photographe du bateau, un petit moustachu qui leur vendit l'image avant la fin de la traversée. Les femmes et les enfants sont devant, proches de l'appareil, à côté d'un curé souriant et d'un homme en uniforme. Fausto est au dernier rang, vêtu d'une veste en drap boutonnée, la main appuyée contre le navire, heureux d'être parmi les hommes – pour la plupart espagnols, comme lui – qui disent adieu à leur pays en étant sûrs de revenir bientôt et commentent les nouvelles d'une Europe enflammée par la guerre imminente, qui se réjouissent d'avoir échappé à la mort et se demanderont jour et nuit, dans leurs cabines et sur le pont, comment sera leur vie, leur nouvelle vie, en République dominicaine.

III

Tout était étrange à Ciudad Trujillo, le nouveau nom de l'ancienne Saint-Domingue. Fausto, petit Blanc espagnol vêtu de pantalons bouffants en coton, entendit les travailleurs du port crier « Un juif, un juif ! » quand ils le virent descendre du bateau. Il semblait bizarre que des rouges comme eux, poursuivis par Franco et réchappés d'un camp de concentration de la France collaborationniste, aient été accueillis par une dictature militaire. Ils l'ignoraient encore, mais le président Franklin Delano Roosevelt avait demandé au général Rafael Leónidas Trujillo de lui rendre service en accueillant les réfugiés que la guerre en Europe produisait par milliers. Trujillo s'exécuta : dans son régime, du moins à l'époque, les désirs des États-Unis étaient des ordres. Ravi, Domingo pensait qu'il valait mieux s'installer dans un pays où tout était à faire. Il avait raison. Après avoir étudié la ville avec attention, l'oncle Felipe rencontra un pêcheur galicien et lui proposa de s'associer avec lui. Quelques semaines plus tard ils montèrent une affaire.

Les Poissonneries Caraïbes comprenaient un voilier, des filets d'un blanc lumineux appelés à se ternir au fil des jours, un pick-up où étincelaient les poissons et un local dans la vieille ville, des biens qui permettraient à Felipe, pensait-il, d'assurer la subsistance de sa famille. Fausto se levait chaque jour avant les premières lueurs de l'aube et un jeune homme torse nu le conduisait en pick-up dans un village de pêcheurs où le bateau de la famille l'attendait à quai. Il chargeait la pêche sur le plateau du véhicule avec une grande charrette, puis repartait en ville en marquant des arrêts dans toutes les localités pour proposer ses poissons à grands cris. Il regagnait Ciudad Trujillo les bras fatigués, des écailles collées à la peau, mais lorsqu'il se baignait, les yeux tournés vers la promenade du front de mer, et qu'il imaginait un peu plus loin le parc Ramfis et la grande maison de sa famille, il était heureux de contribuer à faire vivre les siens. Il crut même un moment qu'ils s'en sortiraient, qu'ils avaient trouvé leur place sur cette terre d'exil.

Un matin, un homme en costume clair avec une cravate et une pochette de soie se présenta au magasin et demanda à voir Felipe Díaz Sandino, porteur d'une proposition de la part du général Arismendi Trujillo, le frère du dictateur, qui voulait s'associer aux Espagnols. Il ajouta qu'avec son soutien et grâce à son patronyme, le succès des Poissonneries Caraïbes serait garanti. Felipe le remercia poliment en précisant qu'il n'avait pas besoin d'associés, mais quand il exprima sa position, il savait qu'ils n'en resteraient pas là et en fit part aux membres de la famille. L'homme élégant revint deux ou trois jours plus tard avec des motifs plus convaincants et des offres alléchantes, n'ayant à la bouche que des mots destinés à décrire les bénéfices que leur binôme apporterait à l'entreprise et au pays, énumérant ensuite tous les avantages qu'un étranger pouvait tirer de la famille la plus influente de la République dominicaine. Felipe refusa encore et fut convoqué dans les bureaux du général Trujillo.

« Je crois savoir que vous avez été colonel, lui dit celui-ci.

– Absolument. J'ai fait toute ma carrière dans l'armée de métier.

– Mais de votre carrière il ne reste rien, mon colonel, si ce n'est de la fatigue », rétorqua Trujillo en souriant.

Il lui expliqua qu'il tâchait de l'aider, trouvait les militaires sympathiques et aimait négocier avec eux. La pêche était essentielle pour l'avenir de la République et son affaire était la plus prometteuse de sa branche. À compter de ce jour, ils seraient associés, décréta-t-il dans un sourire, en penchant légèrement son corps au-dessus de son grand bureau. L'oncle Felipe comprit alors qu'une nouvelle opposition de sa part serait non seulement inutile, mais dangereuse. Au cours de cette entrevue, ils ne détaillèrent pas les termes du contrat, ce n'était pas nécessaire. L'accord était très simple : la poissonnerie verserait mensuellement un tribut généreux au général qui, de son côté, n'apporterait aucune contrepartie. Au bout de quelques mois, la famille du dictateur s'était approprié le commerce. Felipe résuma la situation en trois mots dont Fausto se souviendrait toute sa vie :

« Sauve qui peut. »

Son oncle lui annonça peu après qu'il partait au Venezuela. N'ayant pas trouvé de travail à Ciudad Trujillo, Olga le suivit. Fausto préféra rester avec Mauro et leur père : l'oncle Felipe était devenu un vaincu. Il avait autrefois été un héros, mais la vie l'avait comme laminé. Il quittait l'île sans rien emporter : pas assez d'argent, pas de projets ni même d'espoir. Felipe Díaz Sandino était un homme brisé par l'exil ou par le sort de l'exilé. Fausto, qui l'avait tant admiré enfant, sentit qu'il le perdait à jamais, lui et son esprit pratique. Mais son oncle n'eut pas le temps de lui manquer car les Cabrera s'étaient déjà lancés dans une autre entreprise, une de plus, afin de survivre dans ce pays étranger. Felipe n'était déjà plus auprès d'eux quand Domingo annonça son projet :

« Nous allons planter des arachides. »

Ils cultiveraient un terrain proche de la frontière haïtienne, une jungle touffue que ne semblait jamais atteindre la chaleur du soleil, creusée de flaques d'eau survolées par d'épaisses nuées de moustiques. Vingt familles de réfugiés espagnols s'occupaient de ces terres où le gouvernement dominicain avait l'intention de produire de l'huile. Chacune d'elles recevait une dotation confortable du ministère de l'Agriculture, une charrue, un attelage de bœufs, une mule et une maison de deux pièces, si toutefois on pouvait qualifier ainsi ces caissons cloisonnés par des planches en bois qui menaçaient de s'écrouler à la moindre bourrasque. Les Cabrera durent fabriquer leurs propres latrines. Fausto évoqua par la suite la satisfaction qu'on éprouve à voir sa merde bien canalisée.

La compagnie d'autres Espagnols était réconfortante. L'un d'eux, Pablo, originaire des Asturies, avait quitté l'Espagne coiffé du béret que Fausto le voyait porter quotidiennement et qu'il n'enlèverait, affirmait-il, que lorsque ce « connard de Franco » tomberait. Ils se retrouvaient tous les dimanches pour sonner les cloches de la messe du matin, et chantaient souvent à tue-tête *El Ejército del Ebro*[1], seul moment où Pablo retirait son béret, qu'il lançait en l'air en criant :

« À mort Franco ! »

Et tous, mais Fausto le premier, de répéter :

« À mort Franco ! »

Fausto commença à déclamer de la poésie en sa compagnie ou à sa demande. Il l'appréciait depuis son enfance, l'avait lue dans les livres de sa mère et entendue de la bouche de son père, mais un hasard heureux avait changé ce passe-temps en vocation. À bord du bateau qui l'avait amené d'Espagne, dans les cabines de première classe voyageait Alberto Paz y Mateos, un des acteurs les plus célèbres de son temps, qui avait introduit la méthode Stanislavski en Espagne, bousculant dans son pays toutes les théories d'interprétation théâtrale en vigueur. Fausto ne l'avait pas quitté de toute la traversée. L'acteur allait le trouver pour lui parler de Lorca, dont le jeune homme connaissait les vers par cœur, et de Tchekhov, dont le nom ne lui évoquait rien ; à Ciudad Trujillo, ils avaient continué de se voir de temps en temps. Sur les conseils de Paz y Mateos, Fausto testait sa voix et ses gestes afin d'appliquer la méthode Stanislavski à la poésie. Une colonie d'exilés dans la forêt vierge, où deux personnes sur trois contractaient le paludisme, ne paraissait pas l'endroit le plus approprié pour mettre ces apprentissages en pratique, mais Fausto ne baissa pas les bras. Le soir, quand les Noirs des hameaux voisins se réunissaient et entonnaient leurs chants autour d'un feu dont la

1. Littéralement : « L'Armée de l'Èbre », chanson populaire espagnole composée en 1808, pendant la guerre d'indépendance espagnole, et reprise par les républicains pendant la guerre civile.

fumée éloignait les moustiques, il profitait de leurs silences sporadiques pour réciter un poème entier d'Antonio Machado ou de Miguel Hernández aux natifs, soudain frappés d'un ennui mortel. Il choisissait par exemple « La chanson de l'époux soldat » :

La paix que je forge sera pour notre enfant.
Et puis, dans l'océan tout d'os irrémédiables,
ton cœur et le mien naufragés, il restera
un mâle, une femelle épuisés de baisers.

Pablo, l'Asturien, aimait « Mère Espagne » :

Dire mère c'est dire la terre qui m'a donné le jour ;
c'est dire aux morts : mes frères, levez-vous.

Fausto répétait ces vers le matin de l'accident. Il s'exerçait en cueillant les cacahuètes, pour avoir l'impression trompeuse qu'il tirait parti de sa journée. Une après-midi, il se déplaça au milieu des sillons, un soleil de plomb sur la nuque, en récitant dans sa tête : *Terre : terre dans la bouche et dans l'âme et partout.* Par la suite, quand il racontait cette histoire aux adultes, il s'apercevait que sa mésaventure déclenchait l'hilarité car le sens de ces mots cadrait parfaitement avec la situation. Seul un dieu cruel et moqueur était capable de pousser Fausto dans une fourmilière, sans qu'il s'en aperçoive, tandis qu'il prononçait ces vers et les suivants : *Terre que je mange peu à peu, qui finira par m'engloutir.* Comme il l'apprit après coup, il s'agissait de fourmis de feu, et tout le monde s'accorda à dire que Fausto avait eu de la chance : l'acharnement qu'elles mettaient à mordre et l'intensité de leur venin lui firent perdre connaissance, mais dans la région on se rappelait des cas où les personnes attaquées n'avaient pas survécu. À une heure avancée de la nuit, quand il se réveilla après un sommeil fébrile et découvrit les visages de son père et de Mauro, il s'empressa de dire qu'il voulait quitter cet endroit.

« Il faut attendre, lui répondit Domingo.

– Combien de temps ? Attendre combien de temps ? Je vais gâcher ma vie dans cette jungle. Tu crois que j'ai envie de rester ici jusqu'à la fin de mes jours ?

– Qu'est-ce que tu voudrais faire d'autre ?

– Être acteur, murmura-t-il dans un filet de voix, encore tremblant de fièvre. Ici je n'ai pas d'avenir. »

C'était la première fois qu'il le disait. Au lieu de se moquer ou de lui faire de fausses promesses, son père lui tendit une serviette mouillée.

« Deux récoltes, pas plus. Après on s'en ira. »

Ils partirent bien avant. L'hiver – ou ce que les Dominicains appelaient l'hiver – arriva sans prévenir, avec ses pluies diluviennes et son climat déréglé, et une nuit Mauro se réveilla dans son lit inondé de sueur, le visage brûlant. La quinine qu'ils avaient commencé à prendre ne fut pas suffisante, la fièvre était si élevée que le garçon ne reconnaissait plus ses proches. Quand cet épisode eut lieu et que Domingo rentra à la maison pour découvrir que son fils cadet le confondait avec Mandrake le Magicien, tous comprirent qu'il fallait retourner à Ciudad Trujillo. Ils bradèrent leur dernière récolte et se serrèrent dans le premier camion qui accepta de les faire sortir de la jungle, un véhicule branlant avec des garde-fous en bois autour de son plateau. Étendu au milieu de ses affaires, Fausto vit peu à peu disparaître sur un fond de nuages blancs les nuées de moustiques porteurs du paludisme.

Les mois suivants, à Ciudad Trujillo, Fausto passa d'un travail à l'autre – ouvrier dans une imprimerie, liftier, et pour finir homme à tout faire dans une pharmacie – en gagnant à peine de quoi vivre. Il se libérait parfois pour se rendre au Centre républicain espagnol. Des endroits similaires s'étaient créés dans toute l'Amérique du Sud et centrale, de Mexico à Buenos Aires, ce qui amena de nombreuses personnes à penser que les véritables vainqueurs de la guerre civile espagnole étaient les

Latino-Américains : des centaines d'exilés politiques – artistes ou journalistes, acteurs, éditeurs ou romanciers – vinrent apporter leur œuvre et leur talent sur un continent qui ne connut jamais plus la même effervescence culturelle qu'à cette époque. Paz y Mateos s'occupait du Centre républicain de Ciudad Trujillo et là, entre deux conférences et récitals, entre un débat sur l'éventuel retour de la République et une lecture des *Poèmes humains*, d'un certain César Vallejo, Fausto entama sa formation d'acteur ou poursuivit celle qu'il avait commencée seul, presque inconsciemment. Sous la houlette des exilés, il découvrit des poètes qu'il ne connaissait pas et apprit à réciter leurs vers de sorte que le public avait l'étrange impression de les découvrir lui aussi. Personne ne déclamait mieux Lorca que lui, et dire qu'il déclamait était encore trop faible pour décrire ses prestations lors de ces séances : Paz y Mateos voyait bien qu'avec sa voix de baryton, son corps musclé et les techniques qu'il avait apprises durant les ateliers du samedi, il était capable de transformer le vers le plus pacifique en un appel à la subversion. Le nom de Fausto Cabrera apparaissait de plus en plus sur les affiches du centre. Un soir, après un de ses récitals, son père s'approcha pour saluer Paz y Mateos et l'entendit dire :

« Ce garçon va faire un malheur. »

Le rêve de devenir acteur l'obnubilait de plus en plus. Son travail à la pharmacie, qui l'occupait de longues heures, devint peu à peu une gêne. Fausto y faisait le ménage, ce qui ne le dérangeait pas, mais il se chargeait aussi de laver la vitrine, une tâche qu'il jugeait plus désagréable : être sur le trottoir en blouse, un seau rempli d'eau savonneuse dans une main et un chiffon dans l'autre, lorsque les jeunes filles du lycée voisin sortaient, lui donnait le sentiment de s'exposer publiquement aux railleries. En outre, il se rendit compte qu'il n'était pas dans les petits papiers du gérant, un Dominicain aigri, prématurément chauve et bedonnant pour qui un jeune Espagnol était une terrible menace. Mais le garçon comprit cela plus tard, après lui avoir fourni le prétexte dont il avait besoin pour le mettre à la porte.

Il commit sa faute progressivement. Au fond de la pharmacie trônait un bocal en verre rempli à ras bord de capsules translucides : de l'huile de foie de morue. Fausto prit l'habitude d'en chiper une dès qu'il passait devant. L'effet fut immédiat : il se sentait plus éveillé, plus concentré. Il songea que c'était le remède idéal pour les siens. Contraints à des mois de privation et aux travaux pénibles de la récolte d'arachides, les Cabrera étaient arrivés à Ciudad Trujillo amaigris, se sachant sous-alimentés. Après avoir subtilisé impunément une capsule par jour, il en vola une grosse poignée qu'il fourra dans la poche de son pantalon.

« On me les donne à la pharmacie, expliqua-t-il à son père.

– C'est bien ! s'exclama Domingo en tenant la capsule ambrée entre deux doigts. Ça tombe à pic ! Rapportes-en d'autres dès que tu pourras.

– D'accord. Dès que je pourrai. »

Mais il n'en eut pas l'occasion. Il s'apprêtait à glisser des capsules dans sa poche, sans même se soucier de celle qui venait de tomber sur le comptoir, quand il constata que le gérant avait assisté à toute l'opération. L'homme se tenait au bout du comptoir, où une cliente attendait une boîte de lames de rasoir. Il porta un doigt à son cou, faisant mine de se trancher la gorge sans quitter Fausto du regard, mais patienta jusqu'à ce que la dame soit sortie pour lui signifier son renvoi. Honteux, Fausto n'osa pas lui tenir tête.

« Je ne travaille plus à la pharmacie, annonça-t-il à son père pendant le dîner.

– Ah bon ? Qu'est-ce que tu vas faire, alors ?

– Je n'en sais rien. Je ne supporte plus cette situation, papa. Je veux faire autre chose. Je veux aller au Venezuela, comme Mateos, poursuivit-il, le visage radieux. Apparemment, on le traite comme un dieu, là-bas. »

Paz y Mateos s'était installé à Caracas, laissant la direction du Centre républicain à un autre acteur, mais sans lui ce n'était plus pareil.

« Et tu as l'intention de faire quoi ?

– Ce que j'aime. Jouer, me consacrer sérieusement à la scène. Arrêter de perdre mon temps. Si d'autres Espagnols sont partis, pourquoi pas moi ?

– Parce que tu n'as pas les sous. Mais si tu en gagnes, vas-y ! J'ignore comment tu vas t'y prendre sans travailler, et après tout c'est ton problème. »

Fausto fut embauché comme réceptionniste dans le cabinet d'un médecin dominicain, mais il aurait accepté n'importe quel autre emploi. Il ne pensait qu'au théâtre et personne ne lui sortirait cette idée de la tête. Une fois par semaine, il se rendait à pied au siège de la radio de Ciudad Trujillo et enregistrait une émission de poésie sans la moindre rétribution, mais entendre sa voix sur les ondes, si changée qu'elle lui semblait celle d'un autre, et recevoir des compliments de la part des rares individus qui l'identifiaient au lecteur de la station lui procurait une satisfaction qu'il ne cherchait à expliquer à personne, car nul ne l'aurait comprise. Mauro, coursier dans une épicerie espagnole, le soutenait en lui donnant les bouteilles de lait et les poignées de lentilles qu'il chipait au travail, et Fausto, fort de sa petite popularité, tenta de décrocher des rendez-vous avec des hommes fortunés originaires de son pays pour demander de l'aide. Ils le reconnaissaient parfois, mais n'avaient la plupart du temps jamais entendu ni son nom ni sa voix. Quoi qu'il en soit, il obtint en quelques mois la somme dont il avait besoin. Lorsqu'il voulut acheter son billet, il s'aperçut cependant que les vols avaient changé : celui de Trujillo à Caracas avait été supprimé et il fallait désormais faire escale à Curaçao, ce qui en augmentait le prix. Il n'avait plus assez d'argent.

Ce soir-là, en se confiant à son père, il pleura comme il ne l'avait pas fait depuis son enfance.

« Je ne sortirai jamais d'ici. On va tous pourrir en République dominicaine. »

Alors son père dégrafa sa ceinture, fit apparaître entre ses mains une bande de tissu et, derrière, des billets moites et noircis.

« Ce sont les économies des récoltes d'arachide. Il te manque combien ?

– Mais tu gardes cet argent en cas de pépin, protesta Fausto.

– Je garde cet argent pour le dépenser comme je veux, et en ce moment c'est toi qui en as besoin », rétorqua Domingo.

Il lui était arrivé la même chose. À l'époque où il souhaitait quitter les Canaries, à l'âge de seize ans, un ami cher lui avait donné de quoi compléter le prix du billet.

« Aujourd'hui je veux être cet ami pour toi. »

Des années plus tard, avec le recul, Fausto comprit que le Venezuela avait été une simple escale et non une destination. Les mois suivants, alors qu'il partageait son temps entre un travail stupide – enrouler des tissus au magasin El Gallo de Oro – et sa recherche toujours frustrante de la vie culturelle à Caracas, son père et son frère s'installèrent en Colombie, où l'oncle Felipe s'était établi. Quand Olga les y rejoignit, Fausto resta seul au Venezuela ; il commença à fréquenter des groupes de théosophie, à lire Khalil Gibran, à recevoir des nouvelles qui lui inspiraient un mélange de nostalgie et d'envie. « Nous travaillons tous, lui disait son père dans ses lettres. Olga est secrétaire pour un réfugié espagnol, Mauro agent commercial – un titre élégant – dans une usine de parfums, et je vais t'annoncer quelque chose qui va te plaire : ton oncle est ici lui aussi. Pas à Bogotá, comme nous, mais à Medellín, la deuxième ville du pays, où un Équatorien a créé des laboratoires pharmaceutiques dont Felipe est le gérant. Quant à moi, je dirige un hôtel au cœur de Bogotá. Ce pays nous traite bien, il ne manque plus que toi. »

Il ne manque plus que moi, pensa Fausto en songeant également aux vies résumées dans la missive, celles de personnes ayant perdu leur pays et pour lesquelles le bonheur était précaire : un salaire de misère pour faire ce qu'ils n'auraient pas fait en Espagne. Il refusait de subir le même sort : il aurait le métier de son choix ou mourrait en essayant d'y parvenir. Il occupa les semaines qui suivirent à lire des poèmes, beaucoup, et se forgea une réputation grâce à sa voix et à son talent, tout en fourbissant d'autres armes. Au Salon d'art Pegaso, il monta sans l'aide de quiconque un récital García Lorca, bien conscient que son succès était dû à la petite mythologie qu'il avait échafaudée autour de sa personne en racontant à tout le monde qu'il était le disciple du poète. En vérité, dans son enfance, son cousin Ángel avait amené Lorca chez eux, à Madrid.

« Federico, je te présente mon cousin Fausto, il adore réciter des vers. »

Lorca l'avait félicité avant de poser une main ferme sur sa tête et de lui faire une bise. L'histoire s'arrêtait là, mais des années après l'assassinat du poète, Fausto ne trouvait pas malhonnête d'utiliser cette fausse anecdote pour tenter de percer. Non, il n'avait pas été un disciple de Lorca, mais il vivait une passion plus forte, plus profonde. Et il comptait en profiter.

Fausto avait vingt ans quand il arriva à Bogotá par la frontière vénézuélienne. Après quinze heures de route, il avait l'impression que son âme avait traversé plusieurs vies. C'était en juin 1945. Hitler s'était suicidé dans son bunker quelques semaines auparavant, deux jours après que les Italiens eurent pendu Mussolini, mais Franco était vivant, bien vivant, et rien ne semblait indiquer que l'Espagne redeviendrait une république. Les Cabrera avaient emménagé dans une maison de la rue 17, non loin du parc Santander, une demeure spacieuse dont toutes les chambres étaient cependant occupées, de sorte que pour installer Fausto il fallut dégager le peu d'espace disponible dans le cellier – retirer des cageots d'aliments, déplacer des tabourets en bois – afin d'y loger un lit de camp sur lequel un jeune homme plus grand ou plus corpulent que lui n'aurait pas pu passer une nuit. Il régnait dans la remise un climat infernal : dans la journée, quand la cuisine tournait, il y faisait plus chaud que dans le reste de la maison, mais la nuit, une fois les fourneaux éteints, les courants d'air s'y engouffraient par la cour et le froid s'incrustait dans les petits carreaux des murs. Fausto se glissait dans son lit, persuadé qu'un trublion avait aspergé ses draps d'eau glacée. Après Caracas et Ciudad Trujillo, il trouvait invraisemblable qu'un de ses compatriotes ait pu édifier une ville sous ces ciels gris où l'hiver était permanent et où il pleuvait tous les jours sans exception, où les hommes marchaient gantés dans les rues, armés de parapluies, la mine renfrognée, et où les femmes, qui mettaient rarement le nez dehors – la plupart du temps pour faire les courses –, guettaient le moindre rayon de soleil comme des chats égarés.

Il arpentait la ville son album sous le bras, le montrant à la moindre occasion. Il contenait des coupures de journaux résumant son histoire débutante, des articles mineurs parfois illustrés de photos de piètre qualité, parus dans la presse vénézuélienne ou dominicaine. On y voyait Fausto prenant des poses histrioniques devant un micro ou affublé de vêtements excentriques sur fond noir. Les légendes étaient souvent ridicules et les textes paternalistes ; mais ce qui comptait, c'est que la presse avait couvert l'événement et que, désormais, à Bogotá, Fausto avait cessé d'être un fils d'exilés cultivateurs d'arachides dans la jungle frontalière. Il n'était même plus un employé enroulant des tissus destinés à la vente qui récitait des poèmes à ses heures perdues, mais un jeune acteur espagnol qui avait survécu à la débâcle européenne et venait égayer la vie culturelle de la cité par son talent. Il pensait peut-être bientôt devenir quelqu'un d'autre et laisser derrière lui le garçon qu'il avait été. Il arrivait avec un bagage léger, débarrassé du poids gênant de son passé. Il avait fui cette vie et était là pour se réinventer, si bien que lorsque la chance se présenta, il ne s'en étonna guère, car cette dernière sourit aux audacieux.

Un jour qu'il marchait sans but précis dans le centre de Bogotá, il avisa une plaque en pierre sur laquelle il lut « ministère de l'Éducation ». Il fut le premier surpris quand un certain Darío

Achury Valenzuela, directeur d'un bureau appelé Département du développement culturel, le reçut sans le faire attendre. Il se demanda s'il ne l'avait pas confondu avec quelqu'un d'autre, puis ses soupçons se dissipèrent : Achury était un curieux insatiable qui, contre toute attente, n'avait guère de travail ce jour-là, et parler de poésie était une des choses qu'il préférait au monde. Il devait avoir une quarantaine d'années, mais sa diction et ses manières étaient celles d'un vieux monsieur. Il portait un costume trois pièces et son chapeau et son parapluie étaient suspendus à un valet de nuit disposé derrière son bureau. Fausto n'avait jamais rencontré un homme tel que lui : c'était comme s'adresser à José Ortega y Gasset par une matinée automnale. Achury citait Schiller en allemand et était capable de réciter par cœur des pages entières de *Don Quichotte*. Il passa un quart d'heure à soliloquer contre les critiques qui avaient traité Cervantès d'esprit profane, et se répandit sans hésiter en commentaires négatifs sur Miguel de Unamuno et Azorín, après quoi il décréta qu'Ángel Ganivet était un incompétent et Juan Varela un ignare.

« Ce sont eux les profanes », affirma-t-il.

Leur conversation dura plus de deux heures. Ils évoquèrent les poètes espagnols et latino-américains ; Achury mentionna Hernando de Bengoechea, poète colombien mort en combattant pour la France pendant la Grande Guerre, puis ils abordèrent la guerre d'Espagne et la mort d'Antonio Machado. Quand ils en vinrent à García Lorca – ce qui paraissait évident –, Fausto sauta sur l'occasion.

« Ah oui, Federico ! Je l'ai connu, vous savez ? Je me souviens encore du baiser qu'il a déposé sur ma tête. »

Il quitta le ministère avec la promesse d'un récital au théâtre Colón. On venait de ménager un espace dans le théâtre le plus important du pays à cet inconnu de vingt ans. Il n'aurait pas pu mieux débuter. Le Colón n'était pas plein le soir où il se produisit, mais à l'orchestre le public s'était groupé aux premiers rangs, si bien que les fauteuils vides demeuraient dans l'ombre. Fausto n'avait encore jamais joué dans un lieu aux sièges fixés au sol, recouverts de velours rouge, ce qui sous le cristal du grand lustre leur conférait l'aspect de taches de sang sur du sable. Il commença par des vers simples d'accès, une musique séduisante, une méditation inoffensive destinée à chauffer les spectateurs :

Jamais je n'ai cherché la gloire
ni voulu dans la mémoire
des hommes laisser ma chanson.

Le poème figurait dans le recueil *Proverbes et chansons*, d'Antonio Machado, et sur scène Fausto était devenu Machado, l'homme qui aimait les mondes subtils et agréables, en apesanteur, et le persécuté mort à la frontière française, non loin du lieu où lui-même aurait pu périr sous les bombes des fascistes.

Le chemin se fait en marchant,
et quand on tourne les yeux en arrière
on voit le sentier que jamais
on ne doit à nouveau fouler.

À l'orchestre le public approuvait, et dans les loges de rares spectateurs, tous installés au niveau le plus bas, se penchèrent davantage par-dessus la balustrade, l'ovale de leurs visages émergeant de la pénombre. Apparemment, personne n'occupait la loge présidentielle, ce qui, de manière absurde, fut une déception pour Fausto. C'était trop demander que vienne un dignitaire, bien entendu, mais il aurait au moins pu prêter sa loge à des membres de sa famille ou à des amis. Les visages attentifs restaient concentrés ; après les applaudissements qui fusèrent çà et là comme une menace de pluie, Fausto enchaîna en récitant un autre poète défunt :

L'oignon est un givre
fermé et pauvre :
givre de tes jours

et de mes nuits.
Faim et oignon :
glace noire et givre
grand et rond.

Ce n'était pas un poème sur l'oignon, comprirent les spectateurs assis sur les fauteuils de velours rouge. Non, ces vers parlaient d'un enfant, un enfant affamé, le fils d'une femme brune nourri avec du sang d'oignon.

Vole enfant sur la double
lune des seins.
Eux tristes de cet oignon
toi satisfait.
Ne t'effondre pas.
Ignore ce qui se passe
et ce qui arrive.

Fausto était maintenant le poète Miguel, qui écrivait de son cachot des vers pour son enfant : le poète Miguel, un homme de la campagne comme lui l'avait été, emprisonné par les fascistes comme l'oncle Felipe. Fausto était l'oncle Felipe et aussi le garçon de six ans qui lui avait rendu visite au centre de détention, triste et craintif, et il était le jeune homme affamé qui avait volé les capsules d'huile de foie de morue dans une pharmacie de Ciudad Trujillo. Un bruit étouffé lui parvint du premier rang, et quand il eut fini de réciter (les mains le long du corps, un puissant vibrato dans la voix), il s'aperçut que quelqu'un pleurait. Pas une femme, mais plusieurs : deux, quatre, dix ; les fauteuils de velours sanglotaient. Puis ce fut un tonnerre d'applaudissements.

IV

Le triomphe du Colón fut à la fois modeste et extraordinaire et plaça Fausto en bonne posture dans le panorama du théâtre colombien. On commença à parler de l'acteur espagnol qui venait d'arriver – disciple de García Lorca, oui, issu en outre d'une famille de héros républicains –, et les compagnies naissantes s'intéressèrent à lui. De retour d'une courte tournée peuplée de cours sévillanes, d'enfants et d'oignons, il trouva une invitation pour un récital au Théâtre municipal, une scène qui n'était pas comme les autres. À l'époque, le leader libéral Jorge Eliécer Gaitán, un politicien d'origine modeste devenu un redoutable rassembleur de foules qui était considéré par les élites comme une menace tangible, y faisait ses discours en fin de semaine – il appelait cela les Vendredis culturels –, des exemples d'éloquence qui ralliaient bien plus de monde que Fausto n'en avait jamais vu à cet endroit, retransmis à la radio dans un pays séduit par les idées de gauche et la rhétorique mussolinienne de cet individu aux traits indigènes et aux cheveux gominés. Fausto se mit à répéter les poèmes habituels – Machado, Lorca, Hernández. Un vendredi, constatant que Gaitán était resté l'écouter déclamer après son émission, il l'aborda et ils discutèrent. L'homme politique parlait en connaisseur de la poésie colombienne, citant José Asunción Silva et Julio Flórez. Il suggéra à Fausto d'inclure Neruda dans son répertoire. Quand ils prirent congé l'un de l'autre, Fausto entendit quelqu'un dire :

« Ils s'apprécient et ça se comprend. Ce sont deux communistes. Avec des gens comme ça, le pays court à sa perte. »

Ce n'était pas vrai : Gaitán n'était pas communiste et Fausto encore moins. Il n'avait jusqu'alors pas eu le temps de s'interroger à ce propos, trop occupé à se battre contre de plus hautes valeurs, à commencer par Dieu. Lors de son bref séjour à Caracas, il s'était rapproché de groupes occultistes afin de tirer certaines choses au clair. Il avait étudié la théosophie de madame Blavatsky avant de devenir rosicrucien et franc-maçon. Il avait même obtenu son diplôme *au temple*, un premier pas important dans la franc-maçonnerie. Petit à petit, il déchanta et se détourna des maçons, des rosicruciens et des théosophes, mais ne renonça pas à sa quête, toujours d'actualité puisque personne n'avait été en mesure d'apporter des réponses à ses questions. Or il sentait dans le ton de Gaitán que le leader populaire savait des choses qu'il ignorait. Le politicien lui demanda s'il n'avait jamais songé à porter une bande de tissu serrée autour de la taille pour que la pression ainsi exercée sur le diaphragme augmente la puissance de sa voix. Fausto s'était rendu compte que, sans être imposant, cet homme était capable de parler sans micro sur la place Bolívar. Il suivit donc chacun de ses conseils, impressionné de ce qu'il retenait de ses déclamations : pas la qualité des vers, bien entendu, ni l'émotion qu'il mettait à les réciter, mais sa conviction.

« Vous détestez les tyrans, lui dit Gaitán. C'est sur ce point que nous nous retrouvons. On tue les paysans à une ou deux heures d'ici et nous, nous récitons des poèmes. Laissez-moi vous dire, jeune homme, que si ces poèmes ne servent pas à combattre, c'est qu'ils ne servent à rien. »

Gaitán décrivait à Fausto des réalités qui lui étaient tout à fait étrangères. Dans la capitale circulaient des récits d'histoires atroces survenues dans les campagnes et les montagnes, où des hommes étaient tués à coups de machette et des femmes violées sous les yeux de leurs enfants ; Fausto Cabrera, déclamateur de poètes morts de l'autre côté de l'Atlantique, avait eu jusqu'alors d'autres préoccupations, mais au fil de leurs discussions Gaitán lui présentait un univers plus vaste. Ce n'était peut-être pas une coïncidence s'il se mit à fréquenter l'Athénée républicain espagnol, un lieu de rencontre entre artistes et écrivains où on souhaitait la mort de Franco et portait secours aux exilés qui ne mangeaient pas à leur faim. On y parlait aussi à voix basse du Parti communiste et des guérillas des Llanos orientaux. À l'Athénée, il n'y avait pas de place pour les théosophies ou les occultismes. Là, Fausto découvrit que la vraie réalité était plus réelle que jamais. Les discussions tournaient autour de l'Union soviétique et de la révolution, même si ceux qui frappaient du poing sur la table finissaient sans transition par réciter des vers. L'une des personnes les plus assidues, un Colombien à l'accent chantant, s'appelait Pedro León Arboleda et prononçait des noms que Fausto entendait pour la première fois, de Porfirio Barba Jacob à León de Greiff, et lui expliquait ensuite qu'il s'agissait de grands poètes, de surcroît originaires du département d'Antioquia.

« Ici vous perdez votre temps, Cabrera, concluait Arboleda. En Colombie, les poètes sont à Medellín. »

Lorsque Fausto décida peu après de passer quelques jours dans cette ville, il se peut que le désir de voir son oncle ait été aussi fort que la portée des paroles d'Arboleda. Il arriva dans l'idée d'y faire un court séjour, de donner un récital et de passer un moment avec Felipe, gérant des laboratoires pharmaceutiques équatoriens. Medellín était construite au pied de belles montagnes et avait un climat caressant : il n'était pas difficile de comprendre pourquoi l'oncle Felipe s'y était installé. En le revoyant, Fausto pensa qu'il était resté obstinément le même. Il n'avait rien perdu de son accent péninsulaire, se berçait d'illusions, drapé dans sa fierté espagnole, et sa force de caractère lui permettait encore de refuser les subventions que lui proposait tardivement le gouvernement républicain exilé au Mexique. Les souvenirs qu'il avait de l'Espagne ou de son passé en Espagne continuaient à le tarauder, comme si on venait de l'expulser. Tout dans ses propos se référait à sa patrie perdue. Un soir, après le dîner, il montra à Fausto un numéro récent du magazine *Semana*, ouvert à la page où s'étalait sur trois colonnes un article intitulé « La nation ».

« Lis », ordonna-t-il.

Fausto obéit.

Y a-t-il, comme semblent l'indiquer les journaux, une vague de violence ? Quelqu'un a-t-il constaté un lien entre les faits sanglants et les actes criminels de notre époque, et ceux de temps plus pacifiques ? Non. Mais sans aucun doute, un étranger qui voudrait s'informer de la situation actuelle en Colombie et passerait en revue la presse du pays le croirait au bord de la catastrophe ou en passe de vivre une révolution. Cependant, nous autres, Colombiens, nous ne sommes pas inquiets. Pourquoi ? Nous est-il indifférent qu'un événement sanglant se produise toutes les vingt-quatre heures à cause des luttes politiques ? Non. Nous ne serions pas parvenus à un tel degré d'insensibilité. Il faut toutefois reconnaître qu'il est anormal pour les vieux chrétiens que nous sommes de ne pas accorder l'importance qu'elle mérite à une situation de ce genre. Nous n'acceptons pas ces versions telles qu'on nous les présente, voilà la raison. Ni les conservateurs assassinés par les libéraux, ni les libéraux assassinés par les conservateurs ne nous inspirent la moindre inquiétude ou indignation, car nous accueillons toutes ces informations en les atténuant considérablement. Nous attendons, disent les gens, de voir exactement comment se sont déroulés les faits. Mais de cela – le déroulement des faits – on ne peut jamais être sûr.

« Tu es trop jeune pour t'en souvenir, continua Felipe. Mais c'était comme ça. Exactement comme ça.

– Quoi ?

– Eh bien… l'Espagne. L'Espagne de ces années-là.

– Avant la guerre.

– Tout se ressemble trop, tu vois ce que je veux dire ? Il y a comme un petit air de déjà-vu. Ici, ça va barder. »

Fausto donna cinq récitals à Medellín, mais pour le plus important il était assistant et non acteur. C'était à l'Institut de philologie : un poète lisait son œuvre, une série de sonnets qui semblait ne pas avoir de fin, et quand cette fin à laquelle plus personne ne croyait finit par arriver, une femme blonde aux grands yeux dont le cou de cygne émergeait avec élégance d'une robe à fleurs s'approcha de Fausto, flanquée de sa mère et de sa sœur, et lui tendit un carnet délicat qu'elle tenait entre ses mains :

« Je vous ai écouté il y a quelques jours, monsieur Cabrera. Pourrais-je avoir un autographe ? »

Fausto eut la présence d'esprit de songer qu'il ne la reverrait jamais s'il accédait à sa demande, aussi lui répondit-il qu'il avait besoin d'y réfléchir, qu'il ne voulait pas lui écrire n'importe quoi et l'appellerait pour lui rendre visite plus calmement. Ce qu'il fit : il alla la voir non pas une, mais deux ou trois fois dans une maison de l'avenue La Playa, toujours en présence d'une de ses sœurs ou d'autres poètes, mais il se garda de lui rendre le carnet autographié. Peut-être s'y prit-il mieux que les autres visiteurs, car quelques mois plus tard elle l'invitait à venir seul.

Elle s'appelait Luz Elena et était une des quatre filles de don Emilio Cárdenas, le fils d'une riche famille originaire de la région qui avait fait fortune en créant sans l'aide de quiconque l'ECAR, un laboratoire pharmaceutique concurrent de celui pour lequel travaillait l'oncle Felipe. Malgré ses dix-sept ans, Luz Elena était bien moins prévisible que ne le laissaient supposer ses robes à fleurs, ses doubles chaperonnes et sa famille bourgeoise. Fausto ne comprit jamais comment elle avait trouvé le moyen de lire autant, toujours est-il que cette petite demoiselle lui parlait avec une autorité insolente de sœur Juana Inés de la Cruz et de Rubén Darío. On disait dans la famille qu'on lui avait donné son baccalauréat avant l'heure afin qu'elle cesse de tourner ses professeurs en ridicule. Inés Amelia, sa plus jeune sœur, racontait qu'un jour, la professeure de littérature étant tombée malade à la dernière minute, Luz Elena avait dispensé à sa place un cours sur le vieux romancero sans regarder ses notes. Don Emilio était si fier d'elle qu'il vantait ses qualités sans se soucier de ses protestations. Fausto en fut témoin pour la première fois un dimanche, à la fin d'un long déjeuner, calé dans un siège sur lequel on aurait pu inscrire le mot *Soupirant*. Dans un moment de silence, l'air de rien, don Emilio déclara :

« Vous qui êtes du métier, jeune homme, vous n'avez jamais entendu Luz Elena réciter de la poésie ? Allons, ma fille, fais donc entendre à votre invité le poème du petit soldat.

– Pas maintenant, papa.

– C'est mon préféré, insista don Emilio. Ne te fais pas prier, Luz Elena, c'est mal élevé. »

Elle joua le jeu, plus pour sentir sur elle le regard de cet Espagnol qui comprenait la poésie et la déclamait si bien que pour faire plaisir à son père. Elle se leva, lissa sa robe et se lança dans une parfaite diction :

– Petit soldat, petit soldat, – d'où arrivez-vous comme cela ?
– De la guerre, mademoiselle, – dites, en quoi puis-je vous servir ?
– N'auriez-vous pas vu mon mari – quelque part dans cette guerre ?
– Non, madame, je ne l'ai pas vu, – j'ignore à quoi il ressemble.
– Mon mari est très grand et blond, – très grand et blond, aragonais,
À la pointe de son épée – il a un beau mouchoir brodé,
Je l'ai brodé dans mon enfance, – dans mon enfance je l'ai brodé,
Et je lui en brode un autre – un autre je lui broderai.
– Aux signes que vous me donnez – je sais qu'il est déclaré mort,
On l'emmène à Saragosse – dans la maison d'un colonel.
– Sept ans durant j'ai attendu, – sept autres encore j'attendrai,
S'il n'est pas rentré d'ici là, – alors le voile je prendrai.
– Tais-toi, tais-toi mon Isabel, – tais-toi, tais-toi mon Isabel,
C'est moi ton époux adoré, – et toi ma chère femme aimée.

La tablée applaudit et Luz Elena, sous le regard attentif de Fausto, se rassit.

« J'aime beaucoup ! s'exclama don Emilio. L'époux fait semblant d'être un autre pour éprouver l'amour de sa femme. C'est vraiment charmant, n'est-ce pas ?

– Charmant, oui, murmura Luz Elena, mais moi il me semble qu'on ne se comporte pas ainsi avec son épouse. »

Au bout de quelques mois ils étaient fiancés, et quelques semaines après, ils avaient programmé leur mariage, comme pressés par une urgence *non sancta*. Ils se mirent d'accord pour ne pas avoir une foule de gens inconnus ni de photographes des rubriques mondaines le jour de la cérémonie, raison pour laquelle Luz Elena choisit l'église du Sacré-Cœur, qui avait un avantage sur les autres, car elles étaient deux à porter ce nom. L'une se trouvait dans une zone résidentielle aux rues propres peuplées de familles respectables. Les curieux étaient persuadés que le mariage se déroulerait là. Pendant ce temps, Luz Elena et Fausto convolèrent à la sauvette dans l'autre église, plus sombre et plus modeste, édifiée dans un quartier pauvre de la ville. Quand Fausto signa le registre, la jeune fille le regarda d'un air ironique :

« Ce n'est pas trop tôt ! Je n'ai jamais eu autant de mal à obtenir un autographe. »

C'était en décembre 1947. Les deux années qui suivirent, tandis que la Colombie s'immergeait dans le bain de sang de la violence partisane, les jeunes mariés voyagèrent dans toute l'Amérique latine, faisant d'une tournée de récitals la lune de miel qu'ils ne pouvaient s'offrir. Les nouvelles du pays leur parvenaient tard et déformées, mais Fausto n'oublia jamais où il se trouvait lorsqu'il apprit l'assassinat de Gaitán, le 9 avril 1948. Il venait de réciter à Quito un poème de Lorca. Les journaux rapportaient que Juan Roa Sierra, un jeune rosicrucien sans emploi et paranoïaque, avait attendu le leader de gauche à la sortie de son bureau, à l'angle de la Carrera Séptima et de l'avenue Jiménez, et avait tiré trois balles qui avaient non seulement achevé le prochain président de la Colombie, mais été le coup d'envoi d'une guerre qui ravagea le pays en peu de temps.

« Comme l'avait dit mon oncle », fit remarquer Fausto à Luz Elena.

Il ne vit pas Bogotá embrasée par les protestations populaires, ni les francs-tireurs postés sur les toits de la Carrera Séptima, ni les prêtres qui tiraient eux aussi depuis la terrasse du collège de San Bartolomé, ni les pilleurs qui brisaient les vitrines pour emporter des lampes, des réfrigérateurs ou des caisses enregistreuses, ni les tramways incendiés renversés devant la cathédrale, ni les milliers de morts qui, au cours des trois journées suivantes, s'amoncelèrent dans les galeries voisines car les membres de leurs familles ne pouvaient pas sortir pour aller les identifier. Le cœur de la ville était en ruine et seule une forte pluie put venir à bout des flammes qui avaient déjà consumé des immeubles entiers et qui semblaient avoir allumé la mèche de la violence dans le reste du pays insurgé. Tandis que Fausto et Luz Elena sillonnaient le Pérou et la Bolivie, les policiers conservateurs envahirent le hameau de Ceilán, dans la vallée du Cauca, et laissèrent cent cinquante morts derrière eux, la plupart carbonisés. Lorsqu'ils atteignirent le Chili et l'Argentine, vingt-deux personnes qui assistaient à une conférence politique furent assassinées dans la Maison libérale de Cali par des membres du parti conservateur sans uniforme, et les premiers comités de résistance, qui n'étaient autres que des paysans armés tant bien que mal pour se défendre, furent créés dans des endroits retirés. La répression était féroce : à Antioquia aussi, leur annonçaient leurs proches dans les courriers qu'ils reçurent tout au long de leur tournée. Fausto trouva donc étrange que Luz Elena lui dise un jour, à Buenos Aires, qu'il était temps de rentrer. Mais son argument était imparable : elle était enceinte.

Sergio Fausto naquit le 20 avril 1950, à la moitié du XXe siècle, à l'hôpital San Vicente de Paúl, deux ans avant sa sœur Marianella. Pour la première fois de sa vie, Fausto jouissait d'un certain confort économique : il travaillait à *La Voz de Antioquia*, une émission de radio que tout le monde écoutait – sa partie s'intitulait « Harmonie et rêverie » –, et avait même le temps de créer des compagnies de théâtre expérimental dans une ville où on n'en avait quasiment jamais entendu parler. Il n'avait pas d'amis mais de grands copains : un médecin, Héctor Abad Gómez ; un journaliste, Alberto Aguirre ; un peintre, Fernando Botero, et un poète, Gonzalo Arango. Tous âgés d'une vingtaine d'années, ils aspiraient à faire de grandes choses, se réunissaient autour de bouteilles d'eau-de-vie, parlaient politique et récitaient des vers en vivotant de petits boulots. Avec l'aide et le talent de son épouse, Emilio Cárdenas, son beau-père, avait monté une petite entreprise de pâtes dans sa cuisine, une sorte de commerce secondaire, pour ne pas dire un passe-temps, et Fausto empochait quelques pesos supplémentaires en livrant des nouilles et en encaissant les factures. Il finit par réunir la somme suffisante pour s'offrir un des premiers magnétophones portables disponibles en Colombie. Gonzalo Arango l'aspergea de trois gouttes d'eau-de-vie pour le baptiser.

« "La Voix des Dieux". Tel est ton nom, magnétophone », déclara-t-il.

Ses comparses étaient fascinés par l'appareil.

« C'est ma voix, ma voix ! s'exclamait Alberto après s'être enregistré. Ce truc va changer le monde ! »

Ils l'étrennèrent en déclamant des poèmes de Miguel Hernández, censurés de manière implacable par Franco : ses poèmes n'étaient récités nulle part au monde, un motif suffisant pour que le groupe en fasse son totem.

Quand il n'était pas au volant de la fourgonnette pour livrer les pâtes, Fausto récitait de la poésie devant de petits auditoires fascinés et Luz Elena était toujours là, assise au premier rang, et remuait les lèvres tandis que Fausto disait que « le chemin se fait en marchant, et quand on tourne les yeux en arrière, on voit le sentier que jamais on ne doit à nouveau fouler ». Il s'employa également à monter des classiques que peu de gens connaissaient, mais qui attirèrent bientôt un public fidèle et curieux. Entretemps, les massacres étaient devenus trop nombreux pour qu'on en fasse mention dans la presse. Fausto se rappelait l'article du magazine que lui avait fait lire l'oncle Felipe et se demandait s'il n'était pas cet étranger qui observait la réalité colombienne. Il se demandait aussi pourquoi personne ne semblait concerné par les événements, hormis peut-être les paysans, car ces tueries paraissaient lointaines aux yeux des citadins. Très grave, la situation s'éternisa jusqu'à ce que survienne ce que beaucoup attendaient. En mai 1953, un militaire, le lieutenant-colonel Gustavo Rojas

Pinilla, fit un coup d'État dans l'intention manifeste de mettre fin à ce bain de sang.

« Ça devait arriver, déclara Felipe. Toutes ces dictatures vont finir par me tuer. »

Quelques semaines plus tard, il annonça aux siens qu'il partait au Chili. Sa décision étonna toute la famille : il avait épousé une femme de Medellín, travaillait toujours pour le laboratoire pharmaceutique et aimait la ville, alors pourquoi s'établir ailleurs ? Les parents de Luz Elena, qui s'étaient pris d'affection pour lui, se posaient la même question : pourquoi le Chili ? Fausto était le seul à le comprendre sans parvenir à l'expliquer : son oncle portait en lui le virus de l'exil, une bougeotte compulsive qui le menait çà et là parce qu'il n'avait pas eu la possibilité de rester dans son pays. Après être allé de Ciudad Trujillo à Bogotá et de Bogotá à Medellín, où il était bien établi, avec une épouse qui l'aimait et veillait sur lui, il partait au Chili.

« Si ça se passe bien je reste, et si ça va mal je rentre, dit-il. Comme le dit ma femme, "la pire des choses, c'est de rester les bras croisés". »

Un an plus tard, lorsque le gouvernement commença sa propagande, il avait quitté la Colombie.

Le gouvernement parlait de grandes célébrations auxquelles travaillait la dictature pour commémorer son premier anniversaire. Nul ne savait en quoi elles consisteraient, mais ces festivités ne disaient rien de bon à Fausto.

« Les dictatures sont partout les mêmes, estimait-il. Quand elles se mettent à célébrer leur anniversaire, c'est qu'on va en reprendre pour longtemps. »

Mais il n'aurait jamais imaginé la nature des célébrations en question : Rojas Pinilla promettait l'arrivée de la télévision en Colombie. Dans de longues allocutions à la radio, il expliqua qu'il l'avait découverte à Berlin à la fin des années 1930 et que, depuis, il avait toujours pensé qu'il fallait installer cette invention dans le pays. Ça n'avait pas été facile selon lui car, dans cette région montagneuse, il y avait trop d'obstacles pour les émetteurs, mais il avait donné l'ordre de mener ce projet à terme sans regarder à la dépense. Une délégation traitée avec tous les égards s'était rendue aux États-Unis pour réaliser des études, acheter les équipements et importer cette technologie. Rojas fit installer une antenne de trente mètres à l'hôpital militaire, un des endroits les plus élevés de Bogotá, une deuxième sur le volcan Nevado del Ruiz et une troisième dans le département de Boyacá, dans le paramo de la Rusia. Ainsi et pour le bien de la patrie, les émetteurs couvriraient tout le pays. Ce que Rojas oublia de préciser mais qu'on apprit au fil des jours, c'est qu'une fois les antennes bien dressées sur leur socle et tous les appareils prêts dans les stations, aucun technicien colombien n'était capable de les faire fonctionner. On ne savait même pas quelles images on allait émettre ni qui les recevrait : les Colombiens ne possédaient pas de postes de télévision, qui coûtaient trois fois le salaire de base. En quelques semaines, le gouvernement fit venir de Cuba vingt-cinq employés d'une chaîne qui venait de déposer le bilan, créa de généreux crédits pour que les Colombiens puissent s'offrir mille cinq cents postes Siemens et remplit les vitrines des magasins de téléviseurs afin que tous, y compris ceux qui n'avaient pas les moyens de s'en acheter un, puissent profiter de l'invention.

Le 13 juin 1954, un an après avoir pris le pouvoir, Rojas Pinilla apparut dans la boîte lumineuse qui regardait les gens et leur dit qu'il s'adressait à eux depuis le palais de San Carlos, en plein centre de Bogotá. Il fit un discours émouvant dans lequel il déclarait la mise en service de la télévision en Colombie. Quand l'hymne national s'éleva, les Colombiens comprirent que cette fois ne serait pas comme les autres, car ils pourraient voir l'Orchestre symphonique national au moment même où les musiciens jouaient, l'observer sans être à l'endroit où il se trouvait. La première émission dura trois heures quarante-cinq et Fausto, qui la suivait avec fascination à Medellín, comprit que le monde avait changé à jamais, et pensa qu'il y avait peut-être sa place. Quand il entendit dire ensuite qu'un individu du nom de Fernando Gómez Agudelo, qui avait fait venir les équipements des États-Unis et les techniciens de Cuba, recrutait les plus grands talents du monde du théâtre pour choisir les histoires que les téléspectateurs recevraient dans leurs boîtes, il n'hésita pas une seconde. Il songea que l'oncle Felipe était parti au Chili et que Fernando Botero, son ami peintre, s'était installé à Bogotá. Domingo, le père de Fausto, dirigeait toujours un hôtel au cœur de la capitale, le Roca, et menait sa vie comme un Colombien de pure souche.

« Pourquoi n'y allons-nous pas, nous aussi ? proposa Fausto à Luz Elena.

– Allons-y. On ne va tout de même pas être les seuls à rester à Medellín. »

La famille Cabrera Cárdenas emménagea dans un appartement à deux niveaux situé rue 45, avec des pièces étroites mais confortables, et au milieu du salon un écran lumineux où des hommes en noir et blanc bougeaient et étaient engloutis par un puits de lumière et d'électricité statique quand on appuyait sur un bouton. À l'époque, un petit homme qui traînait la patte venait souvent rendre visite aux Cabrera. Fausto expliqua à ses enfants qu'il s'appelait Seki Sano, était japonais et venait d'arriver de Mexico. Il avait été engagé par le gouvernement colombien pour enseigner aux acteurs et aux metteurs en scène les techniques de la télévision. Il avait un grand front, portait des lunettes à monture épaisse qui laissaient à peine voir ses yeux et tenait toujours dans une main sa pipe sur laquelle il tirait même lorsqu'elle était éteinte. Il avait perdu l'usage de sa jambe après avoir été atteint d'arthrite tuberculeuse dans son enfance, mais le bruit courait qu'il avait été blessé à la guerre, une rumeur qu'il ne s'était jamais soucié de démentir. Après avoir été poursuivi au Japon, il avait quitté son pays pour se réfugier en Union soviétique mais, expulsé comme Trotski par les stalinistes, il s'était établi en Colombie pour appliquer la méthode Stanislavski au théâtre télévisé ; de tous les metteurs en scène colombiens, Fausto était le plus à même de comprendre de quoi parlait le Japonais ; ils avaient tous deux des goûts similaires et les mêmes sympathies politiques, si bien que, tout naturellement, le jeune déclamateur devint son disciple préféré.

Ce furent des mois de découvertes. Pendant que les caméramans apprenaient à utiliser différemment leurs appareils (nouveaux cadrages, nouveaux angles) et que le gouvernement étudiait comment ce média pourrait diffuser le message de la dictature et des forces armées, Seki Sano transmettait ses connaissances à toute une génération d'hommes de théâtre. Intransigeant avec les médiocres et rigoureux au point d'en devenir cruel, il ne tolérait pas que ses élèves s'investissent ou s'enthousiasment moins que lui. Il se mettait facilement en colère quand les acteurs ne lui donnaient pas ce qu'il attendait d'eux ; il lui arrivait fréquemment de leur lancer sa pipe ou son briquet à la figure et, un jour, il avait même empoigné un jeune homme dénué de talent pour le sortir de scène en lui criant des phrases humiliantes. Ses liens avec Fausto se resserraient. Le week-end, il venait déjeuner chez les Cabrera et laissait Sergio et Marianella s'asseoir à califourchon sur sa prothèse et jouer au cavalier. Dans ses moments de loisir, il invitait Fausto à voir des pièces créées par d'autres, mais la plupart du temps, il se mettait à soupirer dès les premières minutes et était à bout de patience à la moitié de la représentation.

« Partons, jeune homme, enjoignait-il à Fausto en se moquant d'être entendu par les acteurs. Je ne supporte plus cette cochonnerie. »

Sous le regard attentif de Sano, Fausto se fraya un passage dans la jungle des espaces télévisés comme un explorateur à la machette glissée dans sa ceinture : il adaptait de vieux romans et des pièces classiques pour les diffuser en direct, endurait les plaintes des acteurs, qui ne parvenaient pas à imaginer un public invisible. La télévision commandait une pièce par semaine alors qu'il était déjà miraculeux qu'un metteur en scène arrive à un résultat correct en quinze jours. Ils mirent au point un système consistant à répartir les tâches entre Fausto et ses collègues, des hommes qui avaient des années d'expérience de plus que lui, si renommés dans l'univers culturel de Bogotá que personne n'aurait cru qu'ils puissent être intimidés. Pourtant ils se sentaient mal à l'aise en présence de Seki Sano, sans doute du fait de sa réputation ou des jugements critiques et parfois sarcastiques que le maître émettait sur les œuvres des vaches sacrées colombiennes ; toujours est-il que Sano devint un problème, une véritable menace planant sur l'autorité ou la prééminence de ces personnalités.

Le régime en place reçut un jour une lettre l'informant des activités prosélytiques du Japonais. Seki Sano avait été réfugié en Union soviétique, puis au Mexique, ce foyer des forces de gauche, rien d'appréciable dans un pays où on avait envoyé un bataillon en Corée pour s'unir à la lutte internationale contre le communisme. Ses convictions étaient marxistes et il affleurait dans ses méthodes une vision plutôt matérialiste du monde, ce qui était un motif de scandale. Mais en réalité Sano ne s'était jamais mêlé de politique. Le petit Sergio ne comprit jamais pourquoi il cessa de venir déjeuner chez eux, mais il se rappelait que son père avait essayé de le lui expliquer : Seki Sano n'était pas parti de son plein gré et avait quitté le pays parce que le dictateur Rojas Pinilla l'en avait chassé à la suite des dénonciations d'un groupe d'artistes. C'était du moins l'hypothèse qu'avançait Fausto.

« À cause d'une conspiration de jaloux », affirma-t-il.

Un document officiel donna quarante-six heures au Japonais pour quitter le territoire, et ce qui l'affligea le plus fut de renoncer à la mise en scène d'*Othello* dans la traduction du poète espagnol León Felipe.

Quelque chose couvait : l'ambiance avait changé en Colombie. Les vétérans de la guerre de Corée rapportaient des histoires atroces sur les communistes et leurs pratiques, parlaient de soldats torturés sauvagement dans des grottes profondes, abandonnés à leur sort dans la neige jusqu'à mourir d'hypothermie ou, s'ils survivaient, amputés des orteils. Des États-Unis leur parvenaient des informations à propos d'un certain McCarthy, qui affrontait seul la menace rouge. Sano avait été expulsé parce qu'il était du mauvais côté, sans aucun doute, pourtant Fausto n'arrivait pas vraiment à se représenter la situation, peut-être parce qu'il était pris entre deux feux : certes, quelque chose couvait, mais la chance lui souriait, à croire que son destin connaissait un sort inverse à celui de son pays, où la violence s'était calmée et où les deux partis, après une décennie de rivalité meurtrière, semblaient désormais capables de s'asseoir autour d'une table pour dialoguer, comme si, à Bogotá, les leaders en avaient assez de jouer à la guerre avec des soldats étrangers. Dans le monde du théâtre, en revanche, le climat était devenu électrique et des injustices longuement tues commençaient à émerger. Fausto prit la parole pour dire que les gens du spectacle n'avaient aucuns droits en Colombie, que le théâtre était au regard de la loi un lieu d'errance et de bohème. Sur les conseils de Luz Elena, il exposa les doléances explicites des actrices, car pour monter sur les planches, une femme devait avoir l'autorisation de son père ou de son mari. En quelques semaines, le Cercle colombien des artistes fut créé sous le regard suspicieux des autorités, et moins d'un mois plus tard il appelait à la grève.

Les acteurs occupèrent les locaux de la télévision, les émissions furent interrompues pendant sept jours. Les téléspectateurs colombiens allumaient leur boîte qui ne diffusait plus rien, découvrant une nouvelle émotion : la peur du vide télévisuel. Le gouvernement réagit et Rojas Pinilla envoya la police sur les lieux avec ordre de récupérer le camion de l'unité mobile et de l'emmener n'importe où afin de réaliser une émission et de briser la grève en faisant tout simplement réapparaître des images sur le petit écran. Fausto ordonna aux grévistes de former une chaîne humaine pour empêcher l'unité mobile de sortir. Luz Elena, présente dès la formation du piquet, était au premier rang et entendit distinctement les mots qu'un capitaine de l'armée chargé de contrôler la situation hurla à tue-tête. Il intimait au chauffeur de faire marche arrière sans se soucier des acteurs.

« S'ils ne se dispersent pas, on leur roule dessus ! »

Les femmes étaient en première ligne. Par la suite, Luz Elena raconta qu'elle avait senti sur un bras la brûlure soudaine du pot d'échappement à l'instant même où Fausto et les autres se levaient pour capituler. Mais ils ne se rendirent pas : quand les soldats voulurent les arrêter, ils se défendirent à coups de poing. Fausto profita du désordre pour prendre la fuite et se cacher avec sa femme dans le hall d'un immeuble. Il se rappellerait toujours le visage de Luz Elena, en proie à une forte émotion, qui irradiait dans la pénombre.

Fausto s'affirma au sein de la télévision. Personne ne savait comment il réussissait à faire accepter de nombreux projets très risqués, comme par exemple *L'Image et le Poème*, où il déclamait en direct et pour un large public un poème de son répertoire infini pendant que Fernando Botero dessinait habilement sur une grande feuille de papier. Dans une autre émission, on voyait des parties d'échecs entre des amateurs doués et de véritables maîtres, une idée de Rojas Pinilla, qui était un bon joueur, personne ne put dire le contraire, mais on ne s'attendait pas à ce que l'émission soit un succès. C'est peut-être à ce moment-là que l'oncle Felipe rentra du Chili avec de mauvaises nouvelles : il était malade. Le cancer l'avait déjà obligé à passer sur la table d'opération et tout semblait indiquer qu'il allait s'en sortir, mais la maladie lui avait fait perdre l'esprit. Il s'installa dans un hôtel du centre de Bogotá avec sa femme et une petite chienne pékinoise, et passait ses journées à évoquer ses plus belles années à qui voulait l'entendre, se plaignant du froid qui régnait dans la ville et jurant qu'à la première occasion il retournerait à Medellín. Pourtant, même s'il avait eu les moyens de le faire, ses traitements médicaux l'auraient empêché de quitter la capitale. Quand Fausto passait le voir, une fois par semaine, s'astreignant ainsi à respecter une routine que personne ne lui avait imposée, il le trouvait de plus en plus voûté et de moins en moins éloquent, mais voyait encore un reste de fierté dans son regard, à croire qu'il était sûr que les autres le considéraient toujours comme le héros de la guerre qu'il avait été.

« Alors, mon garçon ? Comment va le théâtre ?

– Bien, tout va très bien », répondait invariablement Fausto.

Un jour, son oncle lui parut triste et fatigué, assis dans un rocking-chair en rotin, ses coupures de presse éparpillées à côté de lui. La conversation ne fut guère enrichissante ; Felipe demanda à son neveu ce qui se passait en Colombie maintenant que le pays paraissait enfin traverser une période de paix, et Fausto comprit qu'il avait devant lui un homme perclus de douleurs, non seulement physique, mais qui transparaissait aussi dans son visage empreint d'une sorte de mélancolie presque tangible. Il apprit par la suite que son oncle avait demandé qu'on lui serve son dîner dans sa chambre parce qu'il n'avait envie de voir personne. Il mangea ses tranches de banane plantain, son riz et sa viande hachée et fit ensuite retirer son plateau, sortit les coupures des chemises et les disposa sur le dessus-de-lit. Il y avait là l'article traitant de sa capture et de son emprisonnement pour avoir conspiré contre le roi ; la fausse annonce de sa mort envoyée dans tous les journaux par les fascistes pendant la guerre, avec sa photo et son nom parfaitement lisible. Sur un des papiers plus jauni que les autres figurait son père, Antonio Díaz Benzo, en uniforme d'apparat, à l'époque où on l'avait envoyé au Guatemala. Puis les douleurs s'intensifièrent, on l'emmena à l'hôpital, où on lui aurait probablement fait subir une nouvelle opération – la troisième ou la quatrième, pensant ainsi remédier à son état – si les médecins ne s'étaient pas rendus à l'évidence : la chirurgie ne pouvait rien faire de plus pour cet homme.

Felipe Díaz Sandino mourut en pleine nuit, sous sédatifs, sa main endormie dans celles de son épouse colombienne. Fausto prit place avec Mauro dans le corbillard qui transportait son cercueil et l'accompagna au Cimetière central, où il resta jusqu'à ce que les rares personnes présentes aient quitté les lieux, puis il rentra chez lui. Sergio l'entendit arriver et comprit qu'il s'était enfermé dans le garage. Il descendit le chercher après avoir attendu un temps raisonnable, se rappelait-il, et raconta par la suite que, plus que pleurer, il avait vu pour la première fois son père s'effondrer.

V

Le monde semblait avoir changé du jour au lendemain. Sergio garda en mémoire les soirs où son père rentrait tôt pour ne pas rater le journal radiodiffusé, un fait étrange car le poste des Cabrera – un de ces mastodontes avec radio et tourne-disque qui étaient un meuble supplémentaire, et non des moindres – ne servait qu'à écouter de la musique. Il était enthousiaste et voulait communiquer sa joie à ses enfants.

« La seule chose qui me rende triste, c'est que votre oncle ne soit plus là pour voir ça ! »

Luz Elena était d'accord avec lui. Il marchait dans l'appartement d'un pas léger, parlait des barbus comme s'il les connaissait et prédisait de grands événements sur tout le reste du continent. Depuis que Fidel Castro était entré dans Santiago de Cuba et avait organisé le Second Front national à La Havane, il avait l'impression que l'histoire se répétait.

Il avait peine à croire à ce qui survenait. Quatre-vingt-deux révolutionnaires cubains, expulsés de leur pays par une dictature, étaient revenus dans leur île à bord du yacht *Granma*, nourris d'un anti-impérialisme féroce ; malgré la perte des deux tiers de leurs troupes, ils s'étaient aventurés dans la Sierra Maestra, avaient affronté une armée de quatre-vingt mille hommes sous les ordres sanguinaires de Fulgencio Batista ; ils exerçaient à présent un pouvoir légitime reconnu par le monde entier, y compris le *New York Times*, et étaient parvenus à convaincre toute une génération de Latino-Américains que l'homme nouveau était arrivé pour rester. La révolution cubaine avait de fervents sympathisants en Colombie, où les mouvements paysans des années 1950, même ceux qui avaient dérivé en guérillas violentes, avaient réussi à blanchir leur image, et où de jeunes universitaires commençaient à se réunir en groupes clandestins qui lisaient Marx et Lénine et cherchaient comment fomenter le même type de révolution dans le pays. Fausto avait rêvé de tout ce qui arrivait en Amérique latine pour son Espagne républicaine, son Espagne de vaincus, l'Espagne qui s'était révélée incapable d'infliger à Franco ce que Castro et Che Guevara avaient infligé à Batista. Pour la première fois depuis qu'on l'avait traité de juif sur le port de Ciudad Trujillo, Fausto sentait que sa vie d'exilé n'était pas une vie perdue : après tout, l'histoire pouvait accomplir une mission ou un but. *Les vents du peuple me portent, les vents du peuple m'entraînent*, récita-t-il à part soi. Et Fausto avait justement très envie de se laisser entraîner.

Un jour, dans l'après-midi, Luz Elena demanda à ses enfants de venir dans sa chambre et leur raconta sans détour que leur tante Inés Amelia avait un cancer de l'estomac. Sergio, qui avait suivi de loin la mort de l'oncle Felipe, n'eut pas besoin de plus amples informations, mais Marianella voulut savoir ce qu'était le cancer, pourquoi sa tante l'avait et ce qui allait se passer ensuite. Inés Amelia avait seulement vingt-deux ans. C'était une jeune célibataire pétillante et pleine d'esprit qui avait de la tendresse à revendre. Au fil des années, Sergio et Marianella s'étaient pris d'affection pour elle, qu'ils considéraient comme une seconde mère et allaient voir à Medellín. Nul n'aurait pu imaginer qu'elle contracterait la maladie de vieux qui avait emporté Felipe. Le visage de Luz Elena, qui avait été à ses côtés, témoin de sa décrépitude, exprimait une vive angoisse. C'est du moins ce que crut voir Sergio, qui aurait voulu pouvoir réconforter sa mère. Mais, comme pour Felipe, la médecine se révéla inopérante.

Luz Elena se rendit à Medellín afin de l'accompagner dans ses derniers instants, et quand elle revint, accablée de chagrin, elle avait dans les mains un cadeau pour chacun des enfants.

« Une sorte d'héritage », expliqua-t-elle.

Plus qu'un cadeau, l'objet qu'elle remit à Sergio était une véritable porte d'accès à un autre monde. Il s'agissait du Kodak Brownie Fiesta que sa tante avait emporté partout avec elle pendant les mois qui lui restaient à vivre. Ces appareils étaient réservés aux adultes car ils étaient chers – de même que les pellicules et le développement –, mais si novateurs que Kodak avait publié un manuel d'instructions pour ses acheteurs, redoutant qu'après avoir déboursé une somme rondelette ils se retrouvent avec la plupart des photos ratées. Une pellicule permettait de faire douze clichés. Aller au laboratoire était tout une aventure dans la mesure où personne ne savait ce qui apparaîtrait sur le papier ni combien d'images seraient fichues à cause de l'incompétence des utilisateurs. Les rédacteurs du manuel avaient donc veillé à être très clairs, répétant la même phrase, ressassée dans les publicités à la radio et dans les magazines et les journaux : *À deux ou trois mètres de la personne choisie, dos au soleil, et clic !*

Mais Sergio n'était pas d'accord : rien ni personne – pas même un manuel d'instructions ni une réclame dans le magazine *Cromos* – n'allait lui indiquer comment faire ses photos. Il commença par en prendre certaines avec le soleil d'un côté, puis de l'autre, à contrejour et aussi de nuit, sous le regard intrigué de Luz Elena, qui non seulement se gardait de lui reprocher de gâcher sa pellicule pour des images qui sortiraient voilées, mais lui suggérait en outre de nouvelles façons de contrevenir aux règles sacrées. Elle agissait peut-être ainsi par amour maternel ou parce que l'appareil était un legs de sa sœur défunte, toujours est-il qu'elle soutint ces expériences sur la lumière avec une patience toute pédagogique et donnait parfois l'impression que l'attente – la semaine interminable qui s'écoulait entre le moment où ils déposaient le film au laboratoire et celui où ils récupéraient les photos révélées – lui pesait davantage qu'à son fils.

« Une semaine ! C'est trop long pour un enfant ! » s'exclamait-elle.

Pendant ces journées où ils devaient s'armer de patience, Sergio priait pour que les photos soient telles qu'il les avait imaginées, et notait ses déceptions dans le carnet où il avait jusqu'alors reporté minutieusement ses lectures et ses avis mûrement réfléchis sur Dumas, Jules Verne et Emilio Salgari. *Celle de Marianella devant la fenêtre est ratée. Celle d'Álvaro et de Gloria est bien. Celle de la porte de la résidence est ratée. Celle du chat noir est noire.*

Une après-midi qu'il s'ennuyait, il alluma le téléviseur, ce qu'on lui interdisait de faire seul, et découvrit ses parents jouant tous deux dans une pièce de téléthéâtre. Il prit la photo en ayant le sentiment d'avoir volé un moment à ses parents et espéra que sa mère ne se rendrait compte de rien en récupérant les clichés. Il n'eut pas de chance : quand Luz Elena rentra du laboratoire, elle l'appela et lui proposa qu'ils regardent les photos ensemble. Elle ne les avait visiblement pas encore vues, car lorsqu'elle tomba sur l'image de l'écran, elle fondit en larmes.

« Maman ! Qu'est-ce que tu as ? lui demanda Sergio.

– Rien, rien. Tout va bien.

– Non. Dis-moi.

– Cette photo est très belle. Je n'ai rien, ne t'inquiète pas », ajouta-t-elle un instant plus tard.

Pour la première fois, il se douta que quelque chose s'était déréglé dans le monde des adultes, mais lorsqu'il accompagnait ses parents à la télévision, tout semblait normal. À l'époque, Fausto et Luz Elena jouaient dans *Aucassin et Nicolette*, une comédie d'amour courtois librement adaptée par Fausto. Quand Sergio les voyait interpréter des amants de la France médiévale en se regardant comme seuls les amoureux peuvent le faire, il se disait qu'il s'était trompé et que tout allait pour le mieux.

Entre-temps le pays s'était installé de pied ferme dans la guerre froide. La crainte du péril rouge flottait dans l'air et, sur l'échiquier politique, la couleur bleue du parti conservateur n'apparaissait plus comme une tendance mais comme un antidote contre les pires maux. Un fait éloquent survint à cette période. Sergio avait commencé à interpréter des rôles de manière professionnelle ; le jeu était pour lui un espace de bonheur palpable ; bouger en suivant les directives de son père lui permettait d'acquérir une entité, une matérialité qu'il ne possédait pas hors de la scène, et de rester concentré. Devant les caméras, dans les caves de la Bibliothèque nationale où on avait aménagé les premiers studios, puis dans les nouvelles installations au siège de la télévision, on l'initia aux vertus de la méthode Stanislavski et on lui montra comment l'appliquer dans d'importantes productions. Luz Elena aurait préféré qu'il ne soit pas autant sollicité pour des pièces aussi exigeantes, car le garçon n'était déjà pas un élève assidu avant que le travail d'acteur lui donne une excuse, et les répétitions ne faisaient qu'aggraver la situation. Elles requéraient une rigueur que Sergio n'avait jamais connue. Le téléthéâtre étant diffusé en direct, la moindre erreur face à la caméra pouvait être catastrophique. Les acteurs commençaient à travailler dans un studio vide au sol noir couvert d'indications scéniques, et la veille de la diffusion ils répétaient avec le décor, les meubles à leur place, dans une ambiance électrique, chaque comédien risquant sa carrière à la moindre réplique. Contre toute attente, Sergio s'en sortait très bien et on lui proposa bientôt son premier rôle d'envergure, celui de la scène intitulée « Le mouchard » dans *Grand-peur et misère du IIIe Reich*, de Bertolt Brecht.

Il était dirigé par Santiago García, un architecte reconverti en homme de théâtre. Comme Fausto, il avait fréquenté l'académie de Seki Sano, et (comme Fausto) il était un des rares à qui le maître avait témoigné du respect. Généreux, García ne semblait vivre que pour son art, à croire qu'il n'existait rien d'autre au monde, et il était d'une modestie peu commune : il était capable de raconter qu'il venait de voir à Paris la première de *En attendant Godot*, en présence de Beckett, sans susciter de jalousie ni avoir l'air présomptueux. Il aimait l'eau-de-vie et la cuisine et se plaisait à interroger les gens sur leur vie, non seulement celle qu'ils révélaient volontiers, mais aussi leur existence secrète. Fausto s'était très vite bien entendu avec lui, et quelques semaines après leur rencontre ils montèrent ensemble leurs premières adaptations pour la télévision. Après avoir travaillé des mois ensemble, et découvert qu'ils appréciaient les mêmes dramaturges et partageaient la même conception du téléthéâtre, créer des pièces de Brecht était un passage obligé. Luz Elena ne donna son accord qu'après un dîner où les Cabrera parlèrent de Hitler, du nazisme et du brassard orné d'une croix gammée que Sergio devrait porter. Dans « Le mouchard », des parents en pleine crise conjugale s'aperçoivent que leur fils a disparu et qu'il est peut-être allé les dénoncer. Il rentre à la maison un peu plus tard avec un sachet de friandises. Moins impassibles que ses parents fictifs, Sergio s'indigna et voulut savoir pourquoi un garçon ferait une chose pareille, trahir ses parents pour les remettre aux autorités d'un pays.

« Il y a des endroits où ça se passe comme ça », répondit Luz Elena.

Ils n'avaient pas prévu les réactions de la presse. « La télévision colombienne est tombée entre les mains de subversifs », écrivit sous pseudonyme un chroniqueur de *El Tiempo* : « Brecht est un communiste ici comme partout ailleurs, même s'il maquille son marxisme en plaidoyer contre autre chose. Les Colombiens sont-ils prêts à laisser l'esprit du peuple ignorant se laisser empoisonner par les thèses révolutionnaires qui détruisent les valeurs chrétiennes dans d'autres régions du monde ? Où sont les responsables de ces propagandes nocives, et pourquoi les autorités leur permettent-elles de poursuivre leurs activités avec l'argent d'autrui ? » Le pays, cette terre qui avait généreusement accueilli Fausto dix-sept ans auparavant, semblait s'être transformé en un lieu hostile. Il avait obtenu sa nationalité – et été ému aux larmes en recevant un papier couvert de filigranes signé du président en personne –, mais la Colombie paraissait fermer d'une main les portes qu'elle lui ouvrait de l'autre. À la Télévision nationale, où Fausto avait mené une première grève victorieuse – celle durant laquelle Luz Elena n'avait pas hésité à risquer sa vie en passant sous un camion –, un second mouvement de protestation se profilait afin de défendre ce qu'il appelait la « programmation culturelle ». Depuis quelque temps, les agences de publicité exerçaient des pressions sur le ministère des Communications. Elles réclamaient plus d'espaces publicitaires pour y annoncer plus de produits, mais n'avaient pas l'intention de continuer à investir si les programmes n'obtenaient pas davantage d'audience. Qui avait envie de voir un acteur réciter un poème que personne ne comprenait pendant qu'un peintre traçait sur un papier des lignes qui ne ressemblaient à rien ? Qui avait envie de voir deux inconnus, qui plus est étrangers, jouer aux échecs une heure durant ? Non, non : la télévision colombienne avait besoin de se moderniser, de se vendre, de sortir de sa niche d'intellectuels ne s'adressant qu'à des intellectuels. Elle devait s'inspirer d'un monde peuplé de gens réels, les gens de la rue.

Ces pressions furent très vite couronnées de succès et peu à peu les espaces que Fausto avait inventés et défendus en tant qu'héritier de Seki Sano furent balayés et tombèrent, comme frappés par des francs-tireurs. Un beau jour, à son réveil, il prit conscience qu'il ne lui restait rien : toute une vie de travail paraissait s'être évaporée sans laisser de traces. La télévision lui proposa de diriger de nouvelles émissions, plus commerciales, à l'intention d'un public plus large, principalement des mélodrames.

« Pourquoi ne pas adapter des romans d'amour de Corín Tellado ? lui suggéra-t-on. Tout le monde le fait et vous savez pourquoi ? C'est simple : parce que ça plaît à tout le monde ! »

Fausto ne s'était jamais senti aussi peu à sa place en Colombie et découvrait à présent qu'il faut un début à tout, y compris pour la déconfiture. Plus tard, il expliqua qu'en prenant sa décision, il n'avait pensé qu'à une seule personne : l'oncle Felipe. Aurait-il renoncé à ses convictions ? Une guerre civile n'a rien à voir avec une bataille culturelle, certes, mais les principes restent les principes. Fausto refusa ces nouveaux projets en prononçant une phrase qui s'inscrivit dans la mémoire de la famille :

« On tiendra tant qu'on pourra mais je ne cirerai les bottes de personne. »

Au milieu de l'année 1961, Sergio avait onze ans et était déboussolé par une adolescence précoce. Il ne connaissait rien à la politique, était vaguement au courant qu'un astronaute américain avait été mis en orbite pour la première fois. Les Cabrera avaient emménagé dans une maison à l'angle de la rue 85 et de la Carrera 15, une résidence fermée pour familles aisées, et ils avaient pour voisins des bourgeois cultivés amateurs de vins italiens et d'histoire médiévale, dont les enfants parcouraient avec Sergio et Marianella les quelques pâtés de maisons qui les séparaient de l'école qu'ils fréquentaient tous, le Lycée français. Ça n'avait pas été un choix facile pour Fausto et Luz Elena, mais Sergio comprit plus tard que les souvenirs de Fausto au lycée Pothier, dans les années 1930, du temps où l'oncle Felipe était diplomate à Paris, avaient beaucoup pesé dans cette décision. Plus vivant que jamais, son fantôme revenait encore influencer Fausto.

Sergio n'était pas à l'aise dans cet univers. Il séchait les cours en escaladant les murs de l'école à n'importe quelle heure, et s'éloignait bien souvent du groupe des petits voisins avant d'avoir atteint le portail du lycée pour errer dans les rues comme un voyou. Il avait pris goût à l'émotion qu'on éprouve à mal se comporter, une sorte d'animal qui lui chatouillait le ventre au moment où il lançait des pierres contre les vitres des maisons du quartier ou des appartements situés aux étages inférieurs des immeubles récents, et également une fois celles-ci brisées. Ses camarades de classe lui apprirent à fumer, il achetait ses paquets de cigarettes en expliquant au vendeur que c'était pour ses parents, puis retournait dans la cour de l'école pour les distribuer avec générosité. La popularité n'avait jamais été aussi bon marché. Il sortait fumer au coin de la rue avec ses amis, se moquant que ces derniers le dépassent d'une bonne tête ou que leur voix ait mué alors que la sienne était encore celle d'un petit garçon. Quand il avait son paquet de Lucky Strike, il était l'un d'entre eux. Jusqu'au jour où Fausto et Luz Elena le surprirent alors qu'il tirait sur sa cigarette au détour d'une rue, perdu parmi ses camarades, son paquet à la main. Sa mère lui lança la menace la plus forte qui lui vint à l'esprit :

« Si tu continues, tu seras privé de télévision. »

Ces mots que de nombreux enfants entendirent les années suivantes avaient une portée différente pour Sergio : il ne jouerait plus devant les caméras. Il n'aurait pas pu concevoir pire punition. C'était le dernier recours de parents désespérés, mais ils avaient de bonnes raisons pour cela : en dehors du milieu policé de la télévision, l'existence de Sergio partait à vau-l'eau. Il avait pris l'habitude de sortir avec au fond de sa poche un tournevis dérobé à son père et, ainsi armé, il sillonnait les rues de son quartier résidentiel pour retirer les sigles et les emblèmes des voitures de luxe. Un jour qu'il en était à son cinquième sigle de Mercedes (une marque rare à Bogotá en ce temps-là, donc d'autant plus prisée par ce collectionneur en herbe), il fut intercepté par le propriétaire du véhicule.

« Monte, on va voir ce que ton père pense de ça », lui dit l'homme avant de le reconduire chez lui.

Fausto trouva que son fils s'était sans aucun doute très mal comporté et le semonça pour que le propriétaire de la Mercedes reparte en ayant l'impression que justice était faite, mais en réalité, le garçon savait que son père n'accordait guère d'importance à grand-chose, pas même aux actes de vandalisme : il avait d'autres soucis. Après le départ de l'homme en colère, Fausto demanda à Sergio de lui montrer tout ce qu'il avait volé, loin de s'imaginer qu'il allait découvrir une véritable cache remplie de trésors. Il y avait là plus d'une trentaine de sigles : Volkswagen, Renault, BMW, un emblème de Chevrolet sans valeur et les précieuses petites pièces métalliques des Mercedes. La déception se lisait sur son visage, mais Sergio ne vit pas arriver la gifle qu'il lui flanqua. Dans une brume de larmes, la joue encore cuisante, il entendit son père lui lancer :

« Tu rembourseras tout ça avec ton argent. »

Il ne fut pas nécessaire de lui demander ce qu'il voulait dire. Fausto l'entraîna dans le quartier et c'est tout juste s'il ne le prit pas par l'oreille, puis ils allèrent voir une par une toutes les victimes du petit vandale, qui dut s'excuser en promettant que cela ne se renouvellerait plus. Les jours suivants, il indemnisa les propriétaires sur le salaire qu'il avait gagné en interprétant le rôle du mouchard de Brecht. C'étaient de très grosses sommes que Sergio recevait sur un compte de la Caisse d'Épargne, dont il se servait pour régler le développement de ses photos expérimentales. Après avoir payé la réparation des automobiles, son compte était presque à zéro. Quand Luz Elena apprit ce qui s'était passé, elle fut si inquiète qu'elle alla attendre Sergio à la sortie du lycée et lui annonça que dorénavant il consulterait une psychologue.

Ce n'était pas fréquent à l'époque, mais elle avait compris que son fils avait besoin d'un soutien que ni elle ni son mari ne pouvaient lui apporter, de sorte qu'à compter de ce moment, trois fois par semaine, assis dans un fauteuil confortable devant une femme aux lunettes en écaille chaussée de hauts talons, Sergio parlait des fenêtres brisées à coups de pierre, des cigarettes qu'il fumait et des sigles volés, et la thérapeute lui tendait ensuite une boîte de pastels et une feuille.

« Dessine-moi un oiseau », lui demanda-t-elle après leur première séance.

Sergio pensait qu'elle s'attendait à voir apparaître des corbeaux ou des vautours, mais il dessina des moineaux, des pigeons et d'inoffensives hirondelles, puis quitta le cabinet avant l'heure. Il eut ensuite une révélation.

« C'est comme parler à un curé », déclara-t-il à sa mère.

C'était vrai : personne ne ressemblait davantage à sa psychologue que le père Federico, qui enseignait le catéchisme à sa classe deux ans auparavant, à l'époque où il avait décidé de faire sa première communion. On avait prévenu les élèves de CE2 qu'ils devaient se plier à une « préparation » qui consistait en une série d'étapes à respecter avant la cérémonie. En premier lieu, il leur fallait dresser une liste aussi détaillée que possible de tous les péchés qu'ils avaient commis jusqu'au jour de leur confession.

« Depuis quand ? avait demandé Sergio.

– Depuis que vous avez l'âge de raison, mon garçon, lui avait répondu le prêtre en le prévenant qu'il était impératif que la liste soit exhaustive et qu'elle inclue le péché le plus grave comme le plus véniel, car Dieu n'aime pas les mensonges. Vous savez ce qui arrive quand on cache ses péchés au Seigneur ? Eh bien, l'hostie se change en sang juste avant qu'on l'avale. Devant tout le monde. Vous avez envie de vivre cela ? »

Se sentant déjà un impardonnable pécheur dont la liste de fautes était interminable et honteuse, Sergio eut l'impression d'être piégé. Il s'imaginait dans son costume neuf du dimanche, faisant sagement la queue pour recevoir le corps du Christ et voyait déjà l'hostie que le père Federico lui glissait dans la bouche se liquéfier en répandant une saveur métallique, tandis que la première goutte de sang coulait le long de ses commissures. Il se représentait le visage horrifié de ses camarades et la mine satisfaite du curé, qui avait l'air de dire : vous voyez ce qui se passe quand on ment au Seigneur ?

« Je ne veux plus la faire, annonça-t-il à ses parents sitôt rentré à la maison.

– Tu ne veux plus faire quoi ? s'étonna Fausto.

– Ma première communion. Je ne la ferai pas. À moins d'y être obligé », ajouta-t-il.

Mais nul ne l'y força : il n'y eut pas de contraintes ni de sanctions d'aucune sorte, plutôt des explications ambiguës, comme pour parler d'autre chose. Son père lui dit que le mot « athée », d'origine grecque, était employé non pour désigner ceux qui ne croient pas en Dieu, mais ceux que les dieux ont abandonnés. Se pouvait-il que ce soit son cas ? Peu à peu, Sergio admit qu'il n'y avait pas d'autre justification possible : son Dieu, celui qu'il avait prié pour que ses photos soient réussies alors qu'elles étaient ratées la plupart du temps, l'avait abandonné. Il songea qu'il était devenu un fardeau pour Lui, ou qu'Il avait d'autres occupations plus intéressantes ou plus pressantes.

Les Cabrera traversaient une période critique. Tout partait sans doute des soucis professionnels de Fausto, des portes qui s'étaient refermées ces dernières années, mais à l'évidence, sa relation avec Luz Elena n'était plus aussi solide. C'est du moins ce que ressentait Sergio, même si personne ne le lui confirma dans un premier temps. Il entendait très souvent leurs disputes amères s'éterniser jusqu'à des heures avancées et avait l'impression de se retrouver dans « Le mouchard » de Brecht. Marianella était encore trop petite pour se rendre compte de quoi que ce soit, mais Sergio savait que quelque chose n'allait pas. Il avait commencé à avoir des soupçons un soir, après une longue journée de répétitions dans les studios de la télévision, quand il avait raccompagné une actrice chez elle avec son père. Il trouva leurs adieux trop tendres et observa la cigarette que cette femme avait écrasée dans le cendrier. Là – sur ce mégot taché d'un rouge carmin qui n'était pas celui que portait sa mère –, il vit une menace. Plusieurs semaines de suite, il descendit au garage avant que ses parents soient réveillés pour vider le cendrier de la Plymouth et se débarrasser de ces mégots malodorants. Ces infidélités ou plutôt tout le mal que se donnait Sergio pour les dissimuler firent bientôt partie de ses tâches domestiques et il mit longtemps à s'apercevoir de l'inutilité de ses efforts, car la constance de Fausto dans les aventures féminines n'avait d'égal que l'opiniâtreté de Luz Elena à les découvrir. Un matin, Sergio descendit trop tard ou sa mère décida de se lever plus tôt, et quand il poussa la porte du garage, la guerre avait déjà éclaté. Le garçon n'aurait pourtant jamais imaginé, pas même dans ses pires cauchemars, qu'il rentrerait un jour dans une maison désertée par sa mère.

« Elle est à Medellín. Elle va vivre un moment chez tes grands-parents, mais tu iras la voir régulièrement, ne t'inquiète pas.

– Régulièrement ? demanda Sergio.

– Disons… tous les six mois. Les billets sont chers.

– Et Marianella ?

– Elle est avec elle. C'était mieux pour tout le monde. »

Sergio ignorait que ce changement radical dans sa famille entraînerait également des modifications dans son existence : après une série de conversations secrètes entre ses parents auxquelles il ne fut pas convié, pas même en tant qu'auditeur, il cessa du jour au lendemain de vivre chez lui et de fréquenter le Lycée français pour aller à l'internat Germán Peña. L'endroit se trouvait à cinq rues de la maison familiale, ce qui, au lieu d'être un soulagement, fut une source d'angoisse. Pourquoi son père n'avait-il pas voulu qu'ils restent ensemble chez eux ? Pourquoi, à cause d'une crise dans leur couple, ses parents avaient-ils préféré faire exploser toute la famille au lieu d'apporter à leur fils la consolation de cohabiter avec l'un ou l'autre ? Sergio les gênait-il donc ? Après avoir été abandonné de Dieu, le serait-il par sa famille ? Il lui suffisait de faire l'inventaire de tous les faits récents pour sombrer dans la tristesse. L'oncle Mauro, visiteur médical pour le laboratoire Schering, passait son temps à voyager ; son grand-père Domingo avait fermé l'hôtel Roca pour s'installer à Cali, et sa tante Olga, qui venait d'épouser le propriétaire d'une entreprise de battage de café, venait rarement à Bogotá. Le clan était en pleine désintégration.

Les internes du lycée Germán Peña étaient presque tous plus âgés que Sergio ; originaires de la côte caraïbe – Montería, Sahagún, Valledupar –, ils venaient passer leur baccalauréat dans la capitale. Sergio était à leurs yeux une curiosité, et pas uniquement parce qu'il était le fils d'un acteur célèbre. Le soir, avant de s'endormir, ses camarades de dortoir lui posaient la question que lui-même se posait depuis qu'il avait été inscrit dans cet établissement : pourquoi ses parents l'avaient-ils mis dans un internat alors qu'il habitait à cinq cents mètres de là ? N'avait-il pas commis un acte abominable pour qu'on lui interdise l'accès à sa maison ? Sergio dut les inviter chez lui et les présenter à Fausto pour qu'ils le croient enfin. Ces sorties devinrent vite une habitude. Trois fois par semaine, à l'heure du goûter, il quittait l'internat avec sa bande, fumait une ou deux Lucky Strike au coin de la rue, avant d'arriver à destination, puis entrait par la porte de la cuisine et pillait le contenu du réfrigérateur. Pendant que ses amis s'empiffraient de tout ce qu'ils trouvaient, il montait dans sa chambre – sa chambre vide car sa sœur n'était plus là – et, rien que pour le plaisir de se remémorer les courtes joies de la normalité, il s'allongeait quelques minutes sur son lit, feuilletait ses livres, enfonçait son nez dans l'oreiller qui avait conservé son odeur.

Il en fut ainsi pendant des mois au terme desquels, de manière aussi précipitée qu'elles étaient parties à Medellín, sa mère et sa sœur revinrent à Bogotá. Un jour, en fin de semaine, Sergio passa chez lui avec ses amis au cours d'une de leurs sorties programmées et les découvrit assises dans le salon, à croire qu'elles n'avaient jamais quitté la capitale. Sergio eut ainsi la confirmation du goût du secret de ses parents ou de leurs penchants clandestins pour gérer leur crise. Oui, sa mère était de retour, mais il était impossible de deviner quels monstres se cachaient sous son vernis de surface ou de déterminer si la situation ne risquait pas de dégénérer à tout moment et si, en revenant de l'internat, il n'allait pas trouver la maison fermée parce qu'ils étaient tous repartis. Dans ces moments-là, il aurait aimé pouvoir compter sur Dieu, car s'il ignorait tout des tenants et des aboutissants, il avait cependant la certitude qu'une catastrophe se préparait sans qu'il puisse rien faire pour y remédier.

Un nouveau sujet vint du jour au lendemain animer la conversation autour de la table de la salle à manger : la Chine. Après les repas, on se mit soudain à parler du bouddhisme, de la Grande Muraille, de Mao Zedong[1] et du tai-chi-chuan. Sergio et Marianella apprirent que le mot « Chine » signifie « nation centrale », et « Pékin », « capitale du Nord ». Ils apprirent aussi que dans un pays où soixante langues étaient pratiquées, tout le monde parvenait à se comprendre grâce à l'écriture, car les idéogrammes fonctionnaient comme les chiffres pour le monde occidental.

« On comprend les chiffres publiés dans *Le Monde* sans parler un mot de français, n'est-ce pas, les enfants ?

– Oui papa. »

N'était-ce pas captivant ? Oui papa. Sergio ne le savait pas encore, mais il y avait une raison précise à cet apport de culture chinoise. Une lettre envoyée depuis Pékin allait imprimer un grand tournant à leur existence.

L'expéditeur s'appelait Mario Arancibia. Fausto et Luz Elena l'avaient rencontré des années auparavant à Santiago du Chili, pendant leur lune de miel convertie en tournée de récitals de poésie (ou vice versa). Arancibia était un baryton chilien avec de nombreux talents et des convictions de gauche ; en 1956, il avait séjourné en Colombie en compagnie de son épouse, l'actrice

1. Sauf pour la ville de Pékin, nous utilisons pour la transcription des noms chinois le système *pinyin*.

Maruja Orrequia, pour donner deux concerts qui n'avaient pas vraiment eu de succès, et il avait fini par écrire des livrets pour Fausto Cabrera. Le milieu télévisé n'était pas le sien, mais son don pour l'écriture lui avait permis de s'y faire une place et lui avait ouvert ensuite d'autres horizons. Il s'était lié d'amitié avec les techniciens cubains que Rojas Pinilla avait embauchés pour installer la télévision en Colombie. Après avoir séjourné quelques mois dans le pays, lui et sa femme étaient partis à La Havane, où il avait intégré les équipes de Radio Habana et où elle avait travaillé comme actrice et présentatrice. Encore présents à Cuba le jour de l'entrée victorieuse des barbus dans les deux villes les plus importantes de l'île, ils avaient décidé d'y rester pour être aux premières loges de la révolution, l'événement le plus fascinant auquel ils avaient jamais assisté, bien qu'ils n'aient guère eu le temps de voir grand-chose, car au bout de deux ou trois semaines, l'attaché culturel de l'ambassade de la République populaire de Chine les avait abordés.

Cet homme était chargé d'une mission pour le moins exotique : trouver des professeurs d'espagnol pour l'Institut des langues étrangères de Pékin. Cette recherche s'inscrivait dans le cadre des efforts menés par la Chine afin de comprendre le reste du monde ou de faire circuler dans le reste du monde sa propagande ou son message. Les professeurs avaient été jusqu'alors des Espagnols exilés de la guerre civile qui, après avoir passé un temps en Union soviétique, avaient été envoyés en Chine par les Russes pour participer à l'édification d'un nouveau socialisme. Mais il y avait désormais des nuages sur ce front : depuis plusieurs années, les relations entre la Chine et l'URSS s'étaient dégradées et ces tensions s'étaient traduites, entre autres choses, par le lent retrait des enseignants espagnols en République populaire. Inquiètes de la situation, les autorités lorgnaient du côté de l'Amérique latine. Mais pas dans n'importe quel pays. Sans vergogne, l'attaché culturel avait expliqué à Arancibia que même s'il était sur l'île, il ne souhaitait pas recruter de Cubains car tout le monde disait qu'ils avaient un mauvais accent. Il était basé à

Cuba pour la simple et bonne raison que de tous les pays hispanophones, seule Cuba avait des relations diplomatiques avec la Chine communiste. Il s'était rendu au siège de Radio Habana pour y faire la connaissance du baryton chilien et le recruter en tant que professeur, et les conditions étaient si alléchantes que Mario s'était empressé d'accepter. Au terme d'une longue année, quand les autorités chinoises lui avaient demandé de leur recommander quelqu'un (si possible un Colombien, car ces derniers étaient censés parler un très bon espagnol), seul le nom de Fausto Cabrera lui était venu à l'esprit : un Espagnol de pure souche, non contaminé par les préjugés soviétiques et, plus important, qui parlait comme un dieu, avait étudié la grande littérature de son siècle et excellait à communiquer son enthousiasme à autrui. C'était le candidat idéal.

Mario Arancibia expliquait tout cela dans sa lettre. Fausto se rappela un courrier plus ancien, dans lequel son ami baryton mentionnait cette histoire, mais très vite, sur deux ou trois lignes à peine. La missive était arrivée à Bogotá avant la deuxième grève au siège de la télévision, alors que la situation pouvait encore s'arranger, si bien que Fausto n'y avait pas prêté toute l'attention qu'elle méritait. Entre-temps il y avait eu du changement. Fausto répondit aussitôt par l'affirmative : il était intéressé, bien entendu, et même très intéressé. Il devait en discuter avec ses proches, comme on pouvait l'imaginer, mais il était persuadé que, comme lui, ils seraient séduits. Il laissa à Arancibia des instructions précises visant à mettre ce projet en œuvre. Quelques semaines plus tard arriva dans la maison de la rue 85 une enveloppe couverte de timbres et d'idéogrammes de toutes les couleurs.

Plus qu'une bouée de sauvetage, cette invitation officielle était une déclaration d'amour à l'homme en disgrâce qu'était devenu Fausto. Le gouvernement chinois lui proposait un salaire généreux en devises, un billet aller pour toute la famille et un logement confortable ; il promettait également au couple, mais non aux enfants, un aller-retour en Colombie tous les deux ans. Ils ne pouvaient pas rêver mieux. Pour Fausto, l'idée de pouvoir sortir sa famille de cette mauvaise passe et la promesse d'un changement d'air – qui serait sans doute bénéfique à sa relation avec Luz Elena – étaient tout aussi séduisantes que la possibilité d'étudier le théâtre en Chine en observant de près la révolution de Mao Zedong. À l'époque lointaine de la guerre d'Espagne, l'oncle Felipe lui avait déjà parlé de ce dirigeant qu'il avait décrit avec beaucoup d'admiration ; quant au théâtre, il s'était mis en tête (non grâce à Felipe, mais à un article de Bertolt Brecht) qu'il y avait beaucoup de leçons à tirer du drame traditionnel chinois. Comprendre le théâtre chinois lui permettrait de comprendre une facette de son art – ses ressorts politiques – qui n'avait pas encore été exploitée en Amérique latine.

Un soir de juin, Fausto convoqua les siens dans le salon et leur expliqua ce qui s'était passé. Il avait reçu une lettre, on les invitait en Chine, de l'autre côté de la terre, dans ce lieu exotique et passionnant dont ils avaient parlé pendant des semaines. Il présenta la situation comme s'il s'en moquait éperdument, enthousiasmant ses enfants avec des phrases qui, plus que des mots, étaient des incitations à l'aventure, leur disant qu'ils auraient l'impression de faire le tour du monde, comme l'équipage du capitaine Nemo. Mais, évidemment, ils n'étaient pas obligés d'accepter : ils pouvaient décliner cette merveilleuse invitation que personne d'autre qu'eux n'avait reçue en Colombie. Eux, Sergio et Marianella, avaient tout à fait le droit de refuser de faire ce dont aucun de leurs camarades n'auraient pu rêver, pas même dans leurs songes les plus audacieux. Tout le monde est libre de rater des occasions uniques, bien sûr que oui ; lui, Fausto, n'avait pas l'intention de les contraindre à quoi que ce soit. À la fin du repas, les enfants supplièrent leur père d'accepter, de ne pas laisser passer cette chance. Il fallait qu'ils partent de l'autre côté de la terre. Comme convaincu par leurs arguments ou comme s'il n'acceptait ce poste que pour leur faire plaisir, Fausto prit Luz Elena par la main.

« Très bien. Allons en Chine », dit-il en adoptant le ton cérémonieux qu'on prend pour pardonner un larcin à un voleur.

Peu avant leur départ, les Cabrera se rendirent à Medellín pour dire au revoir aux grands-parents. Tous s'accordèrent à dire qu'ils étaient fous. Qu'allaient-ils donc chercher en Chine ? Fausto leur enjoignit de ne rien révéler à personne, sous aucun prétexte, pour qu'on n'aille pas raconter que les Cabrera étaient partis dans un pays communiste. Et si quelqu'un posait des questions ? voulut savoir la grand-mère.

« Vous direz que nous sommes en Europe. Oui, c'est ça. Dites qu'on m'a engagé pour être professeur en France », suggéra Fausto.

Il s'empressa de tirer de sa mallette un passeport tout neuf qu'il montra aux grands-parents. Au milieu d'une page, un tampon péremptoire déclarait que ce document était valable partout dans le monde, excepté dans les pays socialistes.

« Il manque quelque chose sur ce passeport, ajouta-t-il. Vous savez ce que c'est ? Un visa ! Il n'y a pas de visa pour la Chine. Et vous savez pourquoi ? Parce que la Colombie n'a pas de relations diplomatiques avec la Chine. C'est ce que je veux vous faire comprendre : nous n'allons pas de l'autre côté de la terre mais dans un monde interdit. La Chine, pour les questions d'ordre pratique, est un pays ennemi. »

VI

Les Cabrera prirent l'avion de Bogotá à Saint-Domingue, puis de Saint-Domingue à Lisbonne et de Lisbonne à Paris. Pour Sergio et sa sœur tout était une découverte et chaque nouvel embarquement une aventure sans précédent : ils n'étaient jamais sortis de Colombie, et voilà qu'en quelques jours ils devaient s'imaginer, à l'aide de dessins, la traversée d'un océan et trois escales dans différents pays. Les instructions qu'on avait données à Fausto étaient claires : à Paris ils se rendraient dans les bureaux de Xinhua, l'agence de presse chinoise, où on leur indiquerait leur itinéraire pour arriver à Pékin. Pendant deux jours, ils flânèrent dans Paris comme des touristes, tout en sachant qu'ils n'en étaient pas. Sergio avait le sentiment d'honorer des rendez-vous pris dans les livres du Lycée français, mais leur clandestinité ajoutait de l'intérêt aux visites touristiques. La famille semblait s'être lancée au complet dans une nouvelle vie. En France, loin de Bogotá et de tout ce qui, là-bas, menaçait son mariage, Luz Elena était une autre femme. Fausto parlait français avec suffisance et racontait à ses proches des anecdotes remontant aux années 1930, et Sergio s'apercevait que lui aussi pouvait communiquer dans cette langue, délivré de celui qu'il avait été. Il n'était plus un garçon désorienté, un mauvais élève qui déçoit ses parents en ayant un comportement problématique. Il pouvait être quelqu'un de différent.

L'agence Xinhua occupait un local étroit situé à proximité des Champs-Élysées. Le correspondant qui les accueillit, un homme raffiné qui s'exprimait dans un français impeccable, les invita à s'asseoir autour d'une table basse et leur proposa du thé vert. Il respecta tout un cérémonial, rinça le thé dans la théière, chauffa les tasses avec de l'eau tiède qu'il jeta ensuite et les servit à deux mains dans un silence des plus rigoureux. Pendant ce temps, Sergio prenait des photos avec son Kodak Brownie Fiesta. Son père ayant oublié son appareil à Bogotá, le fils fut chargé de jouer les reporters photographes avec le sien, en plastique. Il s'était déjà acquitté de sa mission en prenant des clichés de la tour Eiffel et de l'Arc de triomphe où, sur l'indication de sa mère, il avait photographié le nom de Francisco de Miranda, le Vénézuélien qui avait lutté pour l'indépendance des États-Unis puis pour celle de son pays, et qui avait eu le temps entre les deux guerres de mettre sa vie au service de la Révolution française. Sergio avait donc immortalisé ce nom illustre et faisait à présent de même avec le rituel du thé. Le correspondant était le genre de personne qu'il apprendrait à connaître plus tard, à savoir un bourgeois chinois éduqué à Paris qui devient communiste sans jamais parvenir à perdre les manières de la bonne société, une certaine sensibilité et l'art délicieux de la conversation.

« Comme dans *À la recherche du temps perdu*, mais en chinois », fit remarquer Luz Elena.

Il leur expliqua qu'ils iraient d'abord à Genève, car c'était là que se trouvait l'ambassade de Chine la plus proche, où on leur délivrerait les visas (sur des documents à part pour ne pas souiller leur passeport colombien) qui leur permettraient de voyager jusqu'à Pékin. Ils partiraient de Moscou, leur expliqua-t-il, mais comme il n'y avait que deux vols par semaine sur Aeroflot, ils auraient une escale de trois jours. Il espérait que cela ne leur posait pas de problème et ne les dérangeait pas.

Pour atteindre Moscou, ils devaient gagner Prague, puis, d'Union soviétique, ils prendraient un avion qui les emmènerait dans cet autre monde, ce monde martien. Pendant toute la durée du vol, Marianella ne décolla pas son nez du hublot, observant les nuages, car ses parents lui avaient dit qu'ils allaient traverser un rideau de fer et elle n'avait pas envie de rater ça. (« Mais il n'existe pas, c'est une façon de parler », lui expliqua Luz Elena. « C'est faux, bien sûr qu'il existe, intervint Sergio. Le mur de Berlin existe, la Grande Muraille de Chine aussi. Je les ai vus en photo, alors je ne vois pas pourquoi il n'y aurait pas un rideau de fer. C'est tout à fait logique. – Sergio, ne raconte pas n'importe quoi à ta sœur. – Maman, c'est vrai. Je crois qu'il a raison », répliqua Marianella.) À un moment donné, le commandant de bord salua les passagers dans les haut-parleurs et dit quelque chose en russe, après quoi Sergio vit tous les passagers détacher leurs ceintures et se mettre debout. Certains levèrent le poing, d'autres posèrent leur main droite du côté du cœur et tous, en entendant résonner une musique brouillée par l'électricité statique, se mirent à chanter. Fausto regarda ses enfants.

« C'est *L'Internationale*. Allez, tout le monde debout !

– Oh, Fausto, ne dis pas de sottises, le gronda Luz Elena. Ne faites pas attention, parfois papa est un peu fou. »

Fausto ne s'était pas uni au chœur des passagers, pourtant il était ému. Les Soviétiques avaient été ses héros pendant la guerre civile et il avait toujours cru que les histoires qu'on lui rapportait – les interventions staliniennes, les intrigues contre leurs adversaires marxistes du POUM, l'assassinat d'Andreu Nin dans une de ces cellules désignées sous le nom de *checas*, en Espagne – n'étaient que des calomnies bien rodées des campagnes de propagande ennemies ; il n'avait pas voulu s'inscrire au Parti communiste colombien mais avait souvent eu affaire à ses membres, enviant leur camaraderie et leur sens du devoir face à leur engagement. Il allait bientôt voir la place Rouge, le Kremlin, car d'après le correspondant de Xinhua, les autorités leur remettraient un permis de circulation leur permettant de visiter la ville, et Fausto comptait bien en profiter.

La réalité fut tout autre. Les relations entre la Chine et l'Union soviétique n'étaient pas au beau fixe et le mouvement communiste international, à l'époque où Fausto et sa famille arrivèrent à Moscou, était déjà très divisé. Mao et les siens défendaient la pureté du marxisme-léninisme alors que les Soviétiques avaient préféré baisser la garde et s'orienter du côté de la « coexistence pacifique », qui n'était pour Fausto qu'un rapprochement subtil vers le monde capitaliste. En un temps record, l'adjectif *révisionniste* était devenu la pire des insultes. Une fois à Moscou, bien que conscient des tensions qui opposaient les deux pays et se positionnant plutôt du côté de Mao, il était loin de se douter du climat de belligérance qui régnait alors entre la Chine et l'URSS. Dès qu'il sortit de l'aéroport, il prit très clairement la mesure de la situation en constatant que les autorités les conduisaient dans un hôtel voisin qui, plus qu'un hôtel, ressemblait à un camp de prisonniers. Là, après les avoir bouclés dans une chambre miteuse – un cadenas d'étable les empêchait d'ouvrir la porte –, on les informa qu'ils passeraient leurs trois jours d'escale sans sortir. Ils n'avaient pas de visa et ne pouvaient donc pas quitter l'hôtel, c'était aussi simple que cela.

« Mais pourquoi ? s'indigna Sergio.

– Parce que nous allons en Chine et que ça ne leur plaît pas, lui répondit son père.

– *Mais pourquoi ?* insista Sergio. Ils ne sont pas communistes, eux aussi ?

– Si, mais ils sont dans l'autre camp. »

Ce furent d'interminables journées de confinement forcé. Leurs seules distractions consistaient à attendre le chariot de nourriture poussé par des camarades en uniforme militaire, et à aller regarder les immeubles soviétiques depuis le balcon. À la fin du deuxième jour, il ne restait plus rien de la provision de cigarettes Pielroja qu'ils avaient achetées en Colombie, et Fausto dut supplier ses gardiens de lui apporter du tabac. Le dernier soir, alors que tout le monde dormait, Sergio vola une cigarette et sortit en cachette sur le balcon, assourdi par le vacarme des avions qui décollaient, et observa la nuit moscovite, les yeux irrités par la fumée. C'était le tabac le plus infect qu'il ait goûté de sa courte vie de fumeur.

« Révisionnistes », pesta-t-il pour lui-même.

Il écrasa la cigarette et la jeta dans la rue avant d'aller se coucher.

Ils arrivèrent à Pékin en début d'après-midi, dans une touffeur qui faisait coller les vêtements à la peau. Sergio était exténué. Le vol au départ de Moscou avait fait escale à Omsk et à Irkoutsk et là, à cause d'une panne technique à propos de laquelle on ne leur fournit aucune explication, ils n'avaient pas pu repartir et durent passer une longue nuit glaciale sur place. Les membres de l'équipage d'Aeroflot leur ordonnèrent de quitter l'avion, on donna à chaque passager qui sortait un manteau et un chapeau de cosaque, après quoi chacun descendit l'escalier et suivit la file jusqu'à un hangar où un vent froid soufflait librement sur une centaine de lits de camp. Les cent passagers de ce vol infernal n'avaient que deux cabinets à leur disposition ; Sergio s'enferma dans l'un d'eux à la première occasion, non pour fumer mais pour se demander, après avoir goûté aux cigarettes russes, passé trois jours dans un hôtel abject et s'apprêtant à coucher dans ce hangar, quelles étaient les réelles vertus du socialisme soviétique.

Il dormit pendant toute la durée du vol pour Pékin, ignorant que le sommeil qui alourdissait ses paupières à des heures inhabituelles avait un nom, le *jetlag*. Il avait l'impression d'avoir été drogué. Il se réveilla juste à temps pour apercevoir derrière son hublot un champ de blé qui s'étendait à perte de vue. En plus du leur, il n'y avait qu'un seul avion sur le tarmac. Dans l'aéroport, une construction à peine plus grande que l'internat Germán Peña, tout le monde les regardait comme des êtres d'une autre espèce. En bas de l'escalier les attendait un groupe de gens souriants qui s'inclinèrent devant eux. Une femme s'avança d'un pas et déclina son nom en espagnol : ils pouvaient l'appeler Chu Lan, leur dit-elle avant de se présenter comme l'interprète qui les accompagnerait les jours suivants. Les autres individus étaient des fonctionnaires de l'Institut des langues étrangères, leur expliqua Chu Lan, et ils étaient venus souhaiter chaleureusement la bienvenue à la famille du spécialiste. (« Spécialiste » : telle était en effet la fonction officielle de Fausto, le mot magique qui apparaissait dans son contrat et ouvrait toutes les portes.) Les Cabrera se rendirent alors compte que les Arancibia étaient eux aussi venus les accueillir, ce qui changeait tout.

Maruja s'approcha la première, tendit à Luz Elena un bouquet de fleurs au parfum capiteux enveloppées d'un papier translucide et demanda à Chu Lan de les prendre en photo avec l'appareil de Sergio. Puis, sans attendre que tout le monde ait fini de se saluer, elle dit :

« Bon. Maintenant on va à l'hôtel. Vous allez être épatés, je tiens à ce que vous le voyiez pendant qu'il fait encore jour. »

Elle avait raison. Après une demi-heure de trajet sur une route en ligne droite et sans la moindre intersection, bordée des deux côtés par un paysage monotone de champs de blé, la ville se révéla sans crier gare, et quand les toits de porcelaine verte de l'hôtel de l'Amitié apparurent, Sergio comprit qu'il venait d'arriver dans un lieu fabuleux. L'hôtel avait deux entrées protégées par des gardes armés dont la présence n'avait guère de sens. Il se composait d'un grand corps de bâtiment et de quinze autres constructions plus petites qu'on ne voyait pas de la rue, mais l'ensemble, qui par ses dimensions avait l'aspect d'une petite citadelle, n'abritait que sept cents étrangers. Ils avaient été plus nombreux en des temps meilleurs, car l'hôtel avait été édifié dans les années 1950 pour y loger des sous-traitants russes – ingénieurs, architectes – venus transformer le pays de la révolution maoïste. Après le refroidissement des relations entre Mao et Khrouchtchev, les deux mille cinq cents Russes étaient retournés dans leur pays aussi vite qu'ils étaient arrivés, laissant leur travail inachevé et les usines abandonnées, et les occupants de l'hôtel de l'Amitié avaient changé du jour au lendemain.

L'explication était très simple : le gouvernement n'autorisait pas les étrangers à avoir leur propre logement, de sorte que ceux qui arrivaient à Pékin en tant qu'employés officiels étaient directement envoyés là. Les seuls à habiter hors de l'hôtel de l'Amitié étaient les diplomates et ceux qui, après être arrivés dans le pays pendant la révolution, avaient épousé des citoyens chinois et fait leur vie ici, dans l'univers plus pauvre et plus rude qui commençait au-delà de la porte de l'hôtel, un monde sans piscine olympique ni courts de tennis, sans portiers aimables ayant le don d'ubiquité, ni taxis prêts à emmener les hôtes là où ils le désiraient. Toutes ces commodités conféraient à l'hôtel une ambiance irréelle que Luz Elena, comme tant d'autres fois, perçut avec beaucoup plus d'acuité que ses proches.

« On dirait un ghetto à l'envers. Personne ne veut en sortir, tout le monde veut y entrer. »

Et il était vrai qu'à l'extérieur, dans le Pékin de la vraie vie, le monde était hostile. Le Grand Bond en avant, l'écrasante campagne économique qui avait permis à Mao Zedong d'entreprendre la transformation de l'ancien système agraire en une société de communes, avait exigé des sacrifices démesurés des paysans, les contraignant à des efforts insensés et à des résultats si irréalisables que des millions de personnes étaient mortes de faim tandis que les officiels imputaient la pénurie au mauvais temps. Mao avait ordonné la collectivisation des cultures, interdit l'initiative privée et poursuivi leurs partisans du pire chef d'accusation en les faisant passer pour des contre-révolutionnaires. Ç'avait été un désastre. Les milliers de propriétaires terriens qui s'étaient rebellés contre cette politique insensée furent exécutés sans pitié ; des centaines de Chinois périrent dans les camps de travail forcé. Quand les Cabrera atterrirent à Pékin, le pays tout entier ressentait encore les derniers contrecoups d'une des famines les plus meurtrières de son histoire, et Marianella en subit aussitôt les conséquences : au petit déjeuner de leur deuxième jour à Pékin, elle osa dire qu'elle n'aimait pas les œufs. Fausto lui hurla dessus :

« Eh bien, c'est ce que ce pays nous propose, alors que tu les aimes ou pas, tu les manges ! Et tu mangeras tout ce qu'on mettra dans ton assiette. Estime-toi heureuse qu'on veuille bien t'accueillir ici. »

Marianella n'arrivait pas à comprendre que ce monde où la nourriture était infecte et les gens impénétrables soit pour son père un paradis. De son côté, Sergio intégrait vite les nouvelles règles. Il apprit par exemple qu'il fallait des bons pour tout : céréales, coton, huile, carburant. On pouvait avoir de l'argent, celui-ci ne servait pas à grand-chose si on n'avait pas de bons. Une chemise coûtait cinq yuans et quatre bons de coton. Trois jours de repas à l'hôtel valaient cinq yuans, ce qui permettait d'avoir une idée de la valeur des six cent quatre-vingts yuans que touchait Fausto, une somme plus que généreuse.

« Vous gagnez autant que Mao », lui dit un jour un dirigeant du Parti qu'ils avaient rencontré à un banquet de bienvenue.

N'ayant aucune raison de mettre ses propos en doute, Fausto se garda de lui révéler que la famille touchait non pas un mais deux salaires, car il avait suffi au camarade de l'Institut des langues étrangères de faire la connaissance de Luz Elena pour la convoquer à un entretien et lui proposer de l'engager pour trois cent cinquante yuans mensuels. À compter de ce moment, pendant que Fausto faisait cours à l'université, Luz Elena instruisait les élèves qui préparaient leur baccalauréat en langues étrangères, des enfants de hauts dignitaires du Parti. Ils arrivaient ensemble à l'Institut, un bloc d'immeubles très laids aux salles dénuées de charme, prenaient congé l'un de l'autre sans se toucher, au milieu d'une cour, et se retrouvaient au même endroit à la fin de leur journée de travail, sous les regards curieux de centaines de personnes.

Ils menaient une vie luxueuse à laquelle ils n'avaient jamais accédé en Colombie. L'Institut les logea dans deux suites : les parents et Marianella dormaient dans l'une, l'autre était réservée à Sergio, proche du salon où ils se réunissaient le soir pour se raconter leurs expériences. La suite de Luz Elena et Fausto comprenait une petite cuisine qu'ils utilisaient très rarement, l'hôtel possédant trois restaurants – un de cuisine orientale, le deuxième proposant des plats occidentaux et un troisième réservé aux musulmans, qui pour de mystérieuses raisons n'était pas désigné sous le terme de « restaurant » –, de sorte qu'ils n'avaient aucune raison de se mettre aux fourneaux. Avant le début des cours, Sergio passa ses premières journées à jouer au ping-pong avec Marianella dans le club de l'hôtel. Il apprit les rudiments du billard, retrouvait les jeunes gens dont il avait peu à peu fait la connaissance – les enfants de professeurs argentins ou boliviens, de poètes uruguayens qui avaient toujours un livre sous le bras, d'intellectuels péruviens arrivés en Chine par hasard et tenant désormais à y rester – pour se lancer dans des parties d'échecs ou de jeu de go, ou encore taper le ballon sur le terrain de foot. Il dut assez vite cesser d'aller nager, car l'été était officiellement fini et la piscine ferma. Il s'en moquait. Après une journée épuisante, il avait parfois l'impression qu'il n'aurait jamais le temps de faire tout ce qu'il voulait dans cet endroit de rêve.

Ils étaient arrivés depuis peu quand on leur proposa leur première sortie au cœur de la ville. Une vieille voiture polonaise les conduisit rue Wangfujing, la plus fréquentée de Pékin, où les attendait un collègue de Fausto à l'Institut des langues étrangères. L'homme s'excusa avant tout pour les désagréments qu'ils risquaient de subir.

« Il y a beaucoup de monde, alors je vous demanderai de ne pas vous arrêter, leur conseilla-t-il en employant des termes espagnols très précis que son accent rendait cependant difficiles à comprendre. Il n'y a rien à voir dans les vitrines. Si nous nous arrêtons pour les regarder, un attroupement se formera. Marcher, il faut marcher sans s'arrêter. »

Ils n'avaient pas parcouru deux cents mètres que Sergio, qui n'avait pas saisi les instructions ou préférait ne pas les respecter, se laissa distraire par un spectacle de rue, une sorte de cirque ambulant, pauvre et rudimentaire, où un homme musclé faisait des acrobaties en retenant dans sa bouche des anneaux en acier, tandis qu'une femme chantait une chanson stridente. En s'approchant, Sergio s'aperçut que l'homme avait des dents en métal. Il se tourna vers ses parents, qui s'étaient eux aussi approchés, sans se soucier des conseils de l'interprète, et tous observèrent la scène quelques minutes.

« Bon, allons-y, continuons », dit Fausto.

Mais ce fut impossible car en très peu de temps, la foule avait fait cercle autour d'eux, au moins deux cents personnes qui ne s'intéressaient pas aux acrobates mais voulaient voir les Cabrera de près. Sergio était incapable d'interpréter leurs expressions ; certains tendaient des mains timides pour les toucher et l'un d'eux aurait effleuré le visage de Sergio si ce dernier ne s'était pas brusquement écarté.

« Qu'est-ce qui se passe, maman ? » demanda Marianella, apeurée.

L'interprète s'adressait aux curieux, esquissant des gestes qui étaient peut-être une invitation à garder leur calme, ou peut-être pas ; il dut s'y prendre correctement car peu à peu un passage se dégagea et les Cabrera s'y engouffrèrent. Un groupe d'enfants montra Sergio du doigt en se mettant à crier des mots incompréhensibles. Dans les bras de sa mère, une petite fille pleurait. C'est la dernière image qu'eut Sergio avant qu'ils puissent enfin s'éloigner. Il interrogea l'interprète :

« Que me disaient-ils ?

– Qui ?

– Les enfants. Je voudrais savoir ce qu'ils me disaient.

– Ils vous traitaient de démons étrangers, répondit-il au bout de quelques secondes. Je suis vraiment désolé mais c'est ce qu'on leur apprend. »

Plus tard, de retour à la voiture qui devait les ramener à l'hôtel, ils marchèrent en longeant une longue file d'attente qui tournait au coin de la rue. Sergio s'habitua ensuite à cette vie où on passait son temps à faire la queue, mais ce jour-là, il fut très étonné. Les gens serraient une petite baguette de bambou et le garçon interrogea l'interprète à ce sujet.

« Ce sont des brosses à dents qu'ils font réparer. À cause du blocus, nous avons de nombreuses pénuries. Nous manquons par exemple de brosses à dents. »

Usées, elles avaient perdu leurs poils et les gens patientaient pour qu'on les leur remplace. Sergio était si proche d'eux qu'il sentait l'odeur de leurs vêtements humides. Tout à coup, il se rendit compte qu'ils le regardaient et que leur visage exprimait de la curiosité mais qu'il y avait autre chose. Il baissa ses grands yeux verts comme s'il savait qu'ils les incommodaient et s'éloigna en silence, essayant de se faire pardonner une impertinence imaginaire, et lorsqu'ils arrivèrent à l'hôtel de l'Amitié et présentèrent leurs cartes à l'entrée pour pénétrer dans leur univers protégé, Marianella lui lança :

« Maintenant je comprends que ceux qui habitent ici ne veuillent pas sortir. La Chine est horrible.

– Pourtant ça aussi c'est la Chine, riposta Sergio.

– Je te parle de la Chine du dehors. Pourquoi elle ne peut pas être comme la nôtre ? »

Peu après, Marianella croisa le fils des Arancibia, lui demanda de lui apprendre tous les gros mots en chinois et prit l'habitude d'insulter son père sans qu'il s'en rende compte. Elle était constamment en conflit avec Fausto, dont la vision était à l'opposé de la sienne et qui considérait la Chine du dehors comme un modèle – « un paradis », répétait-il – et celle de l'hôtel comme un succédané, un simulacre ou, ce qu'il exécrait, une hypocrisie. L'hôtel était peuplé de gens de toutes nationalités, races et croyances, de tous âges mais surtout d'idéologies différentes. Certains étaient envoyés par leur gouvernement et ne se souciaient guère du pays où ils se trouvaient ni de sa culture. D'autres, la plupart, étaient des communistes de diverses tendances. Les maoïstes y côtoyaient les prosoviétiques, les procubains cohabitaient avec les proalbanais, les Yougoslaves avec les communistes européens, et tout ce monde vivait aussi en parallèle des étrangers antichinois, à savoir quiconque critiquait les institutions de la République populaire. Il y avait également des anticommunistes, les pires étant un sombre mélange d'anticommunistes et d'antichinois. Le panorama ne s'arrêtait pas là, bien entendu, car il y avait aussi des anarchistes espagnols, des trotskistes italiens, un ou deux fous bons pour l'asile et un grand nombre d'opportunistes qui n'étaient là que pour l'argent. Tous avaient été engagés par le gouvernement chinois pour enseigner leur langue, mais certains avaient fini par se consacrer à la traduction de livres et de revues, au doublage de films ou à des transmissions radio à l'étranger. Tout le monde travaillait dans sa langue. Aucun ou presque ne parlait chinois. Aucun ou presque ne souhaitait l'apprendre.

« Ça, ce n'est pas la Chine », disait Fausto.

Les leçons particulières commencèrent à la mi-septembre. Une salle fut improvisée dans un des salons de l'hôtel de l'Amitié :

quelqu'un installa un tableau noir pour que les professeurs, un homme et une femme qui se relayaient, viennent dispenser de manière intensive des cours de langue et de culture chinoises à Marianella et Sergio. C'était un endroit trop spacieux et pas assez calme, éclairé par une lumière blafarde ; les deux enfants avaient l'impression d'être tout petits et seuls, plus seuls qu'ils ne l'avaient jamais été auparavant, jusqu'à ce que d'autres élèves arrivent au fil des jours, au point de former une petite classe de moins d'une douzaine de participants. Ils étudiaient du matin au soir, de neuf heures à midi et de quatorze à dix-sept heures, six heures d'attention rigoureuse qui se déroulaient dans une langue à laquelle ni Sergio ni sa sœur ne comprenaient un traître mot. Six heures à écouter des bruits inintelligibles, à essayer sans succès de les faire correspondre aux dessins que le professeur traçait sur le tableau. Leurs journées s'écoulaient ainsi et se terminaient bien souvent avec des migraines, des protestations et des envies de se rebiffer.

« Je me demande pourquoi on est allés en Chine, dit un jour Marianella. On ne les comprend absolument pas et c'est pareil pour eux.

– Ça viendra petit à petit, la rassura Luz Elena.

– Je veux retourner en Colombie.

– Moi aussi », dit Sergio.

Son père se tourna vers lui sans un regard pour Marianella, une expression de colère soudaine sur le visage.

« Personne n'ira nulle part ! Nous allons rester ici des années, au cas où tu ne le saurais pas, alors c'est très simple : ou tu apprends, ou tu vas te faire voir ! »

Pour Fausto, ce séjour en Chine était une réussite. Sa relation avec Luz Elena semblait repartir d'un bon pied, ou du moins avaient-ils laissé derrière eux les disputes et les obstacles qui les menaçaient. Après leurs journées à l'Institut des langues étrangères, ils se racontaient ce qu'ils avaient vu dans les rues, comme s'ils se remettaient l'un à l'autre un rapport : un peuple courageux qui supportait l'adversité avec dignité et n'avait pas laissé la pauvreté devenir de l'indigence, un pays où la révolution avait satisfait les besoins les plus pressants de sa population. Tout le monde avait de quoi manger, un logement et de quoi se vêtir quotidiennement. Cela ne justifiait-il pas tout effort révolutionnaire ? N'était-ce pas la preuve que les sacrifices, quels qu'ils soient, était profitables à la quête du socialisme ? Il suffisait d'évaluer l'énorme progression effectuée depuis les premières années du régime, l'époque où les gens mouraient de faim sans que personne puisse l'éviter. Certes, des erreurs avaient été commises au nom du Grand Bond en avant, des incidents imprévisibles s'étaient produits et ils s'étaient heurtés à l'opposition des forces de droite, qui partout dans le monde cherchent à mettre en échec les processus révolutionnaires, mais les Chinois aspiraient désormais à atteindre des objectifs plus élevés. Luz Elena et Fausto étaient d'accord sur ce point : il y avait beaucoup à apprendre de tout cela, et eux tout autant que leurs enfants en tireraient des leçons bénéfiques.

Leurs conversations – dans un des restaurants de l'hôtel, à midi et le soir, pendant que l'orchestre jouait de manière ridicule des boléros qui fascinaient Luz Elena – étaient axées sur la pédagogie. Fausto parlait aux enfants de sa visite récente à un cours d'expression corporelle à l'Institut central d'art dramatique ; il leur disait qu'il avait en vain essayé d'identifier le metteur en scène de la pièce, car tous travaillaient ensemble, et il avait mis du temps à découvrir qu'il s'agissait d'un petit homme en bleu de travail, comme les techniciens, occupé à réparer un projecteur. Ce genre de paraboles abondaient dans les discussions familiales. Fausto avait acheté une moto tchécoslovaque à un spécialiste qui quittait la Chine, mais un jour, elle était tombée en panne alors qu'il se trouvait dans la banlieue de Pékin. Quelques secondes plus tard, des dizaines de Chinois l'avaient entouré, prêts à tout pour réparer le véhicule, mais n'y arrivant pas ils avaient stoppé un camion, chargé la moto à l'arrière, et Fausto avait regagné l'hôtel ainsi. Le lendemain, un garagiste du quartier la lui avait réparée. Il n'avait pas réglé la facture au motif qu'on ne faisait pas payer un étranger, a fortiori quand celui-ci contribuait à l'édification du socialisme.

« C'est ça, une société solidaire. C'est bien, non ? » disait-il.

Tout ce qu'il faisait dans le cadre de son travail jetait une lumière nouvelle sur son art. À l'Institut central d'art dramatique, il avait l'impression de lire Brecht pour la première fois, à croire qu'il ne l'avait pas compris jusqu'alors, et peu à peu il se persuada que réserver le théâtre à un petit nombre de personnes était inconcevable ; quand il rentrerait en Colombie, ses pièces seraient montées par et pour le peuple. Il prenait à présent conscience de ce qu'avait éprouvé Brecht en rencontrant l'acteur Mei Lanfang à Moscou, au milieu des années 1930 ; l'Allemand avait été subjugué par les possibilités qu'offrait sa conception de la scène : la révélation des mécanismes artificiels du théâtre, les personnages qui se présentent eux-mêmes et se déguisent sous les yeux du public, l'effort de l'acteur pour faire en sorte que le spectateur reste éloigné du personnage au lieu de s'identifier à lui... Chaque geste obéissait à la théorie de la distanciation brechtienne, et voilà que Fausto découvrait la provenance de ces thèses. Il se sentait comme un maillon dans la chaîne de la tradition théâtrale : Chaplin avait parlé de Mei Lanfang à Sergueï Eisenstein, Eisenstein avait parlé de Mei Lanfang à Brecht, et maintenant Brecht parlait de Mei Lanfang à Fausto Cabrera.

Il n'y avait pas assez de vingt-quatre heures dans une journée. En plus de son travail en tant que professeur d'espagnol et de ses incursions dans l'univers du théâtre chinois, où il apprenait plus qu'il n'enseignait, Fausto accepta d'être directeur des doublages à l'Institut du cinéma. Il passait des heures dans une cabine d'enregistrement pendant que de l'autre côté de la vitre, face au micro, les acteurs mettaient des mots espagnols dans la bouche des Chinois qui jouaient sur l'écran. Fausto n'avait encore aucune expérience du doublage, mais il n'y avait pour lui rien de nouveau dans cette activité : il savait diriger un acteur, lui apprendre la diction et l'élocution, lui transmettre des astuces pour ne pas avoir le souffle coupé avant la fin d'une phrase, et il lui arriva fréquemment de recevoir un comédien médiocre et de le transformer en un seul tournage en une voix à considérer, capable de tenir un discours en temps de guerre.

Un des films qu'il fut chargé de doubler s'intitulait *Campanita*[1], une production chinoise dont le héros était un petit garçon. Fausto n'hésita pas : Sergio était tout indiqué pour le rôle. Ils travaillèrent douze jours ensemble dans les studios, arrivaient et repartaient ensemble, et au fil de ces journées Sergio se sentit une fois encore vivre au travers du regard empreint de fierté de son père, comme dans les studios de la télévision de Bogotá. C'étaient de longues journées avec de nombreux temps morts et des répétitions épuisantes, mais il comprit immédiatement le fonctionnement du sortilège : il s'agissait d'une véritable interprétation, même s'il n'apparaîtrait jamais à l'écran, et quelque chose dans ce processus séduisait sa timidité. Jouer sans être vu de personne lui paraissait par moments la situation idéale.

Un jour, il remarqua une fébrilité singulière sur le plateau. Il essayait d'en savoir davantage quand son père lui adressa un signe de la main depuis la porte, le prit par les épaules dès qu'il l'eut rejoint et dit en français :

« Voici mon fils. »

L'homme qui se tenait à ses côtés se présenta comme étant Franco Zeffirelli, un Italien qui parlait parfaitement le français. Il était en tournée en Chine, invité par le Parti communiste, venait de rencontrer Fausto et tous deux s'entendaient à merveille car ils étaient du même âge, venaient de pays marqués par le fascisme et, plus important, étaient issus du théâtre. Zeffirelli s'intéressait à cet Espagnol qui s'était établi en Amérique latine et doublait des films dans la Chine de Mao ; il insista pour qu'ils dînent ensemble et rapporta au cours du repas des anecdotes remontant à l'époque où il avait été l'interprète de soldats anglais. Sergio prit plaisir à lui raconter qu'il avait joué le rôle du garçon dans « Le mouchard » de Brecht, et se réjouit que l'Italien lui demande s'il avait envie de devenir acteur de cinéma. Il lui répondit que oui, peut-être, mais qu'il aimerait aussi devenir metteur en scène, comme son

1. « Clochette » ou « Fée Clochette » en français selon le contexte, mais nous n'avons pas trouvé trace de ce film.

père. Zeffirelli éclata de rire, mais Sergio prit conscience qu'il venait de mettre des mots sur un projet qu'il avait déjà envisagé. Tout lui était familier dans le monde du cinéma, qui se rapprochait selon lui d'une maison où il aurait vu le jour et dont il ne serait jamais sorti. Être metteur en scène. Son père serait content, sans aucun doute. Quelle bonne raison de s'y préparer !

Sergio ignorait à quel moment il avait commencé à comprendre ce que disaient les Chinois, mais lorsqu'il s'en rendit compte, il eut le sentiment d'émerger du fond d'une piscine. C'était un miracle : il parlait et on le comprenait. Il cessa de désigner les photos sur le menu des restaurants, et lorsque des films étaient projetés dans la salle de l'hôtel de l'Amitié, il parvenait à en déchiffrer les affiches ; le jour où les journaux annoncèrent l'assassinat de Kennedy, il fut le seul à pouvoir expliquer à ses parents ce qui était survenu à Dallas et, les jours suivants, il les renseigna sur tout ce qu'on savait du meurtrier et de ses liens avec l'Union soviétique. Les nouvelles arrivaient avec retard mais elles arrivaient et transitaient par Sergio (ou plus exactement par sa voix), qui était capable de les lire dans *Le Quotidien du peuple*. Il leur apprit que Lyndon Johnson, le nouveau président, avait pris la résolution de défendre le Vietnam du Sud. Dans la presse chinoise, chacune de ses paroles était perçue comme une agression ou une menace.

Marianella traversait les mêmes expériences. Elle – ou plutôt sa bouche – intégra si bien le chinois, ses consonnes exigeantes et ses voyelles chantées, que sans même en avoir conscience, elle devint plus à l'aise dans cette langue que dans son espagnol fragilisé. À table, quand la famille se réunissait pour dîner, elle sortait sa carte de l'hôtel et lisait les idéogrammes à voix haute, juste pour le plaisir d'entendre leurs sons. (Elle avait beaucoup plus de mal avec les caractères cyrilliques, vestiges d'une autre ère politique.)

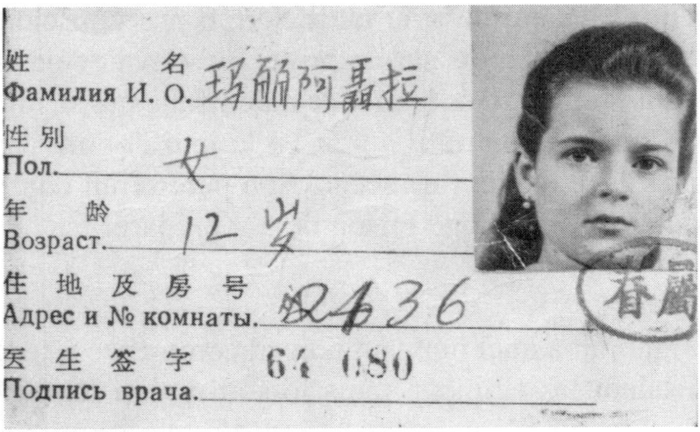

姓 名
Фамилия И. О.
性 别
Пол. 女
年 龄
Возраст. 12 岁
住 地 及 房 号
Адрес и № комнаты. 2436
医 生 签 字 64 680
Подпись врача.

Très vite elle renonça à son prénom, que les Chinois trouvaient impossible ou difficile à prononcer, pour adopter celui dont ils l'avaient baptisée à leur manière : Lilí. Elle l'aimait et commença à l'écrire à la fin des lettres qu'elle envoyait à ses grands-parents colombiens. Elle se présentait ainsi quand elle faisait la connaissance d'une amie ou de parents logeant à l'hôtel.

« Lilí Cabrera. Enchantée », disait-elle.

Quant à Sergio, il s'était lié avec les fils de l'autre monsieur Cabrera, le poète uruguayen, qui étaient désormais ses complices et ses camarades de jeu. Son père respectait le poète, ce qui était déjà beaucoup, sans que personne sache s'il lui témoignait ce respect du fait de ses penchants idéologiques ou parce qu'ils portaient le même patronyme. Les garçons, Dayman et Yanduy, dépassaient Sergio d'une demi-tête ; ils ne parlaient pas aussi bien chinois que lui et n'apprendraient jamais à se débrouiller dans cette langue. Les quatre enfants Cabrera fêtèrent Noël, puis le Nouvel An avec les autres élèves, toujours conscients que ces festivités n'avaient de sens que là, dans ce monde à part – cette réalité parallèle – qu'était l'hôtel de l'Amitié.

Au début de l'année 1964, être logé dans cet endroit commença à déranger Fausto. Les professeurs avaient donné leur accord pour que Sergio et Marianella entrent au lycée, mais Fausto avait l'inébranlable conviction que la vie à l'hôtel, irréelle et artificielle, était en train d'embourgeoiser ses enfants. Cette existence trop confortable risquait de polluer leur pureté idéologique, ce qu'il ne permettrait en aucun cas. Il leur exposa ces menaces, dressa un portrait effrayant des points communs entre l'hôtel et le capitalisme. Un soir, il leur demanda s'ils ne préféraient pas, au vu des dangers qu'ils encouraient, devenir internes à l'école Chong Wen, où ils recevraient une véritable éducation, comme tous les Chinois, et cesseraient de vivre dans la réalité distordue des écoles pour Occidentaux. Sergio, qui était déjà passé par l'internat et avait déjà eu l'impression d'être un poids au sein de sa famille, pensa refuser, mais il s'en garda car Fausto avait réussi à convaincre Luz Elena, et quand tous deux faisaient front commun, il n'y avait pas moyen de résister à leur autorité. Marianella, elle, essaya néanmoins de riposter, mais la dispute fut si violente que, peu après, quand la première neige tomba et que la famille, qui n'en avait jamais vu, alla la contempler, Fausto déclara :

« Pas toi. Tu restes ici et tu ranges ta chambre. Nous ne sommes pas venus dans ce pays pour vivre comme des porcs. »

Dans ces moments d'affrontement, Marianella aurait aimé que son père la frappe, comme il le faisait de temps en temps avec son frère au lieu de le punir. Une bonne claque bien franche, puis ils seraient allés voir la neige. Elle aurait cent fois préféré qu'il en soit ainsi.

Un soir, peu avant la rentrée scolaire, Yanduy alla chercher Sergio pour lui proposer de chasser les moineaux. Il avait une carabine à air comprimé dans chaque main. Dehors, il faisait moins trois degrés, mais Sergio savait que les moineaux étaient une catastrophe. Ils mangeaient les grains de blé et de riz du peuple. On disait qu'en 1959 leurs ravages avaient été tels que les villageois s'étaient organisés pour sortir tous les jours à midi tapant et produire le plus de bruit possible. Ils faisaient exploser des fusées, agitaient des crécelles et des cloches, frappaient sur des gongs dans un vacarme si assourdissant et si long que les oiseaux mouraient de crise cardiaque, épuisés, ne parvenant plus à trouver le repos. Cette année-là, les récoltes furent sauvées du fléau des moineaux, mais les vers dont ils s'alimentaient envahirent les champs et détruisirent les cultures, obligeant les paysans à revenir à l'ancien système de l'épouvantail. À présent, dans le parc de bambous, posté avec Yanduy près des plantations des communes populaires, Sergio visait les moineaux sans en rater aucun. Il avait enlevé ses gants pour mieux tirer et le froid engourdissait ses mains, mais il se sentait investi d'une mission révolutionnaire. Là, près des champs gelés, il pensait s'entraîner pour de rudes lendemains et, en revenant à l'hôtel, quand un Anglais anonyme lui lança des pierres, le traita d'assassin et lui cria de laisser les oiseaux tranquilles, il éprouva de nouveau ce sentiment et bomba le torse, gonflé de ce qui s'apparentait à de la fierté.

VII

« Voyons, voyons si je retrouve la page », disait Sergio en feuilletant un livre.

Ils étaient dans le restaurant de la cinémathèque, où il y avait tellement de monde – des hommes et des femmes qui assisteraient sans doute à l'inauguration de la rétrospective, quelques minutes plus tard – qu'ils pouvaient à peine parler. Les lieux étaient aussi bruyants qu'agréables, présidés par le fantôme de Marilyn Monroe, dont le portrait stylisé, sur le menu, regardait les clients. Cinq tubes au néon traversaient les plafonds bas, retenus par des anneaux multicolores qui leur donnaient l'air – pensa Sergio en connaissance de cause – d'un serpent corail. Sergio et son fils Raúl étaient assis sur des chaises en aluminium devant un grand plateau en bois qui ressemblait davantage à un comptoir qu'à une table. Au lieu d'être accoudés au bar, ils s'étaient installés face à la baie vitrée derrière laquelle s'étendait le quartier du Raval à la tombée de la nuit. La pluie commençait à peine à se calmer et de rares piétons marchaient avec précaution de peur de glisser. Raúl était plongé dans le livre que son père lui avait acheté à la boutique de la cinémathèque. « Choisis ce que tu veux », lui avait-il dit, et Raúl avait survolé les livres d'art, qui pourtant l'intéressaient, et ceux relatifs à l'histoire du cinéma, bien qu'il ait grandi en entendant constamment parler de films, et il avait choisi un roman graphique, *Fight Club*, de Chuck Palahniuk, avec en couverture l'image inquiétante de deux yeux écarquillés au-dessus de deux paupières fermées. De son côté, Sergio avait découvert dans les rayonnages un exemplaire de *Mythologies*, de Roland Barthes, qu'il avait dévoré dans sa jeunesse et dont il venait de se rappeler un passage, comme entre deux nappes de fumée. Dans son souvenir, Barthes écrivait que le monde communiste était, plus qu'un lieu ennemi, un « autre monde », différent et surtout incompréhensible. Il voulait faire partager cette idée à son fils.

« Ça doit être là », dit-il en feuilletant l'essai.

Il regarda son fils pour tenter de savoir, en analysant son visage d'adolescent hermétique, s'il appréciait le livre qu'il lui avait offert. Mais à dix-huit ans Raúl n'était plus un adolescent. Après l'avoir observé pendant une demi-heure, depuis qu'ils s'étaient installés sur les chaises dures du Monroe, Sergio ressentit une joie si intense qu'elle le désarçonna : il était heureux d'être là, à Barcelone, après avoir été éloigné de Raúl pendant près de deux ans, heureux qu'il soit devenu ce bel homme qui le dépassait d'une tête, à la voix ferme et au regard franc, avec un avis sur tout, le passé comme l'avenir. Il trouvait que ses opinions étaient un peu plus à droite qu'il ne l'aurait souhaité, mais vouloir qu'il pense exactement comme lui pouvait être une des définitions d'un certain conservatisme.

Raúl était arrivé par le vol de seize heures quarante, sous un déluge qui obscurcissait le ciel de la ville et ralentissait la circulation à l'entrée de la Gran Vía. Des employés de la cinémathèque étaient allés le chercher à l'aéroport et lui avaient montré l'hôtel pendant que Sergio terminait de donner une interview dans un studio de télévision. Il était donc seul dans le hall et buvait un Coca-Cola quand son père arriva, les épaules de sa veste assombries par la pluie, ses cheveux blancs mouillés comme s'il sortait de la douche. Ayant à peine le temps d'aller prendre une vraie douche et de passer des vêtements secs avant de se rendre à l'inauguration de la rétrospective, il proposa à Raúl de l'attendre là. Avant de lui dire que c'était parfait, qu'il continuerait à jouer sur son portable, Raúl murmura :

« Je suis désolé, papa. Vraiment désolé pour papi. »

Fausto n'avait jamais entretenu des relations suivies avec Raúl, car ils ne s'étaient pas vus assez souvent, mais il l'aimait de tout son cœur et s'était toujours réjoui que son petit-fils puisse avoir en Espagne la vie qu'il n'avait pas pu mener dans ce pays. Quand ils se retrouvaient, Fausto aimait rappeler à l'assistance – membres de la famille, amis ou illustres inconnus – ce qui était arrivé à Sergio et Raúl au Valle de los Caídos.

« Laissez-moi vous raconter comment ça s'est passé », disait-il.

Raúl levait les yeux au ciel et Sergio s'empressait de compléter une information ou d'ajouter des détails au récit de son père, qui parlait comme s'il les avait accompagnés ce jour-là. Sergio était avec Lilí – l'aînée de ses trois filles, son premier enfant – et Raúl, qui allait avoir neuf ans. Sergio était séparé de la mère du garçon, mais il vivait encore en Espagne et voyait donc son fils régulièrement le week-end, rien n'étant plus facile que de prendre le train de Málaga à Madrid. Ils avaient décidé de quitter la capitale pour faire du bateau dans une de ces retenues d'eau que les Madrilènes appellent *pantanos*. De l'autoroute, Raúl vit la croix gigantesque du Valle de los Caídos et demanda ce que c'était et s'ils pouvaient y aller.

« Non, répondit Sergio. C'est là que Franco est enterré.

– Et alors, où est le problème ?

– Le problème, c'est tout ce qu'a subi notre famille, c'est ça, le problème. On a dû fuir l'Espagne à cause de Franco. Papi a beaucoup souffert, l'oncle Felipe aussi, tout ça à cause de Franco. Notre famille a éclaté à cause de lui, alors non, Raúl, on n'ira pas sur sa tombe. »

La journée au pantano s'écoula sans qu'ils abordent de nouveau le sujet. Raúl avait détecté quelque chose de bizarre dans le ton employé par son père. Mais sur le trajet du retour, en voyant de nouveau la croix sur la montagne, il insista et redemanda à visiter cet endroit. Avant que Sergio ait eu le temps d'ouvrir la bouche et de lui assener un autre sermon sur leur famille brisée et la guerre civile, Lilí intervint :

« Enfin, papa, on s'en fiche ! Allons-y, ça ne prendra pas longtemps, Raúl sera content et ensuite on rentrera à Madrid. Il n'y a rien de mal là-dedans et tu pourras lui expliquer certaines choses. »

Quelques minutes plus tard ils y étaient : pour la première fois, la famille Cabrera allait sur la tombe de Franco. C'était un lieu imposant, ça ne faisait aucun doute, et Sergio dut évoquer l'histoire de la famille – celle du commandant Felipe Díaz Sandino, du grand-père Domingo et de son propre père – afin de tempérer ses émotions ; mais il était entré convaincu de trahir la mémoire des siens, et malgré tous ses efforts il ne parvenait pas à se débarrasser de cette certitude. La tombe du dictateur était un rectangle blanc sur le sol de pierre grise de la basilique. Au centre du rectangle on avait disposé trois bouquets de fleurs et une bande avec le drapeau rouge et or. Sergio passa sur le côté et s'approcha des marches de l'autel situé derrière, en gravit deux ou trois et observa le Christ, au fond, en tâchant de se rappeler à quand remontait sa dernière visite dans une église. Il entendit alors du bruit dans son dos, comme si quelqu'un tapait violemment du pied, et lorsqu'il se retourna pour lancer un regard réprobateur au coupable, il découvrit son fils qui piétinait avec rage le rectangle blanc sur lequel il crachait de manière obscène.

Il empoigna Raúl par le bras et le mit à l'écart :

« Mais qu'est-ce que tu fais ?

– C'est un salaud ! hurla Raúl. Tout est de sa faute ! On a dû fuir l'Espagne à cause de lui ! Ma famille a été brisée à cause de lui ! »

Fausto relatait les faits avec précision, et dans son récit, en fonction de son auditoire, Raúl crachait sur la tombe ou lâchait des insultes qui, bien entendu, n'étaient pas celles d'un garçon de neuf ans mais d'un exilé de quatre-vingt-dix ans : celles que Fausto aurait lancées à Franco s'il l'avait croisé dans son enfance lointaine. La seule contribution possible de Sergio consistait à décrire la scène sans grand intérêt qui s'était déroulée ensuite. Il avait pris Raúl en vitesse et l'avait sorti de l'église avant qu'il se fasse trop remarquer, et dans la voiture qui les ramenait à Madrid personne n'avait parlé de l'incident. Ils apprirent ensuite que Raúl, heureux de la réaction de son père, avait évoqué ses frasques auprès de sa famille espagnole. Sergio avait reçu l'appel d'une tante scandalisée par les mauvaises manières qu'il enseignait à son fils, son irrespect des valeurs sacrées, son intolérance pour les idées d'autrui. Il avait pensé que, pour autant qu'il puisse en juger, le franquisme n'avait rien de sacré, mais s'était bien gardé de le dire.

Quand ils avaient quitté l'hôtel pour aller à la cinémathèque, sous la pluie battante qui tombait sur la Rambla del Raval, Sergio avait été tenté de demander à Raúl s'il se souvenait de cette anecdote qui plaisait tant à son grand-père, ou s'il était retourné au Valle de los Caídos, puis il avait songé que, pour son fils, cette histoire avait probablement cessé d'être drôle depuis longtemps. Ils avaient tué le temps en consultant les livres de la boutique et, de là, s'étaient rendus dans la salle bondée du café Monroe pour y chercher une table, et avaient oublié tout le reste. Ils avaient l'intention de prendre un verre en patientant : les organisateurs de la rétrospective leur avaient proposé de les rejoindre dans les bureaux, mais Raúl préférait rester en bas avec le public, et Sergio préférait rester avec lui. Il essayait à présent de retrouver dans les *Mythologies* de Barthes le passage auquel il pensait, et commençait à croire qu'il n'existait pas.

« Ah ! s'exclama-t-il. Enfin ! Écoute ça :

MARTIENS

Le mystère des Soucoupes Volantes a d'abord été tout terrestre : on supposait que la soucoupe venait de l'inconnu soviétique, de ce monde aussi privé d'intentions claires qu'une autre planète. Et déjà cette forme du mythe contenait en germe son développement planétaire ; si la soucoupe d'engin soviétique est devenue si facilement engin martien, c'est qu'en fait la mythologie occidentale attribue au monde communiste l'altérité même d'une planète : l'URSS est un monde intermédiaire entre la Terre et Mars.

« C'est ce qu'était la Chine à l'époque, expliqua Sergio. Pour nous, je veux dire. *La mythologie occidentale attribue au monde communiste l'altérité même d'une planète…* C'est bien, non ? J'avais vingt ans quand j'ai découvert ce livre, et j'ai pensé que oui, c'était comme ça. Être en Chine à cette époque, c'était ça.

– Tous des Martiens.

– Un peu, oui.

– Eh bien moi, je n'avais pas cette impression. Tu m'en avais parlé différemment.

– Ah bon ?

– Je ne sais pas. Tu m'avais parlé de la Chine comme si c'était ton pays.

– Pas au début. Enfin, peu importe.

– Mais Mars, quand même… Si, évidemment que c'est important. Mars, papa. C'est très fort. »

Selon son habitude, Sergio avait pris place au dernier rang. Il l'avait toujours fait, non seulement pour pouvoir sortir sans qu'on le voie, mais pour apprécier les réactions du public et prendre note de ceux qui quittaient la salle. *Tout le monde s'en va*, le film qui inaugurait la rétrospective, progressait sur l'écran avec l'autonomie singulière du cinéma, indifférent à ses observateurs ou à ses témoins. Pendant qu'il observait Raúl – attentif à son rire, à ses marques d'intérêt ou d'ennui –, il arriva ce qui survenait toujours et le film projeté sur l'écran de la Cinémathèque de Catalogne cessa d'être un des siens, un de ceux dont il avait dirigé les mouvements, dont il avait écrit ou approuvé les dialogues, pour devenir un mystère insondable. Sur l'écran défilaient ces images, ces dialogues identiques pour tout le monde, mais Sergio était persuadé qu'ensuite, une fois la projection terminée, il n'y aurait pas deux personnes qui auraient vu le même film. Lui non plus ne voyait jamais le même film ; c'était tantôt la métaphore d'un pays, tantôt un drame familial ou la façon méticuleuse dont des hommes et des femmes sont écrasés sans miséricorde sous le rouleau compresseur de l'Histoire, l'histoire cubaine en l'occurrence, qui était aussi celle des États-Unis, de l'Union soviétique, d'une guerre dénommée « froide » bien qu'elle ait propagé des incendies sur tout le continent : à Cuba, au Nicaragua, au Guatemala, au Chili et en Colombie. Et d'une certaine façon elle continuait, bien entendu. En Amérique latine, plus qu'un rouleau compresseur, l'Histoire avait l'apparence d'un lance-flammes et mettait toujours le feu au continent comme un engin détraqué que personne n'avait le courage d'arrêter.

Tout le monde s'en va était une adaptation partielle et capricieuse d'un beau roman triste de Wendy Guerra, dont l'action se déroule dans les années 1980, à l'époque où la révolution cubaine traverse une nouvelle crise. La petite Nieve est la fille de parents séparés, un révolutionnaire pur et dur qui aurait pu être un auteur de théâtre et ne fait qu'écrire des pamphlets, et une mère sceptique qui vit avec un Suédois et regrette le temps où la révolution accordait plus de libertés et se montrait moins autoritaire. Sur fond d'une Cuba qui ne sait pas trop ce qu'elle veut être, les parents de Nieve se lancent dans une bataille pour obtenir sa garde, mais il devient très vite évident que cet affrontement dépasse les frontières de la famille pour relever de l'idéologie, et les seules choses qui restent quand tout est fini sont plusieurs vies détruites et l'image déchirante du visage du père parmi les centaines de Cubains ayant quitté l'île pour les États-Unis depuis le port de Mariel.

Dès sa sortie le film avait été sujet à controverse. Sergio se souvenait parfaitement de l'avant-première de *Tout le monde s'en va* à La Havane, en décembre 2014. Aurait-il reçu le même accueil dans n'importe quelle autre ville ? Au moment où il avait choisi La Havane, il aurait pu dire que sa décision était motivée par la curiosité de voir comment réagirait un public qui croyait encore à la révolution – et comptait certainement des révolutionnaires purs et durs – à cette histoire problématique. Il avait voulu tourner à Cuba, mais les autorités, probablement parce que le long-métrage était l'adaptation de l'œuvre d'une écrivaine qu'elles n'avaient jamais vraiment appréciée, ou qu'on avait émis des opinions négatives quant à la manière dont le texte dépeignait la vie révolutionnaire, avaient observé un silence obstiné quand il avait demandé les autorisations nécessaires ; de sorte que son équipe avait dû déployer la magie du cinéma pour persuader les spectateurs que les scènes filmées dans un quartier de Santa Marta, sur la côte caraïbe colombienne, ou dans un endroit perdu des Andes, se déroulaient à La Havane ou dans les montagnes cubaines.

Ce tableau de vies brisées ne plut pas à tout le monde à La Havane. Installé comme toujours au dernier rang, Sergio put écouter les observations des spectateurs, qui, pour on ne sait quelle raison, se comportaient dans une salle de cinéma comme s'ils regardaient une pièce de théâtre d'un autre siècle, encourageant les personnages, les insultant, prévenant le héros que le méchant l'attendait au coin de la rue. Des rires lui parvenaient, mais il entendait aussi les protestations isolées ou des huées décomplexées qui venaient couvrir les répliques ; il vit même dans la pénombre baignée de l'éclat blanc de l'écran une silhouette se lever, indignée, agitant son chapeau ou son journal plié dans sa main, et remonter l'allée au milieu des murmures et des martèlements de talons, découpée sur fond clair par la lumière qui éclairait obstinément son dos. Avant de sortir, une de ces silhouettes s'exclama haut et fort, pour que toute la salle l'entende :

« Putain ! C'est de la propagande de l'empire ! »

À la fin du film, quand les lumières de la salle s'étaient allumées, Silvia avait posé sur Sergio de grands yeux écarquillés et lui avait lancé dans un léger sourire :

« Quel public difficile, non ? »

Sergio discuta un moment avec les spectateurs qui s'approchaient de lui. Il signa chaque film apporté par ses fans (le boîtier en plastique ou le DVD étincelait sous les projecteurs), sourit timidement aux éloges qu'on lui faisait, serra les mains qui émergeaient de la foule pour le saluer sans jamais se départir de cette politesse qui semblait formuler des excuses parce que ses films n'existaient pas par eux-mêmes. À cet instant il se rappela que cette avant-première, que la relation entre l'histoire relatée et la ville où elle avait lieu rendait déjà étrange, était également unique pour d'autres raisons. Les hommes et les femmes qui avaient négocié à La Havane, sous les auspices du gouvernement cubain et les regards du monde entier, la sortie d'un demi-siècle de guerre colombienne y avaient assisté sur des sièges à l'écart. Les chefs guérilleros étaient là, ou tout au moins un groupe d'entre eux, ainsi que les émissaires du gouvernement ; ils avaient vu dans la même salle une histoire qui traitait – dans le langage de la fiction et autres artifices – d'une réalité humaine qui concernait de manière indirecte la réalité de leurs conversations, de leurs affrontements et de leurs inconciliables désaccords. Et voilà que les guérilleros avaient abordé Sergio pour le saluer, et c'était drôle de les voir chercher leurs mots pour louer le film alors qu'à l'évidence, ils ne l'avaient pas aimé et qu'il leur avait paru injuste, mensonger ou contre-révolutionnaire.

Ils s'étaient vus pour la première fois la veille. Les commandants de la guérilla avaient appris que Sergio Cabrera était à La Havane et voulaient le rencontrer. Ils eurent une discussion banale au cours de laquelle ils dirent à Sergio qu'ils adoraient ses films et les regardaient dans leurs camps, mais qu'ils ne disposaient que de copies piratées. Ils parlèrent de *Stade en grève*, la comédie où est prononcée une trêve entre l'armée et la guérilla le temps d'un match de foot joué par l'équipe nationale colombienne, et un commandant lui reprocha pour plaisanter le tableau qu'il dressait de la guérilla.

« C'est une guérilla de pacotille », déclara-t-il.

Leurs échanges auraient pu se poursuivre sur le même ton léger s'ils n'avaient pas demandé à Sergio ce qu'il pensait de l'avancement des accords de paix. Sergio estima qu'il aurait été irresponsable d'avoir les chefs guérilleros en face et de ne pas leur dire la vérité, ce qu'il fit. Il leur dit qu'ils s'étaient trompés, que leur image, vis-à-vis du peuple qu'ils affirmaient défendre, ne pouvait pas être plus mauvaise et qu'ils devaient tout mettre en œuvre pour que les Colombiens démunis ne continuent pas à payer cette guerre en souffrant.

« Vous avez causé de grandes douleurs et les gens n'ont qu'une envie, c'est de vous voir en prison, lança-t-il à l'un des chefs.

– Eh bien, allons-y, rétorqua l'homme. Mais dans ce cas allons-y tous, parce que dans une guerre il y a toujours deux camps. »

Sergio le savait, bien évidemment, et il savait aussi combien il est difficile d'expliquer cela à quelqu'un qui n'a subi les violences que d'un seul côté. Quoi qu'il en soit, il était étrange de présenter un film à propos d'un socialisme en échec à La Havane, où se déroulaient les négociations de paix. Les fantômes de la guerre froide s'étaient eux aussi matérialisés dans la ville, et dans cette salle où on projetait pour la première fois *Tout le monde s'en va*, les rancœurs, les ressentiments, la douleur et les souvenirs de la peur de tout un pays étaient tangibles, car ces guérilleros qui regardaient des films non loin des négociateurs n'auraient pas été là si l'histoire avait pris un tour différent (si Fidel Castro n'avait pas triomphé le 1er janvier 1959), et dans ce cas Sergio Cabrera n'aurait pas été là non plus, lui dont la vie avait été marquée par la révolution cubaine. Les fantômes, toujours les fantômes. Pour les Colombiens qui avaient vécu ce demi-siècle de guerre, qui avaient grandi terrifiés, comptaient leurs morts ou étreignaient ceux qui les comptaient, désirant parfois la mort de leur prochain, quelqu'un qui avait tué ou s'était moqué des morts, pour les Colombiens qui n'avaient pas traversé sans dommages les flammes crachées par l'Histoire, les fantômes étaient partout et il n'y avait pas moyen de s'en cacher. Ils étaient arrivés jusque-là, dans une salle de cinéma au milieu des Caraïbes, en 2014. Comme l'Histoire est entêtée ! songea Sergio : elle apparaît au moment où on s'y attend le moins, à croire qu'elle joue avec nous.

La sortie officielle de *Tout le monde s'en va* eut lieu l'année suivante, à Bogotá, un soir de pluie. Les quatre salles d'un centre commercial de l'avenue Chile projetèrent le film simultanément, et les spectateurs les quittèrent en le commentant. Sergio les attendait dans le hall, au milieu des vendeurs de hot-dogs et des distributeurs de sodas, pour qu'on lui serre la main et qu'on lui fasse la bise, et il répondit à quelques questions face à la lumière aveuglante d'une caméra de télévision. Ni ceux qui le saluaient ni les journalistes qui l'interviewaient ne pouvaient concevoir l'immense effort qu'il devait fournir pour se prêter au jeu, car il avait la tête ailleurs. Six mois à peine s'étaient écoulés depuis l'avant-première à La Havane, mais ce séjour lui semblait relever d'une autre vie, une vie dans laquelle il se sentait à son aise. À quel moment cela avait-il cessé ?

Au fil des semaines, à mesure que, tel le ressac, *Tout le monde s'en va* était retiré de l'affiche des cinémas colombiens, Sergio s'était lui aussi retiré de sa vie. Silvia l'avait cru frappé de la mélancolie qui le gagnait à la fin d'un projet d'envergure, aggravée cette fois par la manière dont le public colombien avait accueilli le film. Mais elle se trompait. Et quand elle lui demandait quel était le problème, si elle pouvait l'aider, Sergio lui répondait d'un air meurtri que non, car lui-même n'arrivait pas à savoir ce qui se passait, quels fantômes ou démons le consumaient de l'intérieur.

Il alla voir son père, qu'il trouva amaigri et hostile, sans doute parce qu'il ne lui avait pas rendu visite depuis la fête organisée pour ses quatre-vingt-dix ans – au moment où il s'apprêtait à partir à La Havane pour présenter son film –, ou parce qu'il ne lui avait pas prêté assez attention. Leur conversation fut émaillée de reproches. Fausto se plaignit que Marianella ne se manifeste jamais : elle avait coupé les ponts avec lui depuis des années.

« Elle a pris ses distances depuis la mort de ta mère. Comme si ça n'avait pas été douloureux pour moi aussi. Comme si c'était ma faute. Je ne comprends pas ce que je lui ai fait. »

Sergio avait toujours été étonné par le talent de son père à ne pas voir ce qu'il ne voulait pas voir. Il avait jusqu'alors gardé le silence tant que ç'avait été possible, mais cette fois il décida de s'exprimer :

« Eh bien, réfléchis-y un peu. Je suis sûr que tu finiras par trouver la réponse. »

En fin de journée, après l'avoir entendu dire que ses propres enfants le traitaient en ennemi, dans une tentative désespérée de changer de sujet et de conclure sa visite sur un ton cordial, Sergio lui parla de son film. De manière décevante, *Tout le monde s'en va* n'était pas resté longtemps en salle, mais depuis son avant-première à La Havane, il avait eu du succès.

« C'est bien. C'est certainement dû au fait que je ne joue pas dedans », lui dit son père.

Il plaisantait mais Sergio crut déceler du ressentiment dans sa voix, une récrimination déguisée. Fausto avait toujours pensé que son fils ne lui accordait pas, dans ses films, tout le crédit qu'il méritait.

« Tu ne parles jamais de moi dans tes interviews », lui lançait-il parfois.

Sergio s'évertuait à lui expliquer que si, il parlait de lui, mais que les journalistes ne retenaient pas ces passages.

« Ce n'est pas moi qui édite les interviews, papa. »

Sa voix qui ne récitait plus de poèmes (car la mémoire lui faisait défaut, il oubliait les vers) avait vieilli, et Fausto regarda Sergio avec une sérénité bien pire que son agressivité.

« Je te félicite, pourtant tu connais la vérité.

– Quelle vérité, papa ?

– Ce film est une trahison qui renie tout ce à quoi nous avons cru. C'est une gifle, Sergio Fausto. Une gifle à tout ce que toi et moi avons accompli dans la vie. »

Quand Sergio voulut rapporter cette conversation à Silvia, il se contenta de lui dire :

« Mon père est vieux. »

Et il était évident que sa tristesse venait de cette constatation : la lente dégradation de l'homme qu'il avait admiré si longtemps et grâce auquel il avait vécu des expériences dont peu de gens pouvaient se vanter. Mais Fausto avait mis des mots sur ce que d'autres pensaient depuis que le scénario du film circulait entre les mains des personnes habituelles : les amis, les complices, les producteurs ou ceux qui étaient les trois à la fois. Juan était un de ces amis, un médecin qui l'avait soutenu dans des centaines d'autres batailles et qui, un jour, après une consultation, avait décrété que là, il ne le suivrait pas.

« Je pense que ce film ne devrait pas se faire », avait-il affirmé.

Il avait ajouté que cette histoire ferait le jeu des anticubains et des impérialistes, que Sergio salirait l'image de Cuba sans rien obtenir en échange et que ses ennemis de toujours étaient bien suffisants pour critiquer le socialisme.

« Tu n'arriveras à rien avec ce film. Tes amis ne comprendront pas. Il leur paraîtra trop critique. Quant à tes ennemis, ils ne le comprendront pas davantage parce qu'ils le jugeront trop complaisant. En gros, tu vas merder sur tous les tableaux. »

Sa conclusion était catégorique :

« On lave son linge sale en famille. »

Sergio avait souvent entendu cette formule qu'il lui était même arrivé de prononcer, mais sur le moment un poids lui oppressa la poitrine et il demanda :

« Et que se passe-t-il quand il n'y a pas de machine à laver dans la maison ? »

Il eut d'autres conversations similaires, au cours desquelles il tentait de préciser à ses interlocuteurs que *Tout le monde s'en va* n'était pas une dénonciation ou une remise en question, mais que l'histoire de la petite Nieve, dont la vie bascule à cause de l'intromission d'un État qui fouine dans la vie privée de sa population, ressemblait trop à ce qu'il avait connu pour qu'il laisse passer sa chance de l'adapter. Nieve était à Cuba ce qu'il avait été en Chine : un enfant à la merci de… Mais de quoi ? Il ne pouvait rien expliquer de tout cela, parce que la seule façon de rendre justice aux souvenirs qu'il avait de la Chine avait consisté à réaliser ce film, et parce que la compréhension de ce long-métrage requérait une connaissance approfondie de sa propre vie. Il fallait la connaître comme nul ne la connaissait : ni ses amis, ni ses enfants, ni sa femme.

Mais l'avis de son ami médecin lui laissa une impression douloureuse. Il se rendit compte que ces nombreux désaccords auraient été moins graves, ou plus supportables, s'il avait eu un projet en cours. Pourtant même son travail, qui avait toujours été un espace où il se sentait aux commandes, semblait conspirer contre lui. Après le tournage de *Tout le monde s'en va*, début 2014, il avait, comme toujours entre deux films, réalisé une série pour la télévision. Il s'agissait en l'occurrence de l'histoire de l'infâme docteur Mata, un avocat qui avait commis vingt-huit assassinats demeurés impunis dans les années 1940, avant de tuer une dernière fois et d'être condamné. Un tueur en série : le succès était garanti. Cependant la série coûta plus cher que prévu, les producteurs accusèrent Sergio d'avoir dépassé le budget, et Sergio rejeta la faute sur la chaîne. Après une dispute où le ton monta parfois exagérément, ils restèrent en froid. De sorte que Sergio cessa de recevoir des propositions de travail ; son orgueil lui interdisait de demander ou de réclamer quoi que ce soit. Il avait l'impression d'être un mort-vivant.

Ses journées n'avaient plus aucun sens. Au lieu de se lever à sept heures et de s'occuper d'Amalia, comme il le faisait d'habitude, il dormait jusque tard dans la matinée pour récupérer de ses nuits passées à regarder des films dans le petit salon meublé de canapés à l'écart des chambres. Il se disait que revoir tout Bertolucci était par exemple un bon moyen d'enrichir sa verve créative, tout en sachant qu'au fond il avait les mains vides. Silvia se chargeait de déposer une Amalia souriante à la crèche avant de se rendre à son travail à l'ambassade du Portugal. Un jour, en rentrant, après avoir récupéré sa fille (qui souriait toujours, inexplicablement heureuse), elle découvrit que Sergio n'avait même pas ouvert les rideaux de la chambre. Ils commencèrent à vivre en décalé, lui étant réveillé quand elle dormait et vice versa ; au cours de ces nuits sans sommeil, il regardait des films ou lisait des livres ayant appartenu à sa mère, ou bien il allait dans la chambre d'Amalia, s'asseyait un long moment sur sa chaise de couleur vive près du lit à barreaux, et la regardait dormir, persuadé qu'il pourrait passer ainsi le reste de sa vie. Un soir, après qu'il eut passé plusieurs mois à vivre dans l'étrange solitude de ces horaires chamboulés, une sorte de jetlag au sein même de son appartement, Silvia vint lui parler.

« Je crois que nous devrions voir quelqu'un », lui dit-elle.

Sociologue de formation, elle avait commencé des études de psychologie dès son arrivée en Colombie. Ce n'était pas un intérêt de dilettante : elle avait découvert la Gestalt-thérapie bien avant de rencontrer Sergio, mais ce n'est qu'à Bogotá qu'elle avait pu se dégager assez d'heures dans la semaine pour se consacrer à ses études. Son mentor ou son guide, le psychothérapeute Jorge Llano, était vite devenu un de leurs amis, raison pour laquelle Silvia pouvait se permettre d'aborder le sujet : elle demanda à Sergio de le contacter, mais ce dernier ne comprenait pas à quoi cela lui servirait. Silvia n'y alla pas par quatre chemins : il n'était pas obligé d'aller voir Llano, il pouvait consulter un autre thérapeute, mais il n'était pas nécessaire d'avoir lu tout Max Wertheimer pour savoir qu'il traversait une dépression digne d'un manuel de psychologie.

« Cherchons quelqu'un, proposa-t-elle. Qui tu voudras, mais il faut réagir, mon amour. Tu ne vas pas bien.

– Je sais. Je n'ai pas besoin de payer un psy pour qu'il me le dise.

– Et moi je sais bien que tu le sais, mais tu ne sais pas pourquoi tu es dans cet état, est-ce que je me trompe ?

– Non.

– C'est ça. Moi je crois qu'un psy pourrait nous aider à en savoir davantage. »

Des jours s'écoulèrent pourtant sans que Sergio appelle qui que ce soit, sans qu'il prenne rendez-vous ou fasse un pas dans la direction qu'ils s'étaient fixée. Il continua de se coucher à point d'heure, et à midi, quand ils parvenaient à se rejoindre pour déjeuner ensemble, Silvia était contente de l'entendre parler des films chinois récents qu'il avait vus dans la nuit – « montrer cette image de la Chine n'était pas possible quand je vivais là-bas » –, mais ces retrouvailles à la mi-journée étaient rares et brèves, et lorsqu'elle reprenait sa routine exigeante (son travail, ses études et l'éducation de sa fille de trois ans), elle avait le sentiment de vivre dans son pays et non en Colombie, d'être une mère célibataire et non une femme mariée. Les jours étaient longs et, pire, ils se ressemblaient tous. Elle sombra dans la tristesse, au point de ne plus savoir où commençait la sienne et où se terminait celle de Sergio. Elle le lui expliqua un soir après un dîner chez eux, avec des amis. Tout le monde était parti et Sergio faisait la vaisselle distraitement, apparemment captivé par les jeux de lumière de la mousse sur ses mains. Silvia venait d'entrer dans la cuisine avec un plateau chargé de deux bouteilles vides et des restes du repas, et en le voyant ainsi elle eut l'étrange impression qu'il était absent. Quelques minutes plus tard, ils se couchèrent dans le lit qui n'avait pas été fait et Silvia lui annonça qu'il était peut-être préférable qu'elle reparte à Lisbonne, qu'elle y songeait depuis plusieurs jours.

« C'est ce qu'il y a de mieux à faire pour Amalia, mon amour, et pour nous aussi probablement. »

Sergio trouva ses arguments si précis et sa tristesse muette si éloquente qu'il n'essaya même pas de s'opposer à sa décision.

« Combien de temps ? » demanda-t-il.

Elle le regarda avec une tendresse infinie, mais ses yeux – et l'expression de sa bouche, qui aurait pu passer pour de la moquerie alors qu'elle était empreinte de douleur – semblaient dire : *Tu ne comprends rien.*

« Ce n'est pas une question de temps. Je rentre à Lisbonne et nous verrons ensuite comment faire pour que tu voies Amalia. Je t'aime, Sergio, et je sais que c'est réciproque, mais je ne peux pas vivre ça. Je ne peux pas continuer comme ça. Ce ne serait bon pour personne », conclut-elle.

Ce fut un arrangement à l'amiable qui ressemblait davantage à un accord diplomatique qu'à une rupture. Ils passèrent les semaines suivantes comme s'ils s'apprêtaient à partir ensemble, organisèrent des soirées d'adieu chez des amis et firent tous les préparatifs nécessaires au départ d'Amalia. Sergio pensait peut-être qu'un miracle allait survenir, mais ce ne fut pas le cas, et le jour où Silvia et Amalia devaient prendre l'avion finit par arriver. Il aida sa femme à faire ses valises, passa en revue les affaires de leur fille et s'étonna une fois de plus de la petite taille de ses pantalons, perplexe à l'idée que sa fille puisse tenir dans sa minuscule chemise de nuit à l'encolure fermée par un nœud rose. Il les emmena à l'aéroport et ne les quitta pas du regard tandis que Silvia payait le surpoids de ses trop nombreuses valises. Ils restèrent une heure sur les tabourets peu confortables du café Juan Valdés, et pendant qu'Amalia se barbouillait le visage avec un gigantesque muffin, il posa une main sur chacune d'elles, comme si le contact avec ces deux corps qui seraient bientôt loin l'incitait à croire que sa femme et sa fille ne partaient peut-être pas pour toujours.

La matinée du vendredi était radieuse à Barcelone. Le vent avait chassé les nuages et purifié l'air, mais il était si fort qu'en quittant l'hôtel, éblouis par l'éclat du soleil, Sergio et Raúl durent s'arrêter à l'ombre d'un palmier, sur la Rambla del Raval, pour enfiler leurs vestes. Sergio s'aperçut qu'il avait été vraiment distrait ces derniers jours, car il n'avait pas remarqué la sculpture de Fernando Botero, qui occupait comme un totem l'allée centrale de la voie, un énorme chat de bronze aux yeux vides et cependant pleins de malice. Il le montra du doigt.

« C'était un ami de ton grand-père, expliqua-t-il.

– Le chat ? »

Sergio sourit.

« Quand ils étaient jeunes. Ils ont fait des tas de choses ensemble. »

Il lui parla de *L'Image et le Poème*, l'émission de télévision dans laquelle Fausto récitait des vers pendant que le jeune Botero les interprétait en réalisant des dessins au fusain. Botero les avait oubliés dans le studio ou ne s'était jamais soucié de les récupérer, si bien que Fausto les avait conservés. Un jour du deuxième millénaire, Sergio demanda à son père où étaient ces esquisses de jeunesse de l'homme qui était devenu l'artiste vivant le plus cher du monde, et s'entendit répondre qu'il les avait vendus des années auparavant, à l'époque où le Parti communiste avait besoin de fonds. Ils se dirigèrent vers la station de métro en évoquant cette époque – surtout Sergio. Le matin, au petit déjeuner, Sergio avait demandé à son fils ce qu'il avait envie de faire à Barcelone, parfaitement conscient que cette question trahissait sa confusion : Raúl n'était plus le garçon qu'il avait quitté deux ans plus tôt, quand ils s'étaient vus pour la dernière fois, et il devait respecter son indépendance, s'attendre à ce qu'il veuille rester seul, ne pas commettre de maladresses paternelles qui risqueraient de gâcher ce week-end.

« Qu'est-ce que tu veux dire ?

– Tu ne connais pas la ville et tu as deux jours devant toi, alors tu peux aller visiter certains endroits, je suis sûr qu'on a dû t'en suggérer.

– Je suis venu pour être avec toi et je veux rester avec toi. Fais-moi plutôt visiter ta Barcelone.

– Ma Barcelone ? Je ne sais même pas si elle existe ! »

Sergio avait séjourné de nombreuses fois dans la ville, mais toujours pour son travail, ce qui consistait à aller d'un hôtel à une salle de cinéma et de cette salle jusqu'à un restaurant. Il n'y était pas venu en touriste depuis l'été 1975, l'année où il était reparti vivre en Colombie après des temps difficiles auxquels il préférait ne pas penser, car il avait fui son pays comme un délinquant. Il arrivait de Londres et le bateau avait fait escale à Barcelone avant de traverser l'Atlantique. Sergio avait hésité : visiter la ville le tentait, mais il avait promis, pour respecter la mémoire de sa famille, de ne pas fouler la terre espagnole tant que Franco serait en vie. Finalement, il était descendu à quai pour aller au moins voir la Sagrada Familia, dont son père lui avait parlé. Au cours de toutes ces années où il avait séjourné à Barcelone en tant qu'invité, ce souvenir de jeunesse ne lui était jamais revenu.

« Parfait, on n'a qu'à commencer par ça », proposa Raúl.

DEUXIÈME PARTIE

LA RÉVOLUTION DANS LES HÔTELS

VIII

Sergio et Marianella menaient une double vie à Pékin : l'enfer à l'école et le paradis à l'hôtel. À l'école, ils ne se douchaient que le mercredi ; le reste du temps ils se lavaient tant bien que mal en utilisant des petites serviettes qu'ils mouillaient dans une cuvette. Luz Elena avait obtenu qu'on leur serve un verre de lait, et les deux enfants devaient supporter les moqueries de leurs camarades, qui les regardaient sans cacher leur dégoût et leur disaient : « Mais vous savez d'où vient ce que vous buvez ? » Au début, Sergio était purement épouvanté, à croire que l'expérience de la rue Wangfujing était devenue un état permanent, car les élèves chinois ne se contentaient pas de le considérer bizarrement et avec répulsion (la propagande du Parti leur avait appris que les Occidentaux représentaient l'ennemi), mais ils prenaient un malin plaisir à faire de lui la cible de leurs quolibets. « Eh, t'as des yeux de crapaud ! » lui criaient-ils. Sergio s'asseyait au fond de la salle, se cachant dans sa solitude, et lisait des romans. Il adorait Georges Simenon. Un jour, captivé par *Maigret et l'Homme du banc*, il l'ouvrit en classe et se plongea dans sa lecture, l'ouvrage dissimulé dans son cahier de notes. Au bout d'un moment, intrigué par l'étrange silence qui l'environnait, il leva la tête et s'aperçut que toute la classe l'observait d'un air désapprobateur : le professeur était parti en laissant la porte grande ouverte.

« Il a dit que tu pouvais aller le chercher si tu voulais suivre les cours et qu'il y ait classe pour tout le monde », l'informa son voisin.

L'enseignant lui demanda de formuler des excuses par écrit en décrivant l'affront qu'il avait fait subir à ses camarades, dont il avait mis l'éducation en danger par son comportement égoïste.

L'école Chong Wen était à sa manière un établissement d'élite créé pour les enfants de parents absents : dignitaires du Parti communiste ou étrangers assimilés occupant des fonctions importantes. Une vingtaine d'élèves venaient de l'hôtel de l'Amitié, comme Sergio et Marianella, mais ces derniers étaient les seuls internes. Les autres regagnaient l'hôtel tous les soirs, profitaient de ses trois restaurants, de ses chambres luxueuses et de la compagnie de leur père et de leur mère. Marianella les enviait ouvertement.

« Qu'est-ce qu'on a fait de mal ? s'indignait-elle auprès de Sergio. Pourquoi ne pouvons-nous pas être avec nos parents ? De quoi nous punissent-ils ? »

Peu à peu Sergio avait développé avec les autres internes une solide camaraderie faite de rancœur et de convictions politiques : eux étaient de vrais prolétaires tandis que ceux qui repartaient tous les soirs n'étaient que de méprisables petits-bourgeois. La magie résidait dans le fait que Sergio était devenu un lien entre les deux mondes, et il se rendit très vite compte des avantages que cela comportait. Quand un camarade chinois avait envie de chaussures élégantes, il les lui achetait dans un des magasins de l'hôtel. Un jour, un élève d'une classe supérieure l'aborda lors d'une pause entre deux cours et lui demanda à voix basse s'il pouvait lui procurer du Maotai, l'alcool chinois le plus apprécié, qui était produit en petites quantités ou en quantités trop infimes pour un pays aussi vaste, et impossible à trouver sur le marché (on disait que les chefs du Parti se le réservaient). Mais le garçon aux yeux de crapaud savait où le trouver. Sergio avait l'impression d'être de retour à l'internat Germán Peña du temps où il distribuait des Lucky Strike.

Le week-end, quand Sergio et Marianella avaient l'autorisation de sortir, Luz Elena les emmenait marcher dans la ville. Ils aimaient se promener ensemble rue Liulichang et regarder les vitrines des antiquaires, où les vieilles familles bourgeoises que la révolution avait ruinées venaient apporter leurs trésors, vestiges de leur opulence désormais révolue. Chaque boutique était un inventaire d'une autre époque, un mémorandum de richesses démesurées et un témoignage mélancolique de l'égalité imposée par le régime. Luz Elena les contemplait avec tristesse, car son imagination la portait sans doute à penser à ces familles brisées, même si elle ne voulait pas contester le message que Fausto ressassait dès qu'il en avait l'occasion : ce monde où tous étaient égaux n'était-il pas merveilleux ? Un monde où, lorsqu'on marchait dans la rue, on ne pouvait pas différencier le riche du pauvre car tous étaient habillés de la même façon, n'était-il pas merveilleux ?

« Ils sont tous habillés pareil mais ils sont moches, alors non merci, très peu pour moi ! » décréta un jour Marianella après s'être assurée que son père ne l'entendait pas.

Pourtant c'était vrai : dans la rue des antiquaires, tout le monde – hommes, femmes, enfants et vieillards – portait une tenue identique teinte du même bleu indigo. Personne ne savait qui avait été riche par le passé, ou aussi pauvre qu'à présent. Parmi ces aristocrates seuls demeuraient des signes distinctifs isolés : une démarche élégante impossible à dissimuler, des inflexions dans la voix quand ils formulaient une requête, un commentaire trahissant un cosmopolitisme coupable. Sergio n'oublia jamais le jour où il fut confronté de façon assez directe à cet univers disparu. Chaque dimanche, le Bureau des spécialistes, l'organisation chargée d'accueillir les hôtes de l'hôtel de l'Amitié, leur proposait une excursion dans la ville. Après avoir passé la semaine dans l'inconfort de l'école Chong Wen, Sergio et Marianella considéraient ces quelques heures où ils redevenaient des touristes occidentaux comme un baume bénéfique. Sergio savait que c'étaient des journées de pollution bourgeoise, un risque pour la mentalité d'un jeune révolutionnaire, mais il mettait néanmoins un pull en laine sur ses épaules et montait dans un autobus de trente passagers pour aller visiter la Grande Muraille, la Cité interdite ou le palais d'Été et, enlacé à sa mère ou prenant la pose aux côtés de son père, il les voyait de nouveau soudés, loin du spectre de la séparation, et ne pouvait s'empêcher d'éprouver un sentiment répugnant de bonheur.

Un de ces dimanches bourgeois et coupables, ils allèrent au jardin botanique. Le matin, Luz Elena avait convoqué ses enfants.

« Aujourd'hui vous allez rencontrer quelqu'un de spécial », leur annonça-t-elle.

Elle leur parla de Pu Yi, le dernier empereur de Chine. Enthousiaste à l'idée de faire la connaissance d'un homme qui avait été plus puissant qu'un roi, Sergio pénétra dans le jardin les yeux grands ouverts. Dans la salle principale, ils furent accueillis par un fonctionnaire pareil aux autres, revêtu de la même tenue bleue que les autres, avec des manières tout aussi hospitalières, mais qui se déplaçait dans son domaine en gardant le dos et la tête bien droits, comme s'il cherchait quelque chose à l'horizon. Il portait des lunettes rondes et sa bouche s'arrondissait dans une mimique qui s'apparentait à de l'orgueil. Il paraissait cependant incroyablement maladroit (il trébucha à plusieurs reprises au cours de ces brèves minutes, et à un moment donné, esquissant un geste de la main, il heurta ses lunettes et les fit tomber). Tandis qu'il leur décrivait le jardin et ses merveilles, Sergio prit conscience que cet homme n'était pas un fonctionnaire ordinaire, mais le responsable du parc. Puis il comprit que malgré ses vêtements et sa fonction il n'était pas un simple jardinier, mais Pu Yi en personne.

L'ancien empereur ne prononça pas le moindre mot à propos de son passé et nul ne lui posa la moindre question, même si tous savaient qui il était et quelle vie il avait menée autrefois : cette promenade touristique dans un jardin avait tout d'un pacte de silence visant à taire un passé honteux. Pris tout à coup de l'envie pressante de revenir sur ses pas, Sergio se sépara du groupe et revint en courant vers l'endroit qu'il venait de quitter. Il vit cet homme, agenouillé au milieu des fleurs, tenant un sécateur dans la main droite, et dans l'autre ses lunettes, qu'il avait retirées pour s'éponger le visage. Il se tenait de profil, au loin, de sorte que le garçon ne le distinguait pas avec précision, pourtant il se plut à imaginer que Pu Yi pleurait. Le lendemain, de retour à l'école, il confia cette visite à un de ses professeurs, qui grimaça de dégoût.

« C'est un traître. Mais il s'est amendé grâce à la révolution. Il a reconnu ses crimes et admis que sa vie passée n'avait aucune valeur. Il s'est repenti d'avoir mené une telle existence. Et Mao l'a reçu, parce que Mao est généreux. »

Alors que Marianella s'érigeait tête baissée contre l'école – affrontant sa professeure et se faisant réprimander, refusant méthodiquement l'apprentissage des mathématiques complexes –, Sergio était devenu un élève modèle. À la fin de l'année, à l'époque des examens, il connaissait la vie des héros comme s'il en avait été témoin et pouvait répéter toutes les consignes révolutionnaires, et il en était fier, même si cela ne lui servait pas pour les contrôles, les deux matières concernées étant les mathématiques et le chinois. Sergio réussit passablement l'épreuve de mathématiques, mais personne ne s'attendait à ce qu'il passe celle de chinois avec ses camarades. Il apprit qu'en tant qu'étranger, il aurait droit à certains privilèges – entre autres l'usage d'un dictionnaire –, et que l'examen consistait à rédiger en deux heures une dissertation selon l'intitulé que le professeur indiquerait au tableau. Il s'agissait d'une épreuve nationale au cours de laquelle des millions de Chinois plancheraient sur le même sujet dans la totalité du pays. Le professeur s'approcha du tableau noir, une craie à la main, demanda si tout le monde était prêt et commença à écrire. Sergio leva la tête et lut :

Je suis né sous le drapeau rouge aux cinq étoiles dorées.

Sa première réaction fut de songer que c'était injuste. Je ne suis pas né ici, je suis né ailleurs, on ne peut pas me demander ça. Il pensait protester, se plaindre, implorer la clémence. Puis il entrevit une possibilité.

Il corrigea l'intitulé : *Je NE suis PAS né sous le drapeau rouge aux cinq étoiles dorées*, et écrivit : « Non, je ne suis pas né sous le drapeau rouge aux cinq étoiles dorées, mais il m'abrite à présent et je considère qu'il m'appartient autant que celui de ma nation… » Il raconta ensuite qu'il était né sous un drapeau jaune, bleu et rouge, celui d'un pays lointain appelé la Colombie. Il expliqua les raisons pour lesquelles il était arrivé en Chine, qui l'avait accueilli avec amour et lui avait accordé l'honneur de poursuivre son éducation dans une école telle que Chong Wen.

La dissertation, une version juvénile de ce qu'était aux yeux de Sergio l'« internationalisme prolétarien », obtint la meilleure note de l'école. Le professeur lut son travail devant toute la classe, *Le Quotidien du peuple* le publia avec les copies d'autres élèves du pays et la radio nationale le diffusa entièrement, sans en oublier un seul mot. À l'école Chong Wen, Sergio, déjà populaire comme pourvoyeur d'objets convoités, devint un véritable trophée. Le regard que les autres – élèves et professeurs – posaient sur lui avait changé. Sergio n'était plus le garçon aux yeux de crapaud, il était venu pour édifier le socialisme. Plus personne ne lui demandait en lui touchant les cheveux s'il dormait avec des bigoudis pour les faire boucler. Plus personne ne lui demandait de quelle couleur il voyait le monde à travers ses yeux verts, car il était évident que, pour lui, le monde avait la couleur de la révolution.

Depuis les incidents du mois d'août 1965, quand deux destroyers américains furent attaqués dans le golfe du Tonkin, le président Johnson avait annoncé une nouvelle escalade dans la guerre du Vietnam. Les bombardements commencèrent après que les troupes du Viêt-cong eurent lancé l'assaut contre le Camp Holloway, une base d'hélicoptères que l'armée américaine avait construite près de Pleiku ; leur objectif était double : faire en sorte que le Vietnam du Nord cesse de soutenir le Viêt-cong et redonner le moral au Vietnam du Sud. Une nouvelle étape de la guerre commença. Les bombardements donnèrent lieu à de nombreuses discussions au sein de l'école Chong Wen, où on organisa des meetings et des manifestations pour appuyer le Vietnam du Nord. L'établissement se remplit d'affiches dénonçant les agressions de l'impérialisme ou exigeant que les élèves fassent preuve de solidarité envers les camarades victimes des armées capitalistes. Sergio partageait l'indignation générale. Dès que le Jeune bataillon de soutien au Vietnam fut créé, il s'y inscrivit, et participa peu après à sa première mission, une marche symbolique sur Hanoï. Les garçons devaient parcourir la distance entre Hanoï et Pékin sur la piste d'athlétisme de l'école : s'ils couraient six kilomètres par jour, ils arriveraient « à destination » six mois plus tard. Et ils atteignirent leur objectif.

Cette année-là, la vie quotidienne à l'école changea. La classe de Sergio – composée d'adolescents qui allaient tous sur leurs quinze ans – suivait un entraînement militaire. Deux fois par semaine, Sergio apprenait le maniement des armes à feu et des grenades, la lutte au corps à corps et le chargement de la baïonnette. Il tirait à blanc dans un centre proche de l'école où, selon le climat politique qui régnait en ville et au sein de l'école Chong Wen, les cibles étaient de grossières caricatures ou des agrandissements photo de Lyndon Johnson, Brejnev ou Tchang Kaï-chek. Toute l'année, en bonne partie pendant la longue marche des élèves entre Pékin et Hanoï, Sergio se découvrit une ferveur qu'il n'avait jamais connue jusqu'alors. Était-il l'un d'entre eux ? Oui. Il était devenu un lycéen brillant et passait de longues heures à étudier la grammaire et la calligraphie de sa nouvelle langue, sondait ses secrets, faisait des recherches sur son histoire, qui était également celle de la culture qu'on lui avait inculquée, et il s'apercevait qu'elle cessait peu à peu de lui être impénétrable. Oui, tout cela était bien mais il avait conscience que les études et les manœuvres militaires, la grammaire et le centre de tir n'étaient que des moyens pour accéder à autre chose. Dans les carnets qu'il tenait à l'époque il écrivit : *L'avenir est palpable. Nous le respirons, nous le rêvons, nous lui donnons un nom. L'avenir est à tout le monde et tout le monde contribue à le réaliser. L'avenir commence maintenant.*

Peu avant l'été, quand les étudiants arrivèrent à Hanoï, Fausto et Luz Elena partirent en Colombie. C'était un des avantages mentionnés dans leur contrat d'enseignants : le spécialiste pouvait rentrer dans son pays tous les deux ans avec son conjoint, mais pas avec ses enfants. De sorte que Sergio et Marianella furent inscrits dans un camp sur les plages de Beidaihe, autrefois un lieu de villégiature pour les bourgeois et désormais le siège du Comité central du Parti communiste en été. Leurs parents ne s'absentèrent pas longtemps : trois semaines à peine, qui marquèrent cependant à jamais la famille.

En arrivant en Colombie, Fausto s'empressa d'entrer en contact avec les fondateurs du Parti. Bien entendu, ce qu'on appelait « Parti » à l'époque portait un nom plus long : Parti communiste marxiste-léniniste pensée Mao Zedong. Ses fondateurs étaient entre autres de vieilles connaissances : Pedro León Arboleda, l'homme de haute stature qui avait loué les talents poétiques des artistes de Medellín (et grâce auquel Fausto avait passé quatre années heureuses dans cette ville) et un certain Pedro Vásquez, qui avait rejoint un groupe de dissidents du Parti communiste quand les différends idéologiques entre Pékin et Moscou étaient devenus inconciliables. Une brèche s'était ouverte entre les partisans de la ligne moscovite (les *mamertos*) et ceux de la ligne prochinoise, dont Fausto était l'ambassadeur involontaire. Il avait certes vécu pendant deux ans la vie révolutionnaire, assisté de près aux succès de la révolution (et n'hésitait pas à en taire les échecs), mais était en outre porteur de deux documents importants : d'une part une invitation pour que Camilo Torres, le prêtre adepte de la théologie de la libération, qui s'était rapproché de la guérilla guévariste, vienne visiter la Chine communiste en étant aux premières loges ; de l'autre un documentaire sur la Chine que Fausto avait doublé lui-même. Dans ce film, il lisait aussi de sa voix vibrante les écrits du camarade Mao – la célèbre lettre de 1934, par exemple, « Une seule étincelle peut allumer un feu de prairie » –, et récitait ses poèmes de manière aussi émouvante que lorsqu'il déclamait les vers d'Antonio Machado et de Miguel Hernández.

L'Orient est déjà sur le point de s'éclairer :
ne dites pas que nous sommes partis trop tôt !
À parcourir ces monts verdoyants l'homme ne vieillit pas ;
les paysages de ce versant ont une beauté singulière.

Ou cet autre, « Le mont Liupan », que Mao écrivit à la fin de sa Longue Marche avec l'Armée rouge.

Nous ne sommes pas hommes à moins d'atteindre la Grande Muraille ;
déjà nous comptons sur nos doigts une marche de vingt mille li.

Sur la cime du mont Liupan
Notre bannière flotte au gré du vent de l'ouest.

Après que Fausto eut participé à plusieurs entretiens avec les dirigeants, le Parti lui confia une mission spéciale : développer un matériel didactique, artistique et littéraire composé des principes de son idéologie (le marxisme-léninisme pensée Mao Zedong) et les appliquer à la réalité colombienne. C'est ainsi que débuta sa militance. Il contacta Camilo Torres, lui expliqua les intentions des Chinois et réussit à être reçu chez le prêtre, dans la partie sud du parc national. Fausto arriva accompagné du correspondant d'un quotidien chinois en Colombie, car il souhaitait le filmer et montrer ensuite son reportage de retour en République populaire de Chine. Ils parlèrent de marxisme, de christianisme, de Fidel Castro et de Mao Zedong, et Torres répondit en respectant les exigences de Fausto, qui lui avait demandé une interview « sans soutane ».

« Oui, je savais que vous étiez en Chine. Racontez-moi donc comment ça se passe là-bas », le pria Torres après l'entrevue.

Mais il ajouta qu'il devait malheureusement décliner l'invitation, ses engagements en Colombie, tant vis-à-vis de ses fidèles que compte tenu de son implication dans la révolution, étaient pressants et incontournables.

« Je vais vous proposer autre chose. Devenez mon contact à Pékin. J'aimerais beaucoup établir des liens avec la Chine. Et remerciez-les d'avoir pensé à moi, dites-leur que j'aimerais beaucoup aller là-bas, mais plus tard, quand la situation aura progressé ici. Oui, dites-leur que je ferai le voyage dès que ce sera possible. »

Il n'en eut pas le loisir. Fausto et Luz Elena avaient regagné Pékin et repris leur vie à l'hôtel de l'Amitié, Fausto s'était jeté à corps perdu dans les tâches que lui avait confiées le Parti en Colombie, quand ils apprirent la nouvelle : Torres était mort au combat le 15 février 1966, dans une embuscade tendue par la guérilla à une patrouille de l'armée, à San Vicente de Chucurí. Sergio se rappela toute sa vie cet instant. Il avait à peine entendu parler du prêtre guérillero, mais le chagrin de son père l'avait étonné. Il ne l'avait pas vu aussi accablé de tristesse depuis la mort de l'oncle Felipe. C'était le premier signe lui indiquant que Fausto, en Colombie, avait vécu une expérience invisible mais particulièrement puissante.

Fausto était rentré avec une vocation révolutionnaire plus inébranlable que jamais. Sergio constata qu'il suivait un cours politico-militaire, pour reprendre les termes des dirigeants chinois, et passait ses journées à étudier l'histoire de la révolution et la pensée de Mao. Tous les samedis soir il attendait Sergio, un texte à la main.

« J'ai besoin que tu me traduises ça », disait-il, et le garçon décelait dans son regard une intensité qu'il ne lui connaissait pas.

Pendant les dîners du samedi et les déjeuners du dimanche, ils parlaient immanquablement de ce qui se passait en Colombie – la guérilla des FARC[1] et de l'ELN[2] –, de Camilo Torres et aussi des désaccords que ces guérillas avaient avec le Parti communiste marxiste-léniniste pensée Mao Zedong. Son père continuait de se lever à cinq heures pour sa séance de tai-chi-chuan, il fréquentait ses amis de l'hôtel de l'Amitié – les Arancibia, le poète Cabrera et le vieux Castelo, un Espagnol bougon qui passait ses journées à se demander quand tomberait Franco –, mais il avait à l'évidence la tête ailleurs. Lorsqu'il communiqua à ses enfants la décision qu'il venait de prendre avec Luz Elena, Sergio songea qu'il aurait dû s'y attendre.

C'était un dimanche de mars. Luz Elena avait reçu à l'hôtel un des dirigeants de l'école de langues de l'université de Pékin. Sergio était là, comme tous les dimanches, de même que Marianella. Luz Elena proposa du café à ses invités, qui refusèrent de manière un peu catégorique avant d'expliquer qu'il s'agissait d'un stimulant et donc d'une drogue, et qu'un vrai communiste ne doit pas se droguer. Un convive plus jeune que les autres avec des aspirations littéraires parla de Lu Xun, dont il admirait l'œuvre, et raconta que bien avant la révolution l'auteur était déjà un camarade, un bon socialiste, même s'il était connu pour son addiction au café.

« La preuve que les influences bourgeoises peuvent pervertir les personnes les plus engagées dans la cause. »

Sergio avait suivi leur conversation en intervenant par instants, puis les avait vus prendre congé et les avait salués dans un excellent chinois. Une fois tout le monde parti, il avait dit à Luz Elena qu'il allait retrouver ses amis pour faire une partie de ping-pong.

« Tu iras plus tard, s'opposa sa mère. Ton père voudrait discuter avec vous. »

Ils se rendirent dans la chambre de Marianella, qui écoutait de la musique, et quelques minutes plus tard ils retrouvaient Fausto qui les attendait dans l'un des nombreux jardins du

1. Forces armées révolutionnaires de Colombie.
2. Ejército de Liberación Naciona. Littéralement : l'« Armée de libération nationale ».

complexe, des documents à la main. Il était selon lui grand temps de prendre une décision, car la situation avait changé aussi bien en Chine qu'en Colombie, et Luz Elena et lui comptaient rentrer.

« Vous n'avez pas d'inquiétude à avoir. Nous, nous rentrons, mais pas vous. Vous restez en Chine.

– C'est mieux comme ça, appuya Luz Elena. Ici, vous avez une bonne école et plus de possibilités qu'à Bogotá. C'est préférable pour tout le monde.

– Si vous êtes d'accord, je peux vous décrocher une bourse pour que vous fassiez vos études dans la meilleure université, précisa Fausto.

– Où ? demanda Sergio.

– Je veux que vous continuiez l'éducation que vous avez suivie jusqu'à maintenant. Vous resterez donc ici pour étudier. Bien entendu il y aura des changements.

– Des changements ? Quels changements ? s'étrangla Marianella.

– C'est un privilège qu'on vous accorde. Tout le monde ne choisit pas forcément où il fait ses études, n'est-ce pas ? Si tu t'intéresses au cinéma et si c'est vraiment ce que tu veux faire, ajouta-t-il en se tournant vers Sergio, il y a une place pour toi à l'Académie de cinéma de Pékin. C'est confirmé. Tu ne trouves pas que c'est un privilège ?

– Un privilège, répéta Sergio. Mais c'est quoi, les changements ? »

Il le découvrit des semaines plus tard, lorsque Fausto lui apprit avec un grand sourire qu'il avait obtenu la bourse promise au terme de nombreux efforts. Sergio et Marianella finiraient leur scolarité en Chine comme ils l'avaient demandé, et Sergio trouva ingrat de rappeler à son père qu'en vérité, ils n'avaient rien demandé du tout et que c'était lui qui avait eu cette idée. Mais Fausto présentait la chose comme s'il faisait un cadeau à ses enfants. Il leur raconta que l'Association de l'amitié sino-latino-américaine leur avait octroyé une bourse qu'il n'était pas exagéré de considérer comme exceptionnelle.

« Vous en avez, de la chance ! J'aurais vraiment aimé avoir ce genre de bourse ! »

Elle donnait droit à la scolarité à l'école Chong Wen et à la supervision d'un tuteur, qui viendrait une fois par semaine s'assurer que tout se passait bien, à une somme d'un montant de cent yuans pour leur nourriture et leurs petites dépenses. Ils auraient aussi une chambre chacun à l'hôtel de l'Amitié. Mais avant que Sergio et Marianella se réjouissent de quoi que ce soit, Fausto ajouta :

« Seulement nous ne pouvons pas accepter ces chambres. Cet endroit a des tas d'avantages, mais aussi des influences négatives. La vie n'est pas comme ça. On ne passe pas sa vie à signer des papiers dès qu'on a envie de quelque chose. Alors j'ai remué ciel et terre, fait appel à mes connaissances et à mes contacts, et j'ai réussi à vous trouver un meilleur point d'accueil. Bien meilleur. »

Quelques jours plus tard, ils visitèrent l'hôtel de la Paix, un immeuble imposant de dix-sept étages qui s'élevait dans la rue Wangfujing, au cœur de la ville, à plusieurs centaines de mètres de la place Tian'anmen. Le Parti communiste l'avait édifié après la révolution pour y abriter le Congrès international de la paix de 1950, mais les administrateurs avaient dû commettre des erreurs car le régime les avait sanctionnés en fermant les lieux au public. L'hôtel était désormais inhabité, pourtant c'était là qu'allaient vivre Sergio et Marianella quand leurs parents retourneraient dans leur pays. Sergio ignorait quels services Fausto avait rendus et quels pions il avait bougés, toujours est-il que les autorités avaient prévu d'héberger les enfants à l'hôtel de la Paix tant que lui et Luz Elena ne seraient pas revenus.

« Nous partons fin mai, mais nous avons une foule de choses à régler auparavant. Nous voulions vous en informer le plus vite possible.

– Je ne comprends pas, dit Sergio. Il n'y aura personne d'autre que nous ?

– Personne, lui confirma Fausto. Vous serez les seuls à y habiter. Tout un hôtel rien que pour vous ! »

Marianella était incrédule.

« Mais… qui sera avec nous ? demanda-t-elle.

– Personne, répéta Fausto. Enfin, si. Les employés. Vous êtes grands maintenant, vous n'êtes plus des enfants. Si vous avez besoin de quelque chose, ou si vous avez un problème, votre tuteur sera là, et puis de toute manière on restera en contact. »

Il leur rappela alors comment procéder pour faire parvenir du courrier en Colombie. Ils y avaient eu recours dès le premier jour, puisqu'ils étaient supposés être en Europe (leurs passeports ne les autorisaient pas à séjourner là où ils se trouvaient à présent). Fausto s'était donc assuré la complicité d'un Italien, un guitariste du nom de Giorgio Zuchetti, qui retournait dans son pays et avait accepté de recevoir à son adresse romaine la correspondance que les Cabrera envoyaient de Pékin. Il glissait les lettres dans d'autres enveloppes et les réexpédiait en Colombie. Ils continueraient d'user de ce stratagème, d'autant plus nécessaire, leur expliqua Fausto, qu'il venait d'adhérer au Parti communiste et que sa correspondance ne pouvait pas tomber entre de mauvaises mains.

« Écrivez à Giorgio et faites attention à ce que vous direz. Tout ira bien.

– Et vous ? Qu'allez-vous faire ? » demanda Sergio.

Luz Elena s'était mise légèrement en retrait et regardait du côté des jardins, comme si elle connaissait déjà la réponse et que celle-ci lui était douloureuse. Sergio eut l'impression qu'elle pleurait et essayait de cacher ses larmes.

« Nous allons nous unir au peuple ! s'exclama Fausto. Nous allons faire la révolution ! *Vis la vie…* », ajouta-t-il après avoir marqué une pause.

Mais il ne termina pas la phrase.

La piscine de l'hôtel de l'Amitié ouvrit tôt cette année-là ; comme lors des saisons précédentes, Marianella fut une des premières à la fréquenter. À quatorze ans, elle avait un esprit rebelle qui ne trouvait d'apaisement que dans l'activité physique, et la piscine de l'hôtel, avec son plongeoir olympique de sept mètres, devint son lieu de prédilection. Elle se trouvait donc là, se contorsionnant plus qu'elle ne nageait dans un coin du bassin, quand les Crook firent irruption. C'était prévisible car David Crook, le père, était un nageur expérimenté. Fausto, plutôt avare de compliments, disait qu'il était capable de traverser la Jarama un bras attaché dans le dos. Sa femme, une Canadienne blonde au regard doux qui était née en Chine, n'avait rien à lui envier, et tous deux avaient communiqué la passion de la natation à leurs trois fils, raison pour laquelle ils se rendaient souvent à l'hôtel de l'Amitié. Bien qu'ayant la nationalité chinoise, la mère et ses trois enfants pouvaient se permettre d'utiliser les installations sportives de l'hôtel grâce à leur physique d'Occidentaux. Il n'y avait pas de meilleure piscine dans tout Pékin. Ce samedi après-midi, ils pénétrèrent dans le complexe comme une famille de canards : David en premier, suivi d'Isabel, puis, par ordre de grandeur, de Carl, Michael et Paul. Ils accomplissaient un rituel immuable et ne repartaient jamais avant d'avoir fait cent longueurs. Ils n'avaient à l'évidence aucune intention de se mélanger plus qu'il ne le fallait aux étrangers de cette oasis embourgeoisée où tout semblait être proposé à la vente. Ils venaient d'un monde à part, plus pur ou plus digne. Toutes sortes de légendes circulaient à propos de David, que même Fausto n'avait pas été en mesure de vérifier lors de leurs conversations occasionnelles. On savait de source sûre qu'il s'était engagé dans la guerre civile espagnole, ce qui suffisait à l'auréoler d'un prestige réservé à un très petit nombre de personnes. Mais David ne parlait jamais de sa vie et les Cabrera n'osaient pas l'interroger.

Quoi qu'il en soit, les Crook vinrent nager par cette chaude après-midi de printemps. Marianella les vit s'avancer près du bassin – comme elle les avait vus faire l'année précédente, chaque week-end, dès lors que la piscine était remplie –, mais cette fois elle éprouva un sentiment nouveau ou différent. Il ne s'agissait pas d'une simple curiosité quant à la vie des parents. Qu'était-ce donc ? Carl, qui allait sur ses dix-huit ans, était devenu une créature d'une beauté insolente, mais peut-être était-il déjà magnifique auparavant sans qu'elle l'ait remarqué. Le voir monter sur le plongeoir de là où elle était, puis sauter et tourbillonner dans les airs comme un nageur averti lui donna un coup au cœur, un élancement qu'elle ne connaissait pas. Elle voulut l'aborder lorsqu'il alla s'allonger au bord du bassin pour se reposer, au lieu de quoi, songea-t-elle par la suite, elle demeura dans l'invisibilité la plus complète. L'après-midi s'écoula plus vite que prévu.

Au fil des jours, elle s'aperçut qu'elle n'arrêtait pas de penser à lui. Il avait trois bonnes années et deux têtes de plus qu'elle et avait en outre fait preuve à son égard d'un désintérêt insultant, mais il n'y avait là rien de décourageant. Elle l'avait vu dévorer des livres à ses heures perdues, le week-end, et poser ses yeux sur les pages comme si, plutôt que lire, il feuilletait d'un air détaché un album de photographies, après quoi il se lançait dans des discussions en anglais avec les autres adolescents de l'hôtel qui, écœurés par leur propre ignorance, finissaient par aller jouer au ping-pong. Peu avant que Marianella le remarque à la piscine, Fausto avait essayé de lui faire lire le *Manifeste du parti communiste* dans une traduction argentine, car il jugeait inconcevable que ses enfants puissent grandir sans avoir compris Marx et Engels. Avec l'entêtement qui la caractérisait, elle s'était lancée dans cette lecture, mais semblait avoir laissé son espagnol à Bogotá, ou plus exactement et pire encore, dans la Bogotá de ses onze ans. Consciente que ce livre pouvait à présent lui être utile, elle s'y replongea mais échoua de nouveau. Elle eut alors une révélation : sa langue n'était pas l'espagnol, mais le chinois. Elle passa une semaine à lire Mao tous les soirs en secret, taisant les raisons qui la poussaient à découvrir ses écrits, et le samedi suivant, elle s'avança d'un pas confiant jusqu'à l'endroit où Carl s'était étendu après ses cent longueurs.

« J'aurais besoin que tu m'expliques certaines choses », lui dit-elle.

Ils commencèrent à passer du temps ensemble. Pendant que David nageait le crawl, Carl lui décrivait la différence entre faire la révolution aux côtés des paysans ou avec le prolétariat, entre la théorie idéologique et la pratique révolutionnaire, la ligne de masse et le modèle bolchévique de la participation populaire au Parti. Peu à peu il découvrit que cette Colombienne de quatorze ans, sœur cadette d'un garçon qu'il n'appréciait pas particulièrement, était en réalité une force de la nature et vivait en perpétuelle opposition avec le monde : elle se dressait contre son père qui la surveillait comme un propriétaire, contre sa mère qui semblait lui préférer son frère, et contre l'hôtel de l'Amitié dont les résidents lui faisaient l'effet de capitalistes vivant dans d'impardonnables contradictions. Était-ce une amitié ? Oui, estimait-elle : les écarts avaient été comblés et Carl ne considérait plus les Cabrera comme une famille de bourgeois parmi d'autres. Il l'invitait dans son groupe d'amis, lui conseillait des livres qu'elle lisait en diagonale, mémorisant juste ce qu'il fallait pour impressionner le jeune homme. Elle fut pourtant la première surprise en s'apercevant qu'elle lisait Mao avec un intérêt sincère et pas uniquement pour glaner quelques heures de discussion avec Carl.

Fausto réprouvait cette nouvelle relation.

« Tu es sur une mauvaise voie. Nous ne sommes pas venus en Chine pour ça », lui disait-il.

Elle s'évertuait à faire en sorte que sa rébellion ne passe pas inaperçue. Un week-end, Carl l'invita à faire un tour en barque au palais d'Été, tous les deux, dans le cadre de cette amitié qui, petit à petit, prenait un tour différent. Ils étaient là, au milieu du lac, quand ils virent Fausto s'approcher à bord d'une embarcation plus grande que la leur, accompagné de trois filles, des élèves de sa classe d'espagnol.

« Qu'est-ce que tu fais là ? lui demanda-t-il.

– Je rame, papa. Comme toi. »

Il ne fit aucune scène et Marianella ne sut jamais si sa retenue était due à la présence de ses élèves ou au respect qu'il témoignait à David Crook. Mais pendant le dîner – au restaurant international de l'hôtel de l'Amitié, tandis que l'orchestre jouait des boléros au fond de la salle –, il profita de ce que Sergio et

Luz Elena n'étaient pas encore descendus pour se prononcer au sujet de Carl.

« Tu n'as pas l'âge de faire ce genre de choses.

– Quel *genre de choses* ? répondit-elle avec insolence. Quel *genre de choses* je ne peux pas faire ?

– À ton âge, on a des amis, c'est tout. Or, là, je vois bien qu'il y a plus que de l'amitié entre vous et ça ne me plaît pas.

– Ce n'est pas grave que ça ne te plaise pas. L'essentiel, c'est que ça me plaise à moi.

– Ne sois pas insolente. On ne flirte pas avant dix-huit ans, alors je veux que tu cesses de fréquenter ce garçon.

– Pourtant il est clair que j'apprends plus avec lui qu'avec toi, rétorqua-t-elle en baissant la voix.

– Qu'est-ce que tu dis ?

– Qu'avec lui je ne perds pas mon temps, papa. Qu'il est la seule expérience émouvante qui me soit arrivée depuis trois ans. Vous partez en Colombie. Pourquoi devrais-je vivre selon tes règles puisque tu seras au bout du monde ? Tu as déjà décidé que Sergio et moi, on resterait ici. Tu as décidé que la révolution chinoise nous éduquerait mieux que vous. Et tu sais quoi ? Je suis d'accord. Oui, trois fois oui. Je ne peux qu'être d'accord avec ça. Tout ce qu'il me faut est ici. Tout ce que j'ai besoin d'apprendre, la Chine peut me l'enseigner. »

Elle conclut sur une grossièreté, mais en chinois, si bien que Fausto n'en saisit pas le sens.

À des kilomètres de là, loin de l'hôtel de l'Amitié et de la piscine où Marianella avait rencontré Carl Crook, loin de Fausto Cabrera et de ses disputes avec sa fille adolescente, le pays connaissait des remous. L'échec du Grand Bond en avant, qui s'était soldé par des millions de victimes, avait coûté à Mao Zedong sa position de chef du Parti. Le pouvoir était aux mains de ses ennemis politiques, le président Liu Shaoqi et Deng Xiaoping, le secrétaire général du Parti. Mais Mao, qui comptait encore sur le soutien de militaires tels que Lin Biao, de l'Armée populaire de libération, destitua ceux qui l'avaient critiqué et élabora une stratégie pour reprendre le pouvoir. Il déclara que les idéaux de la révolution étaient en danger, menacés par les traîtres et les révisionnistes, et qu'il fallait les protéger. En 1963, Lin Biano recopia les discours les plus importants de Mao et les publia dans un petit livre rouge qui fut distribué à tous les fidèles. Mais cela ne suffisait pas. Pas encore. Durant l'été 1965, pendant que Sergio et Marianella étaient sur les plages de Beidaihe, Mao prit la décision de se mettre à l'abri à Shanghai, car à Pékin l'hostilité contre sa personne était devenue trop évidente. Il appela à la résistance depuis Shanghai : les bourgeois et les réactionnaires mettaient la révolution en péril. Il était nécessaire de la défendre et de passer à l'offensive.

Les résultats furent miraculeux. En avril 1966, dès l'apparition des premières fleurs, le *Journal de l'Armée populaire de libération* exhorta les révolutionnaires à préserver la pensée de Mao et à participer activement à la Grande Révolution culturelle socialiste. Le mouvement était baptisé. À la mi-mai, une séance du Politburo se conclut sur une déclaration de soutien à Mao Zedong, de retour à Pékin. On y prononça des accusations contre les ennemis de classe qui s'étaient infiltrés dans le Parti, on les traita de révisionnistes et de contre-révolutionnaires, on mit le peuple en garde contre la menace latente d'une dictature de la bourgeoisie. Le peuple devait se défendre et pour cela identifier les traîtres, les exposer au grand jour et les punir sans miséricorde.

IX

Sergio comprit la gravité de la situation quand ses camarades lui annoncèrent la décision du jour : ils ne se lèveraient pas pour saluer leur professeur, ce qui équivalait à rompre avec une coutume sacrée, le protocole selon lequel l'enseignant traversait la salle, le délégué de classe poussait un cri militaire et tous les élèves se levaient de leurs sièges, galvanisés, pour esquisser un salut en regardant droit devant eux. Le professeur inspectait leur tenue, leur coupe de cheveux et la propreté de leur visage, puis confirmait que le groupe était présentable et pouvait assister aux cours. Deux détails surprirent Sergio le jour où ils se rebellèrent : le fait que ce rituel respectueux soit brusquement envoyé au diable et que l'enseignant se garde de trahir sa contrariété ou de protester, pas même en haussant un sourcil.

« Ça se sent, c'est dans l'air. Des événements sérieux se préparent », confia un élève à Sergio.

Il ne se trompait pas. On ne parlait que de cela à Pékin : dans la rue, à l'hôtel de l'Amitié, à l'Institut des langues étrangères. Plusieurs jours après que Marianella eut croisé son père sur le lac du palais d'Été, les Cabrera allèrent ensemble à l'hôtel de la Paix et s'installèrent chacun dans sa chambre en s'étonnant encore d'être les seuls occupants d'un immeuble de dix-sept étages. Comment leur père avait-il obtenu un tel privilège ? Fausto les présenta à Li, leur tutrice, une jeune militante convaincue des bontés du Parti, un bastion défensif et protecteur contre toute influence bourgeoise. Lorsqu'ils l'interrogèrent sur ce qui se passait, son visage s'éclaira.

« Un pas de plus en avant », répondit-elle.

Les adieux eurent lieu quelques jours plus tard. Sergio et Marianella se rendirent à l'hôtel de l'Amitié pour étreindre leur père, voir pleurer leur mère et écouter leurs conseils et recommandations. Luz Elena remit à Marianella une petite bourse contenant les yuans qu'elle avait économisés – une somme généreuse – et Fausto tira une enveloppe de la poche de sa veste, qui contenait une liasse de feuilles en papier pelure presque translucide que son fils reçut à deux mains, comme une offrande.

« Ne le lisez pas tout de suite, mais assez vite quand même, promis ?

– Promis, dit Sergio.

– Je veux que vous sachiez que je suis fier de vous », ajouta Fausto.

Du haut des marches de l'hôtel, sous les toits verts, le frère et la sœur virent leurs parents monter dans le taxi qui devait les conduire à l'aéroport de Pékin, conscients qu'ils allaient prendre un vol à destination de Canton et non de Bogotá et que, de là, un train les mènerait à Hong Kong, où ils embarqueraient sur un transatlantique italien. Ils ne les quittèrent pas des yeux pendant que le taxi s'éloignait dans l'allée aux grandes dalles blanches qui débouchait sur l'avenue, au milieu des gigantesques cyprès, d'un cerisier isolé et des magnolias que Luz Elena adorait. Puis ils regagnèrent l'hôtel de la Paix, sa salle à manger pleine de résonances, ses couloirs déserts et son silence sépulcral. Ils avaient pris l'habitude de se parler en chinois.

« Ça fait bizarre. Tu ne trouves pas ? » fit observer Marianella dans cette langue.

Dans la soirée, après le dîner, Sergio prit l'enveloppe que lui avait donnée son père.

« On le lui a promis, dit-il à Marianella.

– Tu le lui as promis, pas moi », rétorqua-t-elle.

Ils ouvrirent les fenêtres donnant sur le balcon pour faire un courant d'air et Sergio commença à lire :

Je vous écris ces lignes dans le but suivant : quand vous aurez un problème, une difficulté ou un contretemps, quand vous serez confrontés aux contradictions normales qui se présentent toujours, quand vous ne saurez pas trop quelle ligne suivre face à un événement ou que vous douterez de la conduite à adopter, que vous vous sentirez indécis, hésitants, que vous vous demanderez ce que j'en penserais, ce que je vous aurais conseillé dans ce genre de cas, comment j'aurais analysé le problème ou sur quels critères j'aurais évalué la situation, consultez ces pages, lisez les parties traitant de tel ou tel sujet ou des inconvénients que vous aurez rencontrés. Ces pages feront donc office d'aide, de matériel à consulter, mais rien de plus. Il ne s'agit pas d'une baguette magique, loin de là, ces lignes n'apporteront pas de solution à certains cas concrets et tout n'y est pas prévu. Non, loin de là. Lisez bien ceci : VOUS NE DEVEZ COMPTER QUE SUR VOS PROPRES FORCES. Vous aurez tous les soutiens, tous les conseils, toutes les orientations nécessaires, mais le contenu de cette enveloppe n'en restera pas moins une AIDE, rien de plus. C'est vous, essentiellement, qui résoudrez vos soucis, réglerez vos affaires, prendrez vos résolutions en accord avec des principes moraux et politiques.

Je vois chez Sergio Fausto un caractère décidé et révolutionnaire, des idéaux révolutionnaires, l'amorce d'une conscience révolutionnaire, bien qu'elle soit encore loin d'être mûre. Je vois aussi chez lui un grand désir de progresser et d'approfondir. Un sens de la justice et de l'injustice, un semblant de maturité, le tout enrichi d'une grande bonté. Il nous l'a démontré par ses actes. Il a des défauts contre lesquels il devra lutter avec fermeté – et ce justement à cause de son éducation bourgeoise –, des tendances à renoncer à se battre, des accès de pessimisme, des penchants individualistes, un peu d'égocentrisme de classe et une propension à se sentir légèrement supérieur aux autres. Une série d'habitudes de petit-bourgeois très ancrées en lui.

Marianella : sensible et résolument prête à repousser toute méchanceté, l'injustice, par conséquent l'exploitation et la cruauté. Sa nature fait avant tout d'elle une révolutionnaire, à condition qu'elle ait une orientation politique et de classe. Elle est vive, agitée et bonne, déterminée quand elle se le propose. Elle ne transige pas avec l'injustice. J'ai toujours pensé, plus particulièrement ces derniers temps, que Marianella nous réserve des surprises. Elle doit surmonter son manque d'assurance et de confiance en elle, une entreprise qu'elle a déjà réussi à mener à bien de manière claire et nette. Mais il lui faut résoudre d'autres problèmes et toute sa volonté sera nécessaire pour qu'elle y parvienne. Je veux parler des résultats évidents de sa formation et de sa mentalité de petite-bourgeoise, comme son idéalisme excessif, son individualisme et sa subjectivité. Un romantisme bourgeois, décadent et dégénératif. (Je te conseille de renoncer à tous les livres et magazines qui te plaisent et sont de véritables « herbes vénéneuses ». Ils t'ont causé et continuent de te causer des préjudices incommensurables. N'oublie pas ce conseil, car tant que tu n'auras pas fait une croix dessus, tu n'arriveras ni à progresser ni à te transformer idéologiquement.) À vrai dire, ces derniers mois, elle a beaucoup évolué à ce niveau.

Si on met de côté les points positifs et les points négatifs de chacun de vous, on remarque que les premiers ont plus de poids que les seconds, en tenant compte, bien entendu, de vos antécédents et de votre éducation extrêmement petite-bourgeoise. Considérant vos progrès et les changements qui se sont opérés en vous depuis notre arrivée en Chine, considérant les traits de caractère que je viens d'énumérer, j'en arrive à la conclusion qu'on peut vous faire confiance et que vous êtes en mesure de pouvoir compter sur vos propres forces.

Je vais à présent essayer d'aborder différents aspects qui, comme je l'ai écrit plus haut, sont susceptibles de vous aider.

La lettre de Fausto s'étendait sur douze pages de format A4 de quarante-cinq lignes chacune. Sergio les lut à voix haute à Marianella, puis les emporta dans sa chambre pour les parcourir de nouveau. Sa sœur n'avait pas du tout apprécié :

« Ne compte pas sur moi pour relire ça. »

Tout était là, depuis la manière dont on pouvait résoudre les différends familiaux jusqu'à une longue discussion concernant l'objectif de leur séjour en Chine, en passant par des questions financières et la façon de tenir une bonne correspondance. Fausto détaillait de manière exhaustive vingt points que Sergio conserva comme un manuel d'instructions et qu'il consulta d'innombrables fois au cours de cet étrange été, tandis qu'autour de lui la ville devenait un brûlot.

Pour quelles raisons rester en Chine ? Elles peuvent être au nombre de deux : a) Étudier et se préparer intellectuellement pour être bientôt un « homme plein de ressources », comme on dit. Ce qui signifie se démarquer, gagner de l'argent, acquérir une renommée, etc. Tout cela, naturellement, au détriment de la misère et de la souffrance d'autrui, et grâce à l'exploitation de l'homme par l'homme. b) Accomplir une transformation idéologique et sentimentale prolétaire et se préparer à servir la société, le peuple, la révolution. Ne pas réussir à s'engager sur la voie de la transformation équivaut à rester à mi-chemin. Être un « révolutionnaire » à la mentalité bourgeoise implique dans la pratique d'être un révisionniste. Repartir en Colombie avant d'avoir amorcé catégoriquement cette transformation voudrait dire que vous avez perdu votre temps en Chine et que vous n'avez pas réussi à réaliser votre objectif. Selon moi, vous ne serez prêts à un éventuel retour au pays qu'après être parvenus à cette métamorphose de manière authentique, sur des fondements stables.

Les étudiants furent les premiers à réagir à l'appel de Mao. Un jour, après les cours, un groupe d'entre eux parcourut les salles en distribuant aux élèves des feuilles de papier et de l'encre.

Des *dazibaos*, ces affiches de propagande agressive couvertes de gros caractères, avaient commencé à envahir les murs de la ville quelques mois auparavant, lorsque les étudiants de l'université de Pékin avaient dénoncé l'emprise de la bourgeoisie contre-révolutionnaire sur l'institution. Mao, qui avait compris la force que lui conférait le soutien des étudiants, les loua dans la presse et rédigea une affiche, une attaque tacite contre Liu Shaoqi et Deng Xiaoping, à la suite de quoi les dazibaos se mirent à pulluler. Et voilà qu'ils arrivaient dans l'école Chong Wen. Les étudiants suivaient les consignes de leurs leaders et écrivaient à grands traits sur le papier des arguments tenant sur une dizaine de lignes ou des résumés de quelques idéogrammes. Dans l'après-midi, Sergio élabora plusieurs affiches qu'il alla lui-même placarder sur les murs. Plus tard, il apprit que Marianella en avait fait également. Une ambiance électrique régnait dans l'école. Mais le plus grave survint le lendemain.

Le professeur de dessin, un homme mince qui portait des lunettes et que tous les élèves aimaient beaucoup, avait abordé le concept de l'aérodynamique. Dans son cours, il compara spontanément le MiG soviétique, un avion de combat créé en 1939 et produit en petites quantités après la guerre, au F-4 Phantom II, que le constructeur aéronautique McDonnell Douglas avait mis en service en 1960. Les deux appareils, le soviétique et l'américain, avaient participé à la guerre du Vietnam, mais le professeur n'avait pas songé à ces implications quand il vanta la ligne du Phantom II et osa dire que cet avion était le plus beau. Un silence gênant s'abattit sur la salle.

« Mais c'est un avion de l'ennemi », fit remarquer un élève au bout d'un moment.

Sergio ignorait si l'enseignant s'était aperçu de son erreur, toujours est-il qu'il essaya de se défendre brièvement.

« C'est vrai, mais il est mieux conçu. Il est par exemple plus rapide. Pourquoi à votre avis ? »

Ses tentatives restèrent vaines. La classe était indignée. Les murmures de désapprobation s'intensifièrent.

« Si vous préférez les armes de l'ennemi c'est que vous êtes un ennemi, lui lança un élève.

– Oui, vous êtes l'ennemi ! renchérirent les autres.

– Traître ! s'écria un adolescent. Contre-révolutionnaire ! »

Sous le regard de Sergio, les élèves s'avancèrent, menaçants, vers le professeur, qui rassembla ses affaires tant bien que mal et quitta la salle. Mais le groupe le rattrapa dans le couloir et le rencogna contre un mur.

« Vous méprisez notre armée, lui dit un garçon.

– Non, ce n'est pas vrai…, commença le professeur sans parvenir à le convaincre.

– Si, c'est vrai ! Vous crachez sur nos héros ! » lui hurla-t-on.

Sergio, qui avait suivi les autres, vit sur le visage de l'enseignant une grimace apeurée quand il reçut les premiers crachats.

« Révisionniste ! Bourgeois ! »

L'homme se cachait la figure. Il voulut dire quelque chose, mais sa voix était inaudible, couverte par les insultes. Quelqu'un lui assena alors un premier coup et ses lunettes tombèrent.

« Non ! Non ! » gémissait-il.

D'autres élèves frappèrent à leur tour son corps et son visage. Il s'effondra devant Sergio atterré, qui avait l'intention d'intervenir, de dire aux autres élèves que c'était assez, qu'ils exagéraient, mais il fut entraîné par le courant puissant de la foule et aucun mot ne sortit de sa bouche. C'était invraisemblable : ses camarades, filles et garçons, avec qui il avait discuté pendant des heures et des jours, étaient devenus une bête féroce dont les multiples pieds laminaient le corps vulnérable du professeur de dessin. De cette masse affaissée s'élevaient des cris hachés, des plaintes et des râles, sans que les piétinements cessent. Sergio, en retrait derrière les élèves, se vit écarter les autres et donner lui aussi un coup de pied à l'enseignant. Il avança le pied timidement et visa les jambes et non les côtes avant de s'immobiliser, puis il se retira et constata un instant plus tard que ses camarades faisaient de même, laissant leur professeur étendu sur le sol, inerte, se protégeant la tête de ses bras.

Il se sentit si coupable que le lendemain il punaisa au mur de l'école un dazibao de son cru avec un message de contrition : *On ne doit pas se comporter ainsi.* Il découvrit que sa condition d'étranger lui faisait bénéficier d'un peu de tolérance, sans quoi on l'aurait taxé de dissident ou de traître à ses pairs, humilié et frappé comme l'enseignant. Non, on ne devait pas se comporter ainsi, pourtant lui aussi avait frappé. Son affiche fut ignorée. Mais la culpabilité demeura, le souvenir de l'injustice commise fut si douloureux, et celui de son impuissance face à l'injustice si dérangeant qu'il ne parla à personne de ce qui était survenu : ni à ses parents, qui heureusement n'étaient plus là, et encore moins à sa sœur, qui avait peut-être assisté de loin à la scène. Il en eut la confirmation par la suite. Marianella était au courant, comme tout le monde au sein de l'école, de ce qui était arrivé au professeur de dessin, et quand Sergio évoqua l'épisode en disant « Le pauvre homme », l'expression de son visage se durcit :

« Le pauvre homme ? lâcha-t-elle avec une pointe de dégoût. Pourquoi ? C'était un ennemi et il l'a bien mérité. »

Marianella passait désormais ses week-ends chez les Crook. Elle quittait l'hôtel de la Paix en milieu de matinée, parcourait à bicyclette les rues bondées de sympathisants de Mao et atteignait les résidences de l'Institut des langues étrangères comme si elle rentrait chez elle. On la connaissait pour être la fille d'un spécialiste qui avait enseigné là. Tout le monde savait que Fausto Cabrera avait vécu à l'hôtel de l'Amitié, et certains ne s'interdisaient pas de formuler des critiques à ce sujet. Heureusement, les Crook ne la jugeaient pas. Ils l'accueillirent non comme la petite amie de leur fils aîné, mais comme la fille qu'ils n'avaient pas eue. Ils lui firent une place auprès des frères de Carl, si bien que leur appartement devint son foyer du dimanche. Il était situé au premier étage des quatre qui constituaient l'immeuble carré, sombre et laid, où étaient installés les professeurs. C'était un logement trop exigu pour une famille de cinq personnes, ou alors c'étaient les murs couverts de bibliothèques qui donnaient cette impression. Marianella n'avait jamais vu autant de livres dans un endroit aussi petit, écrits dans toutes les langues. La première fois, elle songea qu'ils auraient fait la joie de son frère, alors que pour sa part elle ne s'y était intéressée que dans l'intention que Carl la prenne au sérieux.

Les murs du salon n'offraient d'espace dégagé qu'à l'endroit de la petite fenêtre, mais cela suffisait à David. Il racontait qu'autrefois, dans ses premières années d'enseignement, ils avaient vue sur des champs pleins de fraîcheur, puis on avait édifié un immeuble qui laissait à peine entrevoir le ciel. La fenêtre donnait sur l'ouest et, les soirs d'été, les derniers rayons du soleil y pénétraient pendant une ou deux heures, comme s'ils lui accordaient une attention spéciale.

« Ça me suffit », disait-il.

Il saluait Marianella, assis près de la fenêtre sur une chaise de fabrication russe :

« Ah, la fille du républicain ! »

Parfois il la libérait pour qu'Isabel, sa femme, lui apprenne à broder ; d'autres jours, surtout le dimanche, il l'invitait à occuper la chaise restée libre et l'interrogeait sur sa famille et la guerre d'Espagne. Elle lui parlait de l'oncle Felipe, dont elle ignorait tout hormis ce que son père avait raconté à Sergio (et non à elle) au cours de discussions après les repas, et David l'écoutait avec une fascination qui ne semblait ni forcée ni paternaliste. Un dimanche, au milieu de cet été violent, il lui fit des confidences sur l'époque où il avait participé à la guerre. Ils n'avaient au départ pas l'intention de parler de l'Espagne, David lui avait simplement posé la question de mise entre tous les Occidentaux vivant à Pékin :

« Et vous, qu'est-ce qui vous a amenés en Chine ? »

Elle lui expliqua ce qu'elle savait en ayant parfaitement conscience de ne pas détenir toutes les informations, décrivit le travail qu'exerçait son père à Bogotá, sa vie au théâtre, puis à la télévision, sa collision avec le marché ou ce qu'elle qualifia de marché, à savoir les forces qui avaient cherché à transformer une activité artistique en machine à vendre de la lessive. Elle évoqua le caractère rebelle de Fausto, son refus de s'abaisser à produire des feuilletons télévisés à deux sous, ajouta que dans ce pays de réactionnaires victime de l'impérialisme américain on l'avait accusé d'être communiste. Elle parla enfin des Arancibia, que le hasard avait mis sur leur route, et des occupations de son père à Pékin jusqu'au moment où il avait décidé de rentrer en Colombie.

« Attends un peu ! Tu veux dire qu'ils vous ont laissés ici ? intervint Isabel. Tes parents n'ont pas l'intention de revenir et ils vous ont laissés seuls ici ? »

Marianella n'avait jamais songé que la décision de ses parents puisse être contestable, et encore moins mal considérée. Retourner au pays et y faire la révolution, quoi de plus compréhensible pour une famille de communistes convaincus comme les Crook ? Mais les jugements non formulés d'Isabel planèrent dans l'appartement et le silence qui s'installa fut si gênant que Marianella tenta habilement de changer de sujet. Le plus évident consistait à retourner sa question à David.

« Et vous, David ? Pourquoi êtes-vous ici ? Pourquoi la Chine ?

– Ah, ma réponse va te plaire, toi qui es la fille d'un républicain ! Je suis ici à cause de l'Espagne.

– De la guerre ?

– Papa, Marianella ne s'intéresse pas à ces choses-là, s'interposa Carl.

– Bien sûr que si ! Ça m'intéresse beaucoup au contraire !

– Quoi qu'il en soit, ce sont de vieilles histoires, dit David.

– Comme celles de mon père. J'ai entendu de vieilles histoires depuis ma naissance.

– Bon, eh bien un jour nous parlerons de tout ça. Nous avons le temps, n'est-ce pas ? J'ai l'impression que tu viendras souvent nous rendre visite. »

Ils délaissèrent les chaises russes et l'appartement pour aller poursuivre leur conversation au restaurant de l'Institut. Marianella avait compris – d'instinct – que montrer de la curiosité à l'égard de David devant son fils était comme réciter Mao ou avoir lu le *Manifeste du parti communiste*. Elle se rendit compte que le regard de Carl n'était plus le même : il semblait plus intense. Elle pensait à ce détail quand, de retour à l'hôtel de la Paix après avoir roulé à bicyclette dans les rues obscures où dormaient des gardes rouges, elle découvrit que Sergio l'attendait dans le hall comme un père inquiet et, comme tel, il lui dit que cette situation ne devait pas se reproduire.

« Elle se reproduira quand j'en aurai envie, répliqua Marianella.

– Mais c'est dangereux. Ils coupent les tresses des femmes et confisquent leurs chaussures aux Occidentales quand elles ne leur plaisent pas. »

Il parlait des gardes rouges, une importante organisation d'étudiants qui voyait en Mao leur commandant suprême et avaient endossé la responsabilité d'assurer la défense ou de veiller au respect scrupuleux de la Révolution culturelle. Mao leur avait souhaité la bienvenue quelques semaines plus tôt, place Tian'anmen, en apparaissant dans un uniforme vert olive qu'il n'avait pas porté depuis des années. On disait que ce jour-là il avait salué un à un plus de mille gardes et s'était même laissé mettre un brassard rouge, devenu l'insigne du mouvement. À Pékin, les gardes rouges étaient un serpent à plusieurs têtes et il n'était pas facile pour les jeunes gens – impulsifs, inexperts – de savoir à qui obéir. Peu importait puisqu'ils obéissaient à Mao. Ils avaient toujours sur eux un discours de leur chef qu'ils appelaient désormais le *Petit Livre rouge*. Ils étaient prompts à exercer la violence lorsqu'ils punissaient un dissident, toute personne accusée d'être révisionniste ou d'avoir eu un comportement contre-révolutionnaire ; mais, surtout, ils étaient nombreux et arrivaient à Pékin des quatre coins de la Chine dans la perspective de voir Mao, ne serait-ce que de loin. Quand ils se réunissaient place Tian'anmen, leurs chants révolutionnaires et leurs pas dans les rues résonnaient si puissamment que Sergio, s'il ouvrait sa fenêtre, les entendait jusque dans l'hôtel de la Paix.

« Ils ne me feront rien, à moi, décréta Marianella.

– Pourquoi en es-tu si sûre ?

– Parce que je suis comme eux. Je n'ai pas les cheveux longs et pas de tresses parce que je suis comme eux. Je ne porte pas de chaussures de bourgeoise parce que je suis comme eux. Malgré les apparences, je suis d'ici. Comme mon petit ami, par exemple. Comme ses frères et comme son père.

– Quoi ? Ton petit ami ?

– Oui. Carl va être mon petit ami. Il vit dans mon monde. Le monde où il vit, ce monde-là, c'est aussi le mien. »

Dans un milieu capitaliste, à l'âge que vous avez, il est courant et même normal d'avoir des petits amis et des petites amies. Pourquoi ? En premier lieu parce que la jeunesse n'a aucun idéal, aucune véritable inquiétude. Elle ne vit qu'en pensant à cela, dans l'attente de cela. C'est son centre d'intérêt. C'est une société corrompue où les principaux désirs résident dans la passion et le sexe. Les conséquences, nous les connaissons déjà : le malheur, la solitude, l'angoisse, la peur, etc. Quelle est l'étape suivante ? Soit on flanque tout en l'air et on se marie jeune, sans aucune maturité, en s'astreignant à des obligations qui vous empêcheront de réaliser votre vie, vos idéaux, sans oublier les problèmes ultérieurs déjà clairement établis, soit on intègre un milieu autour duquel tout tourne autour de cela, jusqu'à tomber peu à peu dans une dégénérescence où tout ce qui compte est le sexe.

Les jours passèrent sans qu'aucun retour à la normalité s'opère à l'école Chong Wen. Après le professeur de dessin, il y eut de nouvelles victimes de la révolution ou, en d'autres termes, de nouveaux contre-révolutionnaires qui reçurent des châtiments mérités. Tout d'abord, on accusa le docteur qui dirigeait l'infirmerie, une femme qui, selon les étudiants, avait constitué ces derniers temps une petite réserve de médicaments dans le seul but d'en fournir aux bourgeois. Puis ce fut le tour du recteur, un homme âgé dont la loyauté envers le Parti n'avait jamais été mise en doute, mais quelqu'un – on ne sut jamais qui – avait trouvé dans ses papiers des titres de propriété. Il s'agissait de documents anciens relatifs à des terres qui appartenaient désormais à l'État, et qui n'avaient plus la moindre valeur. Le recteur déclara qu'il les gardait en souvenir, mais les étudiants s'accordèrent à dire qu'il espérait le retour du système capitaliste et féodal, et on l'expulsa de l'école. Les étudiants ne le laissèrent pas partir comme ça. Ils confectionnèrent un chapeau en papier en forme de cône sur lequel on lisait *J'aime le féodalisme*, le forcèrent à le porter pour quitter l'établissement et l'accompagnèrent sur plusieurs centaines de mètres pour que d'autres gardes rouges le montrent du doigt, lui rient au nez (d'un rire crispé et plein de haine) et s'approchent de lui en l'insultant.

À l'époque, Sergio était l'un d'entre eux. Au début de la Révolution culturelle, l'école Chong Wen avait compté jusqu'à trois groupes de gardes se démarquant par de légères différences idéologiques, puis le premier – celui qui comportait le plus de membres et dont les leaders étaient les jeunes les plus respectés ou les plus craints – avait fini par engloutir le deuxième, et leur rivalité avec le troisième s'accentuait jour après jour. Au milieu de ces luttes de pouvoir, Sergio comprit qu'il ne pouvait pas rester à l'écart ; il écrivit une longue lettre courageuse pour demander à intégrer l'organisation la plus influente ; au bout d'une semaine, on lui notifia son acceptation et on le convoqua à une courte cérémonie dans une salle de classe couverte de dazibaos. Là, on lui remit un brassard rouge où semblait briller un numéro à six chiffres, son code personnel, sous le nom du groupe. Il le passa à son bras (il était trop grand, il devrait le recoudre) et, comme par magie, il se sentit aussitôt puissant ou épaulé par une force invisible mais omniprésente.

En juin les cours furent suspendus. Sergio n'allait à l'école que pour faire un dazibao, rédiger une proclamation ou assister à une manifestation destinée à s'opposer à telle ou telle chose. Le centre de Pékin était métamorphosé, plus bruyant, plus agité, et il était fréquent d'y voir des gardes rouges encercler un groupe d'accusés, hommes et femmes tristes qui marchaient en regardant le sol craquelé, coiffés de chapeaux coniques, une pancarte accrochée autour du cou. *Je suis un ennemi de classe. Je suis un capitaliste infiltré. Je porte cette pancarte parce que je suis au service de la bourgeoisie.* On apprit qu'ils entraient dans les musées pour les saccager, qu'ils dégradaient aussi les temples et les bibliothèques afin d'accélérer la destruction de ce qu'ils appelaient les « quatre vieilleries » : vieilles coutumes, vieille culture, vieilles habitudes, vieilles idées. Les rues qu'empruntait Sergio pour se rendre à l'école Chong Wen (toujours à bicyclette et presque toujours revêtu de son uniforme vert olive) se remplirent de portraits de Mao et d'affiches sur lesquelles s'étalaient des phrases du *Petit Livre rouge*. Il arrivait que le nom d'une rue qu'on avait toujours connue change et soit remplacé sur la plaque par celui d'un révolutionnaire ; Sergio devait alors faire très attention de ne pas se tromper de chemin.

Un jour, il se rendait à l'école quand il entendit des coups de feu tirés à l'évidence dans le quartier. Il descendit de vélo pour mieux écouter et voir s'il était dangereux de continuer. Oui, c'étaient bien des coups de feu, et oui, ils provenaient de la rue de l'école, pourtant il poursuivit sa route afin d'évaluer la situation de plus près. En tournant au coin d'une rue, il découvrit des soldats de l'armée chinoise, qui l'arrêtèrent avec brutalité et lui ordonnèrent de le suivre. Comme en d'autres occasions, Sergio mit un instant à se rappeler qu'il n'était pas chinois, et à se dire que les soldats pouvaient trouver bizarre qu'un Occidental se promène aussi tranquillement dans cette zone, qui plus est habillé comme un garde rouge.

« Vous êtes un élève de l'école Chong Wen ? lui demandèrent-ils. Pourquoi et depuis quand ? »

Ils voulurent voir ses papiers, savoir où et avec qui il habitait et ce qu'il faisait en Chine.

Sergio répondit tant bien que mal.

« Vous êtes à l'hôtel de la Paix ? dit un soldat. Mais cet endroit est vide !

– Pas vraiment puisque nous y sommes.

– Pourtant il n'y a aucun hôte.

– Si. Deux. Ma sœur et moi. Vous pouvez m'y accompagner et le constater par vous-même. »

Mais il n'arriva pas à les persuader, de même qu'il n'arrivait pas à comprendre ce qui se passait dans l'école en plus des troubles habituels. Il dut attendre et discuter avec son groupe de gardes rouges pour avoir une idée précise de ce qui était survenu. Dans la matinée, ses camarades avaient décidé de prendre le pouvoir au sein de l'école Chang Wen en fomentant une sorte de coup d'État contre le troisième groupe, qu'ils considéraient comme des marionnettes favorables aux anciennes hiérarchies. Tout en serait resté au stade d'une simple échauffourée s'ils n'avaient pas pris d'assaut le quartier général des miliciens de la révolution, emportant plus d'une centaine de fusils et des munitions pour plusieurs jours. Ainsi armés, ils s'étaient lancés dans une bataille sans merci sur le terrain de football. Les balles sifflaient dans toutes les directions et l'armée s'était déplacée à proximité afin de tenter de *pacifier* l'école. Sergio leur avait évidemment paru suspect. Il avait beau affirmer qu'il n'était pas un espion infiltré, mais un garde rouge comme les autres, les militaires s'obstinaient à ne pas l'écouter. Ils le retinrent des heures sans qu'il sache où était Marianella, qu'il était dans l'incapacité de prévenir. Il dut attendre la fin de l'affrontement, que les gardes déchaînés déposent les armes et que certains d'entre eux s'approchent, le reconnaissent et expliquent aux soldats qui il était, un révolutionnaire internationaliste, comme ses parents. Les gardes téléphonèrent à l'Association de l'amitié sino-latino-américaine et ce n'est qu'alors qu'on le libéra.

Ce fut la dernière fois qu'il se rendit aux abords de l'école. Le soir, quand il regagna l'hôtel de la Paix à bicyclette, il retrouva sa tutrice, mademoiselle Li, qui l'attendait pour lui apprendre qu'à compter de maintenant, parce qu'il était étranger, il n'aurait plus le droit de fréquenter l'école Chong Wen. Bien entendu, cette interdiction concernait également sa sœur. Sergio protesta en son nom et en celui de Marianella, demanda où était passé l'internationalisme prolétarien et à quoi bon porter l'uniforme des gardes rouges, se plaignit du fait que les autorités restent indifférentes à sa parfaite intégration dans la société chinoise, à sa maîtrise de la langue et à sa connaissance de la culture.

« Justement, c'est ta maîtrise de la langue qui te ferme les portes, répondit Li.

– Je ne comprends pas.

– Tu es un Occidental qui parle chinois, donc une fuite d'information avec un visage et des yeux. Or, ici, tout le monde sait qu'il est primordial de préserver le message. »

Elle avait raison, évidemment. Sergio se demanda si on cesserait un jour de le prendre pour un individu suspect, s'il était vraiment possible d'appartenir à ce lieu qui n'était pas le sien. Il commença à s'isoler, à se cacher lui aussi de l'hostilité de la ville en ébullition. Il passait son temps enfermé dans sa chambre, en compagnie des livres que Fausto avait laissés. Il lut les deux mille deux cents pages des œuvres complètes de Shakespeare dans la traduction de Luis Astrana Marín, l'une après l'autre : *Peines d'amour perdues* et *La Tempête*, puis *Vénus et Adonis*, *Le Viol de Lucrèce* et tous les sonnets, après quoi il revint aux sources et lut le prologue d'Astrana Marín, intitulé « Introduction au monde de langue castillane ». Les journées étaient longues. Au mois d'août, le Comité central du Parti communiste adopta la fameuse Décision en seize points, dont les commandements inondèrent le pays dans tous les médias où le maoïsme jugea bon de les propager, du *Journal de l'Armée populaire de libération* au *Quotidien du peuple*, en passant par les micros de la radio de masse, la bande dessinée et les tracts qui allaient de mains en mains. La bourgeoisie avait perdu la guerre, mais elle cherchait encore à contaminer le peuple avec ses coutumes et ses mœurs. Il fallait changer les mentalités et écraser l'ennemi idéologique infiltré parmi eux, transformer la littérature et l'art, ces bastions de l'éthique bourgeoise, chasser les autorités académiques réactionnaires et se garder catégoriquement d'adopter les anciens modèles intellectuels. Mais tout cela avait lieu dans la rue tandis que Sergio savourait l'œuvre d'un Anglais dont la mort remontait à trois siècles et demi. Une fois l'école fermée, les jours s'écoulèrent dans l'oisiveté à l'hôtel de la Paix et il commença à songer qu'il perdait un temps précieux et que sa formation révolutionnaire était au point mort.

Les repas à l'hôtel, où Sergio et Marianella s'asseyaient seuls dans une salle à manger gigantesque, entourés des attentions embarrassantes de tout un bataillon de serveurs, étaient les seules activités qui se répétaient quotidiennement ou presque, car avant de s'endormir, Sergio lisait un extrait de la lettre de Fausto, accomplissant ainsi une sorte de rituel intime pour tâcher de donner un sens à ses journées et de trouver des réponses à la situation dans laquelle il se trouvait. Il sortait peu, se rendait au magasin de l'Amitié (sans grand rapport avec l'hôtel du même nom, mais l'idée d'amitié était importante pour les acteurs de la révolution), une boutique située dans le quartier diplomatique où les étrangers achetaient ce qu'ils ne pouvaient pas acquérir ailleurs, ou bien proposait à Marianella des incursions furtives dans leur ancien territoire, où leurs amis latino-américains logeaient encore, installés dans leur réalité parallèle, loin des vérités les plus brutales de la Révolution culturelle. Leur surprise était sans limites quand Sergio leur montrait les journaux internes des organisations de gardes rouges, dans lesquels on rapportait ce qui survenait réellement dans le pays, et qu'il leur traduisait mot pour mot le contenu des articles.

« Ah bon ? Il se passe vraiment ça ? lui demandaient-ils.

– Sans compter tout ce que vous ignorez encore. »

Sergio comprenait que les militaires veuillent garder le secret à ce propos, car tout ce qu'il traduisait pour ses amis était une attaque directe aux officiers les plus insignes du Parti communiste, un témoignage des profondes divisions qui le morcelaient de l'intérieur. La propagande anticommuniste de n'importe quel pays au monde aurait fait son miel de ces informations, or les murs de l'hôtel de l'Amitié avaient des oreilles. C'est à ce moment-là que Marianella se mit à poser un regard accusateur sur la vie dans cet univers irréel avec sa piscine olympique, ses boutiques où on pouvait s'offrir de l'alcool et ses orchestres qui interprétaient des boléros pour les Latino-Américains nostalgiques. Elle répétait les conseils de son père : l'hôtel de l'Amitié exerçait une mauvaise influence, les vraies gens n'étaient pas comme cela. Mais l'hôtel de la Paix ne la satisfaisait par davantage et il ne s'agissait pas tant de luxe, car il n'était guère somptueux, que de leur présence isolée au milieu de si nombreux employés.

« C'est comme avoir des domestiques », disait-elle.

Un jour, Sergio l'entendit rentrer – elle sortait souvent seule depuis quelque temps –, et quand il vint la saluer, il la trouva revêtue de l'uniforme des gardes rouges. Quand avait-elle demandé à devenir membre de l'organisation ? Quel groupe l'avait acceptée ? Avait-elle eu l'autorisation de la camarade Li ? « 15 juin », disait son brassard. Quel était le nom de son groupe et quand s'était-il constitué ? En la regardant, Sergio pensa à un poème de Mao que son père appréciait. Il s'intitulait « Pour une photographie des milices populaires féminines » :

Ces filles de Chine ont mille idées étranges :
Elles n'aiment plus les parures rouges, elles aiment les tenues guerrières.

Du jour au lendemain, Marianella était entrée dans la Révolution culturelle, ou bien c'était la révolution qui l'avait pénétrée. Elle devint de plus en plus critique quant à la vie qu'ils menaient et ne ratait jamais l'occasion de citer Carl en exemple.

« Voilà une personne cohérente. Lui et toute sa famille. Ils pourraient vivre à l'hôtel de l'Amitié, comme des bourgeois. David a eu des propositions de l'Institut, mais ils ont préféré mener l'existence des autres Chinois, une vie sans privilèges. Ils ont beaucoup à nous apprendre, à nous qui logeons ici, dans un immeuble rien que pour nous deux, comme des petits nobles. Nous devrions avoir honte. »

Sergio lui fit la seule réponse possible :

« Dans ce cas, pourquoi ils ne restent pas à Pékin ? Pourquoi ils s'en vont au moment le plus important, au lieu de lutter comme nous le faisons ? »

Il disait vrai. Carl avait annoncé la nouvelle à Marianella au début de l'été : ils partaient en Angleterre et au Canada. David et Isabel n'étaient sortis qu'une seule fois du pays depuis 1947, lorsqu'ils s'étaient installés en Chine après le long périple de la guerre. L'Institut des langues étrangères avait offert à David des vacances tous frais payés, et ses trois fils, désormais en âge d'apprécier ce voyage vers leurs lointaines origines, avaient accueilli l'idée avec un tel enthousiasme que jamais leurs parents n'auraient songé à refuser cette proposition. Ce fut un choc pour Marianella.

« Vous allez être absents longtemps ? avait-elle demandé à Carl.

– Quatre ou cinq mois. On ne s'en va pas aussi loin pour ne rester que quelques jours.

– Malgré ce qui se passe ici ? Nous sommes en train de changer le monde ! Ça ne te fait rien ?

– Bien sûr que si, mais ce voyage est prévu pour maintenant. »

Marianella versa des larmes d'adolescente amoureuse tout en songeant qu'il n'y avait rien de plus contre-révolutionnaire que de se laisser distraire par l'amour.

X

Au début de septembre, après avoir passé deux mois d'existence amorphe à l'hôtel de la Paix, Sergio contacta l'Association de l'amitié sino-latino-américaine. Il déclara qu'il menait une vie calme, que la Révolution culturelle passait à côté d'eux, et demanda qu'on les envoie sa sœur et lui travailler dans une commune jusqu'à ce que la situation à l'école se normalise. Il n'obtint comme réponse qu'une série de faux-fuyants. Il exprima son souhait de participer à l'une des grandes marches révolutionnaires avec les gardes rouges, mais les autorités lui signifièrent que ce n'était pas envisageable pour des raisons de « sécurité personnelle ». À chaque fois, l'association semblait faire obstruction à ses projets, mais Sergio n'avait pas assez de cartes en mains pour se rebeller ou protester. Découragé, il commença à chercher d'autres activités pour occuper ses journées. Il songea alors qu'il était temps de retravailler son français.

L'Alliance française se trouvait près de l'hôtel de la Paix et ne faisait pas partie des administrations ayant décidé de fermer par crainte des gardes rouges. Sergio s'inscrivit donc à des cours bon marché qui commençaient à seize heures. Les autres élèves étaient pour la plupart des enfants de diplomates, mais il y avait aussi des Chinois d'outre-mer, en général des privilégiés qui menaient des vies d'étrangers et que des phrases telles que *Les enfants regardent la télé** ou *J'achète des surgelés avec maman**, absurdes ou irréelles dans la Chine communiste, n'étonnaient guère. Par la suite, il se demanda s'il s'était vraiment inscrit pour suivre les cours, trop basiques pour lui, ou pour avoir le droit de visionner le film hebdomadaire. Ces moments devinrent ceux qu'il attendait le plus. Il vit à l'Alliance *À bout de souffle*, *Tirez sur le pianiste*, *L'Année dernière à Marienbad*, qu'on programmait et reprogrammait régulièrement, et *Ascenseur pour l'échafaud*, de Louis Malle, non pas une fois mais plusieurs. Après une de ces séances, en sortant dans le hall de l'Alliance, il crut reconnaître une jeune fille qu'il n'avait vue qu'une seule fois, mais ces quelques instants lui avaient suffi pour être marqué par sa beauté.

Elle s'appelait Smilka, c'était une Yougoslave âgée de quinze ans. Sergio l'avait rencontrée le 1er juin, pendant la Journée des enfants, où on organisait partout en Chine toutes sortes de festivités. Le grand événement de la ville se déroulait au stade, une fête massive où tout le monde était invité. Une zone spéciale était réservée aux étrangers, des hôtes de l'hôtel de l'Amitié aux enfants de diplomates. Sergio et Smilka n'étaient plus des enfants, pourtant ils étaient là, avec toute la gaucherie mais également l'audace qui caractérise les adolescents. La jeune fille était accompagnée de sa sœur Milena, et Sergio des Latino-Américains de l'hôtel de l'Amitié. Paralysé par sa timidité, il ne lui avait pas adressé la parole : il l'avait regardée de loin au fil des heures, et quand il avait fallu rentrer à l'hôtel, il n'avait même pas osé aller la saluer. Il avait ensuite traversé des mois difficiles – le départ de ses parents, les tensions politiques à l'école, le déménagement à l'hôtel de la Paix – et la belle Yougoslave lui était sortie de l'esprit. Jusqu'au soir où ils virent un long-métrage de Louis Malle ensemble sans le savoir.

Sergio prit son courage à deux mains. Il s'approcha d'elle et, le cœur battant, lui demanda ce qu'elle pensait du film. Ainsi débuta une conversation pleine de petites maladresses et de sourires farouches. Tout était en bonne voie : Smilka était enjouée et son français impeccable ; elle appréciait les réalisateurs qu'admirait le garçon et paraissait disposée à accepter un autre rendez-vous. Puis vint le moment où, comme dans toute relation naissante, on se raconte sa vie ; Sergio s'enquit de ce qu'elle faisait en Chine, et sans savoir le mal qu'elle allait causer, la jeune fille lui répondit que son père était le correspondant de l'agence de presse yougoslave. Une alarme retentit dans la tête du garçon.

« La Tanjug ?

– Oui, c'est ça. Tu connais ? »

Comme la majorité de la jeunesse prolétarienne, Sergio avait déjà des idées très arrêtées quant au maniement de la propagande et aux dangers qu'il y avait à fournir des renseignements à ceux qui risquaient d'en faire un usage pernicieux. Les grandes agences occidentales – France-Presse ou l'AP (Associated Press) – n'avaient pas de correspondants en Chine, de sorte que l'essentiel de l'information passait par deux agences, la TASS et la Tanjug, la première soviétique, la seconde yougoslave. En cette période de tensions entre Chinois et Soviétiques, tout ce qui était transmis par la TASS était considéré comme de la propagande, de la désinformation ou franchement des mensonges, alors que la Tanjug paraissait représenter une certaine neutralité, si bien que Sergio ne s'inquiéta pas outre mesure. Mais Smilka ajouta aussitôt qu'en plus d'être journaliste, son père faisait partie du corps diplomatique.

Cela changeait tout. La Yougoslavie avait été le premier pays du bloc socialiste à rompre avec Staline pour s'engager sur une voie indépendante. Elle avait non seulement obtenu un succès partiel, réussissant même à avoir un soutien financier des États-Unis, mais avait été à l'origine de la fondation du mouvement des non-alignés. Sergio ne connaissait pas tous les détails géopolitiques de l'histoire ni toutes les intrigues ou accointances, mais il n'ignorait pas l'essentiel : les Yougoslaves étaient de mauvais socialistes complices du capitalisme. En résumé, ils étaient un ennemi venimeux.

La semaine suivante, quand il retourna en cours de français, Sergio s'assit loin de Smilka et la salua avec une froideur étudiée. Si elle s'étonna ou s'attrista de ce comportement, son visage ne laissa rien paraître de son émotion. Peu après, pendant les jours les plus critiques de la présence des gardes rouges, Sergio apprit que l'Alliance française fermait ses portes et que les cours étaient interrompus. De longues semaines passèrent avant qu'il revoie Smilka, dans des circonstances très différentes.

Il est très important et même décisif de choisir ses amitiés. Le proverbe « Dis-moi qui tu fréquentes, je te dirai qui tu es » est très sage. L'influence qu'exerce une amitié est décisive. Il faut donc choisir des amis et des amies positifs, que ce soit sur le plan politique, moral et intellectuel. Cela n'implique pas qu'ils soient sans défauts ; en revanche il est indispensable qu'ils aient un engagement politique acceptable, qu'ils soient moralement sains tout en ayant évidemment des travers. Vous pourrez les aider à les corriger, et inversement. Si l'un de vous deux a un ou une camarade privé des caractéristiques que je viens de décrire, vous devez le critiquer et lui montrer combien il est préjudiciable et dangereux. S'il persiste à être ainsi, vous l'inciterez par tous les moyens à renoncer à vous fréquenter.

La rue Wangfujing, où se trouvait l'hôtel de la Paix, était devenue invivable. Les piétons y étaient si nombreux que Sergio et Marianella mettaient parfois une heure à parcourir une centaine de mètres, et ce pour une raison très simple : les gardes rouges de tout le pays, des millions de jeunes gens en vert olive, arrivaient à Pékin pour apercevoir leur leader ou, lorsque ce n'était pas possible, rester à proximité de la place Tian'anmen et de Zhongnanhai, où se trouvait le siège du Comité central du Parti. Ils n'avaient pas d'endroit où dormir, ce qui n'avait pas posé de problème durant l'été, mais à la fin de l'automne, les nuits devenaient froides. Les gardes s'impatientaient ; on disait qu'ils avaient déjà occupé un immeuble désaffecté non loin de là. Sergio alla s'assurer que c'était vrai et découvrit qu'ils avaient également pris d'assaut des écoles et des hôpitaux afin de pouvoir y passer la nuit quand ils venaient montrer leur loyauté à Mao. Un soir où Sergio et Marianella rentraient de leur univers occidental, leurs visages camouflés sous d'épais passe-montagnes qui dissimulaient leurs traits, ils se rendirent compte que la foule s'était massée devant les portes de l'hôtel de la Paix. Sergio fit semblant de ne pas comprendre ce que disait un des gardes, qui affirmait que l'endroit était vide et qu'ils devaient l'occuper. À les entendre, ils ne l'avaient pas fait jusque-là car l'hôtel appartenait au Parti et qu'ils respectaient encore ce genre de choses. Mais il prit peur, pensant qu'à tout moment la situation était susceptible de dégénérer. Il en discuta avec sa sœur, et tous deux en arrivèrent à une conclusion sans appel : rester là devenait problématique.

Inutile de compter sur les dirigeants de l'association, apparemment plus soucieux de protéger les deux adolescents qu'on leur avait confiés que de les former à la révolution. Ils prirent donc les devants et leurs efforts se soldèrent par des résultats positifs. Ils apprirent que le Bureau des spécialistes, qui avant la Révolution culturelle s'occupait des activités touristiques proposées aux étrangers, organisait une excursion dans une commune. Voulant être du voyage, ils eurent de nombreux entretiens, passèrent des appels, devinrent des voix insupportables prêtes à tout pour parvenir à leurs fins, y compris en épuisant leurs interlocuteurs. Les communes étaient au cœur du Grand Bond en avant et par conséquent de la conception que le camarade Mao avait de la Chine communiste. C'étaient d'immenses fermes collectives, si gigantesques qu'elles s'organisaient comme de petits pays comprenant des coopératives à la place des provinces. Sergio dut mettre un tel enthousiasme ou une telle conviction à démontrer qu'il était capital que lui et sa sœur connaissent la scène où se déroulait la révolution prolétarienne qu'ils finirent par vaincre la résistance de l'association. À la mi-novembre, ils arrivèrent dans la commune populaire de l'amitié sino-roumaine. L'organisation laissa Sergio dormir avec les hommes et hébergea Marianella dans la maison d'un paysan. Les terres étaient étendues et ils étaient si loin l'un de l'autre que Sergio ne revit pas sa sœur de tout son séjour.

Le travail consistait à ramasser les choux de la grande récolte de l'année. Il commençait à sept heures, dans un froid si intense que les légumes étaient couverts de givre. Il fallait les couper en prenant soin de ne pas les endommager, puis, de l'index et du majeur, on retirait les premières feuilles, abîmées par le mauvais temps et les insectes. Il ne restait plus qu'une belle forme stylisée jetée dans une charrette qu'on déplaçait jusqu'à un grand entrepôt où des millions de choux étaient conservés. Certes, Sergio avait les doigts gelés et il devait les plonger dans une cuve spéciale remplie d'eau tiède pour éviter d'avoir la peau craquelée et des engelures qui risquaient d'invalider ses mains, mais il ne s'était jamais senti aussi utile. Pendant qu'il se mesurait à cette réalité tangible et souffrait à mains nues, l'univers du cinéma s'éloignait comme un artifice. Le soir, il rejoignait les autres cueilleurs dans une petite salle chauffée et discutait avec les Latino-Américains de l'hôtel de l'Amitié, qui faisaient également partie du voyage, et ils se relayaient pour lire ensemble des citations du *Petit Livre rouge*. Sergio vivait une camaraderie inédite et oubliait au cours de ces moments la nourriture infecte et la peau de ses mains pelée.

Dans le même temps, les jours que passa Marianella dans la commune furent bien davantage que l'accomplissement satisfaisant d'un devoir : une véritable transformation, une expérience si puissante que la première chose qu'elle fit en rentrant à l'hôtel de la Paix consista à écrire une lettre pour l'Association de l'amitié sino-latino-américaine. Elle remplit dix pages de papier pelure à l'encre verte pour décrire la vie dans la commune, et chaque virgule était émouvante, chaque faute d'orthographe tremblait de ferveur. *Je n'ai pas de mots pour exprimer tout mon bonheur et toute ma reconnaissance à la grande commune populaire, où j'ai été accueillie comme un membre de la famille.* Elle était une des six jeunes filles hébergées par une femme âgée qui vivait seule avec son fils de dix ans, car son mari et son fils aîné s'étaient enrôlés dans l'armée du peuple. Elles se levaient à six heures, et une demi-heure plus tard elles sortaient dans le froid mordant de l'aube. Dès le premier jour, Marianella comprit qu'elle n'avait pas les vêtements adéquats pour s'abriter des frimas, mais jamais elle n'aurait eu l'idée de se plaindre ou de demander de l'aide. Elle avait relevé la *volonté des autres camarades lorsqu'elles faisaient* lao-tun[1] *sans craindre de se salir ni de se fatiguer, et aux heures les plus dures de la matinée, il fallait voir leur enthousiasme pour le croire.* Dans ces moments difficiles, elle cherchait refuge dans les sages paroles de Mao : *« S'armer de résolution, ne reculer devant aucun sacrifice et surmonter toutes les difficultés pour remporter la victoire. »*

À huit heures, elles rentraient prendre leur petit déjeuner – *nous nous battions pour cuire les pâtes ou couper le chou-fleur, mais comme nous ne pouvions pas toutes nous atteler à ces tâches, nous balayions la cour et nous relayions pour écrire au tableau des citations de Mao* –, déjeunaient à midi et, à treize heures, repartaient à la cueillette en entonnant des chants révolutionnaires avec les autres membres de la commune. Lorsqu'elles faisaient une pause pendant ce travail épuisant, elles étudiaient le *Petit Livre rouge*.

1. Travail productif soutenu.

Le soir, les jeunes filles dînaient et allaient voir la belle-mère de leur hôtesse. La *petite grand-mère* était une femme voûtée et quasiment aveugle qui s'installait dans un coin de la pièce pour leur raconter le monde d'avant la révolution. Ses histoires étaient si tristes que Marianella, tout en s'efforçant de ne pas fondre en larmes, éprouvait une *haine tenace pour cette classe d'exploiteurs qui se nourrissent de la douleur et du sang des hommes*. Deux fois par semaine, le mardi et le jeudi, la commune les emmenait voir un film en plein air. Elle ne retint aucune intrigue ni un seul personnage, mais savait qu'elle n'oublierait jamais la manière dont elle s'asseyait sur le sol en terre battue, *des nattes que j'aurais autrefois qualifiées d'inconfortables* mais qui, partagées avec ses camarades, lui faisaient l'effet d'*oreillers de plume*.

Au terme de ce mois de labeur exténuant, les adieux furent l'épreuve la plus ardue. Quand la petite grand-mère prit la main de Marianella dans les siennes (minuscules, émaciées et rugueuses comme de l'argile mal séchée), toutes deux pleurèrent sans échanger un mot. Depuis son siège dans l'autocar qui allait la ramener à Pékin, Marianella vit la vieille dame sortir un mouchoir sale pour sécher ses larmes. *J'ai pris conscience que la classe la plus sincère et la plus pure est celle des paysans*. Dans le car, elle essaya d'expliquer cela à son frère, mais ne trouva pas les mots, qui lui vinrent ensuite tout naturellement sur le papier, si rapidement que sa main peinait à garder le rythme. Grâce à son travail au sein de la commune, elle était devenue une autre personne. *Laquelle ? De celles qui se préparent à servir leur peuple avec fidélité. Comme nous l'enseigne Mao : « Les mauvaises choses, si on ne les frappe pas, ne tombent pas. C'est comme balayer son sol ; en règle générale, là où le balai ne passe pas, la poussière ne disparaît pas toute seule. »* Elle signa la lettre de son nom en idéogrammes et, en dessous, toujours en chinois, écrivit les mots suivants : *Le peuple et seul le peuple est capable de créer le mouvement qui changera l'avenir de l'humanité.*

Au début de *Mes universités*, le troisième tome de son autobiographie, Maxime Gorki s'apprête à entrer à l'université de Kazan après une enfance et une adolescence pauvres passées à travailler. La faute en revient à Nikolaï Evreinov, un étudiant qui a loué un moment le grenier de sa grand-mère et s'est lié d'amitié avec lui. Convaincu que Gorki a pour la science « d'extraordinaires dispositions », il le persuade de l'accompagner à Kazan, sa ville natale, pour passer les examens d'entrée à l'université. Quelques jours plus tard, Gorki se trouve dans la famille Evreinov, qui habite une maison exiguë et sans étage, « perchée, solitaire, sur un monticule, au bout d'une rue étroite et pauvre ». Les Evreinov sont trois : la mère, qui vit de sa maigre pension de veuve, et ses deux fils. « Dès les premiers jours, je vis avec quelle tristesse tragique la petite veuve grise, en revenant du marché, étalait sur la table ses maigres emplettes, essayant de résoudre ce difficile problème : comment tirer de petits morceaux de viande une quantité suffisante de bonne nourriture pour trois gaillards bien portants, sans compter elle-même ? »

Un matin, peu après son arrivée, Gorki va dans la cuisine afin de l'aider à préparer les légumes. Ils discutent de ses projets et elle s'entaille un doigt en maniant le couteau. Nikolaï fait irruption dans la pièce et demande à sa mère de leur faire ses délicieux petits pâtés. Pour faire « montre de ses connaissances culinaires », Gorki affirme qu'il n'y a pas assez de viande pour faire ce plat. Son commentaire insensible blesse madame Evreinov, qui se met à lui lancer toutes sortes de « paroles vigoureuses », jette une botte de carottes sur la table et sort en claquant la porte. « Elle est de mauvaise humeur », s'excuse Nikolaï, et Gorki, qui a regretté dans l'instant sa réflexion, se rend compte qu'aucun des fils n'a idée des efforts de leur mère pour « faire marcher le ménage ». C'est la réalité de la faim ou, mieux, la faim est le grand problème de chaque jour. Gorki écrit : « [...] connaissant à fond, et depuis longtemps, les artifices compliqués de la chimie et de l'économie culinaires, je voyais bien l'ingéniosité de cette femme, journellement obligée de tromper les estomacs de ses enfants et de nourrir en plus un intrus d'extérieur déplaisant et de mauvaises manières. Il était naturel que chaque morceau de pain que je recevais me tombât sur l'âme comme une pierre. » Très vite, il se met à sortir plus tôt de l'appartement dans le seul souci d'éviter d'être là au moment des repas, et pour ne pas mourir de faim il fréquente les quais de la Volga où on peut gagner quinze ou vingt kopeks par jour.

Allongé sur son lit à l'hôtel de la Paix, les œuvres choisies de Gorki entre les mains, Sergio lut *Mes universités* avec la même passion qu'il avait lu *Enfance*, *En gagnant mon pain*, *Les Bas-Fonds* et *La Mère*. Il se rendit compte que jamais en seize ans de vie il n'avait connu la faim. Comment était ce monde que Gorki présentait avec autant de réalisme ? Ne fallait-il pas avoir réellement éprouvé ces sensations pour être un vrai révolutionnaire ou, plutôt, pouvait-on être un vrai révolutionnaire sans les avoir éprouvées ? « Aux heures de faim, de rancune et d'angoisse, je me sentais parfaitement capable de commettre un crime, et pas uniquement contre "l'institution de la propriété". » Sergio songea que son père avait connu la faim, qui l'avait poussé à voler des capsules d'huile de foie de morue. Lui avait en revanche mené une vie repue. Cela était-il bon ?

Le lendemain matin il ne descendit pas petit-déjeuner. Il ne dit rien à sa sœur, ne prévint pas le restaurant et resta lire dans sa chambre. Il ne descendit pas davantage à l'heure du déjeuner. À la tombée de la nuit, la sonnerie de son téléphone retentit : c'était le réceptionniste, qui appelait pour s'assurer que le camarade Cabrera allait bien.

« Je vais parfaitement bien », répondit Sergio.

Il se coucha sans avoir dîné. Marianella était étonnée. Elle lui posa des questions mais il les esquiva. Elle dut cependant se douter de quelque chose parce qu'elle n'insista pas, ni ce soir-là ni le lendemain matin, quand Sergio demeura de nouveau dans sa chambre. Au fil de ces jours déstructurés que Sergio et sa sœur vivaient depuis le début de leur enfermement, des jours sans école, sans obligations ni horaires, il n'était pas rare que le garçon se passe de petit déjeuner pour profiter de quelques heures de sommeil ; mais quand il ne descendit pas déjeuner, les employés de l'hôtel s'alarmèrent sincèrement. Sur le coup de quatorze heures, l'un d'eux monta, accompagné d'un médecin, et Sergio vit une telle inquiétude sur son visage qu'il préféra lui dire la vérité : il lisait un livre qui décrivait la faim dans la société capitaliste et avait ressenti le besoin urgent d'expérimenter dans sa chair une sensation qu'il n'avait jamais eue. Le docteur et l'employé l'écoutèrent patiemment, Sergio pensa qu'il avait été clair et direct. Mais une heure plus tard on frappa de nouveau à sa porte.

Cette fois c'était Li, sa tutrice. Et elle n'était pas seule, mais avec le camarade Chou, le secrétaire général de l'Association de l'amitié sino-latino-américaine.

« Nous venons vous demander de mettre fin à votre grève, commença Chou.

– Je ne comprends pas. Je lis un livre et je voulais sentir les effets…

– Votre grève de la faim, précisa le secrétaire. L'association vous en implore poliment.

– Mais je ne suis pas en grève, protesta Sergio.

– Nous savons que ta sœur et toi avez fait des pétitions, intervint Li. Nous savons que vous avez renouvelé vos demandes à plusieurs reprises, mais ce n'est pas simple pour nous. Tu dois t'armer de patience, tout va s'arranger.

– Nous comprenons les circonstances. Prenez patience, s'il vous plaît », ajouta le camarade Chou.

Ils revinrent le troisième jour, expliquèrent qu'ils s'étaient réunis de toute urgence et que le comité avait reconnu la difficulté des conditions dans lesquelles vivaient Sergio et Marianella.

« Quelles difficultés ? s'étonna Sergio.

– Nous comprenons que votre vie à l'hôtel de la Paix a changé compte tenu de la conjoncture politique, dit Chou. Nous savons qu'il n'est pas facile pour vous de sortir.

– Nous savons que les gardes rouges ont un comportement hostile, dit Li. Ils voient bien que l'hôtel est pratiquement vide, évidemment, et qu'ils pourraient s'y loger... Oui, nous comprenons tout cela.

– Et nous avons pris une décision. Le comité a pris une décision, annonça Chou.

– Il vaut mieux que vous ne restiez pas ici. Vous allez retourner à l'hôtel de l'Amitié. »

Sergio mit un instant à prendre conscience de la situation : la première grève de la faim qu'il avait faite sans même le savoir avait été couronnée de succès. Comme sa sœur, il s'interrogea : quelle serait la réaction de ses parents quand ils apprendraient qu'ils avaient regagné leur ancien hôtel, ce foyer de mauvaises influences ?

« Vous êtes sous la responsabilité de l'association, vos parents le savent, reprit Li. Nous ne pouvons pas vous mettre en danger.

– C'est une question de sécurité », ponctua Chou.

Sergio et Marianella retournèrent donc à l'hôtel de l'Amitié. Les employés de l'hôtel de la Paix, pour qui ils avaient été les seuls clients pendant quatre mois, leur firent des adieux émouvants. Ce n'est qu'alors que Sergio s'aperçut qu'ils les aimaient beaucoup. Le camarade Liu, directeur de l'hôtel, leur promit que leurs chambres resteraient à leur disposition.

« Elles seront libres quand vous aurez envie de revenir, et nous espérons que ce sera pour bientôt. »

Mais quelques jours plus tard, il se déplaça en personne jusqu'à l'hôtel de l'Amitié avec un carton de livres que Sergio avait oubliés (il y avait là les œuvres choisies de Gorki, coupables de ce malentendu). Il était également porteur d'une nouvelle : les gardes rouges avaient occupé l'hôtel de la Paix, de sorte que les chambres de Sergio et de Marianella n'étaient plus disponibles. Il en était désolé.

« L'occupation s'est faite de manière pacifique, ajouta-t-il. Personne ne peut dire le contraire. »

Quant à l'hôtel de l'Amitié, évitez au maximum d'y aller. Juste pour les activités nécessaires, c'est-à-dire dans un objectif déterminé. En aucun cas pour voir les gens qui y vivent ou vous mettre en contact avec eux et vous lier d'amitié dans ce milieu, hormis avec des éléments dont vous savez sciemment qu'ils sont positifs, auxquels vous donnerez rendez-vous ailleurs. Si dans les faits il apparaît que vous ne vous laissez pas entraîner dans le climat malsain de l'hôtel et que vous ne vous mélangez pas à ses hôtes, vous pourrez vous y rendre pour voir certains spectacles ou nager dans la piscine l'été, mais gardez-vous d'en faire une habitude.

Fin décembre, Sergio renoua avec Smilka. Cette fois leur conversation téléphonique n'eut rien de fortuit. Sergio se rappelait qu'en juin, lorsqu'il l'avait vue pour la première fois à la fête de la Journée des enfants, elle avait échangé quelques mots avec Ivan Cheng, un Chinois de mère française qui vivait à l'hôtel de l'Amitié. Il lui fut donc facile de lui demander le numéro de la jeune fille, qu'il appela d'une voix tremblante ; il s'étonna qu'elle soit si heureuse de cet appel et encore plus qu'elle l'invite chez elle. Mais si se rapprocher de Smilka était une chose, se rendre dans sa maison, où vivait son père – un diplomate d'un pays traître qui s'était écarté du socialisme –, en était une autre. Il chercha à se défiler, inventa des prétextes jusqu'à ce que Smilka lui fasse une autre proposition. Le samedi suivant, elle devait retrouver un groupe d'amis au Club international.

« Pourquoi ne viendrais-tu pas ? »

Sergio n'en revenait pas de sa malchance. Ce club était réservé aux étrangers et aux Chinois les plus fortunés. Le lieu posait deux problèmes à Sergio : d'une part il n'en était pas membre et de l'autre, c'était un endroit maudit, un symbole des valeurs bourgeoises, où les étrangers se comportaient comme s'ils étaient à Londres ou à Paris, sans que la moindre honte se lise sur leurs visages. Fausto avait toujours méprisé cet endroit et en parlait en termes encore plus critiques que ceux qu'il employait pour se référer à l'hôtel de l'Amitié. Bref, le Club international représentait tout ce qu'il avait appris à détester.

Il accepta d'y aller.

Le jour venu, il mit longtemps à choisir sa tenue. Il n'avait pas beaucoup de vêtements et se décida pour ceux que ses parents lui avaient apportés de Colombie. Il essaya tant bien que mal de se faire beau et prit le chemin du Club international. Il ressentit tout d'abord une étrange émotion en lisant son nom sur la liste des invités, puis trouva étrange de se retrouver dans un lieu interdit, un peu comme s'il avait pénétré dans une fumerie d'opium. Mais toutes ses inquiétudes – à propos de ses vêtements, de son idéologie, de sa loyauté envers le socialisme – se volatilisèrent dès qu'il aperçut Smilka, plus belle que jamais. Elle avait un sourire diaphane et de beaux traits méditerranéens. Être avec elle était à la fois simple et excitant, pourtant son irréductible timidité l'empêcha de penser qu'ils pourraient aller plus loin. Elle était accompagnée de sa sœur Milena et d'Ellen, une Anglaise qui parlait un espagnol fluide car son père, diplomate, avait été en poste en Argentine. Et que faisait-elle en Chine ? lui demanda Sergio. Elle était la fille de l'ambassadeur du Royaume-Uni, répondit-elle en toute sérénité.

Au déjeuner, la conversation tourna dès le début autour des Beatles. Sergio n'y comprenait rien et ne pouvait guère participer, ce dont les autres s'aperçurent au bout d'un moment. « Je sais qu'ils existent mais je ne les ai jamais entendus », expliqua ou se défendit Sergio.

Un silence s'abattit sur la table. Il songea à Marianella, à ses amis anglais et à la musique qu'ils lui avaient fait découvrir. De sa chambre s'élevaient souvent des chansons des Beatles et à présent, il regrettait de ne pas s'y être intéressé davantage. Il aimait bien les disques que lui avaient laissés ses parents – Chavela Vargas, Atahualpa Yupanqui, Mercedes Sosa –, mais ils ne correspondaient pas aux goûts des amis de Smilka. Elle s'exclama que c'était impossible, qu'on ne pouvait pas passer sa vie sans avoir écouté au moins une fois un disque des Beatles. Elle consulta sa montre et les invita tous chez elle afin que Sergio remédie à ses lacunes.

Comme elle n'habitait pas loin, ils s'y rendirent à pied. À l'époque, tout le monde savait qu'il était dangereux pour un

Occidental de marcher dans les rues envahies de gardes rouges, mais quand on n'avait pas le choix, il fallait respecter certaines règles, en particulier presser le pas et ne pas attirer l'attention. Sergio regrettait de ne pas avoir pris son brassard, mais lorsqu'il pensa à son uniforme, il eut honte. Il était résigné : après le Club international, se rendre chez un diplomate yougoslave équivalait à descendre un peu plus bas dans les cercles de l'enfer. Il visita donc la maison de Smilka, rencontra son père et sa mère, écouta les Beatles – « Please Please Me » et « A Hard Day's Night » – et les Rolling Stones. Il vit Ellen chanter sur toutes les chansons. Ce n'est qu'à l'instant où Smilka mit avec des gestes cérémonieux un nouveau disque sur le pick-up et où les autres se turent et savourèrent cette musique aux accents durs, ces voix qui hurlaient des choses incompréhensibles, qu'il se rendit compte que le but de cette réunion entre amis, au club d'abord, puis chez la jeune fille, était d'aller ensemble à l'ambassade du Royaume-Uni pour voir le film du même nom que cet album.

« Tu es le bienvenu, c'est chez moi ! Tu ne veux pas venir ? » lui demanda Ellen.

La situation ne pouvait pas être plus compromettante : tous les jours, on parlait dans la presse chinoise des agressions de la police anglaise à Hong Kong. Les gardes rouges organisaient quotidiennement des manifestations bruyantes devant l'ambassade. Comment pouvait-il pénétrer sur le territoire de cette nation répressive et capitaliste, invité par la fille de l'ambassadeur ? N'était-ce pas tomber bien bas ? Pouvait-il en bonne conscience accepter l'invitation uniquement pour passer quelques heures en compagnie de Smilka ?

Il accepta d'y aller.

Le chauffeur de l'ambassade vint les chercher chez Smilka. Très vite, Sergio s'aperçut avec un grand soulagement que la projection aurait lieu non à l'ambassade, mais dans la résidence de l'ambassadeur, ce qui lui épargnerait au moins de passer devant les manifestants. C'était une demeure imposante où s'étalait un luxe qu'il n'avait jamais vu. La salle de projection – dotée d'un projecteur de 35 mm et de sièges confortables pour une trentaine de personnes – n'avait rien à envier à celle de l'hôtel de l'Amitié. C'était une réception dans les règles, les hommes en smoking et les femmes chapeautées et arborant des rangs de perles. L'ambassadeur et son épouse accueillaient les convives un par un, lui leur serrait la main tandis qu'elle tendait la sienne pour que les hommes la baisent. Sergio comprit alors qu'il avait pactisé avec le diable, pourtant il resta, s'installa sur un siège en veillant à être à côté de Smilka. Il regarda le film comme s'il gardait un secret sur le point d'être découvert. Longtemps après, il comprendrait qu'il avait beaucoup aimé ce film avec les Beatles – il avait aimé les couleurs et les rires, si différents de ce qu'il avait vu dans le cinéma français, et admiré le travail de Richard Lester avant même de savoir qui était Richard Lester –, mais qu'il avait été distrait par la présence de Smilka et la tentation constante de lui prendre la main.

Il n'osa pas. Dans le jardin, pendant que les autres buvaient un verre, il accepta une cigarette 555 et avoua tout à Smilka.

« C'est idiot, lui dit-elle. Moi je vais oser. »

Ainsi commença une idylle innocente faite de baisers volés, de mains saisies quand personne ne regarde, mais pas davantage. Ils se retrouvaient toujours dans des groupes où Milena et Marianella étaient présentes, souvent au magasin de l'Amitié, ce qui se rapprochait le plus d'un terrain neutre. Comme tous les enfants de diplomates, Smilka mourait d'envie de voir l'hôtel de l'Amitié, cet endroit légendaire peuplé d'étrangers dont on ne franchissait la porte surveillée que si on possédait une carte plastifiée. Il suffit à Sergio de lui proposer une visite – ils joueraient au ping-pong, verraient un film dans la salle de cinéma ou pourraient aller chez le coiffeur, si elle voulait une coupe plus sophistiquée – pour que les yeux de l'adolescente se mettent à briller comme si on l'invitait à un parc d'attractions. Ils ne se voyaient que le week-end, non seulement parce qu'elle n'avait que quinze ans et des parents vigilants, mais parce que Sergio avait enfin obtenu – après l'avoir demandé avec insistance – un vrai travail prolétarien et socialiste dans l'usine d'outillage n° 2 de Pékin.

Même s'il n'y resta pas longtemps – un peu plus d'un mois –, ce fut pour lui un apprentissage fondamental. Comme l'expliquait merveilleusement Gorki, les usines étaient les universités de la vie, et Sergio était enfin dans l'une d'elles. Il apprit à se servir d'une fraiseuse puis d'un tour, et découvrit qu'il savait mieux utiliser le second, un monstre d'un vert intense semblable au vert-de-gris des bateaux naufragés. Il connaissait si bien ses moindres recoins, ses manivelles, ses manettes et ses leviers (chacune de ses parties mobiles et les dangers qu'il dissimulait) qu'il aurait pu le manipuler les yeux fermés. Il apprit à vivre avec les ouvriers comme il l'avait fait lors de son court passage au sein de la commune, mais cette fois il n'avait pas les mains gelées à l'aube et ne subissait pas la torture d'une nourriture infecte. À l'usine n° 2, les déjeuners et les dîners étaient systématiquement préparés avec des ingrédients de qualité. Le froid posait sa marque sur le tour dans les derniers jours de l'hiver et il devait travailler coiffé d'un bonnet ; quand le chauffage ne fonctionnait pas, de même qu'à peu près tout pendant la Révolution culturelle, il dormait souvent avec des gants, même si par leur seule présence les autres camarades réchauffaient le baraquement. Le week-end, il retrouvait la vie occidentale et Smilka, les baisers innocents et les plaisanteries bon enfant. Le samedi où il l'invita enfin à l'hôtel de l'Amitié, ils montèrent dans les chambres, allèrent sur le court de tennis, se promenèrent dans les jardins en échangeant des futilités et terminèrent par la visite du club de l'hôtel, que Sergio trouvait très ordinaire comparé au Club international. Mais ce fut somme toute une journée mémorable pour le simple fait qu'il avait vu Smilka – son sourire d'enfant, ses mains qui s'agitaient gaiement – s'émouvoir de ce monde aux portes fermées sur l'extérieur qu'elle avait tant de fois imaginé.

Selon les divers aspects et circonstances que nous avons analysés, nous en conclurons que les idylles ne sont pas conseillées.

Si votre objectif est de ne pas perdre de temps en Chine, il est préférable d'éviter ce genre de soucis. Tant qu'on n'a pas une formation sérieuse, il n'est pas souhaitable d'avoir une amourette. Je le répète : l'amitié, oui ; avoir des amis, garçons et filles, mais évitez de vous compliquer la vie. Vous ne devez pas vous laisser absorber par vos amis ni les absorber. Pas d'amitiés passionnées, mais normales.

Le lendemain, Sergio était de retour à l'usine d'outillage n° 2, à travailler à l'atelier, quand un camarade l'appela pour lui annoncer qu'une femme l'attendait devant la porte. Il eut le temps de rêver que c'était peut-être Smilka, mais en sortant il se trouva nez à nez avec Li.

« J'ai à te parler », lui dit-elle.

Elle le saisit par la manche et l'emmena dans une pièce réservée aux réunions, un réduit inhospitalier pareil à ceux qui existaient dans toutes les entreprises chinoises.

« Assieds-toi, lui ordonna-t-elle. Tu n'as rien à me dire ? »

Avant même qu'ils aient entamé toute discussion, Sergio avait compris de quoi il retournait, mais n'étant pas prêt à faire plus de révélations qu'il n'en fallait, il attendit. Pour la première fois, il éprouva ce que ses amis de l'hôtel lui avaient souvent décrit sans qu'il leur accorde le moindre crédit : la paranoïa, la conviction qu'ils étaient sur écoute. Non, leur avait-il dit quand ils en parlaient. Ce n'est pas possible : personne ne peut surveiller mille cinq cents étrangers qui s'expriment dans toutes les langues. Il pensait à cela quand sa tutrice commença à lui parler de Smilka. Elle ajouta son patronyme et le métier qu'exerçait son père et dit à Sergio qu'il était hors de question qu'elle revienne à l'hôtel.

« Tu devrais avoir honte, lui lança-t-elle d'un ton presque maternel. Son père est un calomniateur. Il a calomnié la révolution dans la presse. Il a calomnié notre président. »

Sergio essaya de dédramatiser la situation.

« Mais c'est une amie ! Elle n'est venue qu'une fois à l'hôtel, protesta-t-il.

– Non. Ça n'arrivera plus. Attends-moi ici. »

Il la vit sortir de l'usine. Il ignorait au juste combien de temps il était resté dans la salle de réunion, à observer le double menton généreux du président Mao. Quand Li réapparut, elle semblait traîner Marianella derrière elle. Sergio comprit que sa tutrice était allée la chercher à l'hôtel et lui avait expliqué toute l'histoire, mais qu'elle voulait qu'il soit là quand elle la semoncerait de nouveau pour sa négligence, ne pas avoir surveillé son frère ni ses mauvaises fréquentations. Elle ordonna au garçon de ne plus voir cette fille et accusa Marianella d'avoir manqué à son devoir de révolutionnaire. Quand cette dernière lui demanda quelle faute elle avait commise, Li répondit :

« Tu aurais dû dénoncer ton frère et tu ne l'as pas fait. Le Parti ne sait pas s'il peut encore avoir confiance en toi. »

XI

Pendant qu'ils traversaient le parc vers la rue Mallorca, s'éloignant de la Sagrada Familia, Sergio osa dire à son fils que la visite de la cathédrale l'avait déçu. L'édifice qu'ils avaient vu ne ressemblait en rien à celui qu'il gardait en mémoire, et il aurait parié que si Gaudí avait ressuscité, s'il s'était relevé de sa tombe, le corps couvert des hématomes et des cicatrices laissés par le tramway qui l'avait tué, il aurait été épouvanté – « Mais qu'ont-ils fait de mon église ? » se serait-il demandé – en voyant ce qu'était devenu le projet de sa vie. Sergio savait que dans son opinion pesait la nostalgie d'un souvenir de jeunesse, sa visite du monument en 1975, lorsqu'il avait pour la première fois séjourné dans le pays qui avait expulsé son père. Il regardait maintenant le lac, qui paraissait sorti tout droit d'une crèche de Noël, les vendeurs ambulants, les rues de l'Ensanche et leurs rangées interminables de platanes dispensant de la fraîcheur ; il regardait les innombrables touristes qui bloquaient l'entrée du lieu et gênaient la marche des passants, moins des individus que de grands troupeaux parqués dans des autocars gigantesques dont l'ombre des contours rectangulaires se projetait sur le trottoir.

« J'en avais conservé une autre image », expliqua Sergio.

En 1975, âgé de vingt-cinq ans, il se rappelait s'être promené dans les rues étroites du quartier et avoir découvert la cathédrale au détour de l'une d'elles, une silhouette qui ne ressemblait à rien de ce qu'il avait vu jusqu'alors. Le ciel était limpide, aussi dégagé qu'à présent, ce qui ne les incitait guère à s'engouffrer dans le métro ni même à héler un taxi. Ils devaient cependant regagner l'hôtel, trouver un restaurant où déjeuner – et pas n'importe lequel, car il s'agissait de célébrer leurs retrouvailles dans cette ville, un père et un fils parlant de tout et de rien –, puis se reposer quelques heures avant la séance du début de soirée à la cinémathèque. L'odeur de la pluie s'attardait encore dans la rue Mallorca, de même que celle qui émanait des arbres après une averse, et Raúl n'arrêtait pas de poser des questions sur son grand-père ; en lui répondant, Sergio prenait conscience d'avoir beaucoup parlé de Fausto de son vivant et souvent raconté les histoires fabuleuses de sa vie peu commune, et il lui semblait étrange de continuer à le faire une fois cette existence interrompue. Ils atteignirent le Paseo de Gracia et prirent la direction de la place de Catalogne en évoquant Domingo, le père de Fausto et garde du corps de l'oncle Felipe ; Josefina Bosch, son épouse catalane ; le chien Pilón, qui avait peur des bombes.

« Et où vivait papi ? Où habitait-il avec sa famille ? » demanda Raúl quand ils furent près de la place.

Sergio lui avoua qu'il l'ignorait ; sans doute dans un des quartiers bombardés par les Italiens, car ils avaient failli y passer, mais Fausto ne lui avait jamais révélé l'emplacement exact de leur appartement à Barcelone.

« Il disait que depuis leur logement on voyait Montjuïc, mais il ne se rappelait rien d'autre, ce qui est normal car même s'il avait quatorze ans, c'était encore un enfant. Les bombardements remontent à 1938, je crois. »

Puis il y vit plus clair dans ses souvenirs et poursuivit :

« Mais j'ai connu quelqu'un qui avait traversé le pire de cette période. En fait, je l'ai à peine fréquenté, ta tante le voyait plus que moi parce que c'était le père de son petit ami, en Chine. Sa vie a été bouleversée, comme celle de papi. Le genre d'existences qui illustrent une histoire plus vaste, si tu vois ce que je veux dire. Mais plus que raconter une histoire, elles sont entraînées par l'Histoire. Je pense parfois que c'est pour ça que Marianella et ce garçon se sont rapprochés : avoir des parents qui ont vécu ces choses-là, ça marque. Bien entendu, on ne s'en rend sans doute pas compte à quatorze ans. C'était l'âge de ta tante quand elle a rencontré Carl Crook, et moi j'en avais seize et Carl dix-sept. Que savions-nous de la vie ? Nous vivions seuls dans un hôtel, nous allions et venions à notre guise, ce qui nous donnait l'impression de tout maîtriser. C'était pourtant loin d'être le cas. »

David Crook avait été là, dans une Barcelone ébranlée par la guerre, en 1938. Sa longue silhouette dégingandée avait emprunté ces rues. Sergio n'avait tout à coup aucun mal à l'imaginer descendre le Paseo de Gracia et marcher sur cette place : un Anglais luttant comme tant d'autres pendant la guerre civile. Toute cette génération avait assisté au soulèvement franquiste, avait vu ce qui se passait dans le reste de l'Europe, et elle en était arrivée à la conclusion que la victoire ou la défaite contre le fascisme dépendrait du sort que connaîtrait la République. David avait vingt-six ans au début du conflit et il lui avait paru évident qu'il devait y participer. Comment aurait-il pu savoir que cela changerait sa vie ? Sergio s'étonnait d'en savoir maintenant autant alors qu'à l'époque de leur adolescence, David Crook était presque un inconnu pour lui. Il s'étonnait de n'avoir rien su quand il vivait en Chine et qu'il voyait les Crook une fois par semaine, qu'il voyait Michael et Paul, les entendait parler de David, l'aventurier, et d'Isabel, la femme courageuse, fille de missionnaires ; au fil des années il s'était informé de l'histoire de cette famille en discutant avec Carl et Marianella, en lisant les mémoires que David avait écrits et publiés dans ses vieux jours. On apprend beaucoup en un demi-siècle, mais il était singulier que cela ne refasse surface qu'à présent. Se pouvait-il que sa simple présence à Barcelone, la banale concomitance géographique d'un corps et d'une ville, permette un retour vers le passé ? Non, c'était plus complexe que cela. *Ce sera en fait une vraie rétrospective*, avait-il dit au directeur de la cinémathèque, loin de s'imaginer le soin que mettrait sa mémoire à lui rappeler les personnes disparues, leurs histoires et leurs mots. S'il avait pu lire dans ses pensées, son père en aurait profité pour réciter Machado (*Le chemin se fait en marchant, et quand on tourne les yeux en arrière* [...]), et il se demandait s'il était dans cette situation, s'il regardait le sentier qu'il ne foulerait jamais plus. Quand on est le fils de Fausto Cabrera, la poésie se glisse en vous aux moments les plus inattendus. Il n'y avait rien qu'il puisse faire pour y échapper.

L'été 1936, David Crook assista à Oxford à une conférence où un Espagnol faisait un discours passionné sur le soulèvement franquiste ; en octobre, alors qu'il travaillait pour une revue étudiante de gauche, il rencontra un poète communiste qui se présenta à la rédaction la tête bandée : il venait d'être blessé en Espagne et était revenu en Angleterre pour recruter des combattants. À l'époque, sir Oswald Mosley, l'aristocrate qui avait fondé l'Union britannique des fascistes, négociait des accords commerciaux avec Hitler et se faisait photographier aux côtés de Mussolini, organisa avec ses Chemises noires une marche antisémite dans l'East End. David était juif, et en outre, l'East End avait été le quartier de son père avant qu'il ait suffisamment d'argent pour déménager dans un quartier de goys et amorcer la lente gentrification de sa famille. Il rejoignit donc la foule qui protestait contre les fascistes et hurla un slogan inspiré des républicains espagnols, dont les consonances lui emplirent la bouche sans qu'il en comprenne le sens : « *No pasarán !* »

Son père, un fils d'immigrants de la Russie tsariste, avait amassé une modeste fortune en vendant des fourrures aux soldats qui luttaient sur le front russe lors de la Grande Guerre, mais il fut ruiné par la dépression à la fin du conflit. David eut néanmoins une enfance privilégiée à Hampstead Heath, un quartier de goys, avec une préceptrice et trois servantes, un parc qui cachait un court de tennis. En d'autres temps, Karl Marx avait arpenté cette zone de la ville pour aller pique-niquer le dimanche avec ses proches. En mars 1929, David arriva à New York dans l'intention d'y faire des études, comme un aristocrate britannique, mais sept mois plus tard, lorsque le krach boursier éclata, son univers connut un tournant radical. Pendant des années il vit la faim sur le visage des gens, les queues pour acheter du pain et les désespérés qui vendaient des pommes à chaque coin de rue ; il lava des peaux et poussa les charrettes des fourreurs des quartiers juifs, après quoi une lente transformation s'opéra en lui, faite de lectures et de rencontres fortuites, et quand il adhéra à la Ligue des jeunes communistes, il s'étonna de ne pas y avoir songé plus tôt. Il regagna Londres ainsi métamorphosé, participa aux manifestations antifascistes et se présenta à la fin de l'année au siège du Parti communiste, à Covent Garden, pour s'inscrire au bureau de recrutement des Brigades internationales.

Mais s'enrôler ne fut pas aussi simple qu'il l'avait cru. Pour la personne chargée de recruter les troupes, un jeune homme d'origine prolétaire, David n'était qu'un bourgeois aventureux, or le Parti faisait de gros efforts pour envoyer des hommes expérimentés : même si beaucoup ne s'en apercevaient que sur le tard, c'était une vraie guerre. Quand il apprit que les brigadistes partaient de Paris, David mit les boutons de manchette de sa bar-mitsvah au clou dans une friperie de Regent Street et, le 2 janvier 1937, il pénétrait en territoire espagnol depuis Perpignan. Il passa quelques semaines à Barcelone, puis fut affecté au quartier général des Brigades internationales d'Albacete, où il s'entraîna plusieurs semaines au maniement du fusil-mitrailleur Lewis Mark, un vieil engin qui avait connu des jours meilleurs pendant la Grande Guerre, puis la révolution d'Octobre. Au début de février, au moment où le gouvernement républicain décrétait l'égalité entre les hommes et les femmes, il fut blessé.

Sa compagnie avait été informée que les fascistes allaient couper la route entre Valence et Madrid, espérant bloquer celle qui menait à Barcelone. Cela aurait été une catastrophe pour le camp républicain, et les brigadistes se rendirent dans cette zone afin d'apporter des renforts aux hommes qui tentaient de s'y opposer. Quand les avions passèrent, tout le monde était prêt sauf David, surpris par les rafales alors qu'il se soulageait dans les buissons. Il songea qu'il allait mourir là, le pantalon baissé, sans avoir eu le temps d'agir pour changer le monde. Il eut la chance d'être accompagné de Sam Wild, un camarade ouvrier beaucoup plus habile que lui, et se posta avec lui en haut de la colline pour en assurer la défense, car il avait cru comprendre que c'était décisif. Ils ne virent pas l'ennemi mais quelqu'un cria en anglais :

« Voilà les *moros*[1] ! »

Après des heures de combat qui firent plusieurs victimes parmi les brigadistes et bien davantage chez les franquistes, David et Sam entendirent l'ordre de battre en retraite et rampèrent de l'autre côté de la colline, ramassant en chemin des fusils abandonnés et une caisse de munitions. Ils eurent alors l'impression qu'une forme bougeait non loin d'eux. Avant qu'ils aient le temps de se cacher, une rafale sortit de nulle part, une balle toucha Sam, deux se logèrent dans la jambe de David et une autre pulvérisa sa gourde.

L'obscurité le protégea. Trente ans plus tard, en discutant de cela avec Marianella dans son appartement, à Pékin, sa voix se brisait quand il évoquait la lune de cette fameuse nuit, qu'il décrivait comme s'il la voyait par la fenêtre : une lune en forme de faucille suspendue dans le ciel limpide, dont les lueurs timides parvenaient cependant à éclairer les corps des morts. À l'aube, après avoir sombré dans un état de semi-inconscience, étendu sur le sol dur de la colline, il entendit les brancardiers qui venaient le chercher : son ami Sam était arrivé jusqu'au front pour prévenir les autres. Une ambulance le transporta à Madrid ; dans la journée, tandis qu'il partait, la cuisse déchirée par le plomb et redoutant d'être amputé, la bataille du Jarama commença. Elle dura vingt jours, soixante mille combattants y participèrent et deux mille cinq cents brigadistes y furent tués. Sa blessure sur la colline – qu'on appela par la suite la Colline des suicidés – lui avait sauvé la vie. Les deux tiers de ses camarades moururent alors qu'ils étaient pour la plupart mieux entraînés que lui. Plus

1. Marocains du Rif enrôlés de force par Franco après son putsch, pour abattre la République.

tard, il se dit que s'il avait dû aller au front il n'aurait probablement pas survécu.

Sa convalescence à Madrid eut son utilité. Il lut Dickens et Jack London, et aussi *Souvenirs sur Lénine*, de Nadejda Kroupskaïa, dans lequel il fut surpris de découvrir la bonne opinion que le leader avait de Trotski. Quelqu'un lui parla de l'hôtel Gran Vía, où les journalistes de langue anglaise se réunissaient pour déjeuner ou dîner, et dès qu'il fut en mesure de se déplacer – avec des béquilles, évidemment –, il s'y rendit, davantage en quête d'une conversation dans sa langue que d'un repas. Dans la salle de restaurant en sous-sol, il fit la connaissance de Martha Gellhorn et d'Ernest Hemingway, avec qui il passa une après-midi dans sa chambre, située dans les étages élevés, à boire du vin et à philosopher sur la guerre pendant que les obus sifflaient. Il rencontra Stephen Spender, qui lui sembla illustrer parfaitement la définition de l'intellectuel insupportable d'Oxford, et une journaliste canadienne dont il tomba immédiatement amoureux. Elle habitait avec des compatriotes dans le centre de transfusion sanguine dirigé par Norman Bethune, le médecin qui avait conçu un système pour stocker les dons du sang à Madrid et les transporter dans des unités mobiles sur la ligne de front. David était donc là, à vivre une idylle en pleine guerre, quand un Français qui l'entendit un soir dire du mal de Trotski l'aborda et lui demanda à voix basse s'il serait prêt à se charger d'une mission particulière.

« C'est pour le mouvement, précisa-t-il.

– Dans ce cas, je ferai ce qu'on me demande », répondit David.

On lui donna rendez-vous à l'hôtel Palace avec deux camarades soviétiques, puis au Gaylord's, et de nouveau au Palace, jusqu'à ce qu'on soit sûr de sa fiabilité. Pour sa part, David n'avait jamais douté des Soviétiques : il était clair que la France et la Grande-Bretagne avaient tourné le dos à l'Espagne en se retranchant derrière le principe lâche de non-intervention, alors que Moscou avait su reconnaître l'importance du moment. On avait combattu dans la vallée du Jarama avec des missiles soviétiques, et les techniciens qui étaient allés sur le front républicain pour apprendre aux Espagnols à se servir des tanks fabriqués en URSS étaient soviétiques, de sorte que pour eux David aurait accompli n'importe quelle mission. Mais ils étaient réticents et prirent congé de lui sur une courte phrase :

« Nous vous contacterons le moment venu. »

De retour dans son bataillon, il apprit la mort de Sam Wild, dont la jambe blessée s'était gangrénée, et se vit dans son destin comme dans un miroir. Pendant sa convalescence, il avait eu le temps de réfléchir : il avait pensé à la journaliste canadienne dont il s'était épris, avait brièvement envisagé de se retirer de cette guerre et d'aller vivre avec elle ; il eut honte de son égoïsme. Dans le grand tableau de la défaite du fascisme et du succès de la révolution socialiste, la mort d'un individu n'était pas une tragédie, mais la condition indispensable pour remporter la victoire. En avril, on l'envoya à Albacete, dans une école d'entraînement où il apprit les tactiques de l'infanterie et la lecture des cartes tout en nettoyant les latrines, puis à Valence, où le consul de l'URSS lui donna des instructions devant une paella. C'était la mission qu'il attendait. Il reçut ses ordres et son argent et, le 27 avril, il arriva à Barcelone, une ville en pleine commotion.

« Ils l'ont accueilli dans un hôtel du paseo de Gracia », dit Sergio.

Ils se trouvaient devant le café Zurich, où les touristes prenaient le soleil de midi. Il agita vaguement une main vers l'autre côté de la place.

« À Barcelone, les républicains étaient divisés, et à l'hôtel, David s'est assis face à six individus qui discutaient en trois langues de la mission qu'ils allaient lui confier, et qui lui expliquèrent que les ordres venaient directement du KGB.

– Et qu'est-ce qu'il devait faire ? demanda Raúl.

– Espionner le POUM. »

Le Parti ouvrier d'unification marxiste avait la réputation d'être un nid de trotskistes et était devenu pendant la guerre une formidable force antistalinienne. David comprit ou admit que cette réalité, outre leur alliance avec les anarchistes, représentait une menace pour la victoire des républicains. Le POUM était également soutenu par le Parti travailliste indépendant britannique, dont les membres se réunissaient à l'hôtel Continental, sur les Ramblas.

« C'est là que vous entrez en scène », dit-on à David.

Il y prit une chambre. Il devait se présenter comme le correspondant d'un hebdomadaire britannique, se lier avec les trotskistes et les travaillistes et informer les Soviétiques de leurs activités et contacts.

« Viens, je vais te le montrer », proposa Sergio.

Ils traversèrent la rue, contournèrent la station de métro et passèrent devant la fontaine de Canaletas, puis Sergio pressa brusquement le pas, et quand il s'arrêta quelques mètres plus bas, ils étaient devant l'hôtel Continental. La porte étroite, la marquise en fer forgé et verre blanc et les balcons modestes présentaient un contraste par rapport aux autres constructions de la Rambla, avec leurs boutiques de luxe et leurs éclairages dorés. Le Continental semblait faire partie d'une autre ville, plus franche et moins ostentatoire, une ville disparue. Ils traversèrent et pénétrèrent dans le hall, où un lustre trop imposant était suspendu, donnant l'impression que l'immeuble qui l'entourait avait mystérieusement rapetissé.

« C'est donc là qu'il était. David Crook a dormi ici.

– Peut-être pas ici précisément, dit Raúl.

– Non, bien sûr. Ce n'était pas le même hall, mais imagine, imagine-le entrer depuis les Ramblas, dans une ville en guerre, dans cet endroit qui était pour les Anglais une sorte de QG. Il y avait du passage, les camarades se saluaient et se communiquaient de bonnes et de mauvaises nouvelles. »

Parmi les clients, il avait remarqué un homme grand et dégingandé, un écrivain qui paraissait suspect aux camarades, qui savaient que son nom, George Orwell, n'était pas son vrai patronyme. David le voyait aller et venir avec son épouse, Eileen Blair, et, tout en prenant note de leurs faits et gestes, il commença à fréquenter les bureaux des travaillistes. En plusieurs jours à peine, il avait déjà profité de l'heure de la sieste pour leur dérober des documents, les photographier et les remettre à leur place sans que personne remarque rien. À la mi-mai, la police arrêta un groupe de poumistes, en particulier Georges Kopp, un militaire belge qui avait embrassé la cause, ainsi que la femme d'Orwell. Les Soviétiques virent là une occasion à ne pas rater et arrêtèrent David, dont la mission en prison était d'obtenir des détenus tous les renseignements possibles.

« Dans sa cellule, il passait ses journées à essayer d'entendre des choses intéressantes, poursuivit Sergio. Il a parlé à Kopp, qui n'a rien lâché, puis à Eileen Blair, surpris de constater qu'une femme aussi sympathique ait pu à ce point se tromper dans ses engagements politiques. Il a été libéré neuf jours plus tard et il est revenu ici, au Continental, pour observer Orwell de loin pendant qu'à l'extérieur, dans la ville, les gens avaient commencé à s'entretuer. Ici même, sur la place de Catalogne. Et David est de nouveau intervenu. »

Les anarchistes avaient occupé l'immeuble de Telefónica et mettaient les communistes et les membres du gouvernement républicain sur écoute, ou bien coupaient leurs communications. Quand le gouvernement voulut récupérer l'immeuble, une véritable bataille éclata sur la place entre les deux camps, et quelques heures plus tard, les rues de Barcelone devinrent le théâtre d'affrontements qui auraient pu passer pour des bagarres d'ivrognes s'il n'y avait pas eu de barricades ni de morts dans les rues. Après ces journées de violence, un Autrichien dénommé Landau, chef des anarchistes au niveau international, avait profité des troubles pour se volatiliser. David l'avait rencontré : c'était un homme blond sympathique et cultivé, qui aurait pu en d'autres circonstances être un véritable ami, et pas uniquement son objectif ou sa proie. Le retrouver était la grande priorité des Soviétiques. David ne sut jamais réellement pourquoi il était si important, mais du jour au lendemain, il reprit contact avec les anarchistes dont il avait gagné la confiance en prison pour obtenir le numéro de téléphone du disparu.

Ce ne fut guère difficile. Avec l'aide de la centrale de communications et une fois en possession du numéro, les Soviétiques trouvèrent l'adresse de leur victime, une demeure luxueuse dans le quartier de leur consulat. Il ne leur manquait que quelqu'un pour l'identifier. David découvrit que l'après-midi Landau sortait lire dans le jardin, bien en vue des piétons, et décida de faire la chose suivante : avec une espionne, ils se promenèrent main dans la main, feignant d'être un couple, et passèrent devant la maison. Il y vit Landau, qu'il reconnut aussitôt. Quelques jours plus tard, l'homme avait disparu. Lorsque David demanda ce qui lui était arrivé, son supérieur lui fournit une explication prévisible : ils l'avaient enlevé et enfermé dans un des bateaux soviétiques qui ravitaillaient les républicains en vivres. On n'eut plus jamais de ses nouvelles.

« À cette époque-là, David n'avait aucun doute et croyait dur comme fer que les antistaliniens étaient l'ennemi, enchaîna Sergio. Il mit des années à se rendre compte que tout n'était pas comme il l'imaginait. »

L'année suivante, David fut témoin de la lente défaite de la République, tantôt à peine perceptible – pareille à l'eau se retirant du rivage –, tantôt le frappant avec dureté, comme lorsqu'il apprit que les nationalistes étaient entrés dans Bilbao ou que les évêques espagnols, dans une lettre ouverte, se déclaraient favorables à Franco et qualifiaient le putsch de « croisade ». Le POUM fut démantelé et son chef, Andreu Nin, capturé et emprisonné. Les forces de l'ordre commencèrent à persécuter ses membres à Barcelone ; entre-temps David poursuivait son travail d'espion en accomplissant des missions presque toujours mineures, et ses convictions staliniennes s'affermirent, car il était clair à ses yeux que l'engagement de l'Union soviétique était la seule façon de sauver la République. C'est à cette époque qu'il découvrit le livre d'un certain Edgar Snow, *Étoile rouge sur la Chine*, traitant de la révolution en marche dans ce pays lointain. Ce fut une véritable révélation : pendant des jours, quand il se déplaçait dans Barcelone, il rêvait éveillé d'un homme appelé Mao Zedong et de sa Longue Marche communiste avec les vingt-trois héros qui affrontent l'ennemi sur le pont de fer. Des événements cruciaux se déroulaient là-bas, pensa-t-il, tandis qu'en Espagne les perspectives n'étaient guère stimulantes : les républicains avaient perdu Saragosse ; le Nord était tombé aux mains des nationalistes. Un jour, sur les Ramblas, David vit Sam Wild, le camarade avec qui il était la veille de la bataille du Jarama. Il crut que c'était le fruit d'une hallucination, mais Sam le reconnut lui aussi. On avait annoncé sa mort par erreur et David s'en réjouit, mais les liens étaient rompus, l'espion qu'il était ayant porté trop de masques pour s'exprimer désormais avec sincérité.

Les mois passèrent. En mars 1938, alors que les avions italiens bombardaient Barcelone, David fut convoqué rue Muntaner, dans la planque où les Soviétiques avaient établi leurs services de renseignement. C'était un soir pluvieux. Sans lui laisser le temps de s'asseoir, ils l'emmenèrent dans une limousine garée de l'autre côté de la rue et roulèrent sans but précis dans la ville déserte, les Russes bedonnants le félicitant pour le travail qu'il avait réalisé jusque-là.

« Vous n'aimeriez pas continuer votre travail à Shanghai ? » lui proposa l'un d'eux à l'instant où ils atteignaient le carrefour de la rue Mallorca.

Ces agents soviétiques ne pouvaient évidemment pas savoir qu'il avait lu le livre d'Edgar Snow et pensait souvent à la capitale communiste de Yan'an, mais la voiture n'avait pas parcouru cent mètres qu'il avait déjà accepté. En mai, il arriva à Paris, où il apprit le russe en quelques semaines à l'école Berlitz avant de se rendre à Moscou. Sa joie à l'idée de visiter la ville de ses passions idéologiques fut de courte durée : les plans avaient changé pour des motifs qu'on ne lui expliqua pas, il devait partir plus tard que prévu et ne gagnerait pas la Chine en traversant l'Union soviétique, mais par bateau depuis Marseille. Il eut le temps de retourner à Londres pour dire adieu à sa famille, et fut ravi d'avoir pu passer un moment auprès de ses proches – même s'il ne leur avoua pas les raisons qui l'envoyaient au bout du monde –, car il ne devait plus revoir sa mère. Elle mourut peu après à l'âge de cinquante-six ans, persuadée que son fils avait été engagé en Chine pour enseigner la littérature à l'université anglicane St. John.

Il débarqua donc à Shanghai en tant qu'agent au service de l'Union soviétique. Sa première mission consista à espionner Frank Glass, un journaliste intelligent, sympathique et érudit, admirateur de Trotski et antistalinien convaincu, qui se réunissait avec ses collègues dans un *pub* pour Occidentaux que tous désignaient sous le nom de la rue où il se trouvait : Blood Alley. Avec le temps David prit conscience que cette époque où il résidait au foyer YMCA, effectuant un travail d'espion sous la fausse identité d'un professeur de littérature, n'avaient été que l'accident qui lui avait permis de découvrir sa vraie vie. Avoir lu Malraux et Pearl Buck ne suffisait même pas à avoir un petit aperçu du pays qu'il avait sous les yeux. Glass en profita pour l'instruire. Il lui suggéra d'écrire un article sur les ressemblances entre la Chine et l'Espagne ; David accepta, essentiellement pour conserver sa couverture, mais ce faisant il s'aperçut ou crut s'apercevoir que la Chine, en pleine guerre contre le Japon, n'était pas si différente de la République espagnole : toutes deux subissaient d'amers revers infligés par des agresseurs fascistes tandis que le reste du monde paraissait regarder ailleurs. Conseillé (ou endoctriné) par Glass, il lut les écrits antistaliniens d'Arthur Koestler et les témoignages d'espions soviétiques rebelles ou déçus. Dans son quotidien il se rapprocha de la Chine et s'éloigna de l'URSS, ce dont ses responsables se rendirent probablement compte car un jour, en arrivant à la maison de la concession française où il présentait ses rapports, il la trouva déserte. Les Russes étaient partis, ils l'avaient abandonné. Il n'en connut jamais la raison.

Sans son salaire d'espion, il se retrouva brusquement dans une situation précaire. Il demanda une augmentation ; le recteur de l'université St. John était d'accord à condition qu'il rejoigne la mission.

« Je crains que ça ne soit impossible, car vous savez, je suis athée », répondit David.

Il chercha d'autres solutions, accepta un deuxième poste à l'université de Suzhou, dans un quartier de la ville qui devenait une zone de prostitution la nuit venue. Au bout de quelques mois se présenta l'occasion qu'il attendait, un poste à l'université de Nankin, dans les terres, grâce auquel il allait enfin pouvoir quitter la ville pleine d'artifices qu'était Shanghai et s'aventurer dans la vraie Chine. Quand l'université St. John lui proposa un cours d'été, il songea qu'il serait bon de faire des économies pour se rendre à Nankin, et prépara en quelques jours à peine un séminaire sur la littérature satirique. Il parla à ses élèves d'Aristophane, de Rabelais et de *Don Quichotte*, et supporta les plaintes des plus puritains, qui lui demandaient, alors qu'il parlait de *Gargantua* et de *Pantagruel*, si ces lectures étaient obligatoires et s'il fallait vraiment que ces livres soient aussi vulgaires.

David s'installa à Nankin à la fin de l'été. C'étaient des jours étranges : chaque matin, à onze heures trente, les Japonais bombardaient la zone avec une ponctualité telle que l'université avait conçu un système d'alarmes pour prévenir la population une heure et demie avant. Les cours étaient dispensés en fonction des bombes, ce qui n'était guère plus arbitraire que n'importe quelle autre routine. David commença à assister aux réunions d'un groupe d'étude qui lui enseignait les réalités chinoises, et apprit par la suite que certains membres étaient affiliés au Parti communiste. Il apprit aussi que Norman Bethune, le médecin au service des républicains de Madrid, était arrivé dans la province du Shanxi au début de l'année 1938 ; il s'était uni aux communistes dirigés par Mao, mais à la fin de 1939, il s'était coupé un doigt en opérant un soldat et avait succombé à une septicémie à Yan'an. David envisagea d'aller voir ce qui se passait là-bas, mais tous ses amis lui conseillèrent de ne pas bouger : le blocus du Kuomintang, le Parti nationaliste chinois, était incontournable, c'était un voyage suicidaire.

Il resta donc à l'université. Un soir, il corrigeait des copies quand Julia Brown, la fille de missionnaires canadiens et sa collègue au département d'anglais, entra dans son bureau.

« Tu as changé de coiffure », lui fit-il remarquer.

Ce n'était pas Julia mais sa sœur Isabel, si belle qu'elle avait toujours de nombreux prétendants, mais avec beaucoup de caractère, de sorte que tous finissaient par renoncer à la conquérir. David s'acheta une bicyclette de seconde main juste pour aller se promener avec elle, et l'été 1941, avec quatre amis, ils partirent dans les montagnes et gagnèrent le Xikang en suivant un trajet qui épousait sur plusieurs kilomètres le parcours de la Longue Marche de Mao. Le voyage dura six jours. Ils parlèrent de la religion juive, que David n'avait pas embrassée, et du christianisme qu'Isabel commençait à remettre en question. Elle était née dans le Sichuan de parents occidentaux, et en six jours de marche à ses côtés sur des sentiers de montagne, elle le guida dans les labyrinthes de la mentalité chinoise mieux qu'aucune des personnes qu'il avait rencontrées au cours de ces trois ans. Quand ils rentrèrent, David se rasa et alla la trouver pour la demander en mariage. Il lui sembla toujours incroyable qu'elle lui ait répondu oui.

Raúl déclara qu'il allait descendre les Ramblas à pied, jusqu'à la statue de Christophe Colomb, pour voir comment la mer entrait dans Barcelone. Sergio monta dans sa chambre en espérant prendre un peu de repos, car d'ici une demi-heure on viendrait le chercher pour une interview à la radio, mais au lieu de fermer les yeux et d'essayer de faire la sieste que son corps lui réclamait, il utilisa la connexion internet et appela Marianella. Il était un peu plus de neuf heures à Bogotá, sa sœur travaillait depuis déjà trois heures. Elle mettait en place un vieux projet, une méthode pour apprendre le chinois. Sergio était enthousiasmé par cette idée et ils en discutèrent longuement, puis elle voulut savoir comment se passait son séjour en Espagne, s'il était content d'avoir retrouvé Raúl et satisfait de la rétrospective.

« On a parlé des Crook. Ces derniers jours sont été bizarres, tu sais. J'ai beaucoup pensé à papa, bien sûr, et puis j'ai fini par raconter l'histoire de David Crook à Raúl. Je n'aurais jamais imaginé faire ça ici, enfin... je veux dire que je ne suis pas ici pour ça, mais pour montrer mes films et voir mon fils, pas pour ça. Pas pour parler de choses qui sont arrivées il y a quatre-vingts ans à un homme qu'on a rencontré il y a un demi-siècle. Je ne suis pas venu pour parler de tout ce qui dérange, tous ces sujets que tu n'aimes pas aborder. Mais voilà. Papa vient de mourir, Raúl est avec moi et pose des questions, alors comment pourrais-je ne pas y répondre, hein ? Ce soir, on va voir *Stade en grève*, par exemple. Il va encore m'interroger, c'est certain. Moi je n'ai jamais eu peur de ça, tu le sais, mais il y a des choses qu'on préfère oublier, n'est-ce pas ?

– Ne me dis pas ça à moi, qui ai passé ma vie à essayer de le faire », conclut Marianella avant de raccrocher.

Après avoir joint sa sœur, il consulta WhatsApp et chercha la conversation qu'il avait eue avec Silvia.

Il écrivit :

Mon insistance à retrouver ton amour me met mal à l'aise. Ce n'est pas mon genre et tu le sais mieux que quiconque. J'ai l'impression de t'obliger à agir contre tes émotions et ça ne me semble pas correct. Même si je suis conscient, tu m'as prévenu l'autre soir, que tu pourrais me dire d'oublier mes désirs de reconquête et de romantisme, j'ai le sentiment d'avancer dans le noir. Heureusement, tu ne m'as rien demandé de tel, parce qu'il est vrai que je suis prêt à m'armer de patience, mais il est tout aussi vrai que j'ai besoin de la tienne pour que chaque jour, chaque nuit, chaque seconde, chaque mot puissent jouer en ma faveur.

Et aussi :

J'espère ne pas t'importuner. Je veux que tu saches que tout ce que je fais, je le fais avec l'émotion qui me reste. Si mes tentatives de te reconquérir échouent, je ne veux pas avoir le regret de ne pas m'être montré assez convaincant, agressif, dramatique, bref de ne pas avoir tout essayé avant de capituler. Mais si je ne suis pas insistant, qui le sera à ma place ?

Et encore :

Je veux que tu saches que parfois je perds espoir et je crois que je ne récupérerai jamais ton amour, tes caresses, tes attentions... Et d'autres fois je suis en colère et je pense que tout cela est injuste, que la punition infligée est disproportionnée par rapport à ma faute, et j'ai envie de te demander un rabais, comme si nous étions sur le marché de Paloquemao, à Bogotá, ou sur la route de la soie, à Pékin.

Puis il appuya sur *Send.*

XII

Les Crook revinrent de leur séjour dans le monde occidental à la fin de novembre, tous excepté David, qui profita d'être au Canada pour se rendre aux États-Unis, d'une côte à l'autre, avec pour objectif d'expliquer au monde capitaliste les merveilles qui avaient lieu en Chine. Ces dernières années, il avait été témoin de la collectivisation de l'agriculture, de la mort du féodalisme et de la naissance de la République populaire, et voulait porter la bonne nouvelle partout dans ce pays puissant qui avait tant besoin de réformes, si riche et si injuste, si civilisé et si sauvage.

« Personne ne comprend ce qui se passe ici, disait Carl à Marianella. Cela fait partie de notre mission d'expliquer au monde en quoi consiste la grande Révolution culturelle prolétarienne. »

Elle était entièrement d'accord avec lui, passa la fin de l'année entre l'hôtel de l'Amitié et l'appartement des Crook, à parler sans relâche de Mao Zedong et du *Petit Livre rouge*. Plus tard, lorsque David Crook rentra de son voyage de propagande, son admiration pour lui s'intensifiait au fil de leurs discussions.

David s'engagea immédiatement dans la lutte, mais il se plaignait de la situation au sein de l'Institut : les professeurs et les étudiants étaient divisés en factions rivales ; David et Isabel se trouvèrent dans l'obligation de choisir leur camp. Tous aspiraient à défendre la pensée de Mao mais avaient des ennemis différents.

« Nos ennemis nous définissent mieux que nos amis, affirmait David. Dis-moi qui t'attaque et je te dirai qui tu es. »

Un des groupes avait signalé et dénoncé les membres du Bataillon du drapeau rouge, que David connaissait bien, composé de camarades honnêtes et dévoués, dont ni lui ni Isabel ne remettaient la loyauté en cause, de sorte qu'il s'adressa à eux, ne serait-ce que pour satisfaire ses aspirations de justice, et leur demanda de l'intégrer dans leurs rangs. Ce fut plus difficile qu'en d'autres temps, les acteurs de la Révolution culturelle se montrant désormais méfiants vis-à-vis des étrangers. David trouva invraisemblable d'être considéré ainsi. Un étranger ? Lui qui vivait en Chine depuis vingt ans, dont les fils étaient nés dans ce pays, comme leur mère, lui qui avait œuvré pour la cause révolutionnaire et qui, quatre ans auparavant, quand le monde communiste avait été ébranlé par l'affrontement – un véritable schisme – entre Chinois et Soviétiques, s'était placé sans équivoque du côté de Mao ? Comment pouvait-on le taxer d'étranger ?

Il commença à militer au sein de ce bataillon, dénonça les Soviétiques pour lesquels il aurait donné sa vie à une autre époque ; il hurla des slogans dans la rue et récita le *Petit Livre rouge* ; composa des dazibaos en faveur du Vietnam et contre Liu Shaoqi. Il apporta sa contribution aux accusations lancées contre un ancien ouvrier devenu ministre et, sans trop savoir pourquoi on l'avait désigné ni ce qu'on lui reprochait, il suivit le courant. Lui-même trouvait son comportement incongru, car au fil des années il avait plutôt eu tendance à douter, à s'interroger et à s'informer avant de prendre une décision, surtout s'il s'agissait de s'engager dans la lutte. Le temps de la foi aveugle de sa jeunesse était loin. Entraîné par les émotions de l'action collective, il songea qu'il serait indigne ou déloyal de tergiverser au sujet d'événements qui ébranlaient le monde. Devant l'émergence d'une nouvelle culture, qui pouvait se plaindre que les jeunes gens commettent des excès dus à leur inexpérience ? Certes, il n'aimait guère les haut-parleurs qui crachaient toute la nuit les dernières instructions de Mao, mais seul un vieux bourgeois pouvait en vouloir à la révolution parce qu'elle troublait son sommeil. Or lui, à cinquante-sept ans, n'était pas ainsi fait et avait encore de nombreux combats à livrer.

Entre-temps, le travail à l'usine de Sergio avait pris fin. De nouveau réunis à l'hôtel de l'Amitié, lui et sa sœur se demandaient s'il n'y aurait pas de postes de travailleurs prolétariens auxquels ils pourraient tous deux être affectés, car Marianella n'avait pas l'intention de rester les bras croisés. Leur déception fut grande : l'association n'avait rien à leur proposer et Sergio eut l'impression que personne ne faisait beaucoup d'efforts pour qu'il en aille autrement. Après tout, deux jeunes étrangers, enfants d'un spécialiste absent et confortablement installés dans les chambres d'un hôtel cinq étoiles, étaient le cadet de leurs soucis. La seule réponse qu'on leur fournit consista à leur recommander de ne pas sortir, car dans la ville, les Occidentaux étaient poursuivis et harcelés par les gardes rouges. Sergio tenta en vain de leur rappeler que sa sœur et lui avaient été membres d'une de ces organisations, et l'étaient peut-être encore, et que personne ne leur avait expressément demandé de ne pas continuer à militer.

« C'est vrai, mais il faudrait le leur expliquer, leur dit un camarade. Or les gardes rouges ne sont pas du genre à écouter patiemment des explications. »

Il avait raison. Sergio et Marianella durent donc vivre une autre période d'oisiveté forcée, mais cette fois, contrairement à ce qui s'était passé à l'hôtel de la Paix, ils n'étaient pas seuls : les écoles ayant fermé pendant les troubles de la Révolution culturelle, tous les garçons et les filles de ce lieu réservé aux Occidentaux étaient désœuvrés, et leurs parents furent obligés d'improviser une école dans une des salles de conférences. Ils l'appelèrent Bethune-Yenan. Les professeurs qui y enseignaient étaient des philologues, des historiens, des philosophes. Il y avait même un mathématicien. Ces adultes étaient restés sans activité dès le début de la Révolution culturelle, et il leur fut facile de se répartir les différentes matières afin que l'éducation de leurs enfants se poursuive, comme s'il s'agissait d'une mesure d'urgence au beau milieu d'une pandémie. L'un d'eux, l'historien colombien Gustavo Vargas, s'appropria durant quelques jours une des salles de l'hôtel pour organiser une exposition sur l'Armée de libération nationale, la guérilla où le prêtre Camilo Torres avait trouvé la mort. Marianella s'y rendit avec curiosité sans faire le moindre commentaire, songeant cependant que l'ELN avait déjà choisi son camp, qui n'était pas celui de Mao Zedong. Plus tard, en discutant avec les Crook, elle parla de l'école et mentionna son nom. Isabel en fit part à David, qui afficha un sourire flottant, comme perdu dans un souvenir. Marianella passa ensuite une soirée mémorable : Isabel lui apprit à tricoter et David lui raconta des anecdotes, les Crook fêtèrent leurs quinze ans de mariage devant des raviolis à la viande, Carl l'embrassa, il lui dit qu'il l'aimait et elle lui répondit que c'était réciproque.

Peu à peu, les jeunes élèves de l'école Bethune-Yenan, tous occidentaux, tous résidents à l'hôtel de la Paix, décidèrent d'aller plus loin dans leur engagement politique et fondèrent le Régiment rebelle, une organisation de gardes rouges d'origine étrangère, tous vêtus de vert, tous avec des brassards rouges aux lumineuses lettres jaunes, placés sous l'autorité des pères de famille les plus radicaux et les plus solidaires de la cause. Bien entendu, David Crook était l'un d'entre eux. Avec ou sans lui, les jeunes gens du Régiment rebelle se réunissaient dans une salle que l'hôtel avait mise à leur disposition sans poser de questions, un réduit sombre, mais équipé d'une polycopieuse leur permettant d'imprimer leurs tracts révolutionnaires. Le régiment s'y retrouvait pour envisager l'avenir, écouter de la musique et avoir de longues discussions idéologiques où Marianella était plus virulente que son petit ami. Un jour, Carl fut cependant désigné pour représenter le groupe dans un événement massif de soutien à la Révolution culturelle. Ils écrivirent ensemble un discours condamnant Liu Shaoqi et appelant à son renvoi ; ils le traitaient de traître, de contre-révolutionnaire et de scorie capitaliste, l'accusaient de s'être allié à Deng Xiaoping dans le but de faire échouer la République populaire. Carl prononça son discours en plein air, dans un stade où dix mille personnes crièrent, applaudirent et sifflèrent dès qu'il prononçait les noms de leurs ennemis, et Marianella, à quelques mètres du micro, ne fut jamais plus amoureuse de lui ni plus fière de son régiment qu'à ce moment-là.

À l'époque, le salon de l'hôtel de l'Amitié fut le théâtre d'une grande discussion. Les feux de circulation étaient au cœur du conflit. Ils avaient changé sur une décision des gardes rouges, or le Régiment rebelle n'avait pas l'intention de rester à l'écart. Le rouge, symbole des gardes et de la révolution et à leurs yeux synonyme de progrès, ne pouvait pas continuer d'être la couleur indiquant aux gens de s'arrêter. Dorénavant, le rouge signifierait qu'il fallait avancer, et inversement, le vert serait le signal pour s'immobiliser. Les groupes de gardes se répartirent les rues armés de tournevis afin de procéder aux changements nécessaires. Quand il s'ennuyait, Sergio sortait et allait jusqu'à un carrefour pour assister à cette singulière inversion chromatique, frissonnant à chaque fois qu'une voiture accélérait pour passer au rouge ou que de jeunes révolutionnaires attendaient que le feu soit vert pour brandir leurs pancartes ou traverser la rue au milieu d'une de leurs marches où ils encerclaient les accusés. Il aurait aimé avoir son appareil photo et immortaliser ces scènes, tout en sachant pertinemment que c'était une mauvaise idée : dans le meilleur des cas, un Occidental en train de prendre des photos serait considéré comme un provocateur, et l'incident serait clos après la confiscation de sa pellicule et de l'appareil. Au pire, on l'accuserait d'être un espion et il passerait une nuit au commissariat du département de Sécurité publique. Un jour, il se moqua de ce changement de couleur devant Li, pensant qu'elle rirait avec lui, mais elle se renfrogna comme s'il l'avait insultée.

« Quel est le sens des couleurs ? lui demanda-t-elle. Tu sais que le rouge de notre drapeau symbolise le sang de nos héros, n'est-ce pas ? Le sang de millions de camarades qui ont donné leur vie pour la République. Réfléchis un peu à ce que ressent un révolutionnaire quand il constate que d'autres personnes, dans un autre pays, ont décidé à la légère que le rouge, la couleur pour laquelle nous sommes prêts à nous sacrifier, équivaut à l'ordre de s'arrêter. Si nous acceptons cela, nous devrons aussi accepter que les piétons cessent de marcher au rouge… aux feux pour piétons. Or nous ne sommes pas seulement des piétons, mais des combattants révolutionnaires ! Et nous ne voulons pas d'ingérence étrangère dans la révolution ! »

Trois mois s'écoulèrent ainsi. Trois mois de débats théoriques dans la salle de l'hôtel de l'Amitié, trois mois de cours avec de grands anthropologues, mathématiciens et traducteurs, qui laissèrent à Sergio la sensation qu'il passait à côté de la vie, trois mois à occuper son temps libre en jouant au ping-pong ou au billard. Pendant ce temps, Smilka essaya à plusieurs reprises de le contacter : elle lui téléphona (Sergio ne prit pas les appels, même s'il trouvait cela injuste) et passa à l'hôtel pour demander à le voir à la réception.

« Dites que je ne suis pas là », avait-il indiqué au réceptionniste.

Au bout de quelques semaines elle capitula. La dernière fois qu'ils se virent fut un moment plein de tristesse. Le Régiment rebelle Bethune-Yenan avait organisé une journée de protestation devant l'ambassade du Royaume-Uni. Sergio, Marianella et Carl criaient des slogans pour s'opposer à la guerre des Six Jours (qui apparaissait dans les dazibaos comme une « agression de la Grande-Bretagne, des États-Unis et d'Israël contre les pays arabes), quand une voiture luxueuse s'avança entre les grilles de l'ambassade et le groupe de gardes rouges. Elle roulait assez vite pour éviter d'être immobilisée par les manifestants, mais Sergio eut le temps de voir le beau visage de Smilka plaqué à la vitre arrière et y décela un mélange d'appréhension, de déception et de chagrin. Ils ne se croisèrent plus jamais. C'est préférable, pensa-t-il, et peut-être le croyait-il vraiment.

Fin juin, l'association organisa un voyage révolutionnaire, mais non en réponse aux pétitions de Marianella et Sergio. Ceux qui en bénéficiaient étaient les enfants des dirigeants communistes internationaux – autrement dit la progéniture des hauts commandants guérilleros du Laos, du Cambodge et du Vietnam. Sergio et Marianella furent néanmoins inscrits sur la liste dès le départ, comme si Fausto, de l'autre côté de l'océan, continuait à tirer les ficelles de leur vie. Ce n'était ni un travail prolétarien ni une occasion pour eux de côtoyer le peuple, mais cela leur permettait d'être plus proches de la révolution qu'en suivant la routine bourgeoise de l'hôtel. Deux autocars partirent vers le sud, leurs passagers chantèrent des slogans, gesticulèrent dans le couloir, se racontèrent des blagues en riant aux éclats, comme n'importe quels adolescents en excursion. Ils s'arrêtèrent à Ruijin, la ville d'où était partie la première Armée rouge sous les ordres de Mao et Zhou Enlai, puis visitèrent Shaoshan, dans le Hunan, le village où était né le président Mao en 1893, et pendant le trajet ils eurent l'occasion de découvrir les bases de la guerre de libération.

Ce ne fut pas un voyage facile dans la mesure où les gardes rouges leur bloquèrent souvent le passage, inquiets de voir ce car rempli de jeunes gens privilégiés, des contre-révolutionnaires en puissance. Ils les faisaient descendre en les insultant, en vinrent parfois aux mains, et la situation aurait pu dégénérer si les enfants des dirigeants n'étaient pas intervenus en demandant à Sergio et Marianella de sortir et en les désignant comme s'ils étaient des délinquants qu'on identifiait dans une rangée d'individus, mais sans les accuser de rien, bien au contraire.

« Ce sont des camarades latino-américains », expliquèrent-ils.

C'était apparemment la preuve incontestable que cette excursion était une réunion de révolutionnaires, bien que très jeunes, et non un voyage d'agrément de Chinois issus de la bourgeoisie.

Ils partirent pendant plus d'un mois. De retour à Pékin, en marchant dans les rues dès que les feux passaient au rouge, Sergio et Marianella se retrouvèrent dans un hôtel désert. Le mois d'août n'avait pas été aussi humide depuis des années et les familles étaient allées supporter la chaleur ailleurs. Les adolescents avaient l'impression d'être dans un village fantôme. Sergio recommença à passer ses journées dans sa chambre, à lire et à relire *Et l'acier fut trempé*, de Nikolaï Ostrovski, devenu son seul contact avec l'inaccessible monde prolétarien. Marianella lui reprochait d'être aussi mou.

« La révolution est faite pour les gens qui se remuent. Qu'est-ce que nous attendons ici, à ne rien faire ? »

Un soir, elle le surprit avec le livre d'Ostrovski, plongé dans sa lecture, si étranger à son environnement qu'elle le prit en photo, à croire qu'elle voulait conserver la preuve d'un délit. Sergio ne s'en rendit même pas compte car il écoutait de la musique à plein volume. Il avait déniché au magasin une ancienne version de *Don Juan* et une autre, plus récente, de *La Traviata*, et s'était empressé d'acheter les disques, Mozart et Verdi étant des compositeurs proscrits par la Révolution culturelle.

Cloîtré dans sa chambre, Sergio perdit la notion des heures où Marianella recevait Carl dans la sienne. Il y passait parfois la nuit, et Sergio le croisait quand il descendait prendre son petit déjeuner. Au cours de conversations tendues, il apprenait alors ce qu'il était advenu du Régiment rebelle pendant son absence. Tandis que les Cabrera voyageaient en autocar avec d'autres adolescents révolutionnaires, ils avaient organisé des manifestations pour protester contre les arrestations de journalistes chinois à Hong Kong et les actions antichinoises du gouvernement birman, avaient envoyé un télégramme de soutien aux ouvriers de Wuhan et préparaient la célébration des cent ans du *Capital* de Karl Marx, qui devait avoir lieu en septembre. Marianella avait conscience qu'ils avaient raté beaucoup de choses mais qu'en même temps il ne s'était rien passé d'important. Malgré les troubles qui se déroulaient devant la porte de l'hôtel, sa vie s'était pétrifiée. Carl paraissait de plus en plus amoureux d'elle ; elle, en revanche, avait le sentiment d'attendre que sa vie prenne un tournant qu'elle ne voyait pas venir.

Une après-midi, dans une chaleur torride, le Régiment rebelle se réunit afin de récapituler les actions qu'ils avaient menées au cours de l'été. Tous les adolescents étaient présents et se retrouvèrent en l'absence des adultes. Il y avait Carl, Marianella, Sergio et les jeunes étrangers les plus actifs : Shapiro, Rittenberg et Sol Adler, qui lut un rapport sur les attaques dont ils étaient la cible de la part d'autres gardes rouges. La liste polycopiée passa de main en main :

Le commandement du régiment est conservateur.
Le régiment a paralysé la Révolution culturelle parmi les étrangers pendant un an et demi.
Le régiment (ses vieux dirigeants) veut contrôler les faits et gestes de femmes asiatiques, africaines et latino-américaines.
Le régiment a écrit des poèmes le critiquant pour s'attirer des sympathies.

« Tout ça est ridicule. Dehors, les camarades œuvrent pour la révolution pendant que nous nous disputons pour des sottises devant une piscine olympique, déclara Marianella.

– Ce ne sont pas des sottises, mais des agressions sérieuses, riposta Carl. Ils collent des dazibaos sur les murs de l'université, Lilí. Ils attaquent les juifs. Oui. Tous les juifs. Nous ne pouvons pas…

– Mais tout ça, c'est ici, Carlos, précisa-t-elle en traduisant son nom en espagnol, ce qu'elle faisait parfois. Ici. À l'hôtel de l'Amitié.

– Et c'est ici qu'on a critiqué mon père en mentionnant son nom. »

Il se référait à un dazibao placardé quelques jours auparavant à l'entrée de la salle à manger internationale. Les signataires étaient semblait-il un groupe d'Arabes qui n'appréciaient pas l'intromission de nombreux juifs dans la Révolution culturelle. David avait défendu la présence des Occidentaux et les Arabes avaient riposté par une question, un jeu de mots à partir d'un vieux proverbe anglais, *By Hook or by Crook ?*, qui signifiait « coûte que coûte » et que Marianella ne comprit pas.

« Ils veulent dire que mon père est un homme sans scrupules, expliqua-t-il. Qu'il est prêt à tout pour parvenir à ses fins. Il faut avouer qu'ils ont de l'esprit, mais ça reste tout de même une attaque grave et personnelle contre lui.

– C'est possible, mais on s'en fiche. Nous sommes tous ici, entre nous, dans un hôtel avec une piscine et un dancing, or ce n'est pas ici que les événements se déroulent. La vie prolétarienne n'est pas ici, Carlos. Ici la vie est artificielle. »

Le 1er décembre, Sergio perdit patience. Il avait cessé de compter les fois où il avait écrit à l'association et pouvait dresser la liste des dates où les camarades, toujours très sympathiques, toujours très compréhensifs, étaient venus prendre note des motifs de ses plaintes – ses études interrompues, son manque de contact avec le monde des travailleurs –, puis lui demandaient de leur laisser quelques jours pour lui fournir une réponse qui n'arrivait jamais. Il en avait assez d'attendre. Il sortit de son placard la mallette grise contenant la machine à écrire que son père lui avait donnée, une Olivetti dont la touche pour activer les majuscules se bloquait, et s'installa à la table de la salle à manger. Il glissa une feuille blanche dans le rouleau et écrivit : *Camarades*, et, après un retrait, *Association de l'amitié sino-latino-américaine*. Puis il se lança :

Au vu des difficultés que nous avons rencontrées pour communiquer avec vous, nous avons dû opter pour la rédaction d'une lettre qui nous permettra de vous signaler certains points sur lesquels il nous semble nécessaire d'insister, et de vous adresser des critiques quant au traitement que vous nous réservez. Nous considérons que le mieux est de commencer par le fond du problème, par conséquent de vous rappeler l'objectif que nous poursuivons en restant en Chine. D'après nos observations, votre point de vue est erroné, et la manière dont vous nous considérez en est la preuve.

Oui, c'était bien, songea-t-il. Il énuméra aussitôt les raisons qui les avaient conduits sa sœur et lui à rester à Pékin. Il y en avait plusieurs, mais elles pouvaient se résumer à une seule : qu'un changement radical s'opère dans leur conception du monde de petits-bourgeois et qu'ils parviennent à un remodelage idéologique – il employa ces mots – afin d'acquérir une conscience de classe. Ainsi, une fois de retour dans leur pays, ils pourraient participer davantage à la lutte révolutionnaire du peuple colombien.

Et nous avons choisi de faire nos études en Chine car elle est au cœur de la révolution prolétarienne mondiale, l'avant-garde marxiste-léniniste de notre époque, et par conséquent l'endroit indiqué pour que des jeunes individus tels que nous puissent s'éduquer et se nourrir de la pensée de Mao Zedong, le plus haut niveau de marxisme-léninisme de notre ère.

« Le plus haut niveau de notre ère. » Cela aussi était parfait. Mais maintenant, il fallait hausser le ton après les éloges.

Nous sommes conscients de l'enseignement suivant du camarade Mao Zedong : « Les peuples dont la révolution a triomphé doivent aider ceux qui luttent pour leur libération. C'est là notre devoir internationaliste. » Estimez-vous qu'en nous traitant comme vous l'avez fait, vous appliquez l'enseignement du camarade Mao ? Notre présence ici ne signifie pas à elle seule que nous accomplissons l'objectif décrit précédemment. Le fait que nous soyons ici, sous votre protection, est en soi un acte internationaliste. Mais satisfait-il les exigences de soutien exprimées par le camarade Mao Zedong dans le paragraphe que nous venons de citer ? Nous pensons que non. Comment acquiert-on une formation politique ? En restant enfermé entre quatre murs, sans participer activement à la vie et aux luttes politiques des masses ? Non ! Certainement pas ! Comment acquérir une conscience et une position de classe prolétariennes sans se mêler au peuple ?

Il poursuivit en faisant de nouveau référence à Mao : *Pour comprendre réellement le marxisme, il faut apprendre non seulement des livres, mais être aussi « au contact des masses ouvrières et paysannes pour effectuer un travail pratique ». Avez-vous satisfait ce désir ? Avez-vous contribué un tant soit peu à initier notre formation politique dans les formes, comme l'enseigne le camarade Mao Zedong ?*

La réponse était négative. Sergio énuméra les nombreux moments où il avait fait appel à l'association sans rien obtenir d'autre que des refus, des réponses évasives ou des silences, et dans le meilleur des cas l'argument éculé de la « sécurité ». *Tous vos refus ont entamé peu à peu la confiance que nous avions quant à vos possibilités de nous aider à accomplir l'objectif recherché lors de notre séjour en Chine.*

C'était une accusation à prendre au sérieux. Au lieu d'adoucir ses propos, Sergio décida d'augmenter ses pressions.

Tout nous indique que votre comportement à notre égard n'est pas en accord avec la pensée révolutionnaire prolétarienne du camarade Mao Zedong. Tous nous indique une obstruction à notre formation politique, alors que vous devriez agir à l'opposé. Ne voyez-vous donc pas combien il est important pour nous de commencer notre formation idéologique et politique ? Ne voyez-vous donc pas combien la révolution colombienne a besoin de jeunes gens politiquement fermes dans leurs positions politiques de classe prolétarienne ? Ne sentez-vous donc pas notre désir de parvenir à être ce type de jeunes personnes ? Préférez-vous plutôt nous voir tendre vers le révisionnisme ?

Nos demandes sont concrètes : nous voulons que vous nous donniez la chance de nous intégrer aux masses révolutionnaires chinoises pour en tirer des connaissances, que ce soit dans une usine, une commune populaire, une école ou un institut de traduction lorsque les cours reprendront. Mais notre plus grande aspiration – et nous vous prions de faire tout votre possible pour nous permettre de la réaliser – est de recevoir un entraînement politique militaire dans des unités de l'Armée populaire de libération.

Ça y est, je l'ai dit. Et à présent, sortons l'artillerie lourde, songea Sergio.

Nous nous élevons contre l'application de la ligne réactionnaire bourgeoise décelable dans la façon dont vous nous traitez ! Nous protestons contre le comportement de l'association à notre égard ! Nous exigeons que les principes marxistes-léninistes de l'internationalisme prolétarien soient respectés comme l'enseigne le camarade Mao Zedong ! Nous exigeons de recevoir une réponse rapide en bonne et due forme !

Il signa la lettre, convaincu d'avoir fait un pas dans le vide. Une telle liste de doléances pouvait aboutir à deux résultats : soit l'association en tenait compte et on leur donnait ce qu'ils réclamaient, soit elle contactait les parents de Sergio et on les renvoyait en Colombie parce que lui et sa sœur étaient devenus une charge. Lorsque Li vint lui rendre visite, il lui remit l'enveloppe sans rien dire, aussi solennellement que s'il lui tendait une urne funéraire, et attendit.

Quatre jours plus tard, lui et Marianella étaient déplacés à l'usine de réveille-matin de Pékin.

Ils arrivèrent dans la matinée, quand l'air était encore frais. Le camarade Chou, secrétaire de l'association, était passé les prendre à l'hôtel de l'Amitié et leur avait expliqué pendant le trajet deux ou trois choses à propos de l'endroit où ils vivraient désormais. C'était une usine importante malgré son nom modeste : on y produisait des machines sophistiquées pour exploiter le pétrole et des dispositifs de haute précision pour l'industrie aéronautique (en entendant ces mots, Sergio songea brièvement au professeur de dessin de l'école Chong Wen). Pour le Parti, poursuivit le camarade Chou, l'usine de réveille-matin était d'une importance stratégique et les Cabrera devaient se réjouir d'y travailler. Rares étaient ceux qui avaient ce privilège.

Le comité de direction les accueillit en organisant une petite réunion de bienvenue. Les membres de l'association y saluèrent tout le monde avec une fierté de mentors. Plusieurs ouvriers y représentaient leurs ateliers. Un photographe immortalisa ces instants et déplaçait Sergio et Marianella comme s'ils étaient des silhouettes en carton, les poussant d'un groupe à l'autre, s'assurant de les faire poser aux côtés de toutes les personnes présentes. Sergio eut un geste de gratitude envers ceux qui avaient organisé cette courte cérémonie, dont la seule utilité consistait à apporter un peu d'éclat à leur arrivée. Mao disait quelque part qu'il ne devait pas y avoir de différences entre les Chinois et les étrangers révolutionnaires, et c'était ce qu'il espérait. Il voulait être l'un d'eux. Un de plus.

Dans des discours concis, les directeurs de l'usine les remercièrent d'être venus pour aider à l'édification du socialisme. D'autres louèrent la solidarité entre les peuples et l'esprit internationaliste de ce moment. Le camarade Chou s'adressa aux directeurs pour leur dire que les Cabrera étaient les enfants de révolutionnaires colombiens qui avaient été en poste à l'Institut des langues étrangères en tant que spécialistes avant de retourner dans leur pays pour y faire la révolution.

« C'est la raison pour laquelle ils ont confié au peuple chinois l'immense responsabilité de les éduquer, poursuivit-il, visiblement ému. Et ce dernier a rempli ses engagements avec dévouement. Ces prochains jours, ajouta-t-il après avoir marqué une pause, les nouveaux venus feront une visite de la totalité de l'usine, et je demande à tous les chefs de section, aux responsables de tous les ateliers, de les accueillir avec camaraderie et de prendre le temps de les soutenir et de leur enseigner leur métier. »

À la fin de la réunion, Sergio aborda un des directeurs pour lui expliquer que dans l'usine où il avait travaillé précédemment, il avait appris à manier le tour et se débrouillait bien. Il voulait qu'il sache qu'il était capable d'efficacité dans un secteur de production et manifester son enthousiasme, mais l'homme lui lança un regard empreint de sévérité.

« Vous n'êtes pas là pour faire ce qui vous amuse le plus, mais ce qui est nécessaire », lui dit-il.

Sur ce il pivota et s'éloigna. C'était le camarade Wang, un des directeurs de l'usine, mais surtout un homme respecté des ouvriers, doté d'une sorte d'autorité naturelle impossible à dissimuler. Il s'exprimait avec une grande économie de mots, citait des proverbes sibyllins peu usités dans le jargon révolutionnaire qui, dans la bouche de tout autre que lui, auraient éveillé des doutes ou de la méfiance. Il semblait manifeste qu'il ne se réjouissait guère de l'arrivée de deux adolescents occidentaux qui d'emblée lui donnaient des conseils, et les jours suivants, il donna l'impression de les éviter. Pour Sergio, ce furent des semaines épuisantes, non seulement à cause du travail physique sur des machines qu'il ne maîtrisait pas, de la tension découlant de sa volonté de bien faire, mais aussi des efforts à fournir pour comprendre une langue qui n'était ni celle de l'école ni celle de la rue. En outre il dormait mal, car les températures commençaient à descendre dans la journée et les nuits étaient si froides qu'il fallait glisser des bouteilles d'eau chaude dans les lits. Les premiers jours, Sergio et Marianella visitèrent toute l'usine, chaque entrepôt et chaque atelier, dans ce qui s'apparentait à une mission de reconnaissance. Puis ils se rendirent dans le secteur réservé au dessin et devant les tables, les règles, les compas et les crayons à mine fine, ce fut comme s'ils se retrouvaient à l'école Chong Wen. Pour finir, ils parcoururent les ateliers de maintenance, où Sergio se sentait plus à son aise. C'était un immense hangar rempli de fraiseuses, de perceuses, de presses et de tours, où il régnait un tel vacarme qu'il était difficile de se faire entendre. Dans l'air y flottait l'odeur dense de la limaille. Oui, il aimait ces ateliers et s'y sentirait comme un poisson dans l'eau. Quand on lui présenta le contremaître, il découvrit qu'il s'agissait du camarade Wang.

« Je vois que tu as obtenu ce que tu voulais, lui dit-il. Tu aimes ce que tu vois ? »

Sergio constata qu'il le tutoyait et qu'il avait une voix grave, ce qui était rare pour un Chinois.

« Oui. Beaucoup. Mais je vous promets que je ne m'amuserai pas. »

Wang ne sourit pas.

« Plus le bambou est grand, plus sa tige doit être souple pour que ses feuilles touchent l'eau du fleuve, avec gravité, mais sans solennité ni arrogance. »

Il passa un bras autour de l'épaule de Sergio – qui s'aperçut alors qu'il dépassait Wang d'une bonne tête – et le guida dans les couloirs de l'atelier. Il le présenta aux ouvriers comme un camarade colombien dont le nom chinois était Li Zhi Qiang, et ajouta que tous devaient veiller à ce qu'il passe un heureux séjour parmi eux. Ils répondirent en inclinant la tête de manière plus ou moins prononcée et en esquissant des sourires qui paraissaient sincères. Ils arrivèrent enfin devant un tour où personne ne travaillait, plus grand que celui de l'usine d'outillage n° 2 et d'un mécanisme plus complexe. Le camarade Wang posa une main sur la manivelle de la taille d'un volant de voiture et, de l'autre, caressa la machine comme un cheval fidèle.

« À compter de maintenant et tant que tu le voudras, je serai ton maître, et à compter de maintenant et tant qu'il le voudra, cet engin sera notre tour. Nous allons en prendre grand soin. »

Puis la leçon commença.

Notre attitude envers la Chine doit être, pour le moins, de gratitude. Vous devez penser que les Chinois vous donnent tout ce dont vous avez besoin afin de devenir des révolutionnaires utiles à leur peuple. Cela est dû à leur extraordinaire esprit internationaliste prolétarien. En réalité, vous n'avez pas le droit d'exiger quoi que ce soit. Vous pouvez solliciter, ça oui, à condition que vos demandes soient formulées cordialement, en respectant les règles d'une grande camaraderie. Si vous remarquez des dysfonctionnements (seulement si vous en avez la certitude absolue) et que vous êtes en mesure de remédier au problème, vous pourrez faire les observations nécessaires, car ce type de critique peut aider le peuple chinois. Il ne faut pas perdre de vue qu'il est normal que certaines choses ne marchent pas encore correctement, qu'il y ait des défauts et des erreurs, mais en général et fondamentalement, leur politique marxiste-léniniste est la bonne.

Chaque matin, après le petit déjeuner et avant le début de la journée de travail, les ouvriers se rassemblaient dans une salle non meublée, devant une gigantesque photo du président Mao ornée de banderoles et de guirlandes de fleurs artificielles. Ils lui adressaient leurs prières haut et fort, lui demandant de les mettre sur la bonne voie pour être productifs, de leur permettre de remplir les objectifs fixés par les directeurs, de les protéger des accidents de travail. La scène se répétait en fin d'après-midi, avant le dîner, avec les mêmes travailleurs, et se concluait sur le même cri combatif : « Vive le président Mao ! » Un jour, pendant le déjeuner, Sergio en discuta avec Marianella et lui demanda si elle ne trouvait pas ces rituels bizarres, voire un peu gênants, et s'ils ne s'assimilaient pas un peu trop à la messe catholique. Marianella avait fait plus ou moins la même observation à son maître.

« Ah bon ? s'étrangla Sergio. Et tu n'as pas eu d'ennuis ? »

Au contraire. Le directeur qui formait sa sœur était un homme âgé qui s'était d'emblée montré très protecteur avec elle. Dans un premier temps, elle avait travaillé dans l'atelier où on fermait les réveils déjà montés, et s'était spécialisée dans l'art de manier un petit tournevis, toujours le même, posé sur la même machine. Elle s'était très vite lassée du tournevis, de la machine et des réveille-matin. Et elle le fit savoir : elle en avait assez. Au lieu de lui reprocher son comportement, le contremaître l'avait immédiatement transférée dans le hangar où on fondait les socles, des engins très lents qui n'exigeaient pas beaucoup d'attention, de sorte qu'elle profita de son temps (et de sa désinvolture) pour apprendre à mieux connaître son directeur. Peu après, alors qu'elle répétait par cœur des phrases du président Mao devant son portrait, elle lui dit :

« C'est comme le Sacré-Cœur de Jésus.

– Que dites-vous, camarade Lilí ?

– Dans mon pays, on prie Dieu et je n'ai jamais aimé ça. »

Pour toute réponse, il l'invita un soir à venir chez lui, deux modestes pièces dans un immeuble en béton gris. Il vivait avec sa femme, dont le visage ridé rappela à l'adolescente celui de la petite grand-mère de la commune. Elle faisait la cuisine en silence pendant que son mari montrait à Marianella les murs tapissés de portraits de Mao, et là où il n'y avait pas de portrait, il avait punaisé des phrases encadrées, sortes de petits dazibaos vénérables.

« Tant pis si les murs croulent sous le poids ! s'exclama le vieil homme. Mao m'a tout donné. Grâce à lui, j'ai du travail et de quoi me nourrir. Mes parents ont été tués par les Japonais pendant la guerre. Il y a moins de vingt ans de cela, mais j'ai l'impression que c'était dans une autre vie. Moi, en revanche, je sais que je ne mourrai dans aucun conflit parce que maintenant la Chine est puissante. Mais si je devais mourir pour mon peuple, ce serait avec plaisir. Si Mao me demandait de mourir pour la patrie, je n'y réfléchirais pas à deux fois. Vous savez, mademoiselle, la différence est très claire : vous avez un Dieu mort dans votre pays, mais le nôtre est vivant, alors pourquoi ne pas lui parler ? »

Elle pensa qu'il avait tout à fait raison.

Pendant ce temps-là, Sergio s'était rendu compte que le camarade Wang n'assistait plus aux rituels de la journée avec le même enthousiasme et mettait moins de vigueur à lancer les formules. Au bout de quelques semaines, il remarqua que le salut matinal s'était transformé.

« Longues, très longues années de vie au président Mao ! » criaient les travailleurs.

Mais la voix grave de Wang était moins décelable. Sergio aborda ce sujet lors d'une pause entre deux séances de travail intense. Son chef d'atelier, qui lui avait demandé de l'appeler Lao Wang (ce qui signifiait plus ou moins « Vieux Wang »), lui fit comprendre qu'ils parleraient de cela plus tard. En sortant de l'atelier, quand il fut certain que personne n'écoutait, il commença à décrire la sacralisation du président Mao, ses portraits accrochés dans tous les ateliers, tous les réfectoires, tous les dortoirs ;

il ajouta que les ouvriers avaient des photos de lui jusque dans leurs poches, et quand ce n'étaient pas des photos c'étaient des écussons à l'effigie du président. Photos et effigies étaient immanquablement glissées dans le *Petit Livre rouge* qu'ils consultaient dès qu'ils avaient un temps de repos.

« Ils le transforment peu à peu en Bouddha », résuma Lao Wang.

Sergio avait vu les gardes rouges dormir dans la rue et le froid pour avoir la chance d'apercevoir Mao sur son balcon, place Tian'anmen. Il les avait vus arriver par millions de toute la Chine afin d'être plus près de leur leader, y compris à cinq cents mètres et même s'ils n'étaient reliés à lui que par les hymnes qu'ils entonnaient des heures durant. Il y avait quelque chose de dérangeant dans ces excès. Mao en personne avait durement critiqué le culte de la personnalité voué à Staline, qui avait contaminé le socialisme soviétique pendant des années, et signalé la nocivité de ce type de comportement dans la révolution prolétarienne. Les rituels du matin et du soir ennuyaient franchement Sergio, mais il n'en laissa rien paraître. Début novembre, la formule s'était encore modifiée.

« Que le président Mao ait une vie infinie et sans frontières ! » disaient ou hurlaient en chœur les ouvriers rassemblés devant le portrait en couleurs du président.

« Le salut à l'empereur n'était guère différent », dit un jour Lao Wang à Sergio, avec des accents plaintifs et sincères dans la voix.

Sergio comprenait bien ce qu'il ressentait. Il avait conscience de certaines défaillances dans la révolution, et le culte à Mao n'en était pas le seul symptôme.

Il avait discuté avec les ouvriers pendant ses temps morts, à l'heure des repas, profitant du trajet à pied d'un atelier à un autre ou dans les dortoirs, au travail. Ils échangeaient des propos qui ressemblaient à des conversations spontanées, mais se disaient tout bas. Sergio comprenait à présent pourquoi l'association avait eu tant de mal à trouver une usine qui les accueille : celle-ci était une des rares à ne pas avoir fermé à cette période critique. Les ouvriers évoquaient des grèves dans tout le pays, des sabotages constants de la part des travailleurs, de la pénurie de matière première si catastrophique que, parfois, il n'y avait même pas de charbon pour chauffer les baraquements où ils dormaient alors qu'à l'extérieur il faisait dix degrés en dessous de zéro. Il ne décelait pas le ton de la plainte dans leurs voix : ils parlaient de ces désagréments comme s'ils décrivaient un accident de la nature. Que pouvaient-ils y faire ? Oui, camarade Li Zhi Qiang, le pays souffrait, le Heilongjiang était en proie à la famine, les gardes rouges, nos camarades, avaient assassiné des milliers de compatriotes à Daoxian. Quoi qu'il en soit, ils priaient le camarade Li Zhi Qiang de ne rien répéter. S'il vous plaît, camarade, ne dites jamais à personne que nous vous en avons parlé !

Ils lui apprirent qu'un camarade s'était montré imprudent et avait critiqué les grèves ; on l'avait accusé d'être un capitaliste, et sa punition, comme pour tout individu de cette espèce, avait consisté à nettoyer les latrines de l'usine sans l'aide de quiconque.

Le camarade Li Zhi Quiang promit de ne rien dire.

Quelques semaines plus tard, Sergio avait oublié ces conversations et quand il rentra à l'hôtel de l'Amitié avec sa sœur, ils découvrirent un message de l'association : ils devaient contacter leur père en Colombie. Sergio demanda la communication à la réceptionniste de l'hôtel le samedi matin, et le lendemain le téléphone sonna dans sa chambre.

« Comment allez-vous ? Tout va bien ? » demanda Fausto.

Il lui expliqua qu'il avait discuté avec Luz Elena et qu'ils en étaient arrivés à la conclusion qu'il était temps que lui et Marianella reviennent en Colombie.

« Bien entendu, vous rentrerez quand tout sera terminé, précisa-t-il. Mais nous pensons que le moment est venu. Tu es d'accord ? »

Sergio réfléchit un moment en écoutant les grésillements de la ligne. *Quand tout sera terminé.* La phrase était cryptique, mais il aurait été imprudent de mentionner plus en détail leurs projets, à savoir l'entraînement militaire des adolescents au sein de l'Armée populaire de libération, un privilège réservé à un petit nombre de personnes. La participation d'étrangers devait rester secrète car aucun camarade chinois n'aurait vu d'un bon œil le fait qu'un Occidental puisse occuper la place de l'un d'entre eux.

« Oui, répondit-il enfin. Si nous ne faisons pas la révolution maintenant, d'autres la feront à notre place.

– Eh bien c'est décidé. Vous pouvez commencer à préparer votre voyage, mais avant ça, tu vas devoir te charger de certaines choses. Tu as de quoi noter ? »

Il lui donna une série d'instructions. Les adolescents n'avaient pas de papiers pour voyager. Lorsqu'ils étaient arrivés en Chine quatre ans plus tôt, ils avaient encore l'âge de figurer sur les passeports de leurs parents ; ils avaient à présent besoin de leurs propres documents, qu'ils obtiendraient en remplissant des formalités auprès d'un consulat de Colombie. Les relations diplomatiques étaient désormais rétablies entre la France et la Chine, et Air France effectuait un vol par semaine de Pékin à Paris. Fausto enverrait les passeports par voie postale ainsi que les actes de naissance de Sergio et de Marianella, puis Sergio irait à Paris pour les échanger contre de nouveaux documents. Fausto lui apprit que l'association financerait les billets et l'hôtel, qu'elle lui fournirait l'argent nécessaire à ses dépenses courantes. Sergio n'ayant que des vêtements chinois (il avait beaucoup grandi), Marianella demanda à Carl de lui prêter deux pantalons, ce qu'il fit en se présentant à l'hôtel de l'Amitié avec des jeans achetés lors de son séjour au Canada. *Levi's*, disait l'étiquette, et Sergio trouva curieux qu'une marque de vêtements pour ouvriers fasse sensation chez les bourgeois d'Occident.

« Joyeux Noël avec un mois d'avance ! » s'exclama Carl.

À cause de ce qui survint par la suite, ils n'oublièrent ni cette phrase ni cette date.

Cet automne-là, un matin, David Crook traversa le campus de l'Institut pour aller récupérer son courrier au bureau. Le sol était couvert de pierres car les affrontements entre les différentes factions de gardes rouges s'étaient multipliés et un groupe d'entre eux surveillait les alentours de la salle de cours, devenue leur centre d'opérations. À cet instant, d'autres étudiants sortirent de l'ombre, coiffés de casques apparemment militaires et, d'un ton plein d'agressivité, ils ordonnèrent à David de leur remettre son appareil photo.

« Mon appareil ? Mais je n'en ai pas, répondit-il.

– Vous mentez ! s'écria un des hommes. Vous êtes un espion ! Un espion étranger ! »

Ils l'emmenèrent dans le salon du premier étage, lui confisquèrent sa mallette et l'obligèrent à vider ses poches.

« Vous n'avez pas le droit de m'arrêter », protesta David.

Ils redescendirent dans la soirée, David toujours encadré de deux hommes, et le firent monter de force à l'arrière d'une voiture trop exiguë pour lui et les deux gardes qui le surveillaient. Après une demi-heure de trajet, ils arrivèrent à la caserne de la garnison de Pékin. Entre-temps, David avait compris qu'ils ne plaisantaient pas.

Deux heures plus tard, un jeune homme à l'allure d'officier vint le voir pour lui annoncer qu'il dormirait en détention : on avait découvert du matériel suspect dans sa mallette. Il songea aux textes qu'il transportait, deux des dernières instructions de Mao que le Bataillon du drapeau rouge s'était procurés, mais qu'il n'avait pas encore transmis par radio. Était-ce cela ? Sans doute. Il s'agissait de documents officiels, or ils étaient entre les mains d'un étranger, ce qui éveillait forcément les soupçons. David protesta mais, de nouveau, ses plaintes ne furent pas entendues. Le garde le conduisit dans une cellule dans laquelle tenait tout juste un lit de camp. Il y passa la nuit, puis la nuit suivante. Quand il voulut regarder par la fenêtre pourvue de barreaux, le garde grogna et il comprit qu'il devait se contenter d'observer l'intérieur du cachot afin de mieux méditer sur ses fautes. Le troisième jour, on vint le chercher dans un véhicule tout-terrain vert qui traversa la ville pour le conduire à un autre endroit. Deux semaines après, à bord d'un autre véhicule, il traversa la ville en sens inverse et découvrit avec découragement une cellule minuscule, sombre et humide, avec pour toute décoration une affiche appelant à la suppression des éléments contre-révolutionnaires. Le lendemain, quand il demanda la permission d'aller aux toilettes, un garde l'accompagna de l'autre côté d'une cour en ciment et il s'aperçut qu'il se trouvait au milieu d'une sorte de complexe d'immeubles en brique qui, à l'évidence, n'avaient pas toujours abrité cette prison improvisée. Au loin il distingua l'étoile rouge du Musée militaire, qui s'éclairait à la nuit tombée et qu'il se mit à chercher du regard dès qu'il allait aux W-C, chaque soir de chaque semaine de chaque mois, pour se rappeler qu'à l'extérieur le monde continuait de tourner.

XIII

Sergio atterrit à Paris à la mi-décembre. Selon ce que lui avait dit le camarade Chou, un fonctionnaire de la nouvelle ambassade de Chine devait l'attendre à l'aéroport d'Orly. Tout cela ressemblait à une mission clandestine : sur le passeport de ses parents figurait non seulement son nom, mais également l'interdiction expresse de se rendre dans les pays communistes, y compris la République populaire de Chine. En d'autres termes, le garçon ne devait pas révéler au consulat d'où il était parti. Cette clandestinité ne dura pas longtemps car lorsqu'il vit son passeport, l'officier du service d'immigration le fit sortir de la file d'attente pour l'interroger, et quelques secondes plus tard Sergio lui avait expliqué sa situation : il arrivait de Pékin, n'avait pas de passeport à son nom et comptait aller au consulat de Colombie à Paris pour qu'on lui en délivre un. Ce furent des heures pesantes, un interrogatoire dans les règles dans une pièce aveugle, au cours duquel le Français lui avoua ne pas comprendre pourquoi il ne voulait pas téléphoner au consulat. « *Mais pourquoi pas ? Mais dites-moi, monsieur ! Pourquoi pas* * ? »

L'adolescent ne pouvait pas lui raconter que son père avait été très clair sur ce point et qu'il ne devait pas dire aux Colombiens qu'il venait de Chine. Quand il quitta enfin l'aéroport, le fonctionnaire chinois était parti et il dut prendre un taxi pour aller à l'ambassade de Chine. Les camarades qui l'y attendaient l'invitèrent à dîner et l'emmenèrent à son hôtel. Il posa sa lourde valise dans une chambre étroite et ressortit aussitôt, car il avait rendez-vous avec une connaissance.

Il s'agissait de Jorge Leiva, un homme de trente-huit ans qui en paraissait davantage à cause de son front dégarni. Il avait fini ses études de droit, mais au lieu de retourner en Colombie pour exercer son métier d'avocat, il avait préféré rester dans la ville où ses poètes préférés avaient écrit leurs œuvres afin de prendre la plume lui aussi. Pour survivre, il avait vendu des légumes aux Halles, chanté des tangos au bar Veracruz, et travaillait à présent à la Fnac du boulevard Sébastopol. Parce qu'ils avaient tous deux vécu à Pékin, un lien profond l'unissait à Sergio. Son frère aîné s'était également installé à Paris, moins connu en tant que cardiologue de renom que secrétaire secret du MOEC[1], un mouvement ouvrier qui cherchait à s'armer pour faire la révolution en Amérique latine. Du reste, si la valise de Sergio était si lourde, c'était pour des raisons politiques, les camarades de Pékin ayant envoyé par son entremise plusieurs dizaines d'exemplaires du *Petit Livre rouge*. Le soir de son arrivée à Paris, après avoir retrouvé Jorge Leiva à la Fnac et marché avec lui jusqu'à la chambre de bonne qu'il louait rue de Lille, Sergio eut une pensée qui occupa son esprit pendant des années. Il lui avait été donné de vivre à une époque où tout le monde, partout et dans tous les milieux, avait pour seul objectif de faire la révolution. Quelle chance il avait !

Il passa la nuit chez Jorge Leiva, dans sa chambre de bonne basse de plafond, à mi-chemin entre les quais de Seine et le boulevard Saint-Germain. Leiva lui proposa d'occuper deux mètres carrés de son modeste logis et Sergio accepta immédiatement, en se disant qu'il valait mieux économiser l'argent liquide qu'on lui avait donné que de le dépenser dans un hôtel. Le lendemain, très tôt, il se rendit au consulat de Colombie. Il avait les nerfs à fleur de peau ; plus il marchait et plus il sentait son cœur battre à tout rompre. Quand il traversa le fleuve, une rafale de vent lui cingla le visage mais, obnubilé qu'il était par l'importance de ces formalités, il la sentit à peine. Il allait demander à la consule de lui établir un passeport

1. Movimiento Obrero Estudiantil y Campesino (Mouvement ouvrier étudiant et paysan).

pour rentrer en Colombie et rejoindre son père, qui travaillait déjà pour le Parti communiste ; il venait de passer des années dans un pays interdit que la Colombie traitait en ennemi. Il franchit le seuil du consulat dans cet état. Une réceptionniste prit ses documents et le pria de s'asseoir. Sergio commençait à regretter d'avoir fait ce voyage. Que ferait-il si on lui refusait son passeport ? Si on lui confisquait celui qu'il possédait parce qu'il avait séjourné dans un pays proscrit ? Et si Marianella restait seule en Chine, sans pouvoir en partir, sans passeport à son nom ni même celui de ses parents ? Et si la consule était informée des activités de Fausto Cabrera, un acteur célèbre dont on parlait souvent dans les journaux et qui n'avait jamais caché ses sympathies pour la gauche ?

La diplomate apparut à cet instant. Elle portait de grandes lunettes maintenues par une chaînette passée autour de son cou de tortue. Elle souhaita la bienvenue à Sergio avec un large sourire et l'invita à la suivre dans son bureau. Là, pendant qu'on servait une tasse de café à l'adolescent, elle examina les documents et lui posa une question en le tutoyant, comme s'il était le fils d'une de ses amies :

« Et que faisais-tu en Chine ? »

Quand il se leva pour s'expliquer (il ne comprit jamais pourquoi il préférait se mettre debout lorsqu'il avait quelque chose à prouver), le sang lui monta à la tête, tout devint noir et il ne vit plus que six mains s'agiter autour de lui pour l'éventer avec des magazines ou des mouchoirs. Quelqu'un émit l'hypothèse qu'il avait faim, quelqu'un d'autre dit qu'il fallait donner quelques francs à ce pauvre garçon.

Il sortit du consulat après s'être attiré la compassion de la consule, riche de quelques billets au fond de sa poche et d'une réponse positive. Oui, on lui expédierait son passeport, mais l'acte de naissance n'était pas suffisant : il devait produire une autorisation sur l'honneur de son père, authentifiée par un notaire. Il téléphona en Colombie depuis la première cabine qu'il trouva (s'émerveillant de la qualité du réseau téléphonique comparé à celui qui existait en Chine), demanda ce qu'il avait à demander et donna l'adresse du poète Leiva. Puis il alla à l'hôtel, rassembla ses affaires et les apporta dans la chambre de bonne. À compter de ce moment, il n'eut plus rien d'autre à faire qu'attendre.

« Je vais devoir rester plus longtemps que prévu, annonça-t-il à Leiva.

– Tant mieux, répondit ce dernier. Il se passe des choses intéressantes ici. »

Les premiers jours, il se promena au bord de la Seine, regarda les livres d'occasion sur les quais, sous une bruine constante. Il se demanda pourquoi tous les passants l'observaient avec une telle curiosité, puis s'aperçut que son Levi's attirait l'attention des Parisiens, qui devaient croire qu'un cow-boy s'était installé rive gauche. Il se rendit souvent jusqu'au Louvre à pied pour voir la peinture italienne, ou à l'Orangerie afin de contempler des œuvres impressionnistes quand le froid lui transperçait les os. Il entrait dans les églises et s'asseyait sur les bancs du fond, un livre à la main ; à l'abri à Saint-Julien-le-Pauvre, il passa ainsi des heures à lire un essai de Simone de Beauvoir traitant de la Chine et un autre, de Roland Barthes, à propos de tout un tas d'autres choses. Le livre de Barthes s'intitulait *Mythologies*. Sergio le dévora en quatre heures par une matinée glaciale. Il était si fasciné, si enthousiaste que Leiva lui dit :

« Tu peux le garder, je te l'offre, et arrête de m'emmerder avec ce bouquin. »

L'argent qu'on lui avait donné sans raison au consulat de Colombie lui servit à payer quelques billets de cinéma, et dans un théâtre de la rue Racine, il vit *Belle de jour*, d'un certain Luis Buñuel, puis découvrit la cinémathèque, qui lui permettait non seulement de voir des films plus anciens qu'il ne connaissait que par ouï-dire, mais qui était le passe-temps le moins onéreux qui soit. Il se rappela alors les paroles de Leiva : « Il se passe des choses intéressantes ici. » Il avait raison, mais les choses dont il parlait n'étaient pas nécessairement celles qui se déroulaient au fond de sa conscience.

À Paris, dans les rues et les salles de cinéma, dans les échoppes des bouquinistes le long de la Seine, Sergio découvrit un monde dont on ne savait quasiment rien au pays de la Révolution culturelle. En milieu de matinée, lorsque le poète partait travailler à la Fnac, il se promenait boulevard Saint-Germain ou sur les quais – tout dépendait du froid qu'il faisait –, prenait un café quelque part et allait directement au Trocadéro. Très vite, les colonnes du bâtiment lui devinrent aussi familières que les toits qu'il voyait de la mansarde de Leiva. Là, au palais de Chaillot, il vit plusieurs films de Hitchcock (son préféré était *Fenêtre sur cour*), de nombreux longs-métrages de Kurosawa (*Rashômon*, *Barberousse*, *Les Sept Samouraïs*), *Les Temps modernes* et *Le Dictateur*, *Citizen Kane*, *Casablanca* et *Johnny Guitare*. Il quittait la cinémathèque quand la nuit était déjà tombée sur la tour Eiffel et regagnait alors la chambre de bonne. Les quarante-cinq minutes de trajet solitaire devinrent vite indispensables : il continuait après les projections à ressentir une sorte d'excitation mentale, d'électricité lui maintenant les yeux ouverts, et ne voulait pas perdre cette émotion trop tôt ni faire disparaître les images lumineuses qui perduraient sur sa rétine pendant qu'il marchait, aussi nettes que s'il les avait projetées sur le ciel ou le fleuve.

Il passa le soir de Noël avec Leiva, son frère cardiologue et quelques amis et amies aux cheveux plus longs que les siens, avides de tout savoir, absolument tout, sur la Chine, Mao et la Révolution culturelle, si le prolétariat était aussi heureux qu'on le disait, et aussi héroïque.

« C'est vrai ? demandaient-ils. C'est vrai qu'ils ont rompu avec leur passé féodal, leur histoire millénaire ? C'est donc possible ? »

Sergio songea aux hommes et aux femmes humiliés en public, le regard rivé au sol, coiffés de chapeaux d'un mètre de haut, signe qu'ils étaient les complices du capitalisme, ou portant autour du cou des pancartes couvertes de majuscules – « despotes », « propriétaires terriens », « a sympathisé avec l'ennemi » –, et il se rappela les musées et les temples détruits par des foules violentes ainsi que les fusillades qui avaient lieu à la campagne, leur avait-on rapporté, et dont seul un petit nombre était informé. Il se souvint de tout cela, et pour de mystérieuses raisons sentit qu'il ne pouvait parler de rien, ou que s'il révélait quoi que ce soit on ne le comprendrait pas.

« Oui, c'est possible », répondit-il.

Il les revit après le Nouvel An, à une réunion politique organisée par Leiva dans sa mansarde. Quelque chose avait changé. Cette fois ils ne l'interrogèrent pas avec une insatiable curiosité sur la vie en Chine et les vérités du maoïsme ; ils semblaient plus circonspects ou avaient peut-être moins bu. Ils parlèrent de Robbe-Grillet, dont les romans étaient sur toutes les lèvres, et quelqu'un rappela que dans *Loin du Vietnam*, Godard disait qu'il n'avait jamais trop aimé cet auteur. Ils éclatèrent de rire en regardant un Français silencieux qui les observait, assis en lotus sur un coussin, le dos calé contre le mur.

« Godard est vraiment méchant », déclara-t-il.

C'était Louis Malle. Sergio s'arma de courage et lui dit qu'il avait vu *Ascenseur pour l'échafaud* à l'Alliance française de Pékin, mais se garda de lui apprendre que depuis il l'avait revu au moins six fois et que ce long-métrage lui avait fait prendre au sérieux l'idée absurde de devenir peut-être réalisateur dans un avenir lointain.

C'était sans doute étrange, mais le fait que tout le monde parle de la guerre du Vietnam lui rendait Paris plus familier. De tous les films qu'il vit pendant qu'il comptait les jours que mettrait l'enveloppe consulaire à arriver de Colombie, il fut particulièrement marqué par *Loin du Vietnam*, qu'il alla voir dès qu'il put après avoir entendu les commentaires et les plaisanteries s'y rapportant le soir de la réunion. C'était un documentaire réalisé par cinq metteurs en scène de la Nouvelle Vague – Jean-Luc Godard, Agnès Varda, Alain Resnais, Claude Lelouch et Chris Marker –, un photographe à la mode qui s'intéressait au cinéma – William Klein – et Joris Ivens, documentariste et vétéran hollandais considéré comme un héros de la gauche internationale. Sergio vit le film et fut si impressionné qu'il y retourna et éprouva la même indignation, et le même étonnement car il n'aurait jamais cru qu'on pouvait parvenir à un tel résultat sur pellicule, ou que le cinéma pouvait réserver ce genre de merveilles au public. Il écouta Godard répéter les phrases de Che Guevara quand il disait qu'il fallait créer « deux, trois, plusieurs Vietnams en Amérique latine » ; il vit Fidel Castro assis dans la montagne, revêtu de son uniforme vert olive aux épaulettes ornées de losanges noir et rouge, déclarant que la lutte armée avait été la seule solution possible pour le peuple cubain et qu'à son avis, considérant la situation de la plupart des peuples latino-américains, la seule voie à suivre était celle de la révolution. Selon Castro, le Vietnam avait prouvé qu'aucune machine militaire, aussi puissante soit-elle, ne pouvait écraser un mouvement guérillero soutenu par le peuple. L'armée américaine avait échoué contre les héroïques Vietnamiens. Personne n'en doutait plus désormais. C'était un des grands services qu'ils avaient rendu au monde.

Sergio sortit de la salle à la tombée de la nuit, songeant encore aux dernières paroles prononcées dans ce documentaire, qui prédisaient justement qu'en sortant de la salle, dans un monde sans guerre, on aurait vite fait d'oublier cette réalité. Dans ces quelques mots, dans leur mélancolie, leur apparente résignation et la dénonciation d'un monde non solidaire, Sergio découvrit la protestation la plus éloquente qui soit. Il n'avait jamais rien entendu de semblable, pas même dans les marches auxquelles il avait participé quand il était à l'école Chong Wen. C'était aussi la plus probante si on évaluait l'efficacité de la contestation à l'aune de la violence qu'elle déclenchait. La deuxième fois qu'il vit le documentaire, Sergio éprouva une étrange sensation en s'installant sur son siège, puis il se rendit compte que tous les fauteuils, pas seulement le sien, avaient été sauvagement lacérés à l'arme blanche. Il apprit par la suite que c'était l'œuvre des membres d'Occident, un groupe d'extrême droite qui affrontait les manifestants dans Paris. Leurs actions consistaient entre autres choses à pénétrer dans les salles où on projetait *Loin du Vietnam* et à détruire les sièges à coups de couteau.

Il trouva de nouveau le film admirable en dépit de l'écran abîmé, et de toute évidence il n'était pas le seul : en ce mois de janvier glacial, les rues du Quartier latin se peuplaient de manifestants contre la guerre, qui semblaient tous être allés voir ce documentaire. Ils vociféraient leurs slogans, se faisant l'écho des protestations des cinéastes. C'était dans leur grande majorité des étudiants, souvent de la Sorbonne, de sorte que Sergio ne s'étonna guère lorsque devant la Mutualité, accompagné de Leiva, il reconnut plusieurs têtes dans la foule, les amis français qui l'avaient questionné à propos de la Révolution culturelle. Ils brandissaient des pancartes que Sergio ne parvenait à pas à lire et hurlaient avec leurs camarades. Cette scène lui parut familière, il en avait vu de similaires à Pékin : des jeunes en colère soulevés contre les autorités en place. Il se demanda si, en France, des faits semblables à ceux de la Révolution culturelle pouvaient survenir. Des mois plus tard, quand il fut informé des événements de mai 1968, il éprouva confusément de la fierté à l'idée d'avoir prédit cette situation et d'avoir tiré ainsi profit de ses années passées en Chine.

Le poète Leiva l'invita à une autre manifestation rigoureusement identique à la précédente. Elle avait lieu au même endroit, avec les mêmes étudiants criant les mêmes slogans et surveillés par les mêmes CRS, qui ne cillaient pas derrière leurs boucliers. Il avait cessé de pleuvoir, le ciel était encore couvert, sur la chaussée brillaient des flaques qui avaient l'apparence du mercure jusqu'à ce qu'une botte les foule. Les manifestants levaient des pancartes faites de draps ou de carton, sur lesquelles on pouvait lire : *Paix au Vietnam héroïque** et *Johnson assassin**. Devant la pharmacie Maubert, les CRS semblaient attendre qu'ils les attaquent en premier, puis tout se précipita : une pierre vint frapper un des boucliers, suivie d'une autre et d'une autre encore, et un vacarme guerrier assourdit les oreilles de Sergio. Les CRS chargèrent et la foule riposta dans un mouvement ondulatoire de fouet. Près de Sergio, quelqu'un fut blessé, peut-être par une balle perdue. Sergio et Leiva eurent de la chance, ils étaient arrivés tard, mais dans les rangs des manifestants, surtout au centre, les gens tombaient. Ils s'échappèrent en courant, tentant de se couvrir la tête, et dans leur fuite ils s'éloignèrent l'un de l'autre. Ils se retrouvèrent plus tard, dans la chambre de bonne de la rue de Lille. Sergio remarqua que Leiva avait les yeux brillants.

Quand les papiers de Sergio arrivèrent de Colombie, couverts de cachets, d'authentifications et même revêtus de la signature du ministre des Affaires étrangères, Leiva montra un de ses derniers poèmes à Sergio.

Le Grand Sun Tzu chef de la guerre
incita ses hommes pusillanimes à combattre
Et brave fut son cimeterre
Il fit un jour
lutter les concubines du Dynaste
jusqu'à les épuiser
Grand fut son courage
quand un javelot le transperça
il se leva en disant :
« Laissez-le prendre racine en moi »
Ensuite
un arbre naquit de ses entrailles
et à présent le guerrier
ombrage le marcheur.

« Je ne sais pas quel titre lui donner, mais c'est prometteur, non ? »

Sergio prit l'avion pour Pékin à la mi-février. Il lui semblait miraculeux d'y être parvenu, et en effet son passeport était bien là, dans la poche de son manteau. Il trouvait incroyable que la consule lui ait également fait envoyer celui de sa sœur. Il avait mis deux litres de Coca-Cola dans sa valise, afin de partager avec Marianella une boisson introuvable en Chine, même dans le magasin de l'Amitié, car c'était le soda de l'ennemi. En arrivant, au lieu de se rendre directement à l'usine de réveille-matin, où les bouteilles auraient déclenché un scandale, il s'arrêta à l'hôtel de l'Amitié pour les mettre dans le réfrigérateur de sa chambre. Il pensait à sa sœur, qui avait mal vécu l'arrestation de David Crook, et se demandait comment elle allait. Il songea que cette période n'avait dû être simple ni pour elle ni pour Carl, qu'ils devaient être tous deux angoissés par les accusations incertaines portées contre David, et fut surpris de découvrir les murs de sa chambre tapissés d'affiches rédigées de sa main. *Vive le cours militaire du Parti communiste. Vive l'Armée populaire de libération de Chine. Vive la révolution en Amérique latine.*

Il s'étendit sur son lit dans l'intention de faire une courte sieste avant d'aller chercher Marianella à l'usine. Ces derniers mois, il avait passé de si longues heures allongé qu'il avait décidé de se servir du plafond comme d'un mur et d'y punaiser ses cartes de Colombie, de Chine et du monde afin de les mémoriser pendant son temps libre, marquant d'épingles de différentes couleurs les endroits où il était déjà allé, même brièvement. Son regard s'arrêta sur Pékin, puis sur Bogotá, et il essaya de tracer une ligne invisible pour se représenter le trajet qu'ils effectueraient lorsqu'ils iraient rejoindre leurs parents. Ils ne passeraient pas par l'est, ce qui semblait le plus logique sur la carte, mais par Moscou et l'Europe. Les affiches réalisées par Marianella dissipaient son attention ; il y songea des jours plus tard, en apprenant le surnom peu sympathique que lui avaient donné ses amis de l'hôtel de l'Amitié pendant son absence : la bonne sœur de la Révolution.

Extraits du journal de Marianella :

11/01/1968

J'ai appris aujourd'hui que Le Quotidien du peuple *veut me voir pour me proposer de participer à la production d'un film avec d'autres étrangers. Je crois que je devrais refuser car mon père fait un travail clandestin en Colombie et que la raison de ma présence en Chine est d'étudier la « pensée Mao Zedong » afin que je puisse, dès mon retour, accomplir la tâche de mon père et d'autres camarades ; je devrais tirer un apprentissage du grand peuple chinois et rester loyale à la pensée de Mao Zedong pour la porter en Colombie. Mon père se trouve en ce moment dans une situation périlleuse, les Américains nous recherchent, mon frère et moi, aussi ferais-je bien de ne pas participer à ce film, sans doute de propagande, or je n'ai pas encore assez étudié les œuvres du président Mao. C'est probablement parce que j'ai beaucoup appris de lui que j'ai de si bonnes relations avec les travailleurs, mais ce n'est pas suffisant. Tous les progrès que j'ai faits sont dus au soutien de mes camarades. Je dois toujours être honnête et ne pas me montrer trop orgueilleuse de ce petit pas en avant. Je suivrai toujours l'enseignement des masses avec humilité, je serai toujours leur petite élève et m'efforcerai de m'améliorer !*

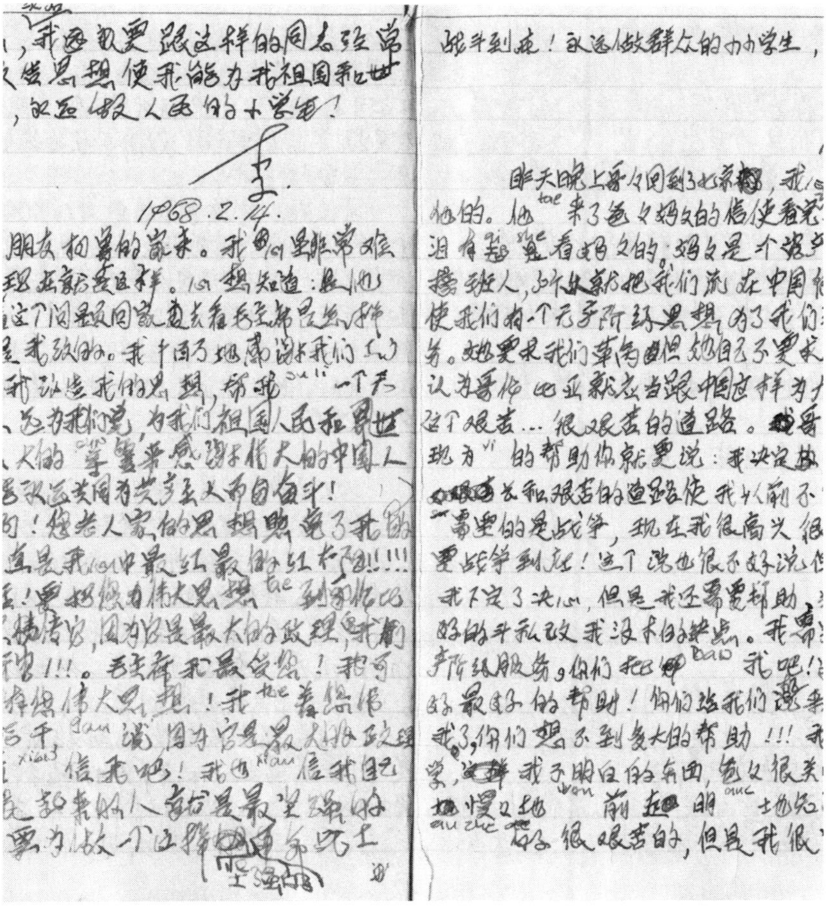

28/01/1968

Aujourd'hui c'est mon jour de repos, tous les autres sont retournés au festival de printemps, pas moi. Je compte passer cette journée de congé à l'usine. Je crois que le mieux que je puisse faire, c'est de rendre service. J'ai vu que les toilettes étaient sales, j'ai donc décidé de les nettoyer pendant mes heures de loisir. Les autres se moquent en disant que je suis sûrement une « capitaliste ». Je ne pense pas que cette tâche soit réservée aux capitalistes. Il nous faut servir les gens, nous sommes leurs gardiens et devons réaliser ce genre d'activité. J'ai dit à mes camarades qu'ils se trompaient en disant cela. Tous nos actes ne devraient-ils pas répondre à l'objectif d'aider autrui ? À l'avenir, nous devrions multiplier nos actions dans le monde. De petites tâches ordinaires, et moins de discours fleuris.

Ces vacances, je vais les passer ici, en Chine, où je veux fonder mon foyer. Je vis aujourd'hui dans une société socialiste, une grande famille révolutionnaire, à l'époque du grand président Mao Zedong. Quel bonheur ! À l'avenir je porterai bien haut la bannière rouge de la pensée Mao Zedong et servirai les autres de tout mon cœur et de toute mon âme afin de progresser plus et mieux.

14/02/1968

Je reviens de chez mon ami Carl. Je suis profondément triste de voir mon camarade dans cet état et me demande si c'est lui qui a changé ou moi. Je pensais à cela en retournant à l'hôtel pour voir ce que le président Mao avait à me dire à ce sujet et, en fin de compte, je crois que c'est moi qui ai changé. Je remercie infiniment mes camarades, les travailleurs de l'usine, de m'avoir aidée à réformer mon idéologie. Ils m'ont soutenue dans l'édification d'une idéologie prolétarienne qui m'incitera toujours à servir notre parti et le peuple de mon pays. C'est avec beaucoup de respect que je remercie le peuple chinois de m'avoir choisie comme compagne d'armes dans notre lutte commune pour le communisme.

Oh, grand président Mao ! Ta pensée a jeté une lumière étincelante dans mon cœur ! Oh, cher président Mao ! Tu es réellement un soleil rouge, plus rouge que mon cœur !!!! Je suis prête à toujours obéir à tes paroles ! À diffuser ta grande idéologie en Colombie. À la propager car elle est la plus grande des vérités, et notre peuple colombien ne doit jamais s'en écarter !!!! Président Mao, je t'aime chaque jour davantage ! Je peux me passer de mon père et de ma mère, mais pas de ta grande idéologie !

16/02/1968

Hier soir, mon frère est rentré à Pékin. J'étais tellement heureuse de le voir... Il m'a apporté des lettres de papa et maman. Des larmes de joie ont jailli de mes yeux quand j'ai eu fini de les lire. Surtout celle de ma mère, qui est une bourgeoise, certes, mais qui n'a pas voulu qu'on marche dans son sillage, c'est pourquoi nos parents nous ont laissés en Chine. Pour mieux étudier la pensée de Mao Zedong, acquérir l'idéologie du prolétariat afin que nous puissions servir les ouvriers de notre pays. Elle voulait que nous fassions la Révolution alors qu'elle-même refusait de la faire. Elle pense que le socialisme est une bonne chose et que la Colombie pourra un jour être aussi grande que la Chine, mais elle disait qu'elle ne voulait pas suivre ce chemin difficile et ardu. Dans la lettre que m'a apportée mon frère, elle écrit :

« La seule aide que je te puisse te proposer, c'est te dire que j'ai résolu de vous suivre, toi et le peuple, sur le long chemin ardu que je me refusais autrefois à emprunter. Je constate à présent que nous devons passer par la lutte armée et je suis heureuse, tout à fait décidée ! Je crois en moi, je lutterai jusqu'au bout ! C'est dur pour moi de m'exprimer ainsi, mais il me semble que tu comprendras. J'ai pris ma décision, pourtant j'ai encore besoin d'un soutien, j'ai besoin d'attention et d'amour. Je dois encore lutter contre mon égoïsme pour supprimer mes défauts. Je dois me battre constamment contre mes intérêts personnels afin d'arriver

à servir la classe prolétaire. Vous tous m'y aiderez en me critiquant ! Ce sera le meilleur appui ! Nous avons reçu le livre de citations du président Mao que tu nous as envoyé. Tu n'imagines pas combien je trouve ces textes merveilleux !!! Je les étudie tous les jours avec ton père, et il m'explique patiemment tout ce qui m'échappe. Ainsi, nous progressons petit à petit. Je comprends parfaitement que le chemin sera long et ardu, mais j'avance avec détermination, et plus ça va, plus je me sens forte. J'ai l'impression que cette force ne me quittera jamais ! »

Après avoir lu cette lettre, je me suis sentie forte et heureuse ! Nous sommes une famille révolutionnaire tous les quatre. Quatre « chevilles » révolutionnaires, même si nous sommes minuscules. J'ai une joie immense dans mon cœur.

Début avril, peu après le seizième anniversaire de Marianella, elle et Sergio rassemblèrent un minimum d'affaires selon les instructions qu'on leur avait données et s'apprêtèrent à prendre l'avion pour Nankin. Mais avant de partir, ils apprirent que David Crook avait été de nouveau transféré après une réclusion de presque six mois. Sa situation ne semblait guère s'améliorer. Personne ne savait avec précision de quoi on l'accusait, mais il écrivait dans ses lettres qu'on avait cessé de l'interroger. Isabel lui envoya les œuvres complètes de Mao traduites en anglais, une édition bilingue du *Petit Livre rouge* et un petit transistor afin qu'il améliore sa prononciation chinoise. C'était sa seule correspondante. David n'eut pas une seule fois de nouvelles des camarades censés s'occuper de son dossier.

Ses lettres étaient pleines de courage, mais aussi de chagrin. Il écrivait qu'il pensait à ses fils et s'inquiétait pour leur sécurité ; qu'il pensait à Isabel et imaginait que les gardes l'arrêtaient comme ils l'avaient fait avec lui. Il racontait ce qu'il pouvait – en chinois, craignant que l'anglais n'éveille des soupçons –, puis Carl le répétait à Marianella, les larmes aux yeux. Elle apprit ainsi que les interrogatoires avaient repris et que, pour sa défense, David disait la vérité. Même s'il se gardait de le dire à ses geôliers, il avait la certitude qu'on l'accusait d'être un espion anglais. Tous les interrogatoires – réalisés par un vétéran de la guerre de Corée que David traita toujours avec respect – se concluaient sur la même phrase :

« Crook, vous avez été extraordinairement malhonnête cette après-midi. Regagnez votre cellule, réfléchissez à vos propos et la prochaine fois, dites-moi la vérité. »

L'homme le questionnait sur sa vie, sa famille, son travail, ses convictions politiques. Et dans ses lettres, David écrivait à ses fils et à sa femme, pensant peut-être que les officiers liraient sa correspondance : « Mais je dis la vérité. Rien que la vérité. »

« Que peut-il faire si on ne le croit pas ? » s'écriait Carl.

À cet instant, Marianella eut une révélation étonnante : Carl était un faible. Elle l'aimait – et était même éperdument amoureuse de lui –, mais elle devait se rendre à l'évidence douloureuse que l'engagement politique de son petit ami n'était pas aussi intense que le sien, qu'il n'avait pas un sens aussi aigu de la mission qu'il devait accomplir. Sans quoi il aurait su que le Parti ne se trompait pas et que si David était en prison, c'est qu'il y avait une raison. Au cours de leurs longues conversations sur le destin de David Crook, Carl s'appuyait sur elle, pleurait avec elle, se plaignait avec elle de l'immense injustice commise par la Révolution culturelle, alors qu'elle n'avait qu'une seule idée en tête : son séjour en Chine touchait à sa fin.

Le Parti communiste avait un Comité central qui comprenait une commission militaire divisée en départements, dont un pour l'Amérique latine. Ce dernier avait une section en contact avec le Parti communiste colombien. Telle était la voie imprécise et tortueuse que les noms de Sergio et Marianella avaient parcourue pour arriver dans un camp d'entraînement plus vaste que certains pays européens. Ils allaient y suivre leurs classes militaires avec cent cinquante autres apprentis. C'était un privilège. Pendant qu'ils s'entraînaient à Nankin, des centaines de Latino-Américains qui faisaient de même dans d'autres parties du monde – en Albanie, par exemple – auraient secrètement préféré être en Chine. Mais le processus de sélection était long et complexe, et pour l'essentiel on en ignorait les critères.

Chacun avait une chambre individuelle au premier étage d'une maison construite au bord d'une route. Les apprentis bénéficiaient également d'un petit bureau jouxtant leur chambre, et au rez-de-chaussée, beaucoup plus spacieux, se trouvait la chambrée de dix soldats de métier, des jeunes gens de vingt ans qui seraient leurs enseignants et formeraient avec le temps une guérilla miniature, des camarades pour lesquels Sergio serait prêt à prendre tous les risques possibles, même s'il s'agissait de dangers fictifs élaborés pour les besoins de l'instruction. Les chambres comportaient un râtelier où étaient calées huit sortes différentes d'armes à feu : un M1 Garland, des pistolets Mauser, des fusils automatiques FAL. Les Cabrera apprirent qu'à la fin de leur formation, ils devraient être capables d'armer et de désarmer les huit armes les yeux bandés.

Pendant deux semaines ils se levèrent à l'aube, vêtus de l'uniforme militaire de la République populaire, et s'installèrent à leur place dans une salle, devant un tableau et un instructeur, pour se remplir la tête de connaissances théoriques. Au fil des jours, les théories devinrent plus compliquées et les professeurs de stratégie plus exigeants. C'était un apprentissage technique au cours duquel la politique était rarement abordée, et uniquement pour rappeler les campagnes du président Mao, ou les écrits du président Mao traitant de stratégie militaire. C'en était fini de l'endoctrinement que Sergio avait connu à l'école Chong Wen. Le tableau fut rapidement couvert de cartes où les troupes décidaient des mouvements à adopter et où il fallait que les points d'une couleur encerclent d'autres points de couleur différente, et il était choquant de penser que ces figures géométriques représenteraient bientôt pour certains une réalité peuplée de morts. Entre deux cours, s'il tendait l'oreille, Sergio parvenait à entendre les accents latino-américains de Chiliens, d'Argentins et de Mexicains, mais il n'entra jamais en contact avec eux. Il communiquait en chinois avec sa sœur et avec les instructeurs, une clandestinité qui leur plaisait.

L'après-midi, on les soumettait à un entraînement plus physique. Ils passaient deux heures par jour sur le stand de tir, à se familiariser avec tous les fusils exposés dans leurs chambres, mais aussi avec les grenades à fragmentation, les mortiers, les bazookas et les mitrailleuses de calibre .50, qui pouvaient tirer jusqu'à deux cent cinquante balles. Les Chinois étant informés de la guerre de guérilla vietnamienne, l'instruction incluait l'enseignement de tactiques basiques, comme construire des pièges à l'aide de feuilles et de branchages, utiliser un cours d'eau pour tendre une embuscade, fabriquer une baïonnette avec simplement un couteau et la forêt environnante. Sergio apprit à se camoufler, à courir sur des troncs, à passer à gué des fleuves tumultueux sans mouiller son arme ni perdre l'équilibre ; il apprit à se faire tout petit pour ne pas être la cible du camp adverse, et à évaluer combien d'ennemis il avait face à lui en dressant l'oreille ; il apprit à identifier au combat l'officier rival le plus gradé bien qu'il ne porte pas ses insignes, car ses aptitudes stratégiques étaient supérieures à celles d'un soldat. Il apprit à tirer profit de la sciure pour réduire l'humidité et à la mélanger à du nitrate d'ammonium pour fabriquer des explosifs moins puissants que la dynamite, à monter dans un tank et à le conduire n'importe où, à se servir de son canon, à détruire l'armement inutile ou encombrant afin qu'il ne tombe pas aux mains de l'ennemi. Et en même temps que ces techniques, il apprit aussi que, plus qu'un défaut de caractère, la lâcheté est une erreur tactique, car l'homme qui a peur ne tire pas et permet à l'opposant de le viser ; celui qui tire évite donc de se faire tirer dessus. Ce principe était essentiel, or plus d'un soldat était mort au combat sans l'avoir assimilé.

Puis vinrent les opérations, sans que personne ait été prévenu au préalable. Un soir, sur le coup de vingt et une heures, Sergio trouva punaisée sur la porte de sa chambre une note écrite en idéogrammes qui disait : *Se présenter à 3 h 00 pour patrouiller.*

Chemin 32. Il eut le sommeil haché, d'une part parce qu'il savait que quelque chose allait survenir, de l'autre parce qu'il était inquiet à l'idée de ne pas se réveiller à temps. Il était pourtant là à l'heure convenue, sur le chemin 32, une route de terre battue bordée d'arbres et mal éclairée. Il avait beau se dire que ce n'était qu'un entraînement et que sa vie n'était pas en danger, l'angoisse lui oppressait la poitrine : quelque chose allait survenir, mais il ignorait sous quelle forme et où cela se produirait. Chaque ombre était une menace, chaque bruit dans le feuillage l'obligeait à faire volte-face, à lever son fusil qu'il pointait dans le noir. La lune ressemblait à un morceau de verre et il faisait bon. Sergio aurait préféré rester immobile, craignant que ses pas couvrent d'autres bruits conséquents. Il détesta la pénombre, détesta la brise, détesta son inexpérience.

Il n'aurait pu dire combien de temps s'était écoulé – peut-être une heure ou deux – quand des arbres lui tombèrent dessus de chaque côté de la route, armés, casqués, le visage barbouillé de brun et de vert. Il put tirer sur un des ennemis, mais les autres fondirent trop vite sur lui. Dans ce type d'opération, les règles étaient claires quant à la distance minimale à respecter avant de tirer : de près, les balles à blanc pouvaient faire mal. Quatre apprentis encerclèrent Sergio en le visant, l'obligeant à se rendre. Ce qu'il avait entendu était juste : les balles à blanc ne tuent pas, mais leurs sifflements mettent autant les nerfs à fleur de peau que les vraies.

La veille du départ de Sergio et de Marianella, la formation terminée et leur diplôme en poche, les instructeurs organisèrent un dîner en leur honneur. Les six hommes qui les avaient suivis et certains camarades de leur âge étaient là. Il y eut des discours d'adieu, les deux adolescents exprimèrent leur gratitude et un des chefs les mena à une table disposée dans un coin de la salle, où deux grenades qu'ils avaient fabriquées lorsqu'ils avaient appris à couler du fer attendaient dans des coffrets en bois. Le militaire leur demanda de les signer, l'armée souhaitant les garder en souvenir.

On les fit ensuite entrer dans un bureau où, sous le portrait du président Mao, on leur remit deux papiers, des chiffres qu'ils devaient apprendre par cœur. Un des instructeurs leur expliqua que ces codes leur permettraient de contacter la commission militaire depuis n'importe quelle ambassade de Chine au monde. Sergio ne comprit pas trop pourquoi ils avaient besoin de ces codes ni à quelle occasion ils les utiliseraient, car dans l'immédiat ils projetaient d'aller faire la révolution en Colombie, mais il mémorisa néanmoins les huit chiffres et détruisit la feuille sur laquelle ils étaient inscrits avant d'aller préparer ses affaires. On leur avait dit que le lendemain matin, à l'aube, un camion militaire les conduirait à l'aéroport pour qu'ils retournent à Pékin. Sergio ouvrit les fenêtres de sa chambre pour laisser l'air chaud de juillet y pénétrer. Les bruits des soldats qui s'apprêtaient à se coucher lui parvenaient du rez-de-chaussée. En pliant les vêtements qu'il avait emportés quatre mois auparavant, il songea que tout ce qu'il vivait avait le goût de la prédestination : il n'avait pour ainsi dire rien décidé par lui-même et avait le sentiment que tout avait déjà été écrit par un autre que lui.

Les derniers jours des Cabrera à Pékin furent empreints d'une nostalgie à laquelle ils s'attendaient, mais également de l'impression d'avoir un but à atteindre, une sensation qu'ils n'avaient encore jamais expérimentée. Ils passèrent des soirées tristes à prendre congé de leurs amis de l'hôtel de l'Amitié et de l'école Chong Wen. Pendant ces longues journées d'été, Marianella rendit souvent visite aux Crook et retrouvait Isabel, qui effectuait des démarches par téléphone ou demandait des entretiens avec des membres haut placés du Parti afin d'obtenir la libération de son mari. Parfois elle s'absentait, partait présenter des documents ou implorer un homme en uniforme, quelque part dans cette ville immense, avec pour unique preuve de l'innocence de David le récit de sa vie et pour seule arme son inquiétude. Elle avait encore assez de présence d'esprit pour demander à Marianella comment elle allait et la priait d'amener son frère, qu'elle aurait bien aimé connaître. Marianella se dérobait toujours en avançant un prétexte, n'ayant aucune envie que Sergio entre chez les Crook, redoutant qu'il ne lui vole quelque chose ou ne vienne polluer un espace de pureté.

Une après-midi, Isabel lui raconta ce qui s'était passé pendant qu'elle était à Nankin. Quelques jours avant le 1er mai, la fête du Travail, Isabel et David avaient espéré une issue favorable, car à cette date, chaque année, les leaders du Parti fêtaient la présence en Chine des spécialistes étrangers.

« Si ton père était là, on l'inviterait à des banquets, des défilés et des événements de ce genre, lui dit Isabel. C'était comme ça tous les ans, sauf que tu ne t'en souviens plus. »

Mais le 1er mai approchait sans que les Crook soient invités nulle part, ni à des banquets, ni à des défilés, ni à des cérémonies d'aucune sorte au Salon du peuple. Les jours passèrent sans qu'on réponde aux demandes de clémence d'Isabel, et avant la date des festivités, un soir comme les autres, David fut de nouveau transféré. Isabel savait que cette fois serait la dernière.

« Et ce n'est pas bon signe ? » dit Marianella.

Non, ce n'était pas du tout bon signe, c'était au contraire la pire nouvelle qui soit. David avait été envoyé au centre de détention de haute sécurité de Qincheng, l'endroit où étaient détenus les ennemis du peuple. Tout le monde s'accordait à dire que lorsqu'on se retrouvait là, on avait peu de chances d'en sortir.

Ce jour-là, Carl et Marianella allèrent faire un tour à bicyclette et, presque sans s'en apercevoir, se retrouvèrent au palais d'Été, où ils prirent une barque et ramèrent jusqu'au milieu du lac où Fausto les avait autrefois surpris de manière gênante.

« C'est grave. Papa ne devrait pas être là-bas. Ce n'est pas juste. Après tout ce qu'il a fait pour la Chine, ce n'est vraiment pas juste », se plaignit Carl.

Il avait cessé de ramer et autour de la barque la surface de l'eau était lisse. Ils étaient seuls.

« Ne t'en va pas, poursuivit-il. Reste ici. Reste avec moi. »

Il avait retiré sa veste pour être plus libre de ses mouvements. Marianella observa ses bras de nageur – une veine saillante ressortait du bord de sa manche courte –, son visage empreint d'une douceur enfantine quand ils étaient ensemble. Oui, songea-t-elle brièvement, elle pourrait être heureuse avec lui et rester à Pékin, comme David et Isabel, comme tant d'autres, et faire sa vie dans cette ville. Une vie consacrée au socialisme, une vie au service de ses idéaux mais aussi une vie loin de son pays.

« Tu sais bien que je ne peux pas, répondit-elle. Je dois partir, c'est décidé. Mon peuple m'appelle », ajouta-t-elle.

Extrait du journal de Marianella :

J'écris encore
Avec la caresse
Que peuvent écrire les sentiments ;
Tu sais combien je pense à toi.

J'écris encore
Avec la passion révolutionnaire
Qui nous unit,
Et je te dis : jusqu'à la victoire !

Alors je te dis,
Parce que je pars,
Et que ce sera peut-être la dernière fois
Que nous pourrons nous écrire :
Je me souviendrai de toi toute ma vie.

Je t'écris encore
Et tu sauras que tu n'auras plus de nouvelles de moi,
Mais que tu recevras mon amour chaque jour
Et cette grande passion, ce grand courage,
Cette grande fermeté qui nous unit !

Sur la première page, elle écrivit : *Pékin, mai 1968*. Puis : *À Carlos*. Elle glissa le cahier dans une boîte en laiton qui contenait son bracelet de garde rouge, les trois carnets de son journal en chinois et les photographies que Carl avait prises ces derniers mois : son frère et elle marchant sur un sentier, pendant une promenade en montagne ; elle seule, un soir ordinaire, le regard fuyant devant l'objectif avec une timidité d'adolescente et, épinglée sur sa chemise, la broche qu'elle portait toujours, sur laquelle figurait le visage de Mao. C'était agréable de penser que Carl se souviendrait d'elle ainsi.

La boîte serait son cadeau d'adieu.

Sergio alla rendre visite à Lao Wang à l'usine de réveille-matin, une des rares personnes à être informées de son entraînement à Nankin, qui pour les autres était resté secret. Parmi les travailleurs, l'idée que l'armée communiste puisse former des Occidentaux au combat pouvait être accueillie défavorablement, même s'il s'agissait d'individus engagés dans la révolution. Il annonça à Lao Wang qu'il repartait dans son pays et lui en expliqua les raisons ; sans le regarder, le chef d'atelier murmura une phrase de maître de taï-chi en ajoutant que les portes de la Chine lui seraient toujours ouvertes. Sergio passa l'après-midi à transcrire en minuscules caractères chinois les leçons les plus importantes de son instruction militaire, y compris les formules pour fabriquer les explosifs. Quand il eut terminé, il prit la longue lettre de son père, dont il ne se séparait jamais, et en relut quelques fragments. Ce courrier était devenu ces derniers mois un manuel d'instructions et, parfois, le garçon était frappé par la manière dont ces lignes, comme par magie, répondaient à toutes les questions qu'il pouvait se poser à l'instant où il se les posait, ce qui était vraiment surprenant. Il ne projetait pas encore d'entrer dans la guérilla colombienne et envisageait plutôt de se mettre au service de la révolution depuis une ville, mais il était prêt à toute éventualité : son corps le lui disait, qu'il avait cultivé et entraîné en vue de toutes sortes d'exigences, de même que son esprit qui, en quatre mois, était parvenu à admettre la possibilité de la mort. C'était la première fois qu'il éprouvait ce sentiment, une révélation qui s'était imposée à lui comme une embuscade alors qu'il se trouvait dans sa chambre, au premier étage de la petite maison : sans savoir ni quand ni comment, il savait que cela arriverait, et maintenant qu'il en avait pris conscience il se sentait soulagé.

En conclusion, je vous dirai que je ne me détacherai jamais de vous, que je penserai toujours à vous, heureux de savoir que vous allez de l'avant, que vous faites partie d'une génération glorieuse qui changera radicalement la face du monde, que vous vivrez dans une société plus juste, plus saine et par conséquent heureuse et prospère, que vous servirez de tout votre cœur. En apportant votre maigre apport à la lutte révolutionnaire, vous contribuerez à ce qu'il en soit ainsi dans votre pays. Et en songeant à cela je serai heureux, très heureux que mes enfants soient dignes de cette société grâce à laquelle le monde connaîtra un tournant. Un père ne peut pas désirer de plus grand bonheur !

XIV

L'arrivée à Bogotá ne se fit pas sans incidents. Le pape Paul VI était attendu en Colombie, son avion devait atterrir dans les heures suivantes et l'aéroport regorgeait de monde. Le problème ne venait pas de la présence papale, mais du fait que Sergio avait caché ses notes sur la fabrication d'explosifs dans le compartiment pour loger les câbles de son magnétophone ; malheureusement ce fut le seul objet saisi par la douane ; et même si ce n'était pas très grave – car si les douaniers avaient trouvé le document, ils auraient de toute manière été incapables de le déchiffrer –, Sergio eut l'impression d'avoir perdu des informations importantes. Lui et Marianella passèrent la nuit à Bogotá et le lendemain ils prirent un vol à destination de Medellín où, sur les indications de la direction nationale du Parti, ses parents s'étaient installés depuis leur retour au pays. Les dirigeants pensaient que Medellín était préférable à Bogotá compte tenu de la proximité de la ville avec le siège de la direction de la vallée du fleuve Sinú, et que Fausto devait y établir ce qu'il appellerait par la suite son « quartier général ». Sergio trouvait tout étrange : que les gens parlent espagnol, que cette langue leur semble familière, que sa famille l'accueille comme s'il était encore l'enfant innocent qui était parti des années auparavant et non un homme sachant manier tout type d'arme et prêt à changer le monde. Il trouvait également étrange que ses parents mènent une double vie dont ils ne lui avaient jusqu'alors pas vraiment parlé ; mais certains points ne pouvaient pas être abordés dans la correspondance, même codée, et devaient être expliqués de vive voix. Quoi qu'il en soit, ses grands-parents et ses oncles et tantes étaient loin de se douter que les Cabrera n'avaient pas passé cinq ans en Europe et qu'ils n'étaient ni l'homme de théâtre ni la maîtresse de maison – certes un peu rebelle et suivant la mode, mais l'Europe, ça vous change une femme – qu'ils prétendaient être dans leur existence publique.

Dès le départ, Luz Elena avait travaillé avec des associations féminines des quartiers populaires. Elle les aidait à récolter des fonds, agissait comme leur ambassadrice auprès des classes plus fortunées, leur laissait entendre qu'on pouvait croire en Dieu sans pour autant faire de nombreux enfants. Elle avait dépensé tout son salaire chez les antiquaires de la rue Liulichang au cours des derniers mois qu'elle avait passés à Pékin et, en arrivant en Colombie, elle possédait assez d'objets anciens et d'œuvres d'art pour monter une exposition, ce qu'elle fit au musée de Zea en organisant un événement culturel qui était également une façade d'un point de vue tactique. De son côté, deux ans plus tôt, Fausto s'était remis au théâtre, mais il ne voulait plus monter des pièces de Molière ni même d'Arthur Miller ou de Tennessee Williams. Il était au contraire obsédé par la création collective. Le théâtre classique était fait pour et par les bourgeois, le concept d'auteur lui semblait égoïste et rétrograde ; en Chine, il avait appris que la scène pouvait et *devait* être une arme au service du changement. Entre-temps, le Parti l'avait nommé secrétaire politique d'une cellule urbaine, si bien que ses activités théâtrales lui permettaient à lui aussi de camoufler son militantisme.

Le détonateur fut une polémique à laquelle il fut mêlé peu après son retour en Colombie, quand Sergio García, qui avait comme Fausto été l'élève de Seki Sano, l'invita à participer à un festival de théâtre de chambre. Fausto avait fait avec lui l'adaptation merveilleuse du « Mouchard » de Brecht. Il était à présent directeur de la Maison de la culture, une compagnie de qualité installée dans une belle demeure de la rue 13, au cœur de Bogotá, et ses créations commençaient à être appréciées du public. García voyait là une façon de souhaiter la bienvenue à un collègue ayant passé de longues années à l'étranger, mais Fausto profita de l'aubaine pour servir ses intérêts : il déclina l'invitation en disant qu'il n'y avait plus de place pour le théâtre traditionnel et que la Colombie devait s'intéresser à la scène populaire, car tout le reste était réactionnaire et élitiste. Il y eut ensuite un échange d'articles, de chroniques et de lettres dans la presse, où des metteurs en scène comme Manuel Drezner et Bernardo Romero Lozano défendaient l'objectif à la fois simple et incroyablement difficile de créer de bonnes pièces et de le faire correctement. N'était-ce pas ce à quoi s'engageait tout artiste ? Le débat dura plusieurs jours et, à la fin, dans une curieuse tentative pour avoir le dernier mot, Fausto se lança dans un projet ambitieux, le FRECAL. Ce sigle rébarbatif de syndicat signifiait en réalité « Front de création artistique et littéraire », et le FRECAL aspirait à être en Colombie le premier mouvement culturel explicitement marxiste.

Fausto s'employa à mettre en pratique tout ce qu'il connaissait de la nouvelle dramaturgie chinoise. Il monta une longue pièce, *El invasor*[1], qui traitait de l'éternelle exploitation de l'homme par l'homme à travers l'histoire de la Colombie ; une pièce sur la révolte des Comuneros, le soulèvement des habitants de la Nouvelle-Grenade contre les Espagnols au XVIIIe siècle ; une autre sur la vie d'un ouvrier qui trahit sa classe au XXe siècle. Aucune ne remporta de succès, en grande partie parce que les convictions idéologiques ne sont pas toujours assorties de talent artistique, or Fausto portait plus d'attention aux premières qu'au second. Il traitait de réactionnaires les acteurs qui ne ralliaient pas la cause marxiste, taxait de bourgeois et de contre-révolutionnaires les dramaturges qui proposaient d'explorer l'amour et l'infidélité, les accusait de ne pas vouloir descendre de leur tour d'ivoire. Quand on reprochait au Front ses positions sectaires, au motif que Fausto allait jusqu'à refuser la participation de gens de gauche

1. Littéralement : « L'Envahisseur ».

si ce n'était pas la bonne gauche à ses yeux, il se défendait en récitant ces vers de César Vallejo :

Un boiteux passe en donnant le bras à un enfant
Vais-je, ensuite, lire André Breton ?

Un autre tremble de froid, tousse, crache le sang
Pourrai-je jamais parler du Moi profond ?

Un autre cherche dans la boue, des os, des épluchures
Comment écrire, ensuite, sur l'infini ?

Un maçon tombe d'un toit, meurt, laissant son casse-croûte
Innover, ensuite, sur le trope, la métaphore ?

Il avait au fond bien davantage de doutes mais se gardait de l'avouer, le doute et l'incertitude étant les pires ennemis du révolutionnaire. Ce qu'il avait vu en Chine était tout à fait limpide : un peuple qui mourait de faim quelques années auparavant vivait désormais. Comment de pas faire la révolution ? Et si on acceptait ce postulat, comment ne pas tout mettre expressément, y compris l'art, au service de cette cause ? Qui pouvait penser que la beauté d'une scène ou l'euphonie d'une phrase étaient plus importantes que la libération d'un peuple ? En vérité, Fausto n'avait pas la moindre expérience des tâches que le Parti lui demandait de réaliser, et son idéalisme le conduisait à condamner des gens de valeur lorsqu'il ne voyait pas en eux tout l'engagement qu'il espérait. Mais son objectif était clair et il ne l'atteindrait pas en adoptant des demi-mesures. Il avait fondé à Medellín l'École des arts de la scène, et quand la salle de répétition était vide, il y réunissait sa cellule en vue de longues discussions politiques où lui et ses camarades décidaient du sort des moins orthodoxes. Par la suite, les locaux de l'école devinrent aussi la salle de rédaction d'un pamphlet au nom ambitieux, *La Revolución*, et la frontière entre politique et dramaturgie fut entièrement gommée.

Luz Elena acceptait de prendre de plus en plus de responsabilités. La direction du Parti lui confia des missions où elle jouait le rôle de correspondante face aux dirigeants d'autres mouvements révolutionnaires, et du jour au lendemain elle se retrouva à traverser le pays dans la voiture familiale, bravant seule les dangers des routes de montagne qui menaient en Équateur afin de se rendre à Quito, où le Parti avait centralisé l'argent qui arrivait de toute l'Amérique latine et plus particulièrement du Chili, où les marxistes-léninistes étaient de généreux donateurs. Elle récupérait des sommes élevées ou des documents précieux, car le Parti avait plus confiance en elle qu'en toute autre personne, ce qu'elle attribuait à sa condition de femme. Elle se disait que si elle n'avait pas choisi la transparence tout au long de sa vie, elle aurait pu disparaître avec les fonds du mouvement et refaire sa vie n'importe où dans le monde. Elle effectuait ces voyages secrets une fois par mois et, après avoir éprouvé une certaine appréhension, elle commença à y prendre plaisir. Elle appréciait ces moments de solitude, d'indépendance et de silence qu'elle avait perdus depuis son mariage avec Fausto. Ces vingt dernières années, elle avait calé son emploi du temps sur le sien ou celui de ses enfants. Hormis son mari et sa progéniture, personne ne savait qu'elle partait, de sorte qu'elle ne se sentait même pas coupable de s'occuper d'elle quand elle aurait dû se soucier des autres. Elle seule décidait si elle passerait la nuit à Cali ou à Popayán, descendrait dans un hôtel de l'une ou l'autre ville et supporterait le regard du réceptionniste, curieux ou franchement accusateur.

« Vous n'êtes pas une pute, au moins ? » lui demanda un jour un employé pendant qu'elle s'inscrivait sur le registre.

Quoi qu'il en soit, les dirigeants du Parti communiste colombien décelaient en elle plus de courage que chez beaucoup de guérilleros qui portaient le fusil à l'épaule. Quand vint le moment de lui choisir un pseudonyme, le secrétaire fit un très mauvais jeu de mots :

« Une femme aussi valeureuse ne peut que s'appeler Valentina. »

Elle adopta ce nom.

Tel fut le tableau que Sergio découvrit en arrivant de Pékin. Deux jours plus tard, Fausto lui demandait déjà de se présenter à l'École des arts de la scène pour être assistant de direction et occasionnellement metteur en scène. Le garçon avait encore le corps engourdi par la fatigue du voyage, mais Fausto exigeait qu'il se lève tôt pour aller au travail. Une après-midi, après un déjeuner trop copieux, il s'endormit au milieu d'une réunion de la compagnie ; son père l'accusa devant tout le monde de manquer à son engagement et lui demanda si le simple fait d'être revenu en Colombie suffisait à l'embourgeoiser de la sorte. Ils avaient l'intention de créer *La historia que nunca nos han contado*[2], une pièce que quelqu'un avait suggérée sans craindre que la mise en scène ne soit pas à la hauteur. Sergio pensait que l'œuvre ne présentait aucun intérêt hormis celui de la propagande, mais il ne s'était pas assoupi pour cette raison. Fausto avait lancé contre lui une attaque injuste surtout due à sa nervosité, mais elle hérissa son fils comme une irritation de la peau. Lui aussi avait commencé à militer, et cette agression qui semblait tourner autour du théâtre était au fond une remise en question révolutionnaire. Il n'avait pas l'intention de laisser passer cela et comptait bien prouver à son père que sa vocation était demeurée inchangée.

Lorsqu'ils se voyaient, presque toujours autour de la table de la salle à manger, les Cabrera ne parlaient pas de leur journée. Luz Elena l'avait en général passée dans les quartiers les plus défavorisés de Medellín tels que le Pedregal ou les communes du nord-est de la ville, où une femme comme elle courait plus de risques qu'elle ne le pensait. Sergio avait travaillé au Théâtre populaire d'Antioquia ou dans un de ses groupes satellites, écrivant avec les acteurs la pièce destinée à être jouée et imprimant en secret des tracts pour le Parti sur une polycopieuse de marque Gestetner, très différente de celle dont disposait le Régiment rebelle à l'hôtel de l'Amitié,

2. Littéralement : « L'histoire qu'on ne nous a jamais racontée ».

mais qu'il apprit à utiliser aussi bien que le tour de l'usine chinoise, préparant lui-même le stencil comme s'il faisait de la sérigraphie. Mais de cela non plus on ne parlait guère chez les Cabrera, en vertu d'une sorte d'accord tacite d'autant plus étrange qu'il leur aurait été utile à tous de partager leur nouvelle vie. À un moment donné, ils se virent moins souvent, non seulement parce que le secret et la prudence étaient de mise, mais parce que Sergio était parti vivre ailleurs avec un groupe de camarades de sa cellule du Parti.

Il se gardait de dire que, pendant son temps libre – et même quand il était supposé œuvrer pour la cause –, il se rendait au cinéma. Il fuyait ses obligations et allait voir n'importe quel film juste pour retrouver le plaisir qu'il avait toujours éprouvé dans les salles obscures, devant l'écran lumineux sur lequel se déroulait le monde. Il découvrit à cette époque *L'Étranger*, de Luchino Visconti, et passa quatre jours de suite à s'inventer des missions afin de le revoir. Par une après-midi ensoleillée, de retour d'une mission qui, cette fois, était vraie, il passa devant un cinéma et vit une affiche sur laquelle un jeune couple s'embrassait. Le film, programmé en matinée, était *Mon Dieu, comme je t'aime*, de Miguel Iglesias, un mélodrame ridicule dont la seule qualité était les chansons de Gigliola Cinquetti que Marianella aimant tant. Poussé par une nostalgie passagère mais se sentant néanmoins coupable (un révolutionnaire comme lui ne pouvait pas s'intéresser à ce genre de niaiseries), il acheta un billet. Son enthousiasme fut de courte durée et, vingt minutes plus tard, après la première chanson de Gigliola Cinquetti, il était exaspéré. Mais en sortant, le temps que ses yeux s'habituent à la luminosité, il entendit quelqu'un l'interpeller.

« Qu'est-ce que tu fais là ? »

C'était un des camarades qui vivait avec lui.

« Je discutais avec un contact, camarade, mais je ne peux pas t'en dire plus pour l'instant. »

Sergio était un des membres les plus actifs de son groupe. Il allait jusqu'à une fois par mois à Bogotá pour y récupérer des munitions, des médicaments ou des documents, dans le plus grand secret, comme sa mère, voyages qui pouvaient se révéler périlleux. Il logeait chez son oncle Mauro, qui ne militait pas même s'il partageait les idées de son frère ; ils étaient alors liés par la formidable connivence de ceux qui savent qu'on ne peut pas aborder certains points et qu'il vaut donc mieux éviter de poser des questions. Sergio trouvait cela préférable : il se rendait compte qu'il ne comprenait pas grand-chose à la situation et avait l'impression d'avancer à tâtons dans une jungle. Il ignorait par exemple qu'à ce moment-là, des voix anonymes parlaient de son avenir et de celui de Marianella et que leur destin se décidait dans le plus grand secret. Lors d'une rencontre informelle, quelqu'un lui avait un jour dit qu'il était temps qu'il entre dans la guérilla.

« C'est pour ça qu'on est venus », avait déclaré l'homme.

Mais cette conversation ne s'était pas concrétisée par des faits et plus personne n'en avait reparlé jusqu'à ce qu'un mardi matin, Sergio réponde à un appel et s'exprime comme s'il faisait allusion à une tierce personne. C'était une discussion codée, car tout le monde savait que les lignes étaient sur écoute, mais les propos de son interlocuteur étaient on ne peut plus clairs pour lui. On lui donna rendez-vous dans un café du centre de Medellín en le prévenant de ne rien révéler, surtout pas, y compris à ses parents. Des années plus tard, il raconta que l'entretien avait à peine duré le temps de prendre un café, mais qu'il en avait ressenti les conséquences toute sa vie.

En arrivant dans le bar, non loin de l'hôtel Nutibara, il attendit quelques minutes, persuadé que la personne qu'il devait voir l'observait de là où elle se tenait. Au bout d'un moment, un dirigeant syndical avec qui il avait déjà échangé quelques mots mais qu'il ne connaissait guère vint s'asseoir à sa table. Sans se soucier de lui adresser la moindre formule de politesse, il lui donna des instructions, peu nombreuses quoique très précises : il devait s'acheter un hamac, une machette et une paire de bottes en caoutchouc, préparer une tenue de rechange et attendre qu'on lui téléphone.

« Je pars maintenant ?

– Demain, camarade. Nous pensons que vous êtes prêt. »

Il se sentait pris en embuscade, une impression absurde dans la mesure où cette résolution n'avait rien d'imprévu. Entrer dans la guérilla était inscrit dans sa destinée depuis longtemps – à croire qu'une force l'avait décrété à sa place, sans attendre son consentement –, mais il n'aurait jamais cru que ce serait si rapide. Il écouta les consignes suivantes comme dans un rêve : aller à un arrêt d'autobus à une heure précise, gagner la ville de Dabeiba et ne rien révéler de son départ à qui que ce soit. Il quitta le café avec une boule au ventre, partagé entre la frustration et la joie, pris du doute désagréable qu'on avait décidé à sa place. Il gagna le coin de l'hôtel où il avait vu un magasin d'objets d'artisanat pour touristes, et y entra sans réfléchir en se disant que, là ou ailleurs, les hamacs seraient identiques. Il en trouva un grand et confortable, avec des rayures de couleurs criardes, et n'eut pas la présence d'esprit de penser qu'acquérir un hamac double était une très mauvaise idée, car il serait deux fois plus lourd à porter. Contre toute attente, il trouva également dans la boutique une machette appropriée, et dans le commerce voisin il s'acheta des bottes La Macha noires et brillantes, qui dégageaient une odeur de caoutchouc neuf. Il fit ses emplettes en double, songeant que Marianella en aurait besoin elle aussi. Il l'appela dans l'après-midi.

« On part demain, lui annonça-t-il.

– Où ça ?

– Là où on doit aller. »

Il y eut un silence au bout du fil.

« Maintenant ? Forcément ? On ne peut pas en rediscuter ? »

Sergio prit peur car ce n'était pas la voix de Marianella, la militante convaincue, la bonne sœur de la Révolution, mais celle d'une petite fille.

« Non, inutile d'en discuter, décréta-t-il d'un ton ferme. En plus, j'ai déjà tout acheté et je ne peux rien rendre », ajouta-t-il, pensant que c'était un argument décisif.

Dans l'appartement clandestin il passa une nuit difficile. Il ne pouvait rien dire à ses camarades de cellule, eux qui l'auraient pourtant compris mieux que quiconque et auraient même pu le conseiller. Mais les ordres de ses supérieurs étaient clairs.

Pour organiser leur départ au mieux, ils décidèrent avec Marianella qu'ils arriveraient séparément à l'endroit où ils prendraient l'autobus. Il ignorait à quel moment elle quitta le domicile de leurs parents et comment elle occupa les longues heures qui lui restaient à tuer avant de franchir la porte, mais de son côté, il vécut cette matinée comme une première mise à l'épreuve de sa discipline révolutionnaire. Il prit son petit déjeuner avec ses camarades et s'habilla normalement en gardant le silence qu'on lui avait demandé d'observer, puis prépara ses affaires. Il glissa dans son sac les bottes qu'il avait rapportées de Chine – hautes et en bon cuir –, songeant qu'elles lui serviraient certainement : si elles étaient parfaites pour l'Armée populaire de libération qui dominait ce pays, pourquoi seraient-elles inutiles pour l'EPL[3] colombien ? Il déjeuna sans appétit et se rendit à l'arrêt d'autobus. Pendant le trajet, il eut l'impression d'avoir oublié quelque chose et dut multiplier les efforts pour comprendre que le vide qu'il ressentait, aussi palpable que l'absence de son trousseau de clés au fond de sa poche, était lié à la tristesse de ne pas avoir dit au revoir à sa mère, l'immense tristesse de ne pas l'avoir embrassée pour partager avec elle l'éventualité de ne plus jamais se revoir.

Extraits du journal de Marianella :

Mars 1969

Tout est prêt. J'ai écrit à maman. Je pensais à son sourire et à ses baisers en lui faisant mes adieux. Je sais qu'elle pleurait intérieurement, mais maman est la personne la plus compréhensive de la terre, la plus noble, la plus juste. Je lui dis que je suis heureuse, que je serai bientôt hors de portée des sbires en accomplissant

3. Ejército Popular de Liberación. Littéralement : l'« Armée populaire de libération ».

fièrement mon devoir sur mon nouveau front de guérilla. Je sais que j'aurai alors réduit la distance qui me sépare d'elle et de papa, car nous servons la même cause.

Le camarade Juan a apporté une grande quantité de médicaments que je dois prendre. C'est de l'Aralen. Il dit que c'est contre le paludisme et que je dois absolument en avaler un cachet par jour, car c'est la région la plus à risque du pays pour contracter cette maladie dont je trouve le nom terrible, mais dont je n'ai pas voulu connaître les effets.

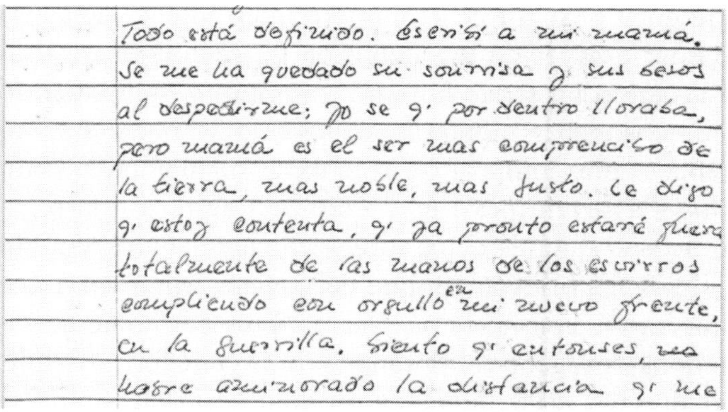
Todo está definido. Escribí a mi mamá.
Se me ha quedado su sonrisa y sus besos
al despedirme; yo se q' por dentro lloraba,
pero mamá es el ser mas comprensivo de
la tierra, mas noble, mas justo. Le digo
q' estoy contenta, q' ya pronto estaré fuera
totalmente de las manos de los esbirros
cumpliendo con orgullo en mi nuevo frente,
en la guerrilla. Siento q' entonses, me
habre aminorado la distancia q' me

7 mars

La clandestinité étant absolue, j'occupe l'essentiel de mon temps à lire. Hier, j'ai essayé de discuter avec Ester, la compagne de Juan, mais je n'ai pas réussi. Nous parlons un espagnol très différent. Je lui ai dit que je préférais avoir les cheveux courts, que ça sera plus pratique et plus hygiénique compte tenu de ce que nous allons vivre. Elle s'est gentiment proposé de me les couper et j'ai accepté. Pendant qu'elle sacrifiait mes cheveux longs, il m'a fallu renoncer à toute vanité face à la raison objective, puis j'ai souri en me regardant dans le miroir.

Il ne me reste plus que quelques heures et j'ai parfois l'impression de tomber dans un abîme. Quelque chose m'effraie. Maman et moi avons souvent accompagné des camarades qui partaient.

Les matins couverts, nous roulions au bord de précipices, sur une route où la voiture passait difficilement. Nous disions ensuite que c'était à la fois terrible et admirable, et maintenant c'est mon tour. Je suis décidée, je vais de l'avant !

L'autobus partit peu après dix-sept heures par une après-midi pluvieuse. Sergio ne connaissait pas bien ce quartier de la ville. Il ne put savoir dans quelle direction ils roulaient ni où ils allaient et avait en outre la tête ailleurs : on lui avait dit que deux autres militants étaient montés dans le bus pour les mêmes raisons qu'eux, de sorte qu'il profitait de la lumière intermittente de l'éclairage public pour essayer de les identifier. La révolution se lisait-elle sur le visage d'un jeune homme ? Ses traits trahissaient-ils ses désirs de changer le monde ? Le siège de Marianella se trouvait trois rangées plus loin, car on avait exigé de manière péremptoire qu'ils ne s'asseyent pas l'un à côté de l'autre. En la regardant, Sergio pensait que les deux autres les cherchaient peut-être eux aussi. Il songea brièvement que ce voyage renvoyait à une date indéfinie sa vie consacrée au cinéma, puis eut honte de ses préoccupations bourgeoises. Il songea qu'il était fort possible qu'il ne revienne pas et se demanda où vont les projets qui avortent avant même d'avoir commencé, et une tristesse sourde mâtinée de culpabilité l'envahit. Comment allait Luz Elena ? Comment avait-elle réagi en apprenant que ses enfants étaient entrés dans la guérilla sans avoir pris congé d'elle ? Et leur père, qu'en disait-il ? Il était perdu dans ces pensées lorsque la nuit tomba. Il regarda discrètement Marianella, qui dormait la tête contre la vitre, et ferma les yeux, estimant qu'il valait mieux qu'il se repose lui aussi. Et il s'endormit.

Le trajet dura cinq longues heures. Par la suite, il n'eut que des souvenirs diffus de la fin du voyage et de leur arrivée. Il savait qu'un homme et une femme étaient venus les accueillir sans se présenter ni leur demander si tout s'était bien passé, mais les avaient aidés à descendre leurs lourds bagages, après quoi les deux autres camarades avaient surgi : un jeune Noir à l'ossature saillante et aux cheveux en brosse, puis un homme qui avait une sorte d'autorité naturelle et savait déjà qui étaient Sergio et Marianella quand il les salua. Lorsqu'ils se mirent en route en contournant la ville comme s'ils ne se décidaient pas à y entrer, il était vingt-trois heures. Ils croisèrent une manifestation nocturne ou se laissèrent rattraper par les manifestants ; à mesure que les gens se rapprochaient, Sergio s'aperçut qu'il s'agissait en réalité d'une procession religieuse.

« Évidemment, dit-il à sa sœur. C'est Jeudi saint. »

Ils n'y avaient pas réfléchi jusqu'alors. Les guérilleros leur firent signe de se mêler aux croyants qu'ils accompagnèrent un long moment ; au loin ils voyaient la tête émaillée du Christ briller à chaque fois qu'elle passait sous un lampadaire. À un moment donné, ceux qui étaient venus les chercher, l'homme ou la femme, leur dirent : « Ici, ici », et tous quittèrent les processionnaires comme s'ils sautaient d'un train en marche, pour se mettre à fouler les chaumes d'un champ moissonné depuis peu, où il était difficile d'avancer sans se prendre les pieds dans les tiges. Ils s'éloignèrent ensuite en empruntant un chemin qui semblait avoir été tracé au fil des années par le passage du bétail. Un homme les attendait pour leur servir de guide. Ils lui emboîtèrent le pas, sept silhouettes progressant en silence dans le noir.

Ils marchèrent toute la nuit. Le jour se leva sans se hâter sous une petite bruine, puis le ciel se dégagea brusquement quand le soleil fut au-dessus des montagnes, et une végétation inconnue de Sergio apparut au bord du sentier. Il fut le seul à observer les bromelias, le gris mercure des coulequins ou la taille de certaines feuilles qui déversaient de l'eau comme des becs d'arrosage. Il avait conscience que s'extasier à voix haute aurait été déplacé, et que raconter que cela lui rappelait la visite du jardin botanique de Pékin, où il avait vu le dernier empereur de Chine comme il voyait à présent ses camarades, aurait frisé le ridicule. Non, il ne fallait pas mettre de mots sur ce qu'il ressentait, pourtant rien ne lui ferait oublier l'impression d'avoir fait une découverte, et c'est sans doute pour cette raison qu'il arriva d'excellente humeur au campement, où douze guérilleros décrochaient des hamacs des arbres et revinrent peu après, appelés par leur supérieur, le commandant Carlos, qui avait non seulement la réputation d'être leur meilleur chirurgien, mais était également membre du Comité central et de l'état-major. Il rassembla ses hommes et les pria de souhaiter la bienvenue aux nouveaux venus. Mais auparavant, il avait demandé à Sergio comment il voulait s'appeler.

« Sergio, répondit le jeune homme.

– Non, expliqua le commandant. Je voudrais savoir quel nom vous porterez ici. Votre sœur s'appellera Sol. »

C'était le premier prénom de Marianella. Quand elle était petite et que Fausto la punissait, il l'appelait Sol Marianella. Elle souhaitait être identifiée sous ce nom dans sa nouvelle vie révolutionnaire. Mais Sergio, par timidité ou par surprise, ne trouvait pas de prénom approprié et le commandant n'avait pas envie d'attendre qu'il se décide. Il parla des camarades qui avaient voyagé avec eux en citant des phrases qu'on venait probablement de lui souffler, puis les présenta. Le jeune Noir était le camarade Pacho ; l'autre, qui avait inspiré à Sergio un respect indéfinissable, le camarade Ernesto, qui avait été un vénérable leader populaire dans le département du Quindío et avait fait ses classes en Albanie. Carlos désigna Marianella par son nouveau prénom, et presque dans le même souffle, à croire qu'il avait déjà son idée sur la question, il présenta Sergio en cinq mots :

« Et voici le camarade Raúl. »

TROISIÈME PARTIE

LA LUMIÈRE ET LA FUMÉE

XV

Sur l'écran de la cinémathèque, une guérilla caricaturale affrontait une armée risible, et tous ces personnages de vaudeville semblaient sortis d'une comédie de Luis García Berlanga. Il y avait un capitaine un peu trop gueulard, des révolutionnaires trop solennels, un Américain méchant et stupide, un curé coincé mais lucide, un trafiquant d'armes cynique, un Andalou vêtu d'une petite veste de flamenco et coiffé d'un chapeau à large bord qui sillonnait ces régions en guerre au volant d'un autobus transportant des prostituées. Assis au dernier rang entre l'allée et Raúl, Sergio se posait les mêmes questions que d'habitude. Il se demandait ce qui dans son récit se perdrait au cours du long chemin allant de l'écran lumineux au fauteuil plongé dans la pénombre du spectateur, et ce qui resterait enchevêtré dans le vide des cultures. L'intrigue de *Stade en grève*, un film loufoque, partait d'un match de foot. Cela au moins s'inscrivait dans une sorte de langage universel, un espéranto narratif. Les équipes nationales d'Argentine et de Colombie s'apprêtaient à disputer un match de qualification pour la Coupe du monde 1994, mais les antennes avaient été détruites par erreur et le seul téléviseur du bataillon avait volé en éclats. Guérilleros et militaires avaient donc déclaré une trêve pour fabriquer un appareil improbable ainsi qu'une antenne en aluminium, et oublier pendant quatre-vingt-dix minutes la guerre qui les opposait. C'était une fable avec des histoires d'amour et une fin heureuse ; Sergio avait su dès le départ que ce long-métrage serait au programme de la rétrospective, mais il s'était en outre arrangé pour que la projection ait lieu quand il serait présent. Quelques minutes plus tôt, pendant que le public s'installait dans la salle, un spectateur l'avait abordé pour lui demander pourquoi il avait fait passer ce film avant *Ilona vient avec la pluie* ou *Perdre est une question de méthode*, qui étaient merveilleux. Sergio lui avait répondu en désignant Raúl :

« Parce que quand le film est sorti, ce jeune homme venait à peine de naître, alors bien sûr, comme il avait les yeux fermés, il n'y a pas compris grand-chose. »

Ce n'était qu'en partie vrai. Oui, il voulait être avec son fils la première fois qu'il verrait sur grand écran ce film sorti quand il était venu au monde ; il voulait aussi se rappeler les émotions fortes de 1998, l'année de naissance de Raúl et l'époque où lui-même commençait à se lancer en politique. Il avait fait un court passage à la Chambre des représentants et se souvenait qu'à l'époque, pendant qu'il s'occupait de la distribution du film dans des moments volés à la campagne électorale, il pensait que ce serait sa dernière contribution au cinéma, un testament en bonne et due forme. Il ne trouvait pas étrange que les préoccupations du cinéma et de la politique, bien que sous des aspects très différents, finissent par se réduire à deux mots obstinés et éternels du vocabulaire colombien : la guerre et la paix. Le film était sorti en salle le 25 décembre, comme un cadeau de Noël à un pays qui baignait alors dans le sang. Les guérillas tuaient, les paramilitaires tuaient et l'armée tuait, mais dans la fiction qui apparaissait à l'écran les ennemis se réunissaient et se donnaient des accolades car leur équipe de foot avait mis cinq buts à l'équipe adverse. À cette époque, alors que tout le monde s'accordait à dire que la Colombie faisait naufrage, les tentatives pour aboutir à des accords de paix avortaient les unes après les autres, et Sergio avait parfois l'impression que cet échec était moins un accident qu'une véritable vocation et que son pays n'était pas fait pour vivre sans que ses habitants s'entretuent. Il avait réalisé ce film dans un élan d'optimisme insolent. Dix-huit ans avaient passé depuis et la réalité lui avait accordé une seconde vie.

Quelques semaines plus tôt, à la fin du mois de septembre, quand Octavi Martí avait écrit à Sergio pour lui demander la liste définitive des films qui seraient projetés en sa présence, les Colombiens étaient sur le point de prendre la décision la plus importante depuis la création de leur république, deux cents ans auparavant. Dans un référendum sans précédent, ils allaient se prononcer à propos d'un document de trois cents pages.

« Sauf que ce n'est pas un document, mais un nouveau pays », avait déclaré Sergio dans une interview.

Il s'agissait des accords de paix de La Havane. Depuis fin 2012, le gouvernement colombien et la guérilla des FARC, la plus ancienne et probablement la plus pernicieuse du continent, s'étaient réunis à Cuba afin de trouver une issue à un conflit qui durait déjà depuis plus d'un demi-siècle, avait fait huit millions de victimes – morts, blessés et personnes déplacées – et dont la dynamique infernale avait atteint un tel niveau de cruauté qu'on était en droit d'avoir de sérieux doutes sur la santé mentale du pays. Des tentatives similaires avaient eu lieu dans le passé, toujours avec des résultats désastreux, et en 1992, après l'échec des négociations qui s'étaient déroulées au Mexique, un chef guérillero avait prononcé une phrase devenue célèbre : « Nous nous reverrons dans dix mille morts. » Entre-temps, bien d'autres avaient succombé à cette guerre avilissante sans que le monde le sache. Mais tout avait changé à présent.

La planète entière avait suivi les quatre années de négociations, et tous ceux qui avaient une quelconque expérience des conflits enkystés étaient intervenus à un moment donné : les Irlandais qui avaient conclu l'accord du Vendredi saint, les Sud-Africains qui étaient parvenus à la paix après l'apartheid et même les Israéliens qui avaient signé les accords de Camp David. Quand on annonça de La Havane que les différentes parties s'étaient entendues, Sergio ne put s'empêcher de penser qu'ils avaient réussi l'impossible : un pays habitué à la guerre allait tourner la page et repartir de zéro. Il suffisait seulement que le peuple colombien dise oui ou non aux accords en glissant des bulletins dans des urnes. Une simple formalité, bien entendu : qui aurait pu penser qu'un pays si meurtri refuse que la guerre prenne fin ?

Au cours de cette après-midi de septembre où il se mit à choisir les films, Sergio prit conscience que la rétrospective se déroulerait dans un monde nouveau avec une guerre de moins. En d'autres termes, il songea que devant le public de la cinémathèque, il aurait le privilège de se placer devant l'écran après la projection de *Stade en grève* et de dire des mots qui auraient été impensables auparavant. « Vous venez de voir pour la première fois une comédie traitant d'une paix absurde dans un monde où on vient d'obtenir une paix réelle », déclarerait-il. Ou peut-être : « Ce film a été tourné il y a dix-huit ans dans un pays en guerre. Maintenant que nous venons de le revoir, la Colombie a trouvé la paix », ou une phrase similaire avec un petit effet, idéaliste sans être naïve. Cette idée en tête, il inclut *Stade en grève* dans la liste des projections prévues, envoya le mail et se prépara à entamer la longue semaine qui se conclurait le dimanche par le référendum.

Ce furent des jours difficiles, pas uniquement du fait de l'importance politique de ce moment. L'existence semblait laisser peu de temps à Sergio pour réfléchir à l'ampleur de ce qui s'annonçait en Colombie. Il avait à peine assez d'énergie pour régler ses propres soucis. Pendant qu'il répondait aux demandes de la cinémathèque – cherchant des documents illustrant sa vie et son œuvre, acceptant certains entretiens et en déclinant d'autres –, il s'était plongé dans les préparatifs d'une série sur Jaime Garzón, un travail épuisant pour lequel les journées étaient trop courtes. Il traversait la ville pour faire des repérages, menant parfois de véritables enquêtes pour retrouver les lieux où avait vécu son personnage, inventait des espaces fictifs et tâchait d'imaginer son histoire en observant une maison, une rue, un restaurant où il était fort possible que Garzón n'ait jamais mis les pieds. Réaliser une fiction sur un homme qui avait existé et qu'on avait connu était vraiment difficile ! Le reste du temps, il auditionnait des acteurs

– il lui fallait un Garzón enfant, un Garzón adolescent, un Garzón adulte – pendant des heures interminables, dans un bureau de la maison de production, sous des lumières blanches qui, à la longue, lui fatiguaient les yeux. Il écoutait des répliques qu'il connaissait trop pour qu'elles le surprennent, guettant sur les visages et les corps d'autrui le fantôme de son vieil ami mort. Et au cours de ces activités incessantes, il pensait constamment à Silvia, sentait le vide qu'elle avait laissé et se demandait si leur couple était irrémédiablement brisé.

Cette semaine-là, il lui téléphona tous les jours, en général le matin, puis il profitait de ses temps morts pour lui écrire de longs messages sur WhatsApp, qui ressemblaient aux lettres d'un prisonnier n'ayant pas perdu son sens de l'humour. À lire les mots qu'il lui adressait, on aurait pu croire qu'ils partageaient un quotidien commun et vivaient encore dans la même ville. Sergio ne lui écrivait jamais sans être convaincu que les choses – ces deux mots résumant l'énormité de leur situation – pouvaient s'arranger, tout simplement parce qu'ils s'aimaient encore beaucoup, qu'ils s'aimaient encore trop pour ne pas finir ensemble, ne serait-ce que par pure obstination. L'idée de ne plus revivre avec Amalia le tourmentait au point de lui ôter le sommeil. Il détestait depuis longtemps le silence idiot des matinées passées en son absence et lui écrivait également en milieu de journée, pour le plaisir de recevoir des photos de sa fille faisant des grimaces, un message audio ou une vidéo où elle tournoyait sur le parquet du salon, une poupée nue dans chaque main, tandis qu'en fond sonore s'élevaient les voix enfantines de la télévision qui s'exprimaient dans un portugais incompréhensible.

Pendant ce temps, étranger à ses problèmes de couple et aux difficultés qu'il avait de trouver une maison à Jaime Garzón, son pays voyait s'approcher la date du référendum. Il reçut à l'époque l'appel d'une ONG qui voulait le faire intervenir dans une vidéo d'une vingtaine de secondes en faveur des accords de paix.

« Je ne sais pas si les gens en ont conscience, mais nous sommes en train de vivre les derniers jours de la guerre », déclara-t-il.

Peut-être était-il normal, voire prévisible, qu'ils n'en soient pas conscients. Pourquoi en irait-il autrement, pensait-il, dans la mesure où aucun des individus qu'il croisait chaque jour ne savait réellement ce qu'était la guerre ? On en avait beaucoup parlé dans la presse d'opinion ou les débats : une immense brèche s'était ouverte entre ceux qui vivaient la guerre et les autres, qui l'avaient vue dans les journaux télévisés ou lue dans les magazines et les journaux. Et ce n'était pas le seul désaccord. Il suffisait de sortir de chez soi pour sentir une crispation dans l'air, un climat d'affrontement nouveau à ses yeux, car il survenait dans ce no man's land qu'étaient les réseaux sociaux. Lui qui ne s'était jamais aventuré dans cet univers d'électrons recevait de plus en plus souvent des avis surnaturels provenant d'un pays méconnaissable. On disait que les accords de paix de La Havane risquaient d'abolir la propriété privée. On disait – mais qui ? – que si le oui l'emportait, la Colombie deviendrait une dictature communiste. Fausto Cabrera, qui n'avait presque plus goût à rien et passait ses journées enfermé sans parler à personne hormis à sa femme Nayibe depuis son retour de Chine, sortit de son mutisme un soir où Sergio vint le voir.

« On brandissait ce genre d'arguments quand j'avais trente ans, dit-il.

– La menace communiste ?

– Et maintenant que j'y pense, quand j'avais quinze ans aussi. Ce petit truc a l'air tout bête, mais il a beaucoup servi. »

Sergio écoutait les acteurs auditionnés pour le rôle, qui essayaient d'imiter Jaime Garzón, il envoyait à Silvia des messages chiffrés comme un adolescent énamouré et découvrait des choses incroyables à propos de cette autre Colombie parallèle à la sienne. Un chauffeur de taxi qui l'emmenait dans le centre historique de Bogotá lui demanda ce qu'il allait voter le dimanche.

« Je suis pour le oui », répondit-il.

Le taxi le regarda dans le rétroviseur.

« Pas moi, parce que c'est injuste, monsieur.

– Quoi donc ?

– On va verser un salaire minimum aux guérilleros et à votre avis, d'où il sortira, cet argent ? De nos pensions de retraite ! Moi j'ai travaillé toute ma vie. Pour quoi ? Pour payer ces salauds qui vont continuer à nous tuer ? Non, je ne marche pas dans la combine. »

Ce n'était pas vrai, mais Sergio comprenait ce qu'il ressentait. Il garda le silence, conscient qu'il n'avait pas d'arguments pour convaincre cet homme. C'était sa parole contre celle de Facebook ; ses raisons de pauvre passager clandestin contre l'autorité de Twitter. Un épisode similaire quoique bien plus inquiétant survint la veille du référendum. Sergio devait se rendre dans un village aux environs de Bogotá, qui présentait une ressemblance avec Sumapaz, dont Jaime Garzón avait été maire dans sa jeunesse (aller dans le vrai village, à quatre heures de la capitale, par un impraticable chemin de montagne, était impossible). La maison de production avait mis à sa disposition une fourgonnette blanche avec son logo, bien visible sur les côtés, et un chauffeur, un petit homme moustachu qui avait glissé un gros coussin sous ses fesses pour être au niveau du volant. À la sortie de la ville, la circulation était aussi dense que par une journée ensoleillée. Pensant que le trajet serait long, Sergio prit les devants.

« Vous allez voter quoi demain ?

– Je sais de quel côté vous êtes, monsieur Sergio, dit l'homme, qui s'était rembruni et donnait l'impression d'avoir pitié de lui. Moi je suis chrétien, alors il ne faut pas me demander d'accepter n'importe quoi.

– Je ne comprends pas.

– On a beaucoup parlé de ça à l'église. La paix est une chose, mais pas de cette façon-là, pas en s'en prenant à la famille chrétienne. Franchement, monsieur, vous avez envie de ça pour vos enfants ? »

La conversation en resta là et ils se turent jusqu'aux chutes du Tequendama et pendant les trajets suivants, après que Sergio eut arpenté un village avant d'aller dans la localité suivante pour voir quelle municipalité présentait le plus de points communs avec

Sumapaz. Mais dans la soirée, alors qu'il rédigeait sur WhatsApp un long message à Silvia, son téléphone vibra. Sur la vidéo qu'on lui envoyait apparaissait Alejandro Ordóñez, qui venait d'être destitué de ses fonctions de procureur général de la nation. Sergio avait toujours pensé que c'était un fanatique religieux, un réactionnaire affublé d'une cravate qui s'était servi de l'immense pouvoir dont il bénéficiait pour saboter tout ce qui menaçait sa morale lefebvriste, depuis le droit à l'avortement jusqu'au mariage homosexuel. Et là, sur cette vidéo, il accusait le gouvernement d'utiliser la paix comme prétexte afin d'imposer une « idéologie du genre ». « Réfléchissez bien avant le 2 octobre, déclarait-il de sa ridicule petite voix nasale. Vous décidez de l'avenir de vos enfants. De l'avenir de la famille colombienne. » Il se garda de citer les lignes de l'accord stipulant la désintégration de la famille, ou de préciser dans quel paragraphe l'accord nuisait à l'avenir des enfants colombiens. Mais apparemment, ce n'était pas nécessaire pour que son discours soit repris dans les sermons des prêtres. C'est là que tout se passe, songea Sergio avant d'aller se coucher sans que cette idée parvienne à l'inquiéter.

Le dimanche, le temps était couvert. En milieu de matinée, Sergio marcha depuis son appartement, rue 100, jusqu'à la Hacienda Santa Bárbara, seize rues plus au nord, le centre commercial où se trouvait son bureau de vote. On disait que la ville serait en liesse, mais sur la Carrera Séptima, où quelques parents agitaient des banderoles plus grandes que leurs enfants et où les klaxons brisaient le silence, il eut l'impression que la fête n'avait pas encore commencé. Au loin, il avait aperçu comme toujours la statue de Feliza Bursztyn qui s'élevait au pied des collines orientales, et maintenant qu'il s'approchait de l'École de cavalerie, des souvenirs qu'il n'avait pas sollicités lui revenaient en mémoire, comme une souris tout juste attrapée qu'un chat dépose fièrement devant notre porte. Là, quelque part dans ces bâtiments construits de chaque côté de la rue, Feliza Bursztyn avait passé les pires heures de sa vie. C'était en 1981. À cinq heures, un vendredi (Sergio se rappelait le jour et l'heure, mais pas le mois : était-ce en juillet, en août ?), un groupe de militaires en civil, membres des services de renseignement de l'armée, entrèrent chez elle de force, la fouillèrent et, ne trouvant rien, l'embarquèrent en l'accusant de manière imprécise d'avoir collaboré avec la guérilla du M-19. Elle fut détenue onze heures, qu'elle passa à répondre à des questions absurdes, les yeux bandés, ligotée à une chaise dans les écuries des militaires. Onze heures d'effroi. Dès qu'ils la relâchèrent – parce qu'ils n'avaient aucune preuve contre elle ou considéraient que la punition avait assez duré –, Feliza courut se réfugier à l'ambassade du Mexique. Elle quitta le pays quelques jours après et mourut six mois plus tard d'une crise cardiaque, à Paris. Elle n'avait même pas cinquante ans. Sergio ne pouvait pas dire que Feliza était une amie, ne l'ayant vue que quatre ou cinq fois à des expositions ou chez des connaissances. Mais il fut surpris que l'annonce de sa mort lui fasse aussi mal. Il songeait à présent à cet étonnement, à cette nouvelle, à cette mort.

Ce genre d'épisodes faisaient également partie de la guerre, pensa-t-il. Bogotá était ainsi : on se promenait distraitement en s'occupant de ses affaires, et à n'importe quel coin de rue l'histoire de la violence colombienne pouvait vous sauter au visage. Laissant derrière lui les bâtisses militaires où Feliza avait été interrogée et malmenée trente-cinq ans auparavant, il pensa que quelques centaines de mètres plus au sud, sur cette même Carrera Séptima, se dressait le monument à la mémoire de Diana Turbay, la journaliste prise en otage par Pablo Escobar et touchée par une balle pendant l'opération de sauvetage menée par la police ; plus au sud encore se trouvait le club social devant lequel les FARC avaient déposé deux cents kilos de C-4 dans une petite voiture garée sur le parking, dont l'explosion avait fait trente-six morts. Et en continuant tout droit, on arrivait à l'angle de l'avenue Jiménez, où Jorge Eliécer Gaitán avait été assassiné de trois balles en 1948. Beaucoup disaient que c'était à cet endroit, le 9 avril de cette année-là, que tout avait réellement commencé. Oui, pensa Sergio, en Colombie la guerre était une longue avenue et, s'il était vrai que tout était parti de la mort de Gaitán à l'angle de la Carrera

Séptima et de l'avenue Jiménez, il se rendait ce dimanche dans un centre commercial situé à l'autre bout de la ville, une centaine de rues au nord, pour en finir avec la guerre en glissant son bulletin de vote dans une urne en carton. Il présenta sa carte d'électeur, mit une croix là où il devait en mettre une et plia le papier pour l'introduire dans la fente, mais à cet instant il se rendit compte qu'on parlait de lui. Les gens l'avaient reconnu, et lorsqu'on lui rendit ses papiers et qu'il était sur le point de s'éloigner, il entendit la voix d'une femme mûre qui disait :

« En voilà un qui veut livrer le pays aux guérilleros. »

Des heures plus tard, après avoir déjeuné dans la solitude de son appartement déserté par Silvia et Amalia, il arriva chez Humberto Dorado, un acteur qui travaillait avec lui depuis son premier film, *Une question d'honneur*, où il jouait le rôle d'un boucher qui veut assassiner un instituteur pour sauver sa réputation, puis il avait interprété Maqroll le Gabier dans *Ilona vient avec la pluie,* et le curé dans *Stade en grève*. Liés par une amitié de trente ans qui leur réservait peu de surprises, ils avaient été séduits par l'idée d'être ensemble quand on annoncerait l'approbation des accords, sans doute la chose la plus étonnante qu'il leur serait donné de vivre.

« Qui l'aurait cru ! s'exclama Humberto. Je pensais que le métro arriverait à Bogotá avant que la paix soit signée ! »

Sergio avait apporté non pas une, mais deux bouteilles d'un rioja extraordinaire, un cadeau d'un producteur madrilène qui avait sommeillé sept ans dans des caisses en bois en attendant une occasion propice. Amateur de whisky, Humberto en avait posé une bouteille sur la table en verre. Ils tuèrent le temps en discutant de leurs projets pendant que le téléviseur débitait des monologues auxquels ils ne prêtaient aucune attention, comme un invité à qui on n'adresse pas la parole, et que défilaient les images sinistres de la côte caraïbe ravagée par un ouragan qui avait empêché des centaines de milliers de citoyens de sortir de chez eux pour aller voter. En fin d'après-midi, quand les premiers résultats furent connus, il devint évident que rien ne se déroulait comme ils l'avaient prévu. Le ciel de Bogotá s'assombrit brusquement, les téléphones se mirent à vibrer, les SMS arrivaient de toutes parts. À un moment donné, Humberto, dont la douceur était légendaire, jeta la télécommande.

« Quelle vie de merde ! » s'exclama-t-il pour lui-même.

Sergio passa une mauvaise nuit et le lendemain matin, il sortit au lever du jour pour s'aérer l'esprit dans l'air froid de la ville. Les rues étaient désertes. Il monta vers la Carrera Séptima, prit une photo de la sculpture de Feliza et l'envoya à Silvia. « Il n'y a pas de solution pour ce pays », écrivit-il rageusement. Aux informations matinales, on disait que le non l'avait emporté de cinquante mille voix, soit le nombre de personnes assistant à un match de foot au stade El Campín. Selon Sergio, la situation était plus mystérieuse et surtout beaucoup plus grave qu'une simple défaite politique. De quoi s'agissait-il au juste ? Qu'apprenait-on des Colombiens à la lumière du rejet des accords ? Quel avenir les attendait dans le pays qui serait révélé par le référendum, une nation divisée vivant dans l'affrontement, un pays de familles et d'amitiés brisées, dont la population semblait avoir découvert de nouvelles et puissantes raisons de se détester à mort ?

Ces interrogations le poursuivaient encore des jours plus tard, quand il arriva à Barcelone et prit peu à peu conscience que ce qui était survenu en Colombie avait dépassé les frontières. Tous les journalistes l'interrogeaient sur la situation, toutes les conversations tournaient autour de ce sujet car personne ne pouvait concevoir qu'un pays en guerre depuis un demi-siècle ait refusé par vote la fin du conflit. C'est ce qu'il déclara à la journaliste de *La Vanguardia* qui voulait des détails sur les années lointaines où il avait commencé à faire de la politique.

« Quand on méprise la politique, on finit par être gouverné par ceux qu'on méprise, se justifia-t-il.

– Et pourquoi avez-vous arrêté ?

– Parce qu'on m'a menacé. Je faisais partie de la commission des Affaires militaires, mais j'avais été dans la guérilla, même si cela remontait à trente ans, et ce n'était pas du goût de l'extrême droite, qui à l'époque tuait à tour de bras. Alors on m'a menacé de mort.

– Le non à la réconciliation a dû être douloureux pour vous, reprit la journaliste.

– Oui. C'est le mensonge qui a gagné. Il y a quelques jours, un des directeurs de la campagne en faveur du non a expliqué les subterfuges qu'ils ont utilisés, et tout ça est très triste. »

Il faisait allusion à une nouvelle qui avait fait l'effet d'un séisme, une raison supplémentaire pour que le pays, déjà en guerre contre lui-même, continue de s'affronter. Enregistré par un journaliste d'un quotidien national, au cours d'une interview réalisée en bonne et due forme, le directeur de la campagne d'opposition aux accords avait déclaré sans ciller que leur stratégie visait à faire ressortir la rage, la peur, la rancœur et les angoisses des Colombiens.

« On voulait que les gens soient en rogne pour aller voter », déclara cet homme en résumant brièvement son objectif.

« En rogne, vraiment ?

– Oui, c'est ça, conclut Sergio. Comme nous le sommes en ce moment. »

Sur l'écran de la Cinémathèque de Catalogne, *Stade en grève* – avec sa guerre vaudevillesque et sa paix de conte de fées – touchait à sa fin. Sergio fut pris d'une étrange mélancolie peut-être due à la coïncidence des faits, le rejet des accords et la mort de Fausto, auxquels s'ajoutait le naufrage de son couple ; toujours est-il que là où il se trouvait, assis à côté de Raúl, si près que leurs épaules se touchaient, il songea brièvement que la tendresse de ses enfants était le seul élément inébranlable de sa vie, le reste – son père, son épouse et son pays – s'étant effrité pour ne laisser qu'un paysage en ruine : une ville après des bombardements.

Il était perdu dans ces pensées quand les spectateurs applaudirent et qu'il dut s'installer devant sur l'estrade. Il s'aperçut qu'il n'était pas d'humeur à participer à une séance de questions et de réponses ; il aurait voulu que ce soit déjà terminé, voulait fermer les yeux et être dans sa chambre d'hôtel quand il les rouvrirait. Là, il allumerait le poste de télévision et chercherait avec Raúl un vieux film qu'ils regarderaient ensemble. Quand il s'installa sur la chaise haute, devant un micro noir qui s'était matérialisé le temps qu'il se déplace, un homme en veste rouge – une de ces vestes garnies de duvet comme un édredon – l'attendait, debout au milieu des autres spectateurs, un coquelicot égaré dans un champ. Le modérateur salua le public en catalan et présenta en quelques phrases Sergio, qui les honorait de sa présence, parla avec reconnaissance des grands sacrifices qu'il avait faits pour assister à la rétrospective de son œuvre. Sergio reconnut le jeune homme maigre et barbu qui était venu le chercher à l'aéroport le jour de son arrivée. Il portait alors une chemise rayée de prisonnier qu'il avait troquée contre une autre, de bûcheron, mal repassée. Sergio salua la salle, ouvrit la bouteille d'eau qui l'attendait sur une petite table ronde et en but une gorgée. Il s'apprêtait à désigner l'homme à la veste rouge, mais le modérateur venait de tendre le micro sans fil à une femme aux cheveux gris d'une soixantaine d'années, qui portait des lunettes à monture rouge et le tutoya d'emblée, comme si elle poursuivait une conversation interrompue.

« Je sais que tu viens de perdre ton père, Sergio. Toutes mes condoléances.

– Merci, dit Sergio.

– J'aimerais savoir s'il a été une personne importante dans tes films. A-t-il aimé *Stade en grève* ?

– Oui, il l'a aimé », répondit Sergio.

Il eut un petit rire dû à sa timidité, un tic nerveux qui l'avait toujours accompagné, un rire haché qui précédait ses phrases comme des doigts frappant légèrement une porte avant qu'on la pousse.

« Et il a aimé le rôle qu'il y jouait, ce qui n'était pas évident. Quant à la première partie de la question, la réponse est oui, il a été très important. Sans mon père, je ne me serais jamais consacré au cinéma. C'est lui qui m'a appris à jouer dans les années 1950. Lui qui m'a appris à diriger un acteur. Il était tellement présent dans ma vie qu'il apparaît dans la plupart de mes films.

– J'ai lu il y a quelques jours une interview de toi. Tu racontes que tu étais dans la guérilla en Colombie. Ça t'a aidé pour ce film ?

– Oui, ça m'a permis de savoir de quoi je parlais. Ce film est une caricature, mais pour caricaturer il vaut mieux connaître la réalité de l'univers qu'on dépeint. Quoi qu'il en soit, la guérilla que j'ai connue ne ressemble pas à celle du film. Je suis entré dans la guérilla en 1969. Tout était différent, nous pensions vraiment que la lutte armée était le seul moyen de changer le monde. »

La femme allait dire quelque chose de plus, mais Sergio détourna le regard, une réaction suffisante pour que le modérateur tende le micro à un autre spectateur. Sergio s'aperçut que l'homme en veste rouge ne s'était pas assis durant l'échange. Il écoutait debout, sans bouger, comme s'il cherchait à se faire oublier. Son tour de parole n'était pas encore venu. Le micro passa de main en main, à l'opposé de là où il se tenait, s'éloignant de lui, flottant au-dessus du public avant de s'immobiliser devant une personne installée à l'autre bout de la salle. Sergio mit une main en visière devant son front, ébloui par le spot qui éclairait la silhouette. C'était un bel effet de lumière, qui dessinait autour de la tête de la femme – à nouveau une femme – un halo semblable à l'aura d'une Vierge de Léonard de Vinci.

« Je n'ai qu'une seule question. Vous avez tiré ? Vous avez fait usage de votre arme à feu ? »

Un murmure parcourut l'auditoire.

« Oui, souffla Sergio. Dans certaines situations, soit on tire soit on se fait tirer dessus. »

Un silence sévère s'abattit sur la salle.

« Écoutez, je ne suis pas du genre à trouver la violence nécessaire, mais à l'époque la vie nous incitait à croire que la lutte armée était la seule voie possible. Aujourd'hui le pays a changé, évidemment. Oui. On peut désormais faire partie du monde politique sans avoir recours à la lutte armée, et pourtant la Colombie est toujours profondément injuste.

– Je peux vous demander quelque chose ? »

D'autres murmures s'élevèrent.

« Bien sûr.

– Vous referiez le même film aujourd'hui ? Ou plutôt… quel film feriez-vous ?

– Peut-être pas une comédie, dit Sergio en s'installant plus commodément sur son siège. Nous, les cinéastes, nous savons que le public préfère les comédies, qui ont en principe plus de succès. Mais le cinéma colombien de ces dernières années ne s'est pas orienté dans cette direction. Le pays endure une guerre dramatique, des problèmes de corruption et de narcotrafic, et on trouverait étrange que les réalisateurs colombiens fassent des films complaisants… J'ai toujours été frappé par le cinéma des pays socialistes, qui montrait des endroits merveilleux, de véritables paradis, et quand le mur de Berlin est tombé, on a découvert que c'était une farce, qu'ils avaient autant de problèmes que nous, et même plus graves. Le cinéma de propagande au service de l'État camouflait la réalité. Je crois que le cinéma colombien ne fait pas cela. Peut-être pensons-nous que, pour changer les choses, il faut les montrer telles qu'elles sont. C'est ce qui arrive aujourd'hui avec les accords de paix : la seule façon d'accéder à la paix, c'est de gratter les croûtes des blessures. »

Il regretta ces paroles dès qu'il les eut prononcées. Aborder ce sujet n'était guère judicieux, mais il était trop tard pour reculer. La femme sauta sur l'occasion :

« Puisque vous en parlez, j'aimerais savoir ce que vous pensez de ce qui se passe dans votre pays en ce moment… je veux dire… l'échec des accords de paix. Vous pouvez nous en parler ?

– Je préférerais donner la parole à quelqu'un d'autre, si ça ne vous dérange pas. »

L'homme à la veste rouge était toujours immobile et affichait une indifférence presque végétale. Mais le modérateur l'avait vu manifester son envie de parler quelques instants plus tôt et, se dirigea vers lui. L'homme attendit la lente arrivée du micro. Il semblait avoir tout son temps, une patience qui se traduisait par l'expression singulière qu'adoptent les gens si convaincus d'avoir raison qu'ils sont prêts à tout supporter. Malgré son crâne dégarni, il était jeune. Dès qu'il ouvrit la bouche, Sergio reconnut un ton solennel qu'il avait souvent entendu un peu partout.

« Monsieur Cabrera, vous avez été guérillero, dit l'homme, et comme vous le dites, "soit on tire soit on se fait tirer dessus". Mais dans ce film, vous vous moquez de la guerre. Pourquoi ? »

Sergio prit une autre gorgée d'eau et partit de son petit rire nerveux.

« Eh bien… je ne suis pas d'accord avec vous. Je n'ai jamais eu l'intention de me moquer de quoi que ce soit. Ce film est une comédie.

– Et aussi un film qui se moque de choses très douloureuses. C'est pour ça que vous faites du cinéma ? Pour vous moquer de ce qui fait mal à beaucoup de gens ? La Colombie a de nombreux problèmes, dont la guérilla. Or je trouve que vous prenez ça à la légère.

– Vous avez raison : la guérilla est un problème. Mais c'est également un symptôme, le symptôme de tous les autres problèmes qu'a ce pays. La Colombie est encore un pays injuste, même s'il a progressé. »

L'homme prit tout à coup un air hautain :

« Dans ce cas… si ce pays est aussi injuste, pourquoi ne retournez-vous pas dans les montagnes ?

– Pardon ?

– Pourquoi ne reprenez-vous pas les armes ? Ah, vous n'êtes peut-être pas prêt à risquer votre vie pour défendre vos idées… »

Sergio soupira en espérant que personne ne l'avait remarqué. Ce n'était pas la première fois qu'il subissait ce genre d'attaques. Pourquoi était-il aussi mal à l'aise ? Ces derniers jours, il avait eu des émotions fortes, mais tout cela était à présent derrière lui : l'enterrement de son père, les condoléances auxquelles il avait réagi par de courts messages téléphoniques et celles qu'il avait laissées sans réponse. Il commença à raconter une histoire ou à parler sur le ton de quelqu'un qui raconte une histoire et non comme s'il cherchait à se défendre d'une question sournoise.

« Vous n'avez pas idée des difficultés qu'on a eues sur le tournage de *Stade en grève*. Pourquoi ? Parce que, à l'époque, des amis avaient décidé de créer un parti politique et m'avaient demandé, ou plutôt *supplié*, de me présenter aux élections législatives. Moi je voulais continuer à faire du cinéma, à faire mes films, c'est ce dont j'avais toujours rêvé et ça marchait enfin. Mais les amis ont un immense pouvoir de conviction, moins parce qu'ils sont des amis que parce qu'ils connaissent nos points faibles. Ils avaient identifié les miens et me parlaient du sens du devoir, de mes responsabilités en tant que citoyen, de ces choses-là. Je me suis retrouvé face à un problème : ils avaient raison, alors j'ai accepté. Je tournais mon film loin de Bogotá, dans des lieux presque inaccessibles car ça se passe dans la jungle, comme vous venez de le voir. Le samedi, je montais dans un petit avion en ayant une peur bleue qu'il s'écrase et j'allais faire campagne dans les quartiers pauvres de la capitale. Je n'ai pas eu de chance puisqu'on m'a élu. »

Il rit et fit rire le public. Il regarda les premières rangées de sièges et vit Octavi Martí. Penché vers l'avant au lieu d'être calé dans son fauteuil, il l'écoutait avec attention, en haussant les sourcils.

« J'ai été vice-président de la Chambre des représentants, imaginez un peu. Moi qui n'aspirais qu'à me consacrer au cinéma ! J'ai dû interrompre mon travail, une décision qui m'a fait le même effet que si on m'avait coupé une main. Mais le sens du devoir... mes responsabilités en tant que citoyen... Tout ça, c'est du chantage. »

Il se tut un instant, avala une gorgée d'eau, puis une autre, avant de reprendre :

« Quelques mois plus tard j'ai reçu des menaces. Je ne parle pas de lettres antipathiques, non, mais de cartes de condoléances qui arrivaient à mon adresse, avec mon nom écrit dessus, aspergées d'encre rouge comme du sang. Elles étaient insérées dans des cercueils miniatures, de minuscules cercueils comme des jouets d'enfant, si tant est que les enfants jouent avec des cercueils. Et à l'intérieur, dans ces petits cercueils, il y avait un morceau de viande qui commençait à sentir le pourri. Je n'étais pas le seul à recevoir des menaces. On en a envoyé à ma mère et aussi à ma sœur. Mon fils Raúl est ici, dans cette salle. Il vit à Marbella et est venu voir mes films. Il n'a apparemment rien de mieux à faire. »

Des rires fusèrent à nouveau dans le public. Certains spectateurs regardaient à droite et à gauche pour tenter d'identifier le fils de Sergio Cabrera.

« Raúl doit s'en souvenir, parce qu'il a passé les deux premières années de sa vie à jouer avec les gardes du corps armés que le gouvernement avait engagés pour assurer ma sécurité. J'ai des photos de lui sur un tricycle, poursuivi par un homme en cravate qui a retiré sa veste, un pistolet glissé dans sa ceinture… Enfin… après les menaces, les services de renseignement m'ont pris en charge et se sont très bien occupés de moi. Un jour, le bureau d'un ministre nous a téléphoné pour me convoquer et, en arrivant, je me suis aperçu que je n'étais pas le seul. Jaime Garzón, un merveilleux humoriste, était là également. Il dirigeait la meilleure émission satirique de la télévision et avait été menacé, tout comme moi. Ça ne me surprenait pas. Nous avons discuté, on nous a expliqué que nous étions très populaires dans le pays et qu'il était peu probable qu'on ose s'en prendre à nous. Mais un jour, peu après, ils ont osé. Ils ont tué Jaime Garzón. »

Il but encore de l'eau. Le silence était absolu.

« Alors on m'a de nouveau convoqué en m'exposant plus longuement la situation. Les choses avaient changé, je devais oublier les paroles rassurantes qu'on m'avait adressées auparavant : ma vie était en danger et il valait mieux que je quitte le pays. Ma sœur et ma mère ont dû partir. Elles sont allées en Guyane, et de mon côté j'ai passé plusieurs années à Madrid. Évidemment, j'ai dit adieu au cinéma et j'ai perdu de l'argent. J'ai renoncé à mon métier de réalisateur de cinéma et j'ai dû me reconvertir dans la télévision. J'y suis arrivé, et avoir tourné *Cuéntame cómo pasó*[1] est une de mes plus grandes satisfactions. Voilà pourquoi je dois tant à l'Espagne. »

Il se tut et ce fut comme si on venait d'interrompre une transmission radio.

« Oui, mais je vous demandais..., bredouilla l'homme en veste rouge, confus.

– Je sais ce que vous me demandiez, le coupa Sergio d'une voix plus abrupte. Et ma réponse est la suivante : je crois à la paix même si elle n'est pas pour tout de suite. Je crois qu'il faut continuer à y aspirer. Je vous ai raconté cette histoire pour que vous tous et vous en particulier compreniez que j'ai toujours défendu mes idées au péril de ma vie. Et vous, monsieur, pourriez-vous en dire autant ?

– Bon, nous allons nous arrêter là », s'empressa d'intervenir le modérateur.

Dans la salle tout le monde se mit à parler. Quelqu'un dit qu'il avait encore une question, mais le modérateur n'en tint pas compte. En catalan, il rappela aux spectateurs que les jours suivants, quatre autres films de Sergio Cabrera seraient projetés. Il espérait qu'ils avaient apprécié *Stade en grève* et ajouta que la Cinémathèque de Catalogne leur souhaitait une excellente soirée. « Merci, merci beaucoup. »

Après ces mots retentirent, isolés et réticents, les derniers applaudissements de la journée.

Il écrivit à Silvia le soir même, après que Raúl se fut assoupi dans l'autre lit de la chambre. *Je crois que me montrer reconnaissant n'a jamais été une de mes qualités, mais je le suis, je l'ai toujours été en silence, en secret, comme si j'avais honte de cela. Je ne sais pas pourquoi je réagis ainsi, parce que je pourrais crier ma reconnaissance pour tout ce qui m'est arrivé dans*

1. Littéralement : « Raconte-moi comment c'est arrivé ».

la vie : mes enfants que j'adore, le fait que ce soit réciproque, mes succès professionnels, qui ont été nombreux et fréquents, ma chance, sans laquelle toutes ces choses et d'autres encore ne me seraient jamais arrivées. Il leva la tête, un léger ronflement s'élevant du lit où dormait Raúl. *Mais je suis surtout reconnaissant au destin de m'avoir permis de te connaître. Cette idée ne vient pas de me traverser l'esprit à l'instant, alors que nous sommes pris dans ce tourbillon, non, et tu le sais parce que je te l'ai répété cent fois. Je te l'ai murmuré à l'oreille, je te l'ai dit à voix haute, je te l'ai écrit dans mes lettres et mes petits mots et je te le dis maintenant de tout mon cœur : j'ai été un homme très heureux et je veux continuer à l'être.*

XVI

Oublier son véritable prénom fut moins difficile qu'il ne l'aurait cru. Le camarade Raúl s'installa dans sa nouvelle identité en même temps que dans sa nouvelle vie, assumant ses exigences et corrigeant ses erreurs passées de façon si naturelle qu'il ne jugea jamais utile de demander au commandant Carlos pourquoi il lui avait donné ce nom de guerre. Après avoir longtemps porté le hamac double de sa sœur et supporté les plaintes que Marianella lui adressait en privé, il l'échangea chez un paysan contre un hamac simple dont il lui fit cadeau et, dès que l'occasion s'en présenta, troqua également le sien. Il changea aussi de machette. Il avait cru bon d'en acheter une grande dans la boutique de Medellín, or dans la montagne les objets imposants finissaient par devenir gênants. Dans une auberge proche de la rivière Cauca, un muletier se fit un plaisir de lui céder la sienne, plus petite et plus maniable, puis il se ravisa, estimant que le troc n'était pas équitable, et ajouta un couteau suisse.

Lorsqu'ils arrivèrent au campement des plaines du Tigre, il était devenu pleinement Raúl. En quelques jours, ils avaient atteint les montagnes, où l'air se raréfiait, puis étaient descendus dans cette vallée où régnait une chaleur humide qui dilatait les pores, rendant la peau poisseuse. Là, les odeurs étaient différentes ; c'étaient celles de la végétation qui naît et se décompose en occupant chaque mètre carré de terre tropicale. Après de longues journées de marche sur un terrain irrégulier, plus pénibles que tout ce qu'il avait connu en Chine, un de ses genoux s'enflamma au point qu'il ne pouvait presque plus le bouger. Le commandant Armando les reçut avec une pompe qu'ils ne méritaient pas et envoya quelqu'un chercher un masseur pour Raúl. On apposa des linges tièdes sur son genou qu'on frotta avec des pommades à base de cacao, sans qu'il comprenne pourquoi il avait droit à ce traitement privilégié. Armando, dont le nom inspirait un respect messianique aux guérilleros, était un homme aux traits aimables, à la peau olivâtre rappelant celle des Indiens d'Inde, tout en os et en muscles. Quand le masseur eut terminé de s'occuper de Raúl, il demanda à ce dernier ses papiers et l'argent qu'il avait sur lui, au motif qu'il n'en aurait désormais plus besoin. Il prit la carte d'identité à son ancien nom qu'il évita de lire à voix haute, contrairement à sa date de naissance.

« Ça alors ! C'est l'anniversaire du camarade Raúl ! » s'exclama-t-il.

Il rassembla les camarades pour improviser une fête, et tous entonnèrent une chanson en anglais dont le sens des paroles lui échappait. Il songea que dans des circonstances plus favorables, ils auraient peut-être allumé des bougies. La scène entière semblait tirée d'une autre histoire.

L'état de son genou s'améliora au fil des jours et il s'habitua à faire de longues marches qu'il tolérait mieux, malgré des douleurs occasionnelles et des inflammations qu'il traitait avec des onguents. Il oubliait parfois ses élancements, distrait par la chaleur, attentif aux entraînements ou aux précautions à respecter. Dans un premier temps, il s'étonna qu'il y ait aussi peu de monde dans cet endroit. Les troupes marchaient des jours entiers dans la montagne sans croiser personne, passant devant des ranchs abandonnés qui témoignaient de la vie d'une autre époque. Dans ses écrits militaires, Mao donnait des conseils très différents : les révolutionnaires devaient certes s'éloigner des centres névralgiques de l'ennemi mais aller vers les gens, car on ne peut édifier de bases d'appui que dans les zones peuplées. Selon la pensée militaire maoïste, créer une base d'appui solide équivalait à libérer un pays ; à partir de là on pouvait tracer des frontières, instaurer une souveraineté et commencer à conquérir des terres, car on ne pouvait remporter une guerre qu'à la condition que l'ennemi se trouve dans l'incapacité de circuler librement sur certains territoires. Il en parla à Marianella en chinois, pour que personne ne comprenne ses propos, qui auraient probablement été considérés comme hérétiques.

« J'y ai pensé, déclara-t-elle. Mais on ne va pas leur dire comment ils doivent procéder.

– Pourquoi pas ? Pourquoi on ne le leur apprendrait pas ?

– Parce que nous ne sommes pas d'ici. Toi et moi, même si on n'en a pas l'air, on vient d'un autre pays. »

Il lui fallut plusieurs semaines – d'obéissance, de prudence et d'humilité – avant de se dire qu'il avait le droit de rappeler à voix haute l'enseignement du président Mao et de demander si l'objectif du combat n'était pas la création dans un endroit donné d'une base guerrière susceptible de devenir ensuite une base d'appui. Ne fallait-il pas être présent dans des zones moins reculées ?

« Ah, je vois que le camarade Raúl a des opinions… », dit Armando.

Avec le temps, on lui raconta l'histoire de Pedro Vásquez Rendón, le journaliste qui avait été l'un des fondateurs de l'EPL deux ans auparavant. C'est lui qui avait choisi la région où ils commenceraient leurs opérations, entre la rivière Cauca et le fleuve Sinú, dans de petits villages de la plaine de la rivière San Jorge, où ils construisaient des écoles ou des dispensaires. Ils endoctrinaient les jeunes et convertissaient les adultes à la cause, puis l'armée avait très vite été informée de l'apparition d'une nouvelle guérilla et avait lancé des campagnes d'encerclement et d'anéantissement. La première avait échoué, mais plusieurs commandants – dont Vásquez Rendón – avaient trouvé la mort lors de la deuxième. L'armée enrôla des dizaines de paysans du secteur ; ceux qui ne suivirent par les militaires entrèrent dans la guérilla, et ceux qui ne faisaient partie d'aucun de ces deux camps émigrèrent dans d'autres villages ou partirent pour les villes. Ils ne pouvaient pas rester chez eux. La plaine de la rivière San Jorge étant une zone d'influence de l'EPL, tout individu qui y vivait était, selon l'angle sous lequel on se plaçait, soit considéré comme un guérillero soit coupable d'être favorable à la guérilla. La région se dépeupla jusqu'à ce qu'il ne reste que les plus obstinés ou ceux qui n'avaient rien à perdre.

C'est ce qu'ils expliquèrent au camarade Raúl. Son détachement comprenait une quinzaine de personnes, mais quand elles se lançaient dans ce type de débat, elles faisaient autant de bruit qu'un groupe plus imposant, et il était souvent nécessaire que quelqu'un intervienne pour leur signaler que l'armée était peut-être plus près qu'elles ne le pensaient. Ces conversations se déroulaient le soir, pendant le dîner, en général après que les camarades eurent assailli Raúl de questions sur sa vie en Chine et son entraînement militaire dans l'Armée rouge. Ils voulurent tout d'abord savoir si la Chine était aussi lointaine qu'on le disait. Dans un premier temps, Raúl crut que la meilleure réponse consistait à lever les yeux vers le ciel quand passait un des nombreux avions qui venaient du Panama ou des États-Unis.

« Si nous étions à bord de cet avion, nous volerions pendant plus d'un jour avant d'arriver en Chine », disait-il.

Il se rendit compte que cette explication n'était pas la bonne le jour où un vieux guérillero dont la moustache poivre et sel couronnait un bec-de-lièvre lui répondit :

« Dans ce cas ce n'est pas si loin. Une journée d'avion, ça veut dire que la Chine est plus proche de nous que la mer. »

Raúl dut surmonter son horreur d'occuper la vedette pour leur indiquer la distance parcourue par un avion en un temps donné. Un jour, il essaya de les convaincre qu'il y avait deux routes possibles pour atteindre la Chine et fut même obligé de leur rappeler que la Terre était ronde.

Il était alors partagé entre deux impressions simultanées : celle d'être bien présent parmi les camarades et celle d'être un oiseau rare, un phénomène de foire. Ses compagnons n'avaient encore jamais rencontré de guérillero ayant fréquenté les écoles de l'élite de Bogotá avant d'aller se promener en Europe, capable de parler en espagnol, en français et en chinois de littérature russe, d'opéra italien et de cinéma japonais. Il leur dit par exemple que ce qu'ils avaient entendu à la radio n'était pas un mensonge : un homme était vraiment allé sur la Lune dans un vaisseau spatial. Comme tous les soirs, les camarades s'étaient réunis autour d'un transistor dont les fréquences se brouillaient en permanence, pour écouter les nouvelles de la journée. Mais ce soir-là quelque chose de spécial allait survenir et tout le monde le savait. La jungle grésillait de partout du fait de la transmission radio. Les commentateurs annoncèrent d'une voix pleine d'émotion qu'un homme avait marché sur la Lune, qu'il s'appelait Neil Armstrong et son vaisseau Apollo. Les guérilleros se moquaient que ce soit le nom d'un dieu grec, et quand ils regardaient la lune dans le ciel dégagé, ils la montraient du doigt en déclarant qu'ils doutaient qu'il y ait quelqu'un là-haut. Seul Raúl était ébahi.

« L'homme a marché sur la Lune, on se croirait dans un roman », murmurait-il à part soi.

Les autres ne paraissaient guère impressionnés. L'un d'eux demanda si le moteur de la fusée ressemblait à celui d'une voiture ; un autre voulut savoir s'il fallait avoir beaucoup étudié pour faire ce voyage ou si, à l'avenir, n'importe qui pourrait aller sur la Lune. Puis un jeune homme conclut dans le noir :

« Tout ça, c'est des conneries. Un bobard des gringos. De la propagande impérialiste, camarades. »

Raúl tenta de protester, de dire que c'était au contraire bien réel, mais il prit vite conscience que sa réaction passerait pour une défense des Américains, de sorte qu'il préféra se murer dans un silence inoffensif.

Quelques mois plus tard, Armando décida que la camarade Sol ferait partie du détachement École Président Mao, destiné à former de jeunes militants ; le groupe comportait davantage de femmes, qui s'y sentaient donc plus à l'aise.

« Pour que vous ne soyez pas seule au milieu des hommes », expliqua-t-il.

Raúl avait envie de lui dire que cette jeune fille âgée de dix-sept ans avait suivi un meilleur entraînement militaire que la plupart de ses soldats. Mais il garda cette réflexion pour lui. Il la vit prendre son sac à dos et rejoindre des guérilleros sans même lui adresser un signe d'adieu de la main, et il se demanda comment Marianella se débrouillerait parmi les filles de la région, qui se maquillaient tous les jours et étaient un peu crâneuses, même lorsqu'elles portaient un fusil en bandoulière. Pacho, le jeune Noir qui avait voyagé avec eux dans l'autobus qu'ils avaient pris à Medellín, était dans ce groupe, ainsi que Jaime et Arturo, deux autres camarades qui leur avaient souhaité la bienvenue. Ils adoraient Sol. Arturo, un paysan aux traits indiens avec une moustache d'adolescent, l'adopta comme s'ils avaient grandi ensemble.

Raúl resta avec le commandant Armando, agissant sous ses ordres et apprenant de lui. Une routine d'une invraisemblable monotonie s'installa. Les jours étaient faits d'instants répétés qui semblaient copiés sur ceux de la veille et de l'avant-veille. Travailler avec les paysans, assister aux réunions avec les commandants, édifier une école ou un dispensaire. Les jours commençaient et se terminaient aux mêmes heures. Dans les autres détachements, on devait s'ennuyer tout autant car les femmes se laissaient de plus en plus aller à discuter avec les hommes. Ce n'était pas bien vu : en dépit du fait que les commandants vivaient avec leurs compagnes, qui les avaient rejoints ou qu'ils avaient rencontrées sur place, le manuel de l'EPL interdisait aux guérilleros et aux guérilleras de se fréquenter, à croire qu'ils ne pouvaient qu'être des soldats voués à une cause commune. Pourtant une des camarades de Sol souriait à Raúl et posait sa main sur son bras quand ils se croisaient.

« Comment tu vas, beau blond ? Allez ! Regarde-moi avec tes beaux yeux verts. »

Elle avait pour nom de guerre Isabela. Raúl ne connut jamais son vrai prénom. Elle était originaire de la région, cela s'entendait à son accent paysan et à sa désinvolture. Que d'autres personnes soient venues s'installer dans les parages l'intriguait. Elle avait un an de moins que Raúl mais donnait l'impression d'avoir déjà vécu deux vies ou d'éprouver le besoin pressant de commencer à les vivre. Une après-midi, pendant qu'il coupait des herbes à la machette à la demande d'un commandant, elle s'approcha par-derrière et se baissa pour l'aider en se collant à lui. Raúl sentit ses seins avec une telle netteté qu'il aurait pu les dessiner. Il y eut d'autres contacts, elle le frôlait quand elle marchait à ses côtés et lui faisait des avances devant tout le monde. Qu'ils aillent plus loin n'était qu'une question de jours.

Il ne fut donc guère surpris la nuit où Isabela s'approcha de son hamac dans le noir, sans lampe de poche pour s'orienter, à pas feutrés, et s'allongea près de lui d'un bond agile. Cela faisait longtemps qu'il n'avait pas vu un corps de femme d'aussi près. Il savait qu'il regretterait un jour sa réaction, mais deux peurs – celle d'une sanction disciplinaire et l'autre liée à la morale chrétienne – le pétrifièrent en même temps.

« Non, ce n'est pas possible, murmura-t-il. Va-t'en, camarade. Va-t'en, on ne peut pas faire ça. »

Il n'eut pas besoin de voir son visage pour y déceler de la déconvenue, puis une forme synthétique, efficace et concentrée de mépris.

Il détestait par-dessus tout monter la garde, être obligé de rester immobile dans la nuit pour devenir la cible des moustiques. Les guérilleros se relayaient toutes les heures et Raúl, qui consultait sur sa montre ce laps de temps équivalant à une éternité, ne tarda pas à s'apercevoir que ses camarades avançaient les aiguilles de cinq ou dix minutes afin d'écourter leur tâche, de sorte que la dernière sentinelle de la nuit écopait de ces minutes accumulées que les autres avaient fait disparaître. Sa seule occupation pendant ce guet détestable, en plus de gratter ses piqûres et de s'employer à différencier les ronflements de ses camarades de la présence d'animaux, était de se plonger dans ses pensées. Il songeait par exemple à Pacho, tué près de Caucasia lors d'un combat, une nouvelle qui lui causa un chagrin qu'il n'aurait pas imaginé. Il l'avait à peine connu, avait partagé avec lui ses premiers moments au sein de la guérilla (dans l'autobus depuis Medellín, même s'ils ne s'étaient pas encore adressé la parole, puis au cours de la marche de Dabeiba jusqu'au camp), mais guère davantage. Pourquoi sa mort l'affligeait-elle autant ?

« Peut-être parce que c'est votre premier mort », lui expliqua Armando.

Il songeait à l'oncle Felipe et à sa tante Inés Amalia, mais c'étaient des morts d'une autre vie, qui avaient surtout affecté d'autres que lui.

« Le premier mais certainement pas le dernier, poursuivit Armando. Ne vous inquiétez pas, on s'y fait. »

Il pensait également à Isabela, qu'il regrettait d'avoir repoussée. Il fantasmait sur ce qui aurait pu se passer et s'en voulait ensuite. Il était au moins sûr d'une chose, c'est qu'il s'était bien comporté. Il avait déjà compris que la révolution est indissociable d'une sorte de puritanisme, savait que Lénine avait copié l'organisation de la vie en communauté des premiers chrétiens et qu'une interdiction inviolable pesait sur les relations entre les hommes et les femmes. Isabela semblait ne pas en avoir conscience, ou alors ces proscriptions ne valaient pas pour tout le monde, oui, c'était une éventualité, et dans ce cas il se montrait trop strict, comme s'il cherchait à compenser le péché de ses origines par une discipline de fer.

Toutes ces pensées l'occupaient.

Mais par ailleurs, des idées absurdes lui passaient par la tête.

Se pouvait-il que le Parti les ait acceptés uniquement pour se faire mousser ? Après tout, si deux jeunes gens dans leur genre, des bourgeois, des privilégiés, étaient allés en Chine communiste, s'ils avaient suivi un entraînement militaire dans l'armée chinoise et étaient rentrés en Colombie pour intégrer les rangs de l'EPL, si tout cela pouvait avoir lieu dans son pays, cela signifiait que la révolution était en cours et disposait de tous les atouts pour triompher. Le destin leur réserverait-il le même sort qu'au père Camilo

Torres ? L'action du prêtre, un bourgeois issu d'une famille de libéraux, aurait été plus utile en ville, mais il était mort inutilement dès son premier combat. Et tout cela pour quoi ? Peu à peu, Raúl commença à se dire qu'au fond, il n'aurait pas été nécessaire que sa sœur et lui entrent dans la guérilla. Dès que ces idées l'obnubilaient, il les chassait en ayant recours à la vieille tactique de la honte et allait de l'avant sans se poser de questions, ou en se persuadant que les doutes qui l'assaillaient en secret étaient des vestiges de sa vie réactionnaire. Quoi qu'il en soit, la certitude d'avoir à faire ses preuves le hantait, et il était convaincu que ses camarades le considéraient avec méfiance, à croire qu'il n'était pas l'un d'entre eux.

Toutes les semaines, il assistait à deux réunions sous des masques différents : celle de la cellule du Parti, dont il était membre, et celle des guérilleros de base. La première était organisée pour que les participants analysent la situation et fassent leur autocritique. Raúl savait qu'il devait sa présence à la position de son père, devenu une figure incontournable à Medellín, étant à la fois une sorte d'ambassadeur du maoïsme en Colombie, mais aussi un Européen à la peau claire. Dans les assemblées de soldats, Raúl était ce qu'il avait toujours voulu être : un guérillero parmi les autres. Ces concertations s'inspiraient d'une tradition instaurée par l'Armée rouge pendant les marches, une séance hebdomadaire permettant aux soldats d'émettre des jugements les uns sur les autres et même de formuler des appréciations positives ou négatives à propos de leurs commandants. Sergio avait toujours été fier de ce moment où les combattants étaient tous égaux sans distinction de grade, d'origine ou de race. Mais à présent, cette égalité prolétarienne ne lui apparaissait pas telle qu'il l'avait imaginée.

L'un des commandants semblait le traiter comme s'il l'accusait de torts remontant à son expérience chinoise. Il s'appelait Fernando et ce n'était pas n'importe qui, mais l'un des fondateurs de l'EPL. Âgé d'environ quarante-cinq ans, il avait fait des études de droit à Bogotá avant de s'inscrire aux Jeunesses communistes de Colombie tout en participant aux championnats nationaux d'athlétisme. C'était un très bon coureur et l'Independiente Santa Fe, un des deux clubs de football de la ville, l'avait engagé dans sa section d'athlétisme, où Fernando s'était si bien entraîné qu'il avait remporté quatre médailles d'or aux Jeux sportifs nationaux de 1950. Quand il fut expulsé des Jeunesses communistes à cause de ses tendances maoïstes, il fonda le Parti communiste marxiste-léniniste pensée Mao Zedong et commença à militer à l'EPL. Ses débats idéologiques avec les autres fondateurs ne tardèrent pas à devenir légendaires. C'était un intransigeant au verbe facile et agressif, qui avait été capable de taxer un de ses pairs de petit-bourgeois révisionniste pour la simple raison qu'il n'était pas d'accord avec lui sur un point de la doctrine. Sa force physique lui attirait le respect : il marchait plus vite que les autres, supportait des distances plus grandes, et le pire des sentiers dans la broussaille n'était pas un souci pour ses jambes. Au fil des jours, Raúl apprit à reconnaître en lui la puissance des sectaires, à laquelle il avait déjà été confronté au cours de ses expériences au bout du monde, et il déplora que cet homme l'ait pris en grippe.

Il avait vu juste. Fernando fut d'emblée agacé d'entendre le camarade Raúl rappeler l'enseignement de Mao pour remettre en cause les décisions militaires du commando central. Il l'avait clamé haut et fort lors d'une des réunions de cellule et, de plus, il s'était arrangé pour répéter cette accusation à l'assemblée de soldats. Alors qu'on s'attendait à ce qu'il fasse son examen de conscience, Raúl tenta de contrer ces accusations, et, pire que cela, il se défendit en citant de nouveau Mao, ce qui lui avait déjà attiré les foudres de son supérieur. Les leçons militaires de Mao Zedong parlaient d'une base guerrière à l'origine de la base d'appui, à savoir le territoire où le peuple en guerre exerce une forme de souveraineté. Raúl déclara fièrement qu'il avait connu cette situation, or ce qu'il voyait en Colombie était très différent.

« Ici, nous appelons base d'appui ce qui n'est encore qu'une base guerrière, et cela m'amène à me demander si nous ne faisons pas fausse route », déclara-t-il.

Il n'obtint pour toute réponse qu'un silence pesant. Puis la voix tranchante de Fernando s'éleva :

« Mais ici nous ne sommes pas en Chine, camarade. Je suis étonné que ça vous ait échappé. »

Un homme qui se tenait plus loin maugréa une phrase incompréhensible, mais Raúl comprit le mot « bottes » et entendit les autres pouffer de rire. Il savait de quoi il retournait : quelques semaines plus tôt, les camarades avaient appris qu'il transportait dans son sac une paire de bottes hautes en cuir fin qu'il avait rapportées de Chine. Leur préciser que c'étaient celles que portaient les soldats de l'Armée rouge avait été inutile. Ils avaient objecté que dans la jungle, ce cuir ne servait à rien : il ne pourrait traverser aucun cours d'eau avec, car une fois les bottes mouillées, il aurait les pieds en compote. En revanche, ils lui dirent que ce cuir était idéal pour fabriquer des cartouchières.

« Ce garçon croit qu'il va n'en faire qu'à sa tête dans la guérilla parce qu'il vient de Chine ! » s'exclama Fernando sans s'adresser à personne en particulier.

Sur ce il se leva, signifiant la fin de la réunion. Raúl sentit que les années qu'il avait passées à se consacrer au maoïsme et sa vocation révolutionnaire méritaient mieux que ça, mais il évita de s'exprimer à ce sujet durant toute la semaine et celles qui suivirent. La rancœur de Fernando était toujours présente. Il la manifestait à l'heure des repas, composés midi et soir d'une soupe de banane verte, pendant les cours de renseignement et le jour où il s'aperçut que Raúl avait une boussole dans la main.

« Ça ne vient pas de chez nous », lui dit-il.

Raúl lui expliqua qu'on la lui avait donnée dans l'Armée rouge le jour où il avait terminé son instruction militaire, qu'il s'agissait en quelque sorte d'un cadeau de fin de formation.

« Un cadeau de fin de formation, comme c'est sympathique ! » s'écria Fernando.

Il fourra l'objet dans la poche de son pantalon, pivota et s'éloigna. Raúl ne récupéra jamais sa boussole ; bien entendu, il était hors de question qu'il la réclame. Le commandant symbolisait l'autorité en dépit des efforts de l'EPL pour ne pas reproduire les codes militaires. Il songea que seuls son application soutenue, son obéissance et son engagement pour la cause pourraient désamorcer l'animosité de cet homme puissant. Il se garda de toucher mot de cette histoire, pas même au commandant Armando, qui l'avait pourtant pris sous son aile dès le départ, et encore moins à son père qui, à la surprise générale, fit une apparition au campement des plaines du Tigre.

Sa visite était si impromptue que lorsque Armando l'en informa, Raúl pensa qu'un fait grave était survenu dans sa famille. Il songea à sa mère, envisagea sa mort en se disant que ce serait la pire nouvelle qui soit. Il n'en était rien. Apparemment, Fausto assistait à une réunion du syndicat des Sociétés publiques d'Antioquia, où il intervenait en tant que spécialiste de la culture pour la promotion du théâtre, quand un des membres avait interrompu les conversations pour révéler la grande découverte qu'il venait de faire :

« Sans vouloir jouer les dénonciateurs, je tiens à dire que monsieur Cabrera est le secrétaire politique du Parti communiste. »

Fausto était *grillé*. L'armée et la police se mobilisèrent afin de le retrouver, et ils l'auraient capturé s'il ne s'était pas caché pendant vingt jours. Il prit la fuite si précipitamment qu'il n'eut même pas le temps de dire au revoir à Luz Elena, englouti par la terre qui le recracha vingt jours plus tard sur le bas-côté de la route qui menait à la mer, en direction de Dabeiba, avec une barbe de naufragé et les vêtements qu'il portait au moment de son départ. À quatre heures le matin suivant, après avoir passé la nuit dans une maison aux abords de la petite ville, il prit un sentier qui malmena ses chevilles, atteignit un moulin au sommet de la colline et marcha jusqu'à une autre maison. Ainsi, de refuge en refuge, conduit par un guide, il finit par arriver dans la zone occupée par la guérilla après sept jours qui lui parurent une éternité. Il s'était perdu, avait les pieds couverts de plaies et éprouvé de la honte en paniquant devant une chenille lonomia, mais il était là, près du fleuve Sinú et de la Direction nationale de la guérilla. Aux abords du campement il croisa un homme qui portait une veste semblable à celle que son fils avait rapportée de Pékin.

« C'est le camarade Raúl qui me l'a donnée. Un sacré type », lui dit-il.

Il apprit ainsi le nom de guerre de son fils, qu'il appela Raúl quand ils se retrouvèrent. Le jeune homme était allé l'accueillir avec sa sœur. Fausto les étreignit avec une telle émotion que Raúl dut se maîtriser pour ne pas pleurer. Sol était à l'époque la secrétaire militaire du détachement École Président Mao. Elle entraînait les jeunes recrues, un poste à responsabilité pour une jeune fille. Fausto retira sa casquette chinoise avec délicatesse, passa une main sur ses cheveux attachés et la relâcha en lui adressant le slogan de la guérilla : « Nous vaincrons en luttant. » Puis, au mépris des règles qui avaient été instituées, il étreignit Raúl et se présenta sous son nouveau prénom :

« Emecías, pour vous servir. »

Il parla ensuite de l'importance de leur mission, ajouta qu'il était fier de ses enfants et d'être à la tête de leur famille.

« Vraiment, ce n'est pas ordinaire ! s'écria-t-il d'un ton exalté. Je trouve incroyable que les membres d'une même famille se battent ensemble pour une cause commune, avec les mêmes armes, sur le même front. Nous sommes des privilégiés. Notre situation n'est pas de ce monde, elle s'inscrit dans celui qui suivra et que nous sommes en train d'édifier. Certains diront que nous sommes fous, et moi je dis que c'est une belle folie ! »

Ils entendirent les hélicoptères quelques heures plus tard, pareils dans un premier temps à des battements d'ailes, mais Fausto n'avait pas assez d'expérience pour les identifier. Il remarqua cependant qu'au camp, tout le monde commençait à bouger et que des alarmes retentissaient de partout. Il n'y en avait que deux ou trois, mais le vacarme était si assourdissant qu'à terre il devint difficile de parler. Les commandants en conclurent que quelqu'un, un guérillero, les avait trahis, sans quoi les militaires n'auraient jamais découvert un lieu aussi sûr. Les hommes marchaient comme si leur itinéraire était tracé au sol ; Fausto, en revanche, ne savait que faire ni où aller, écoutant sans les comprendre les instructions de la troupe. Il vit passer Raúl armé de son fusil, et s'apprêtait à lui poser des questions quand il sentit une main sur son bras et une voix qui lui disait :

« Suivez-moi, camarade. »

Il fut brusquement entraîné par une vague humaine jusque dans les profondeurs de la forêt, loin des moustiquaires. Au bout d'un moment, en pleine agitation, le commandant Armando, qui dirigeait la retraite, eut le temps de s'approcher de Fausto en désignant un point lointain. Fausto se retourna et distingua Raúl, qui agitait une main pour lui dire au revoir. Fausto fit de même.

« Ne vous inquiétez pas, camarade, lui dit Armando. Le camarade Raúl nous rejoindra plus tard. »

La manœuvre dura moins de deux heures. Les guérilleros quittèrent le campement pieds nus pour ne pas laisser de traces, se dispersant afin de brouiller les pistes. Ceux qui venaient de la ville y retournèrent, mais pas Fausto : il ne devait pas quitter la jungle tant que la police était à ses trousses. On l'obligea à rester avec Armando et le gros des troupes, plus de cinquante hommes rompus à des combats acharnés, qui rassemblaient le groupe et organisaient une défense d'arrière-garde. Il ignorait combien de temps il marcha sans savoir où il allait, s'enfonçant dans la végétation touffue de la forêt vierge, le ventre vide, mais il s'écoula probablement plus d'une journée avant qu'il revoie son fils. Il apprit que Raúl avait été affecté à des manœuvres de contention. Il l'admira et trembla pour lui, mais n'eut pas l'occasion de le lui dire car la troupe avait autre chose à faire. Tenaillés par la faim, ils avaient envoyé des hommes chasser, qui étaient revenus bredouilles. Puis un camarade qui s'était éloigné leur annonça une bonne nouvelle : non loin de là, près du col, un boa de trois mètres qui venait juste de manger prenait le soleil. Deux hommes se rendirent sur place. Ils durent se mettre à dix pour le dépecer, sortir de son ventre un petit capybara, et retirer son cartilage avant de le cuisiner. On tendit à Fausto une soupe grasse et dense où flottaient des morceaux de viande. En portant la première cuillerée à sa bouche, il eut l'impression qu'il allait vomir devant les autres. Raúl, qui mangeait à ses côtés, lui lança un regard impitoyable et chargé de reproches, si bien que son père avala sa soupe.

Ils prirent congé, conscients qu'ils ne se reverraient peut-être pas vivants. Raúl ne flancha pas une seconde. Il se sentait constamment observé. Le groupe de contention serait sous les ordres du commandant Fernando, qui savait très bien qui étaient les Cabrera, et Raúl percevait ses yeux vigilants qui, quelque part dans la jungle, tentaient de déceler une réaction – une accolade, une larme – qu'il pourrait lui reprocher à la prochaine assemblée. Mais l'accolade et la larme vinrent de Fausto.

« Fais attention à toi. On se voit dès que possible », lui dit-il.

Les questions qu'on se pose dans la vie de tous les jours – Où vas-tu ? Tu pars combien de temps ? Quand nous reverrons-nous ? – n'avaient aucun sens ni valeur dans la jungle. En s'écartant de son père, Raúl détesta Fernando et sa présence de juge ou de délateur. Il aurait aimé discuter avec son père de ce qui se passait en ville, et en savoir davantage sur les activités clandestines de Luz Elena. Il avait encore ces questions au bout des lèvres quand il s'éloigna avec les deux autres guérilleros du groupe de contention – Ernesto, qui avait fait ses classes en Albanie, et un guide – derrière le commandant Fernando ; ils étaient persuadés de suivre un bon stratège qui connaissait bien les tactiques militaires, mais conscients du danger auquel ils seraient exposés les jours suivants. Raúl se déplaçait à présent dans la forêt comme s'il y avait grandi : ses genoux s'étaient habitués au terrain et ne souffraient plus ; il avait cessé de marcher les yeux rivés au sol, comme au début, car on lui avait appris qu'il ne verrait jamais de serpents avant de mettre le pied dessus et qu'il valait mieux s'en remettre au hasard ou attendre que le reptile s'écarte de lui-même.

Les militaires qui avaient débarqué avaient installé quatre postes d'observation en hauteur qui couvraient une zone aussi étendue qu'une grande ville. Les hélicoptères avaient atterri pour lancer des manœuvres afin de récupérer la région. Le travail du groupe de contention était aussi simple qu'un jeu d'enfant, sauf que les quatre guérilleros risquaient leur vie. Ils avaient pour objectif de faire croire à l'armée que la guérilla était toujours présente. Leur stratégie consistait à s'embusquer derrière les sources d'eau et à attaquer un des postes. Situés au sommet de la montagne, ils permettaient aux soldats d'avoir une bonne visibilité mais les empêchaient de riposter par le feu, car lorsqu'on tire du haut vers le bas, on perd la référence de l'horizon et il est difficile de toucher autre chose que la terre. Le groupe attaquait deux fois par jour en utilisant plus de munitions qu'il n'en fallait pour que les militaires aient l'impression d'affronter un grand nombre d'ennemis, puis il progressait jusqu'au poste suivant et renouvelait l'opération. Raúl n'avait jamais été confronté à un feu aussi nourri que celui de ces soldats désespérés de ne pas voir leurs opposants. Par la suite, il lui sembla toujours miraculeux d'en être sorti indemne.

Ils restèrent là trois semaines. Désorientés ou troublés, en tout cas incapables de localiser l'ennemi ou de savoir combien d'hommes il y avait dans le camp adverse, les militaires quittèrent la zone. Le commandant Fernando et les camarades Raúl et Ernesto se chargèrent de reconstruire le détachement. Ils accueillirent des hommes venant de terres voisines et établirent des alliances avec les paysans de la région. Ce fut difficile et Raúl avait de bonnes raisons de penser que sa participation à la stratégie de contention, en plus de la réédification du détachement, pourraient lui attirer la sympathie du commandant Fernando ou du moins calmer son antipathie. Il était loin de la vérité.

Extraits du journal de Sol :

Sans date

Certains jours je ne me comprends pas. J'organise les plannings et décide de la tactique à suivre, mais en général, il est difficile de programmer quelque chose pour le lendemain. Je sais que ma confusion est due au changement brutal qui altère non seulement mon physique, mais surtout mon psychisme. En fait, je ne suis pas prête à cela. Pourquoi ai-je une impression de vide dont je n'arrive pas à me débarrasser et qui me perturbe ? La journée d'aujourd'hui s'annonce vraiment très mal pour moi.

Nous passons la nuit sous une tente trop sophistiquée pour cette jungle. Dès que je verrai apparaître la lune entre les arbres, j'irai suspendre mon hamac.

Sans date

Nous n'avons pas pu quitter cet endroit infesté de moustiques. Je maudis les circonstances absurdes auxquelles nous sommes sans cesse confrontés, davantage causées par une mauvaise direction centrale que par notre manque d'expérience dans la guérilla. Et nous sommes là, à nous démener sans recevoir aucune réponse, comme si nous attendions la mort sans pouvoir réagir.

Sans date

Je n'ai pas pris de repos depuis 66 heures. Quand nous avons traversé Río Negro, j'ai commencé à boiter du pied droit à cause d'une légère luxation de la cheville. Nous pensions installer notre campement au coucher du soleil, mais nous avons entendu des tirs et avons dû nous disperser. En essayant de couvrir la retraite des autres, qui s'engageaient dans la forêt, Jaime a traversé et fait feu. Arturo et moi avancions tant bien que mal pour surprendre les troupes par l'arrière, mais Arturo a été touché à la mâchoire pendant que j'essayais de me relever après avoir trébuché contre une racine. Lorsque j'ai voulu le rejoindre, un projectile s'est incrusté dans ma cuisse droite. Nous avons dû fuir. De loin, Jaime m'a fait signe en m'indiquant un chemin où nous serions en sécurité.

J'ai passé la nuit la plus longue de ma vie à côté d'Arturo, qui perdait son sang. J'avais peur qu'il meure parce que je ne pouvais pas lui porter secours. Son bras sur mon épaule, il a sombré dans un sommeil comateux. Blessée à la cuisse et à la cheville, j'ai préféré ne pas bouger et attendre que les autres nous viennent en aide. Jaime a prévenu Fernando. J'ai traversé des moments d'angoisse et versé des larmes le temps qu'ils nous rejoignent. Le soleil avait déjà parcouru un quart de sa trajectoire.

Cela fait trois jours que nous nous acharnons pour sauver la vie d'Arturo. Il ne doit pas mourir !

Le harcèlement commença à ce moment-là, pendant que Sol se remettait de sa blessure à la cuisse. Arturo, en revanche, avait été évacué dans la maison d'un paysan, le temps qu'on décide s'il fallait l'envoyer en ville. Sol était assise dans son hamac, les jambes ballantes, quand l'ombre du commandant Fernando sortit de nulle part, se découpant dans les reflets lointains et diffus du feu de camp. Il lui demanda si elle allait bien, elle répondit que oui, qu'elle était fatiguée et affamée, mais qu'elle allait bien. Il voulut savoir si elle avait eu peur et elle lui dit que non, qu'on l'avait entraînée à ne pas avoir peur.

« Quoi qu'il en soit, merci beaucoup. Vous nous avez sauvé la vie, commandant. »

Fernando se rapprocha et posa une main sur sa jambe.

« Vous êtes très jolie, camarade. »

Ces avances la prirent tellement de court qu'elle fut incapable de répondre ; son corps perdit brusquement son ancrage et ses points d'appui, il flottait sur le hamac, incapable de réagir, et de longues secondes s'écoulèrent avant qu'elle saute en tâchant de ne pas se faire mal à la cuisse.

« Arrêtez, Fernando, c'est interdit.

– Oui, camarade. Vous avez raison. Je vous promets que ça ne se reproduira plus. »

Mais il revint le soir suivant.

« C'est comme ça que vous traitez la personne qui vous a sauvé la vie ? Vous ne voulez pas me remercier ? »

Il avait plu, l'air était saturé d'humidité et la peau de tous les visages luisait. Quand Fernando s'approcha, l'odeur de ses aisselles envahit tout l'espace.

« Fernando, c'est interdit, murmura Sol d'une voix douce mais ferme, soucieuse de ne pas être entendue des autres et de ne laisser transparaître aucune intimité.

– Vous avez laissé un fiancé là-bas ?

– Où ça ? En Chine ou à Medellín ? »

La scène était identique à celle de la veille et se déroulait aux dernières heures d'une longue journée. Sol était assise dans son hamac, les bottes dans le vide, le corps de l'homme trop proche de ses genoux. Le soir précédent, il avait tendu une main pour la poser sur la cuisse de la jeune femme, mais là, il s'enhardit et elle sentit sa braguette contre sa rotule. Elle le repoussa, mais il ne sembla pas comprendre ou pensait peut-être que son rejet n'était pas sincère : la petite bourgeoise guérillera se faisait désirer et prier. Il revint à la charge et Sol l'éconduisit de nouveau.

Les jours passèrent. Sa blessure à la cuisse était entièrement guérie : le corps avait cette incroyable aptitude. Elle s'aperçut que Fernando avait cessé de la poursuivre comme s'il l'avait oubliée.

Une après-midi, alors qu'elle enseignait l'alphabet à une classe de fillettes paysannes, Sol ressentit une chaleur qui n'était pas celle des tropiques. La nuit, elle se réveilla glacée jusqu'aux os et mit plusieurs secondes à se rendre compte que ce n'était pas le froid qui l'oppressait ainsi en pleine forêt humide, mais des spasmes si violents qu'ils secouaient son hamac. Elle n'avait jamais eu un tel accès de fièvre. Elle resta des jours allongée, incapable de lever une main pour prendre l'eau que lui tendaient ses camarades, versant des larmes silencieuses tant sa migraine était forte, non lancinante mais lui laissant l'impression que tout le sang de son cerveau la martelait de l'intérieur. Elle transpirait tellement la nuit que le matin, elle devait changer de T-shirt. Elle dut même faire sécher son hamac en l'étendant au soleil une journée entière. Elle n'eut pas l'idée de demander un remède, mais quelqu'un alla chercher de la chloroquine dans la cache où on entreposait les médicaments, puis revint en disant que le stock était épuisé. Deux semaines s'écoulèrent avant l'arrivée de nouvelles boîtes. Elle les passa comme on traverse un fleuve à gué, tour à tour en colère ou vulnérable, triste ou paranoïaque, perdant la notion du temps et aussi la confiance dans tous ceux qui l'entouraient.

« Le commandant Fernando t'a fait une petite visite, mais tu étais si malade que tu ne t'es aperçue de rien, lui apprit-on lorsqu'elle commença à se rétablir.

– Il s'est approché de moi ? De mon hamac ? » demanda-t-elle.

Tous s'étonnèrent de ces questions et c'était peut-être mieux ainsi. Elle avait repoussé Fernando pendant des semaines en restant aimable pour ne pas le froisser, et surtout pour que les autres femmes ne se rendent pas compte de ce qui survenait, les réactions d'autrui étant imprévisibles. Mais maintenant qu'elle était remise sur pied, songer à la présence de cet individu près de son corps sans défense lui inspirait un sentiment voisin du dégoût. S'il avait voulu, il aurait pu la tripoter, et peut-être l'avait-il fait, pensa-t-elle. Comment le savoir ? Un corps reste-t-il marqué par le passage d'une main intrusive ? Du dégoût, voilà ce qu'elle éprouvait.

La dernière agression du commandant eut lieu peu après sa convalescence, alors qu'elle avait repris une vie active. Une camarade dont elle avait oublié le visage mais qui était venue travailler dans la jungle en tant qu'infirmière lui annonça qu'elle souffrait d'anémie ; il lui était parfois difficile de respirer, mais son état s'améliorait de jour en jour et elle pensait avoir retrouvé un semblant de normalité. Puis Fernando vint la voir une nuit, sa silhouette se détachant sur le fond lumineux du feu ; il parlait d'une voix adoucie par ses intentions.

« Quand allez-vous m'accorder un baiser ? chuchota-t-il.

– Arrêtez ça tout de suite ou je m'en vais. Je ne le répéterai pas. »

Par la suite, elle trouva étrange de s'être sentie aussi forte à un moment d'extrême faiblesse. Fernando recula.

« Ah, mais c'est qu'elle proteste ! »

Elle lui tourna le dos et s'éloigna, persuadée un court instant qu'il l'avait suivie. Mais quand elle atteignit son hamac, sûre qu'en pivotant elle découvrirait le visage du commandant défiguré par le désir, une force inattendue guida ses mains et en quelques minutes, elle rangea ses affaires dans son sac à dos, prévoyant assez de nourriture pour la journée suivante. Il lui sembla agir ainsi presque malgré elle, motivée par le rejet plus que par la raison, tout en restant singulièrement maîtresse d'elle-même.

Elle marcha un jour entier sans savoir où elle se dirigeait, poussée par le besoin pressant de mettre de la distance entre Fernando et elle. Elle arriva chez des paysans qu'elle connaissait et passa la nuit chez eux, la nuit du lendemain dans une autre maison, et avança de la sorte d'une demeure à l'autre, jusqu'à gagner un village aux alentours de Tierralta, où elle prit le car pour Medellín. Elle dut faire appel à la charité des paysans afin qu'ils complètent le prix du billet, et dans la montagne un homme accepta d'échanger sa gourde chinoise contre un grand poncho qui dissimulerait son uniforme. Quand trois jours plus tard elle poussa la porte de l'appartement de Fausto et Luz Elena, sa mère dut l'aider à monter l'escalier car elle ne tenait plus sur ses jambes. Le médecin que Luz Elena fit venir de toute urgence, un ami de la famille, l'examina et s'étonna qu'elle soit encore en vie.

« Elle a quatre grammes d'hémoglobine par décilitre de sang. C'est un miracle qu'elle puisse encore marcher.

– Si vous saviez d'où je viens, dit Sol.

– D'où ?

– De loin. De très loin. »

XVII

Un soir, Raúl était déjà couché dans son hamac quand il entendit le bruit impossible à confondre d'un train de mules. Il tendit le cou et vit que d'autres têtes curieuses s'élevaient des autres hamacs. Il constata qu'en effet deux hommes en civil conduisaient les bêtes du côté des cabanes du commando central. Elles disparurent derrière les tentes et sortirent de son champ de vision, mais il eut le temps de constater qu'elles étaient chargées ; le lendemain, alors que les mules étaient parties, il comprit que ces ballots n'avaient qu'un seul destinataire. Comme ce n'était pas la première fois, il n'eut aucune peine à imaginer ou à supposer ce qui s'était passé, des faits qui lui furent confirmés dans la journée : le chargement était réservé au commando central, les simples guérilleros n'en verraient pas la couleur. En d'autres occasions, sitôt les mules parties, l'air s'était rempli d'odeurs et là, en pleine jungle, Raúl s'était demandé s'il devait s'indigner des privilèges des commandants ou souhaiter qu'un jaguar vienne leur rendre visite, attiré par l'arôme du jambon et des saucisses. Ce jour-là, pour dissiper les doutes, Fernando convoqua ses troupes. Il leur expliqua qu'ils avaient reçu quelques vivres, mais surtout des médicaments, puis appela quatre soldats – dont Raúl – qu'il isola des autres. Il leur ordonna sans ambiguïté de construire une planque pour y ranger les caisses.

« Appliquez-vous. Personne ne doit la trouver ni savoir ce qu'elle contient », précisa-t-il.

C'était la saison des pluies, si bien qu'ils mirent plus de temps que prévu à édifier la cache, la terre excavée étant retombée dans le trou dès le matin suivant, mais en dépit de ces désagréments, les hommes accomplirent leur travail avec diligence, sans faire de commentaires. Leur ouvrage terminé, ils y entassèrent de la vanille et de la cannelle, du touron pour deux mois, deux immenses caisses de bouillon Maggi et divers médicaments. Personne n'en reparla ensuite. Les guérilleros savaient que tout ce qu'ils diraient pourrait être retenu contre eux à la prochaine assemblée, ainsi que l'avait expérimenté Raúl quelques semaines auparavant, quand un des camarades lui avait demandé de faire son autocritique et qu'il était resté muet.

« Depuis cinq mois, le camarade Raúl remet en cause nos tactiques visant à constituer une base d'appui », avait déclaré un camarade à sa place.

Raúl avait eu l'intelligence de se dire qu'il valait mieux ne pas répondre à cette accusation et que riposter équivalait à s'enfoncer dans des sables mouvants. Il écouta sans piper mot, mit cela sur le compte de son inexpérience et attendit qu'on oublie l'incident.

Un certain temps après l'édification de la planque, le commandant Fernando s'approcha de Raúl.

« Camarade, nous avons besoin que vous alliez prêter main-forte », lui dit-il.

C'était une de ses grandes idées, dont personne jusqu'alors n'avait encore démontré l'utilité. Il était convaincu que la meilleure façon d'établir une base d'appui consistait à faire appel aux formes de communisme primaires présentes dans le monde paysan.

« Toute la pureté et les sources sont là ! » s'exclamait-il.

C'était tout un rituel : un paysan ayant besoin d'un coup de main (pour cultiver son champ, construire un abreuvoir ou une étable, installer un toit de palme sur une maison) recevait un jour de travail de tous les membres de la communauté et organisait en échange une grande fête populaire pour remercier les personnes solidaires et récompenser l'effort général par un moment de distraction. Ce jour-là, l'homme avait besoin de dégager une friche pour y semer du riz, un travail facile quoique épuisant, qui consistait à éliminer le chiendent et les broussailles avec une machette appelée *rula*, différente des autres car elle était plus lourde et d'une largeur supérieure à un mètre, sa lame bien aiguisée devant faucher les arbustes sans trop solliciter les muscles des bras.

Raúl mit son fusil en bandoulière, comme il avait vu le faire en Chine, et s'attela à la tâche. La rula était plus grande que la machette qu'il avait achetée à Medellín, pourtant la plus impressionnante du magasin. Il n'avait jamais manié ce genre d'outil, si pesant qu'il semblait doté de vie propre quand il s'abattait sur les mauvaises herbes. Sans doute émerveillé par la puissance de l'objet ou parce qu'il en parlait à un de ses camarades, il commit une maladresse et sa distraction fit dévier de sa trajectoire la lame qui retomba sur son tibia, coupa son pantalon, pénétra dans sa chair en y laissant une entaille très nette, tout près de l'os. Quand Raúl se baissa pour constater la gravité de la blessure, il vit le sang jaillir si violemment que si ç'avait été la jambe d'un autre, il aurait cru à une mauvaise blague. Le bas de son pantalon noircit en quelques secondes. Il songea que c'était probablement grave, un pressentiment qui lui fut confirmé par la mine alarmée des paysans.

On le transporta jusqu'à la cabane la plus proche pour l'allonger sur un hamac tendu dans une cour en terre battue.

« Levez la jambe, camarade, lui intima-t-on. Levez-la bien haut, au-dessus de votre tête. »

Quelqu'un affirma qu'il fallait mettre du marc de café sur la plaie et quelqu'un d'autre objecta que le tabac mâché était préférable. Un troisième homme proposa un emplâtre d'herbes, et comme personne ne se mettait d'accord, on fit un cataplasme avec les trois préparations. Rien ne fut efficace : le sang s'écoulait toujours à gros bouillons, trempait les emplâtres, les traversait et glissait sur la peau blanche avant de s'écraser au sol en un goutte-à-goutte tenace.

« Il faut cautériser », dit un camarade dont Raúl ne reconnut pas la voix.

Il ne s'était pas écoulé dix secondes qu'il sentit sur la jambe une brûlure atroce. Il eut par la suite une étrange certitude : s'il ne s'était pas évanoui sous l'effet de la douleur c'était qu'il était trop surpris de constater que même un fer chauffé au rouge ne puisse pas stopper l'hémorragie. Il continua donc de saigner copieusement jusqu'à ce que, dans un éclair de lucidité (ou de clairvoyance en plein malaise), il appelle le camarade qui avait appliqué le fer sur son tibia :

« Cours au campement et va dans la planque. Si on ne me donne pas de Coaguleno, je vais me vider de mon sang. »

C'était un médicament importé d'Espagne, rare et difficile à obtenir. Il était arrivé à dos de mule dans trois petites boîtes rouges avec une étiquette aigue-marine. Il avait la propriété d'arrêter les hémorragies les plus intraitables. Raúl demanda du papier et un crayon et traça en quelques traits un plan indiquant l'endroit précis de la cache. Mais avant que le camarade soit revenu avec la petite boîte rouge et une seringue stérile, il avait perdu connaissance. La dernière chose qu'il vit fut la flaque de sang qui s'était formée sur la terre battue en dessous du hamac, qu'un chien était en train de laper.

Il se réveilla vingt-quatre heures plus tard, si faible qu'il ne pouvait même pas s'asseoir sur le lit de camp, la tête lestée par une douleur féroce. C'est ce que doivent éprouver les gens qui sont à l'agonie, songea-t-il. Il se savait incapable de regagner le campement, mais ne pouvait pas rester auprès des paysans : la simple présence d'un guérillero, sans parler d'en héberger un, les aurait mis en danger de mort. Sans forces, il n'avait même plus l'énergie d'exprimer ses souhaits, de sorte qu'il confia son sort aux autres. Peu après, il ouvrit les yeux et se vit flotter sur un brancard de fortune, traverser un champ en friche qui avait disparu quand il les rouvrit pour découvrir qu'il se trouvait dans un hôpital de campagne et ne saignait plus. Il eut alors l'invraisemblable pressentiment qu'il vivrait.

Il n'était pas en état d'assister à l'assemblée de soldats, mais participa à la suivante. Le premier point à l'ordre du jour – établi dans la tête du commandant Fernando – concernait Raúl.

« Ce camarade a commis des fautes graves, affirma-t-il en montrant le jeune homme du doigt. Il a tout d'abord révélé où était la planque. Ensuite il a pris un médicament destiné à tous pour son propre bénéfice. Tout ça pour soigner une petite coupure de rien du tout. Camarade Raúl, nous attendons votre autocritique, conclut-il en le fixant de ses yeux noirs.

– Camarades..., commença Raúl en se levant.

– Où est votre sœur, camarade ? le coupa Fernando.

– Pardon ?

– La camarade Sol ? Où est-elle ?

– Je ne sais pas de quoi vous parlez, commandant. Elle...

– La camarade Sol a déserté il y a un moment déjà. Ne vous avisez pas de la défendre. J'espère que dans votre famille on se rendra compte qu'ici, les choses ne peuvent pas se passer comme ça. Vous vous en rendez compte, n'est-ce pas ? ajouta-t-il en s'adressant à toute l'assemblée. La camarade Sol nous a trahis. Je ne suis pas responsable des sanctions qui seront appliquées contre elle. »

C'est ainsi que Raúl fut informé de la décision de Marianella. Il comprit qu'il s'était passé quelque chose de grave, car la bonne sœur de la Révolution n'aurait pas tout quitté pour rien. De quoi pouvait-il s'agir ? Il essaya de le découvrir par lui-même en posant çà et là des questions, mais son inquiétude se heurta au culte du secret de la guérilla, ou alors personne n'était au courant.

À compter de ce jour, il connut une succession de malheurs. Une nuit, la fièvre paludéenne le réveilla et il passa deux semaines allongé, parcouru de frissons pendant ses nuits d'insomnie, sentant son cerveau heurter sa boîte crânienne. À peine sorti de ces épouvantables accès de fièvre, il éprouva une nuit une douleur sourde au talon, et en s'éclairant avec sa lampe de poche, il sursauta de frayeur : dans la lumière blanche s'étendait une plaie ulcérée de la taille d'une pièce de monnaie. Ses camarades durent contacter le commandant Carlos afin qu'il leur explique comment on soignait cela.

« C'est chiant ! Ces gamins de la ville chopent tout ce qui passe ! » l'entendit-il dire à quelqu'un.

Son état s'aggrava et il fallut l'emmener dans un hôpital de campagne, une série de paillasses posées sur des planches surmontées de moustiquaires vertes, avec son transistor Philips pour seule compagnie. Tant qu'il avait eu de la fièvre, il n'avait pas pensé à l'allumer, mais désormais il se souciait moins de sa température que de meubler sa solitude, et ce poste était devenu un précieux palliatif. (Sa mère le lui avait envoyé pour ses vingt ans. Combien de mois s'étaient écoulés depuis ? Trois, quatre, cinq ? Il n'arrivait pas à se le rappeler avec exactitude. Le temps n'avait plus de consistance, à croire que l'humidité l'avait pourri de l'intérieur.) Son poste Philips avait les dimensions d'un gros livre pourvu d'une antenne d'une quinzaine de centimètres, si somptueux que lorsqu'il l'avait reçu, Raúl avait immédiatement su quoi faire.

« Il est à nous tous. À la disposition de tout le détachement », avait-il annoncé.

Mais ses camarades mirent longtemps à profiter du transistor. Raúl le mettait en marche à l'heure du dîner, pour que tout le monde puisse écouter les informations sur RNC[1] ou Caracol, puis l'emportait dans son hamac. Un soir, cherchant des fréquences, il découvrit que RNC retransmettait *La Traviata*, qu'il adorait. Il régla le volume au minimum, plus pour se cacher que pour ne pas déranger les soldats, plaqua une oreille contre le haut-parleur et ferma les yeux. Il vécut un rare moment de sérénité : les bruits de la jungle – le murmure de la brise dans le feuillage, le coassement d'une grenouille au loin – entraient par une oreille tandis que, de l'autre, il écoutait l'invitation à boire d'un ténor ému. L'air n'était pas terminé qu'il sentit une douleur à l'oreille. Le commandant

1. Radio Nacional de Colombia.

Fernando venait de lui rafler son transistor et il haussa le volume pour que tout le monde entende.

« Qu'est-ce qu'il écoute comme conneries, le camarade Raúl ! C'est quoi, cette musique ?

– De l'opéra, commandant.

– Non. C'est de la musique de bourgeois. Qui plus est sur le poste qui nous appartient à tous. »

Il eut sans doute une intuition car il ouvrit le compartiment des piles et reconnut celles achetées pour le camp.

« Avec les piles de la guérilla ! Qui vous a autorisé à les prendre ?

– Personne, commandant.

– Personne, en effet !

– En effet, commandant. »

Pour punir Raúl, il le somma de préparer les repas du détachement pendant toute la semaine : on lui apportait des loutres ou des tapirs ouverts dans la longueur, déjà vidés de leurs viscères, dont il retirait la peau pour en faire quelque chose qui puisse être servi dans une assiette. Après l'avoir humilié, Fernando condamna Raúl à porter la radio. Il l'aurait fait de toute manière, mais le fait qu'elle soit la propriété de tous (et leste son sac à dos) transformait ce reproche scolaire en véritable sanction disciplinaire. Les marches entreprises à cette période n'étaient pas particulièrement exigeantes, mais le poids du transistor les rendait étrangement plus longues, et même leurs séances d'audition nocturnes, quand de petits groupes de camarades faisaient cercle autour de Raúl pour écouter les informations, ne parvenaient pas à lui faire oublier combien Fernando l'avait tourné en ridicule quelques jours auparavant.

Mais à présent, dans cet hôpital de campagne, ses nuits n'étaient plus perturbées par les tours de garde et l'inactivité physique l'avaient rendu insomniaque, alors le transistor Philips le distrayait à certaines heures. Il écoutait les informations sur ce pays, celui des villes, où il se passait toujours les mêmes choses, où le président Misael Pastrana était entré en fonction alors qu'on l'accusait de fraude électorale, et où les partisans de son adversaire, le militaire Gustavo Rojas Pinilla – qui avait installé la télévision en Colombie lorsque Raúl était petit –, s'en prenaient aux autobus, brûlaient des magasins et criblaient de pierres les sièges des grands quotidiens. Il apprit que les bombardements se poursuivaient au Vietnam, en dépit du fait que le Sénat américain ait annulé la résolution du golfe du Tonkin et, un jour de novembre, il découvrit avec satisfaction qu'un socialiste avait été élu président au Chili. Il retrouva la station qui diffusait de l'opéra et parfois, après s'être assuré que personne ne l'entendait, il s'octroyait quelques minutes en compagnie d'une voix qu'il était capable d'identifier et qui le sortait de la jungle pour l'y renvoyer ensuite, à la fois coupable et soulagé. Tout était pareil de loin – Verdi et le Cambodge, Allende et Pastrana –, dans un monde qui, là où il se trouvait, sur un lit d'hôpital, n'avait aucune pertinence.

Dans ses souvenirs, ces journées passées à écouter la radio resteraient à jamais associées à l'apparition des chauves-souris vampires. Personne ne se rappelait vraiment qui avait donné l'alarme, mais du jour au lendemain, les patients, des hommes aux os fracturés ou pris de fièvres tropicales, commencèrent à dire qu'ils avaient été mordus durant la nuit. Ils se rendirent compte que les chauves-souris survolaient les moustiquaires dans les dernières lueurs du jour, des silhouettes rapides que les hommes distinguaient fugacement dans le ciel indigo, puis qui fondaient sur les bras nus, les nuques, les jambes immobilisées par des plâtres ou des bandages. Les attaques survenaient quand ils dormaient, de sorte qu'ils sentaient à peine la morsure, et ce n'est qu'après qu'ils remarquaient des zones rougies ; s'ils étaient réveillés, les dents de la bête leur déchiraient la peau et la douleur était celle de nombreuses aiguilles piquant simultanément. Même les habitants de la région ne se souvenaient pas d'avoir eu de plaies mettant aussi longtemps à guérir, et aucun ne les appréhendait avec autant de stoïcisme que Raúl, qui avait comptabilisé vingt-trois morsures avant de pouvoir repartir au campement. Un des derniers jours de sa convalescence, une conversation avec un camarade l'inquiéta et il se demanda si les dents de chauve-souris, qui transmettaient la rage, étaient également porteuses de certaines formes d'angoisse.

Ce camarade s'appelait Alberto. C'était un leader étudiant maigre et joyeux doté d'une énergie mystérieuse dès qu'il prenait la parole. Le mystère ne venait pas de sa voix, plutôt aiguë ou nasale – ou les deux à la fois –, mais de la conviction qu'il mettait dans ses phrases et de son humour appréciable. Raúl aimait bien ce jeune homme qui n'avait jamais quitté sa ville avant d'entrer dans la guérilla, riait de tout et s'exprimait avec la ferveur de ceux qui ont eu une révélation. Avec le temps, ils étaient devenus amis, si toutefois on pouvait avoir de tels liens au sein du détachement. Ils s'engageaient dans des conversations passionnées, comme le font ceux qui savent qu'au fond, ils se ressemblent : de même que Raúl, Alberto était le seul guérillero citadin et le seul à avoir lu des livres marxistes, ce qui lui permettait d'analyser les principes de la doctrine en connaissance de cause. Sur d'autres aspects ils se différenciaient : Alberto adorait le foot et trouvait invraisemblable qu'un compatriote ne sache pas qui était Efraín Sánchez, le Caïman, et ne soit pas supporteur d'une équipe colombienne, comme il l'était du club Junior de Barranquilla. Il parlait de foot en adoptant le ton exalté que prenait Fausto pour parler de Brecht ou de Miguel Hernández, pensait Raúl.

Or, après l'attaque des chauves-souris, qui dura neuf jours et neuf terribles nuits, Alberto, couché dans sa litière de convalescent, commença à tenir des propos qui ne semblaient pas sortir de sa bouche. Il se remettait d'une crise de paludisme comparable à celle qui avait laminé Raúl, si soudaine qu'il accusait parfois son camarade de l'avoir contaminé.

« Mais ce n'est pas contagieux, ne dis pas de bêtises, lui lança Raúl d'un lit à l'autre, ignorant les malades qui dormaient sur les paillasses du milieu.

– Je ne sais pas mais c'est très bizarre. Tu l'as eu et je l'ai attrapé juste après, alors j'ai des doutes. »

Raúl ne le prit pas au sérieux, en partie parce qu'il avait d'autres soucis, parmi lesquels la leishmaniose, qui avait détruit sa peau sur son tendon d'Achille, laissant une croûte douloureuse ou qui donnait l'impression de l'être, au lieu d'une plaie rouge ; ou encore les ravages de l'humidité sur les cigarettes et le papier à lettres, qui se déchirait dès qu'il appuyait trop sur son Parker, à croire qu'on y avait renversé un verre d'eau. Plus tard, Alberto s'inquiéta des dents de chauves-souris, lui demanda s'il était vrai qu'elles suçaient le sang et pouvaient tuer une vache. Quand elles partirent, aussi brusquement qu'elles étaient arrivées, il voulut savoir si leurs morsures causaient de la fièvre, et sa question, posée dans la nuit silencieuse, était elle-même légèrement fébrile.

« Tu es réveillé ? chuchota Alberto une autre nuit.

– Je suis là, camarade, répondit Raúl.

– Tu sais ce que j'aime le plus dans la nuit ?

– Non, dis-moi.

– J'aime qu'elle fasse disparaître le vert. »

La métaphore plut à Raúl et il le lui dit, mais lui demanda aussitôt ce qu'il entendait par là. Alberto prit un ton ulcéré pour lui dire que non, il n'y avait pas de métaphore là-dedans et que la nuit, quand les lumières s'éteignaient, les yeux se reposaient de tout ce vert qui vous harcelait, le vert de la jungle, des arbres et des champs, le vert des uniformes verts, le vert des bâches, de la toile des sacs et des tentes, tout ce vert épuisait les yeux et lui donnait l'impression d'être enfermé, cloîtré dans une prison sans portes.

« Tout ce vert, camarade, tout ce vert qui est partout !

– Arrête de nous faire chier, boucle-la et laisse-nous dormir », s'éleva une voix.

Et la voix d'Alberto – fébrile, chevrotante, affaiblie – se tut immédiatement. Raúl se concentra, allongé, gardant le silence mais observant la nuit sombre, la nuit noire qui faisait disparaître le vert, la nuit noire désormais désertée par les chauves-souris. Il resta là, sans allumer sa radio, attendant qu'Alberto s'exprime de nouveau. Mais il n'entendit rien. Un léger courant d'air traversa l'hôpital, si étrange que Raúl, distrait ou soulagé par ces secondes de calme imprévu, s'endormit.

Deux jours après, le commandant Carlos lui dit qu'il pouvait regagner le camp. La marche était trop longue pour que son corps la supporte, sa plaie au-dessus du tendon d'Achille risquait de se rouvrir dans ses bottes en caoutchouc ; le commandant fut d'accord pour qu'ils fassent un arrêt et passent la nuit chez des paysans, le foyer d'un couple de sympathisants de la guérilla qui étaient les parents – Carlos n'avait pas à le dire mais il le révéla – d'un camarade. Raúl dormirait là pour diviser le trajet en deux, et rentrerait au campement le lendemain, même s'il devait le faire à cloche-pied. Raúl s'inquiéta pour le camarade Alberto.

« Ah, lui… il va encore rester quelques jours de plus, déclara Carlos.

– Qu'est-ce qu'il a ?

– Besoin de repos. Il ne va pas bien et retourner au combat est la dernière chose à faire dans son cas.

– C'est dangereux pour lui ?

– Oui. Mais aussi pour nous. »

Ils atteignirent la maison dans les dernières lueurs du jour, à l'heure où sortent les chauves-souris. Elle était plus modeste qu'il ne l'avait imaginé mais très bien équipée, car de toute évidence les commandants y venaient fréquemment. Leurs hôtes étaient un couple de jeunes gens – du moins ils semblaient jeunes dans la lumière tamisée – qui marchaient pieds nus sur le sol en terre battue. Ils accueillirent Raúl avec tout le sérieux de personnes accomplissant une mission qui les dépasse, lui servirent du café sucré à la cannelle, le firent asseoir dans une cuisine à l'odeur de bois fraîchement brûlé et le conduisirent dans leur chambre, dont la fenêtre donnait sur un manguier et la basse-cour, où il distingua vaguement des poules dans la pénombre.

« Vous allez dormir ici, camarade, lui dit la femme en lui montrant son grand lit.

– Non, non », protesta-t-il en vain.

Le couple était manifestement content : qu'un guérillero dorme dans leur lit de manière accidentelle avait apparemment valeur de sacrement. Pendant qu'il rangeait ses affaires – il était si faible que soulever son sac lui demandait un effort considérable –, ses hôtes lui apprirent d'une voix pleine de fierté que leurs deux enfants avaient pris les armes. Raúl était sur le point de leur demander leurs prénoms quand il s'aperçut qu'une autre personne bougeait dans la maison, hors de la chambre. Elle apparut sur le seuil de la porte, à côté de ses parents.

« Alors, beau blond… que nous vaut ce miracle ? » s'exclama Isabela d'un ton empreint d'une ironie mordante.

Un des enfants du couple n'était donc pas un fils mais une fille, au demeurant la seule femme qu'il avait désirée dans sa longue année et demie d'expérience guérillera. Certes il l'avait désirée, mais il l'avait repoussée quand elle s'était rapprochée de lui. Le regret l'avait rattrapé plus tard, comme un ami ayant oublié de nous transmettre un message, et maintenant qu'elle était là, sous le même toit (ou le même manguier), et qu'ils avaient toute la nuit devant eux, il s'aperçut qu'au fil des mois, ses préjugés s'étaient dissipés ou suffisamment atténués pour qu'il n'en tienne plus compte. Dans la soirée, lorsqu'elle lui apporta sur une feuille de bananier du riz, de la banane plantain et ce qui ressemblait à de la viande à la chair triste et peu engageante, il lui demanda de rester avec lui pendant qu'il mangeait. Elle s'assit au bord du lit et le regarda sans écourter la distance qui les séparait, tandis qu'il tâchait sans succès de respecter un tant soit peu les bonnes manières tout en portant le riz à sa bouche.

« C'est bon ? » demanda-t-elle.

Elle avait mûri depuis la dernière fois qu'il l'avait vue : ses yeux noirs paraissaient plus grands, et sa voix qui l'avait accueilli durement s'était involontairement teintée d'inflexions charmeuses. La scène était une sorte de rappel – là, loin des regards des autres camarades, dans un endroit sans risques – de l'intimité qu'il avait interrompue quelques mois auparavant. Bien entendu, elle lut en lui comme dans un livre ouvert.

« Ah non. Ça c'était avant, mais aujourd'hui ce n'est plus possible.

– Pourquoi ?

– Parce que le commandant Fernando nous a surpris et qu'il me l'a dit. Il m'a dit qu'il m'avait vue, que c'était interdit et que je devais faire très attention.

– Oui, mais… il n'est pas là, protesta Raúl, étonné par ses propres paroles. Il est jaloux, voilà ce qui se passe.

– Peut-être, mais peu importe. Je ne veux pas avoir d'ennuis. »

Il n'était guère surpris. Il avait déjà vu le commandant reluquer Isabela avec concupiscence, mais cela lui fit l'effet d'une intromission intolérable. Le commandant Fernando, dont il avait toujours subi la tyrannie, étendait son influence jusque dans le territoire imprécis de la vie privée d'autrui. Il ne se souvenait plus au juste quand il se mit à parler, quand il exprima ses pensées à voix haute sans en avoir conscience ou laissa son désir frustré se confondre avec d'autres sources de mécontentement.

« Et si je décidais de partir, tu me suivrais ? »

C'était idiot, mais Isabela ouvrit grand les yeux et les leva vers lui, et il lui sembla qu'ils étaient plus lumineux. Cela ne dura qu'un instant, au terme duquel il comprit qu'il avait mis des mots sur une idée inenvisageable qui s'était insinuée dans ses émotions et avait ressurgi au moment qu'elle jugeait opportun. Se pouvait-il qu'il déserte et commette la faute la plus grave pour un guérillero, la faute qu'avait commise sa sœur sans qu'il en connaisse les raisons ? Non, c'était impossible, et il sentait qu'il s'était non seulement rendu coupable vis-à-vis de la révolution, du but qu'il avait poursuivi pendant des années et que poursuivaient aussi ses parents, mais qu'il avait pris le risque de contaminer quelqu'un d'autre, comme un moustique porteur du paludisme ou une chauve-souris atteinte de la rage.

« Il vaudrait mieux qu'on oublie cette conversation », conclut Isabela.

Il en convint, mais quelques jours après avoir regagné le campement, dans un cahier décousu qui faisait office de journal intime, il écrivit une confession sans se laisser aller au mélodrame, mais rongé par la culpabilité : *Depuis quelques jours, je me dis que je serais peut-être plus heureux si j'étais mort. J'en ai assez d'attendre constamment de pouvoir passer l'examen, un examen confus pour lequel il est impossible de se préparer. Il y a toujours quelque chose qui m'incite à me sentir en faute, inapte à la lutte révolutionnaire, et j'ai toujours l'impression que malgré tous mes efforts je ne peux pas offrir aux commandants, et en particulier à Fernando, toute la ferveur qu'ils attendent de moi. En fait, je pense qu'ils doutent de mon engagement et de celui des autres en général, au point que je me demande si, pour eux, seuls les guérilleros morts sont dignes de confiance. Je n'ai peut-être jamais été fiable, et au point où j'en suis, je ne peux même pas avoir confiance en moi. Des idées défaitistes me traversent l'esprit de plus en plus souvent. Le pessimisme gagne du terrain et l'illusion d'une victoire, d'une victoire de nos idées, s'éloigne de plus en plus.*

L'histoire du briquet commença par une lettre. Correspondre avec sa mère apaisait Raúl : pour ne pas l'inquiéter, il évitait de lui parler de ses mésaventures, mais lui faisait sentir son insatisfaction. « Je crois que je me suis trompé de bus », se disait-il à lui-même. Afin de ne pas éveiller les soupçons de la censure, il masquait ses impressions. « Tu te souviens du jour où je me suis trompé de bus à Tokyo ? » demandait-il à Luz Elena, qui contre toute attente déchiffrait le message et lui envoyait des mots tendres, essayant tant bien que mal de lui remonter le moral dans de longues missives pleines d'humanité, mais qui faisaient de nouveau affleurer sa culpabilité. De quel droit Raúl se laissait-il happer par le doute ou sombrer dans la mélancolie alors que sa mère, en ville, menait une vie clandestine en s'exposant tous les jours au danger, prenant des risques démesurés sans jamais dire un mot de travers ou se plaindre ? Luz Elena était une femme courageuse et seul son fils connaissait son côté fragile, qui cadrait mal avec les exigences sévères de la conspiration. Dans ses lettres, la militante de la guérilla urbaine adressait au guérillero qui avait le fusil à l'épaule des mots affectueux. Elle lui fit part de sa décision de lui envoyer un cadeau. Elle ne voulait pas qu'il refuse, avait déjà demandé l'autorisation aux commandants et le camarade Alejandro la lui avait accordée. « Dis-moi ce qui te ferait plaisir, écrivait-elle. Mais s'il te plaît, je t'en *supplie*, ne me dis pas que tu n'as besoin de rien. »

Raúl n'eut aucune peine à se décider : il avait envie d'un briquet à gaz. Il s'en était acheté un à Rome, pendant son escale d'une semaine avec Marianella, en rentrant de Pékin. Cela lui serait très utile dans la jungle, on devait être capable d'allumer correctement des feux, or le soufre des allumettes s'effritait du fait de l'humidité, il fallait les serrer de longues minutes entre l'index et le pouce pour bien les sécher. Il avait demandé au commandant Fernando quand le courrier serait acheminé pour envoyer une lettre à Bogotá – il se garda de parler de sa mère, de ses mots tendres et de ses cadeaux –, et apprit qu'il pourrait la faire partir deux jours plus tard. Il écrivit à Luz Elena le soir même, lui disant qu'il aimerait qu'elle lui achète un briquet, raconta quelques anecdotes sur la vie au campement et s'étonna de lui confier non seulement le bonheur qu'il éprouvait à lutter pour ses convictions, mais aussi ses craintes. « Être mort est apparemment le seul moyen d'être crédible. » Il n'employa aucun mot interdit – « engagement », « révolution » –, mais le message était clair. Il se garda de lui poser la question qui le taraudait depuis des mois et continuerait à le hanter, et qui était la suivante : quand des parents ont-ils la conviction que la révolution est plus apte à éduquer leurs enfants qu'eux-mêmes ? Il remit l'enveloppe au camarade chargé du courrier et ne se soucia plus de sa lettre.

Mais le jeudi suivant, dès que les guérilleros se réunirent en assemblée, le commandant Fernando se leva en disant qu'il souhaitait leur lire quelque chose. Il n'avait pas prononcé trois mots que Raúl les avait déjà identifiés, comme on se reconnaît sur une photo prise par un autre. Le détachement entier écouta la lettre que Raúl avait écrite à sa mère, non sur le ton qu'il avait en tête en la couchant sur le papier, mais teintée du sarcasme virulent que lui imprimait Fernando. Chaque mot sortait de sa bouche déformé, et même les phrases les plus hypocrites, que Raúl avait rédigées en se sachant surveillé, n'échappèrent pas à sa raillerie. « Un briquet serait sans doute très pratique pour allumer des feux quand il pleut. Cela m'aiderait non seulement moi, mais serait vraiment utile à l'ensemble de mes camarades. » Dans la lecture du commandant, cet essai grossier de solidarité devenait une tirade à l'eau de rose.

Quand le commandant en eut assez ou constata que sa blague n'avait plus aucun effet, il glissa la missive dans l'enveloppe.

« Le camarade Raúl pense que les soucis de la guérilla se règlent avec un briquet à gaz. Qu'en dites-vous ? »

À la grande surprise de Raúl, qui n'y croyait plus, la lettre partit pour Bogotá. La réponse de Luz Elena arriva un mois plus tard. Le commandant Fernando traversa le camp à midi, un jour où le soleil cognait, pour la lui remettre en personne. L'enveloppe avait été décachetée, la feuille présentait un coin déchiré, mutilée par un censeur négligent. Fernando tendit une main vers lui, au creux de laquelle reposait le briquet, un Ronson argenté et strié comme la paume du commandant.

« Il y avait ça à l'intérieur. Mais vous savez quoi, camarade ? Je crois qu'il vaut mieux que je le garde ! »

Une nuit, ils furent réveillés par des coups de feu. En quelques secondes les soldats du détachement étaient sur le pied de guerre, brandissant leurs fusils, même si leurs yeux encore poisseux de sommeil ne leur permettaient pas de viser correctement. Comme lorsqu'on pénètre dans une pièce sombre après avoir été exposé à la lumière du jour, Raúl dut attendre un peu avant de distinguer des formes nettes, de récupérer son sens de l'orientation et de la perspective, et ce n'est qu'alors qu'il reconnut le camarade Alberto. Il l'avait quitté après leur conversation sur le vert, dans l'hôpital de campagne, et avait gardé ses distances depuis qu'il était rentré au camp. Des rumeurs circulaient : on disait qu'il avait perdu le côté festif des habitants de Córdoba, comme s'il avait retiré un déguisement. Il était revenu de l'hôpital aigri, ne parlait plus de foot, ne racontait plus de blagues idiotes et ne partait plus de ce rire explosif que lui reprochaient les commandants. Ces derniers n'avaient plus à s'en soucier car il ne riait plus du tout, passait au contraire ses journées à se plaindre sans desserrer les dents, ou à insulter des ennemis imaginaires dans une sorte d'accès de hargne permanent que personne ne parvenait à calmer.

Alberto s'était apparemment réveillé au milieu de la nuit et, en silence, il était allé chercher une carabine San Cristóbal, puis s'était éloigné de plusieurs mètres de son hamac avant de se mettre à tirer. Les carabines ont un fort recul, ainsi qu'en témoignaient les impacts de la rafale, verticaux, sur l'écorce d'un arbre, aucun à hauteur d'homme. Mais l'incident avait suffi pour que tout le monde s'accorde à dire qu'Alberto – qui n'opposa aucune résistance quand on lui confisqua son arme – était devenu un danger. Sur un ordre impopulaire et douloureux du commandant Tomás, il se retrouva avant l'aube attaché à un arbre avec une chaîne. Quand Raúl s'approcha de lui pour lui parler comme il le faisait auparavant, lui demander ce qu'il avait, le rassurer en lui promettant que tout cela était passager, il prit conscience que ses yeux ne le regardaient pas, ou plutôt qu'ils n'étaient pas fixes, mais bougeaient de manière erratique comme des billes égarées dans un vase en cristal. Il ouvrait la bouche, montrant ses dents jaunes dans une grimace d'effort, à croire qu'il essayait de soulever quelque chose de très lourd.

« Qu'est-ce qui ne va pas, camarade ?

– On veut me tuer, répondit-il après avoir cherché un moment qui s'adressait à lui.

– Qui ?

– Tous ces révisionnistes. »

On le laissa là, ligoté à son arbre, criant sans s'adresser à personne en particulier que tous étaient des traîtres. En revanche il n'insultait jamais Raúl, qu'il ne semblait pas voir, et c'est sans doute pour cette raison que le détachement confia à ce dernier la tâche d'alimenter ce pauvre camarade frappé de folie. Raúl lui apportait à manger et lui demandait comment il se sentait, Alberto lui répondait qu'il allait mal, que les révisionnistes voulaient sa peau, que sa nourriture était empoisonnée. Avec le temps il devint plus violent : il ne disait plus qu'on avait l'intention de le tuer, mais qu'il allait tuer tout le monde. Il parlait par moments du président Mao, dont les leçons avaient été oubliées par les commandants, si tant est qu'ils en aient eu connaissance, et Raúl n'aurait pas été aussi ébranlé par sa démence s'il n'y avait pas entrevu une de ses possibles destinées.

Un matin, il disparut de l'arbre auquel il était enchaîné. Raúl ne sut jamais ce qui lui était arrivé, mais ne renonça pas à interroger les camarades.

« On a dû le sortir de la zone », répondirent-ils sans plus de précisions.

Sol revint dans la jungle après avoir vécu sept mois cachée à Medellín, le temps nécessaire pour résoudre tous ses problèmes, y compris celui de convaincre sa mère que rejoindre les autres guérilleros était la meilleure chose à faire. Elle avait eu des transfusions sanguines, presque goutte par goutte, au cours d'un long processus clandestin qui n'aurait pas été possible sans l'aide de Luz Elena. L'*opération hémoglobine*, comme l'appelait cette dernière, impliquait des allers-retours à l'hôpital. Sol se mettait dans le coffre et croisait les doigts pour qu'elles ne soient pas contrôlées par la police. Elle se demandait ce qui serait advenu si sa mère n'avait pas porté ce patronyme. Faire partie de la bourgeoisie lui permettait de se promener dans toute la ville sans être inquiétée, avec l'assurance que les portes – celles de l'hôpital, par exemple – s'ouvriraient pour elle. Personne ne posa la moindre question à Luz Elena à propos de sa fille ou des raisons pour lesquelles elle était tombée malade : elle était Luz Elena Cárdenas et tout le monde connaissait sa famille. Quand elle avait un service à demander, on le lui rendait sans rechigner. Aucun médecin ne se doutait que derrière son sourire éclatant et le grand chéquier qu'elle sortait pour payer les soins hospitaliers se dissimulait la camarade Valentina, messagère secrète de la guérilla urbaine, mère de deux combattants de l'EPL et épouse d'un des leaders du maoïsme révolutionnaire.

Pendant ces mois de clandestinité, Sol s'aperçut qu'elle était recherchée par la guérilla. Elle sentait des présences étranges au coin de la rue, quand elle se mettait à la fenêtre. Luz Elena lui montrait les lettres de son frère : « Si tu es en contact avec ma sœur, dis-lui qu'ici, les commandants sont furieux. Qu'elle fasse attention, ils pourraient user de représailles. » Elle ne le savait que trop et comprenait parfaitement ce qu'il entendait par là. Luz Elena la sermonna comme une petite fille en la traitant d'irresponsable, la somma, puis la supplia de rester tout en sachant qu'au fond, Sol avait raison. Si elle ne retournait pas sur le front pour excuser sa désertion, non seulement elle vivrait en regardant constamment par-dessus son épaule, mais sa famille serait du mauvais côté de la révolution. Elles établirent toutes deux des contacts par des moyens clandestins, un camarade les renvoyant à un autre et ce dernier à un troisième, jusqu'à ce qu'on leur indique comment procéder. Sol devait s'installer à Cali, dans une planque située au nord de la ville, et attendre que la guérilla se manifeste. Elle arriva dans la ville en autobus, trouva la cellule urbaine et attendit. Elle passa quatre mois dans l'incertitude, puis un camarade appelé Guillermo, secrétaire militaire du secteur de El Valle, vint la trouver de la part du commandant Armando.

« Armando n'a pas tari d'éloges sur vous, camarade. Il vous apprécie beaucoup. Je me demande bien pourquoi mais j'obéis aux ordres.

– Où allons-nous ?

– Nous allons élever des canards et laver la tache que vous vous êtes faite. »

XVIII

Le jour où ils allèrent chasser les vaches, Raúl s'était réveillé avant l'aube, une idée fixe en tête : dire la vérité à sa mère. L'angoisse l'oppressait depuis des jours et il se demandait comment elle réagirait en apprenant que son fils souhaitait quitter les rangs de l'EPL. Il voulait lui expliquer qu'il avait l'impression de vivre dans le mensonge. Au campement avaient circulé les pages polycopiées de *Combatiendo venceremos*[1], le bulletin de la guérilla, un numéro qui décrivait un monde où la zone de guérilla était une véritable base d'appui, où le Parti contrôlait la justice, maîtrisait l'économie et disposait d'une armée capable d'assurer la défense de ses frontières souveraines. Or il n'y avait rien de comparable dans ce qu'il voyait tous les jours : la zone de guérilla où il vivait était loin, très loin de devenir ce germe invincible de pouvoir populaire. Il n'avait rien dit à sa mère pour la bonne raison qu'aucune phrase allant dans ce sens n'aurait passé la censure, et parce qu'il ressentait une peur primitive en imaginant sa déception. Il se trouvait ridicule. Lui, un guérillero formé pour combattre, expert en tactiques et en stratégie, un homme accompli qui allait bientôt fêter ses vingt et un ans, se souciait encore de ce que pensait sa mère. Ah, mais ce n'était pas n'importe quelle mère : la camarade Valentina était devenue un rouage indispensable entre les commandos urbains. Le Parti l'admirait et la respectait pour ce qu'elle accomplissait. Elle vivait

1. Littéralement : « Nous vaincrons en combattant ».

son existence clandestine avec une grande intégrité, réalisait des missions dangereuses sans jamais perdre un instant sa façade de dame de bonne famille. Raúl comptait-il vraiment bouleverser son univers en lui confiant ses doutes et ses désillusions ?

C'était exactement ce qu'il s'apprêtait à faire.

Il l'avait décidé dans la matinée, en marchant avec vingt-cinq autres guérilleros vers les terres dégagées où les vaches se trouvaient. On fêtait alors dans la zone une réunion plénière du Comité central du Parti, et les commandants des huit détachements qui opéraient dans les plaines du Tigre s'étaient rassemblés sur un terrain spécialement agrandi pour l'occasion. C'était un vaste et bel endroit qui s'étendait sous le ciel bleu, entouré de forêt touffue. Ces hectares avaient un jour appartenu à de grands fermiers qui avaient dû abandonner leurs bêtes. Les vaches étaient retournées à l'état sauvage, autant que les jaguars qui les menaçaient, les tapirs ou les pécaris que les guérilleros chassaient quand ils le pouvaient. Raúl et ses camarades devaient rapporter de la viande au camp, assez pour nourrir les deux cent cinquante guérilleros qui arrivaient de toutes parts afin d'assurer la défense de l'assemblée. Ils marchaient depuis une heure, cherchant les bêtes, quand ils en aperçurent six en train de brouter tranquillement. Ils encerclèrent les lieux en prenant soin de se placer dos au vent, pour que leur odeur n'alerte pas leurs proies, et avancèrent accroupis jusqu'à ce que le troupeau soit à portée de leurs fusils M1. Raúl compta huit coups de feu et vit deux vaches mourir sur-le-champ. Celles qui restaient se dispersèrent, et une dernière était blessée. La moitié des hommes la suivirent une demi-heure avant de l'achever pendant que les autres guérilleros commençaient à dépecer les premières bêtes. De retour au campement, chacun portant un sac de viande fraîche sur les épaules, ils furent accueillis en héros.

L'organisation de l'assemblée avait été possible car ils vivaient une époque de paix relative, même si tous savaient que l'armée n'était qu'à plusieurs kilomètres de là, à Tierralta, et qu'il ne fallait pas baisser la garde, d'où les nombreux guérilleros qui s'étaient déplacés – il n'y en avait jamais eu autant dans le secteur – afin d'avoir suffisamment d'effectifs pour repousser une attaque éventuelle. Dans la soirée, après avoir fait griller la viande sur des braises de charbon de bois et englouti le déjeuner le plus copieux que la troupe eût mangé depuis des mois, le commandant Carlos appela Raúl pour lui confier une mission : se mettre à la tête d'un petit détachement de cinq hommes pour installer un poste de contrôle aux abords de Tucurá, d'où partait un sentier difficile, une sorte de tranchée naturelle dégagée dans des terres marécageuses qu'empruntaient les guérilleros, mais où l'armée pouvait les surprendre si elle s'en donnait la peine.

« Allez sur place et condamnez ce passage. J'enverrai une relève dans huit jours », leur dit le commandant.

Ils subirent l'assaut et les piqûres des phlébotomes en gardant le silence, car dans l'obscurité il leur était impossible de savoir si l'ennemi était proche, et tout mouvement, même le claquement d'une main sur la peau pour chasser les insectes, risquait de trahir leur présence. Le sommeil contrarié de leurs nuits se ressentait dans la journée, ils avaient des contractures, mais ce qui effrayait le plus Raúl était le désœuvrement des temps morts, car il cogitait et les questions se bousculaient dans sa tête. Ne serait-il pas mieux dans une cellule urbaine ? Ne serait-il pas plus utile à la cause en menant la vie clandestine de sa mère, se servant peut-être du théâtre comme façade, au lieu de combattre dans une guérilla à laquelle il avait cessé de croire ? La lutte armée lui semblait désormais s'inscrire dans une routine obscène : s'attirer la confiance des paysans pour mettre sur pied des opérations guerrières et se rendre compte ensuite que les victimes de ces opérations étaient les paysans dont ils avaient gagné la confiance. Non, la révolution ne pouvait pas être cela.

Le sixième jour, il se passa quelque chose. Les provisions manquaient : le calme procure une sensation de faim et les hommes avaient terminé plus tôt que prévu leurs conserves de thon et de lait concentré. Raúl se tourna vers un de ces paysans de confiance et lui glissa quelques billets.

« Il nous faut du riz, des haricots et du sucre *panela*, lui dit-il. Venez quand il fera nuit. »

L'homme arriva avec ponctualité, remit les achats à Raúl et lui rendit la monnaie, puis repartit après avoir décliné leur invitation de rester dîner avec eux. Raúl déballa le pain de *panela*, comme toujours enveloppé de papier journal, et une photo retint son attention. Quand il défroissa la page déchirée – du quotidien *El Espacio* –, il eut du mal à croire à ce qu'il voyait : sa mère le regardait sur l'image en couleurs éclairée par le faisceau de la lampe de poche. Ce cliché d'une femme élégante à la coupe de cheveux impeccable, vêtue d'un chemisier à fleurs, aurait pu paraître dans la chronique mondaine d'un magazine, mais la légende ne laissait pas de place au doute : *Deux membres du réseau urbain de l'EPL arrêtés à Bogotá.* Raúl chercha la confirmation de ses craintes dans l'article et lut deux noms : la femme était en effet « l'ancienne actrice » Luz Elena Cárdenas, l'épouse du célèbre metteur en scène de théâtre Fausto Cabrera.

Raúl sentit sa bouche s'assécher. Au fil des années, il avait été entraîné à l'art de se taire et de se dissimuler même en plein jour. Il dut faire appel à cette maîtrise de soi pour ne pas flancher devant ses camarades, mais il garda la page du journal et, plus tard, couché dans son hamac, sortit sa lampe torche et lut les lignes qu'il n'avait pas eu le temps de parcourir plus tôt. Luz Elena était emprisonnée à la Brigade des Écoles militaires et allait passer devant un conseil de guerre oral. Elle n'était pas tombée seule, mais avec un certain Silvio, guérillero du réseau urbain qui n'apparaissait pas sur la photo car sa capture ne risquait pas de scandaliser les lecteurs. Le conseil oral était une procédure qui permettait aux juges de lutter contre la subversion et les habilitait à juger les civils en appliquant les lois martiales. Sa mère risquait d'écoper, lut-il dans l'article, d'une peine minimale de huit ans d'emprisonnement, mais elle pouvait être beaucoup plus « généreuse ».

Généreuse, songea-t-il en haïssant le monde.

Il braqua sa lampe sur la date, en haut de la page : 10 mars 1971. Il y avait donc trois jours de cela. Luz Elena allait avoir quarante-deux ans dans une cellule, à Bogotá, sans ses enfants ni son mari, sans personne à ses côtés. Et pendant qu'il tentait d'évaluer la situation et d'imaginer de possibles actions, des manières plus ou moins illusoires de lui venir en aide, Raúl comprenait que la seule chose susceptible d'aggraver le malheur de sa mère à ce moment-là, de saper le peu de moral qui lui restait, serait de recevoir une lettre de son fils lui faisant part de son mécontentement. Là, embusqué dans la jungle, enroulé dans son hamac comme si c'était la fin du monde, il prit conscience que tous les projets qu'il avait échafaudés – déclencher un affrontement politique avec ses commandants, demander un congé ou déserter si nécessaire – étaient tout simplement morts et enterrés.

La relève arriva deux jours plus tard. En accueillant ses camarades, Raúl eut l'impression dérangeante qu'ils savaient déjà ce qui était survenu : il le remarqua au ton de leurs voix ou dans leurs regards fuyants, et en eut la confirmation quand il atteignit le campement, en voyant que ceux qui l'avaient reçu dans l'allégresse le jour de la chasse aux vaches n'osaient même plus le regarder droit dans les yeux. Qu'ils soient informés des faits n'avait rien de surprenant, car au campement ils commençaient leurs journées en écoutant la radio. Les deux grandes stations du pays avaient dû annoncer la nouvelle avec force détails. Mais il trouvait étrange que personne ne lui en touche mot. C'était absurde : tous faisaient semblant de ne pas être au courant en pensant qu'il ne savait rien, et lui, qui savait tout, feignait de ne pas savoir qu'ils savaient. Il apprit par la suite que le commandant Fernando avait été le premier averti. Il avait vite rassemblé les troupes pour leur faire part de la capture de la camarade Valentina, la mère du camarade Raúl, et leur avait expressément ordonné de se taire : il appartenait au commando central de lui communiquer les faits.

Toutes ces cachotteries étaient choquantes, de même que l'éthique de dissimulation destinée à masquer la dissimulation, cette politique de duplicités et d'hypocrisies qui devenait pour les combattants aussi naturelle que leur uniforme, et les avait un jour conduits à chercher pendant toute une semaine la planque où ils avaient enfoui leurs aliments et leurs armes, si bien cachée et protégée avec un tel culte du secret que personne n'avait été capable de la trouver quand ils en avaient eu besoin. À la fin, ils durent accepter que leurs provisions et leur arsenal soient engloutis par la jungle. Oui, il était choquant que le commandant Fernando ait décidé de rompre la règle sacrée qui consistait à ne pas révéler aux combattants les liens familiaux des uns et des autres, qu'il se soit octroyé le droit d'annoncer la détention de Valentina et qu'il l'ait fait en affichant une sorte de satisfaction mesquine, à croire que l'incident lui permettait de donner une leçon. Si cet homme avait décidé de ne plus respecter la compartimentation sans laquelle la double vie d'un guérillero perdait tout son sens, c'est qu'il devait avoir de bonnes raisons de le faire. C'était l'explication la plus neutre, car l'autre, que Raúl n'avait pas totalement exclue, était aussi simple que terrifiante : le commandant Fernando voulait annoncer la nouvelle pour se réjouir de son malheur. Il se trompait peut-être, mais il comprit que ce n'était pas le cas en observant le visage de Fernando quand ce dernier le convoqua le lendemain de son arrivée et non dès son retour, ainsi que l'aurait exigé l'urgence de la situation, ou plus simplement la solidarité.

« Bien, camarade, lui dit-il. Je suppose que vous êtes au courant.

– De quoi, commandant ? répondit Raúl, qui ne voulait pas lui donner ce plaisir.

– Bien sûr que vous êtes au courant. En tout cas la révolution continue. Je tenais à le préciser.

– Je ne vous comprends pas. Qu'avez-vous à me dire ?

– Que notre combat ne doit pas cesser parce que quelqu'un a été arrêté. Je suppose que c'est clair.

– Très clair. Mais je peux vous poser une question ?

– Allez-y.

– Je voudrais prévenir ma sœur. Comment puis-je faire ?

– Ah, votre sœur, votre sœur ! Laissez-la tranquille, elle est assez grande !

– Pardon ?

– Oui. Si elle n'est pas informée, c'est son problème. Figurez-vous que j'ai d'autres problèmes à régler, moi ! »

La camarade Sol s'était installée dans un autre camp et ignorait que sa mère était en prison. Guillermo l'avait emmenée sur ce qu'on appelait un « front patriotique », des propriétés rurales servant de façade aux actions des guérilleros. On y cultivait la terre et on y élevait des animaux. Le front patriotique de Guillermo se trouvait au sud du Pance, un district de la vallée du Cauca. C'était une petite ferme qui tournait le dos à la cordillère, deux hectares délimités par des barbelés où s'étaient enroulés au fil du temps les plumes des oiseaux. On atteignait le domaine en montant dans la montagne, juste assez pour laisser derrière soi la chaleur insupportable de la vallée. Sol trouvait très amusants les canards musqués qu'on élevait à l'arrière de la maison. Elle les traitait de Moscovites, et quand elle était de bonne humeur, elle leur jetait du grain en disant :

« Venez manger, les révisionnistes ! »

Les quatre autres camarades ne semblaient pas comprendre la blague, mais Guillermo partait d'un grand rire. Dans ces moments-là, Sol pensait qu'elle avait eu de la chance, car parmi tous les secrétaires de détachement, cet homme était sans doute celui qui comprenait le mieux sa situation. En outre son visage n'était pas assombri par la solennité languide qu'affichaient souvent les guérilleros. Sol aimait discuter avec lui. Même si ce n'était pas nécessaire, elle s'excusa d'avoir pris la fuite et lui dit regretter sa conduite ; elle lui expliqua par ailleurs sans ambiguïté que dans les plaines du Tigre, les relations entre Fernando et elle avaient dégénéré.

« Si j'étais restée, il aurait fini par me violer, lui confia-t-elle.

– Bien sûr, camarade, je comprends », dit Guillermo.

Apparemment c'était vrai, ou alors il tenait compte des ordres et des suggestions d'Armando, que tout le monde respectait et qui lui avait demandé de prêter à Sol une oreille attentive. Cela amenait la jeune femme à s'interroger : que voyait Armando en elle et son frère pour les traiter avec une telle déférence ? Était-ce dû à la position haut placée de leur père ? Après tout, Fausto était toujours le contact direct entre la Chine communiste, véritable foyer de Mao, et l'armée révolutionnaire de Colombie, où Mao n'était qu'une rumeur, un ensemble de formules, une figure uniquement faite de mots.

Ils passaient la moitié de la semaine, parfois davantage, hors du front patriotique, dans un détachement qui campait à El Tambo, à un jour de marche vers le sud. C'était un groupe d'une douzaine de camarades qui effectuaient des missions de renseignement dans la zone de Popayán, la capitale du département du Cauca, et d'endoctrinement dans les petits villages de la région. Guillermo restait dans le Pance avec les canards révisionnistes, et quatre camarades, dont Sol, profitaient du trajet pour discuter avec les paysans et faire de la propagande, les aider à construire des écoles pour asseoir leur présence dans le secteur ; en définitive, ils mettaient en place la base d'appui dont parlait Mao. Ils restaient quatre jours à El Tambo, puis regagnaient l'élevage de canards, et Sol reprenait ses conversations avec le camarade Guillermo. Un jour, elle s'aperçut que leurs échanges lui manquaient quand elle s'absentait du détachement, où elle était heureuse de revenir, pas seulement parce qu'elle pouvait profiter d'installations plus confortables, telles qu'un lit ou une douche, mais parce que Guillermo paraissait la regarder différemment. Quand elle lui racontait ses mauvaises expériences, il donnait l'impression de se détourner de ses activités (ce n'était pas le cas, mais son air mystérieux la persuadait du contraire) et de ne s'intéresser qu'à elle en lissant ses moustaches de fermier caricatural.

Sol appréciait de moins en moins d'avoir à quitter le Pance. Son travail au campement de El Tumbo était plus difficile, mais là n'était pas le problème. Il restait toujours un peu de temps aux camarades pour débattre de leurs idées. Chaque semaine, ils recevaient un tract intitulé *Pekín Informa*[2], et chaque semaine, ils lisaient les articles qui y figuraient lors de l'assemblée politique, comme s'il s'agissait du *Petit Livre rouge*. Sol avait le sentiment d'être retournée à l'usine de réveille-matin, entourée non plus de centaines d'ouvriers mais de douze camarades. Il ne manquait plus que le portrait de Mao suspendu à la branche d'un fromager. Un soir, après la lecture, Sol raconta qu'un 1er Mai, quand elle vivait à Pékin, elle s'était trouvée à cinq mètres de Mao. Elle songea que ce souvenir ferait bonne impression ou déclencherait des exclamations ou des questions, et s'étonna du silence qui suivit.

« Vous savez quoi, camarade ? Vous nous soûlez avec vos conneries. Ici on n'a pas autant voyagé que vous, mais ça ne fait pas de nous des abrutis ! » s'exclama un des guérilleros.

Elle était loin d'imaginer qu'en quelques mois elle avait inspiré un tel ressentiment chez l'un d'entre eux, plus précisément le secrétaire militaire du détachement, qui s'appelait Manuel. C'était un homme de petite taille mal dégrossi qui semblait se redresser dès qu'il s'apprêtait à prendre la parole. C'était aussi le seul du groupe à avoir *de l'instruction*, comme le disaient les autres de ceux qui avaient été à l'école. Il était originaire de Turbo, dans le golfe d'Urabá, et dans son accent se mêlaient étrangement les intonations propres aux habitants des montagnes d'Antioquia et celles de la côte caraïbe, si bien que Sol percevait ses paroles comme une falsification ou une imposture. Il lui rappelait en quelque sorte Fernando. Elle avait commencé à se douter de quelque chose quand un camarade, à la veille d'une opération à Popayán, lui avait demandé si le trajet était long, et que Manuel avait répondu en jouant astucieusement sur les mots :

« S'il fait beau, six heures. Si le Sol est glissant, douze heures. »

C'était sa façon d'exercer le pouvoir qu'on lui avait conféré, avait alors compris la jeune femme sans relever sa pique. La première fois qu'elle écrivit une lettre, elle demanda à qui elle devait

2. Littéralement : « Pékin informe ».

la remettre et quel jour partirait le courrier, et on lui répondit que toute la correspondance passait entre les mains du camarade Manuel. Cela lui déplaisait, et lorsqu'elle écrivait à Luz Elena des lettres qui restaient sans réponse, qu'elle appuyait machinalement son stylo sur le papier moite, posait les questions habituelles et envoyait des baisers de circonstance, elle avait la certitude que sa missive devrait surmonter plusieurs obstacles : être interceptée par l'ennemi, bien entendu, mais avant cela subir la censure de Manuel, qui lisait chaque ligne à travers sa loupe idéologique, essayant de détecter le moment fatidique où cette camarade qui risquait de prendre la tangente, ou l'avait déjà prise, transmettrait ses faiblesses à une autre personne. Sol enviait alors les facilités qu'avait toujours eues son frère en espagnol, cette langue qu'elle trouvait étrange, un vague souvenir de son enfance qu'elle ne parvenait pas à maîtriser. Dans ses lettres, elle devait en outre utiliser des codes, faire des allusions, des insinuations au moyen d'un langage cryptique. Elle se disait que toutes ces précautions se justifiaient pour éviter que des renseignements précieux ne tombent entre les mains de la police ou l'armée si elles interceptaient sa correspondance, mais elle cherchait également à échapper au regard du groupe, comme quand elle se cachait, le matin, pour faire sa toilette ou changer de tenue. Au sein du détachement École Président Mao, elle n'avait jamais vécu ce genre de situation.

Les choses se gâtèrent du jour au lendemain, par une matinée humide, pendant l'assemblée de soldats où les camarades discutaient du fait le plus marquant de leur vie de combattants, à savoir la IVe Convention du Parti communiste, qui devait se tenir dans les plaines du Tigre. Tous les membres du commando central s'y rendraient les jours suivants et le détachement de Sol devait se préparer ainsi que tous les autres à parcourir les mille kilomètres de trajet. En fonction de leur chance, du temps et des autobus qu'ils pourraient prendre sans courir de risques, le voyage durerait entre cinq et quinze jours. Sol songea à son frère, qui écoutait peut-être les mêmes discours dans des réunions similaires, non en tant que guérillero d'un petit détachement isolé dans le sud du pays, mais depuis le centre du monde, le lieu de la convention. À cet instant, le commandant Manuel, qui dirigeait l'assemblée, se leva, un journal à la main, et annonça :

« Bien. Et maintenant nous allons lire *Pekín Informa.* »

Sol ne sut jamais vraiment ce qui lui fit perdre patience, quel long récapitulatif d'offenses elle avait fait dans sa tête pour décider qu'il fallait que cela s'arrête, mais elle fut la première étonnée en s'entendant parler d'un ton aussi méprisant :

« Oh ! J'en ai marre de ce truc ! Je ne supporte plus ce *Pekín Informa* ! »

Un silence incrédule s'abattit sur les participants. La tête de Manuel aurait été comique s'il n'avait pas été manifestement ulcéré.

« Faites très attention, camarade.

– Excusez-moi, camarade, mais c'est comme ça ! riposta-t-elle. Je n'ai pas l'intention d'écouter un *Pekín Informa* de plus ! Avec tout le respect que je vous dois, qu'est-ce qu'on en a à faire, de ce qui se passe à Pékin ?

– Vous n'auriez pas oublié où vous êtes, par hasard, camarade ? Vous faites partie d'une guérilla d'idéologie Mao, qui dépend du Parti communiste marxiste-léniniste pensée Mao...

– Oui, je sais, l'interrompit Sol. Et avec tout mon respect, camarade, ne venez pas m'expliquer l'idéologie de Mao, que j'ai défendue à trois cents mètres de Mao. J'ai passé des nuits entières à écouter la voix de Mao dans les haut-parleurs de la ville où il vivait. La casquette que je porte, vous savez ce que c'est ? ajouta-t-elle en désignant sa tête. C'est une casquette des gardes rouges de Mao. Et vous savez pourquoi je la porte ? Eh bien, parce que j'ai été un garde rouge de Mao ! Alors je suis en droit de vous dire que j'en ai justement ras la casquette, celle de Mao, de lire *Pekín Informa* !

– C'est intolérable, dit un guérillero.

– Un peu de respect, exigea un autre soldat.

– Du calme, camarades ! Nous allons prendre des mesures, intervint Manuel.

– Des mesures ? Je m'en fous, de vos mesures ! Camarade, ce que j'ai à vous dire est on ne peut plus simple : nous ne sommes pas à Pékin, alors il serait temps de nous informer de ce qui se passe ici, dans la vallée, et pas à Pékin, n'est-ce pas ? *Pekín Informa* par-ci, *Pekín Informa* par-là, et avec tout ça on n'a pas la moindre idée de ce qui se passe en Colombie ! Moi je trouve que c'est le plus important, vous n'êtes pas d'accord ? »

Le commandant Manuel déclara que l'assemblée était terminée. Sol passa le reste de la journée à l'écart des autres : elle avait fait naître chez eux des émotions dont elle ne connaissait pas la nature et, d'instinct, pensait qu'il était préférable de leur laisser le temps d'analyser sa colère. Elle s'occupa à découper la chair d'un pécari qu'ils avaient chassé et salé la veille, et se rappela ce que lui avait dit son frère à l'usine de réveille-matin, quelque chose qu'il savait parce qu'il le tenait de Lao Wang, son maître d'atelier : durant la construction de la Grande Muraille, sous la dynastie Ming, les autorités avaient fait une précieuse découverte et s'étaient rendu compte que rien ne frustrait davantage les ouvriers que d'avoir la sensation de travailler à un projet sans fin. Ils eurent alors l'idée d'imposer une relève à chaque *li*, une mesure équivalant à un demi-kilomètre, pour que les maçons aient la perspective d'une dernière journée ou d'un travail accompli. « Il est important de savoir que ton chemin arrive quelque part », avait déclaré Lao Wang sur le ton d'un philosophe bouddhiste, que son frère avait imité en répétant ces mots. Et Sol se souvenait aussi des écrits de Mao, où il est dit que la révolution doit être envisagée comme une guerre prolongée. Cette guerre de guérilla était-elle sa Grande Muraille ?

Deux jours plus tard – deux longs jours où elle fut comme répudiée, exilée, morte-vivante –, on la convoqua à une réunion du détachement. On lui montra une souche d'arbre et on lui ordonna de s'asseoir là, puis les autres prirent place en face d'elle, ce qui en disait long. On allait faire son procès, comprit-elle, ce qui lui fut confirmé quand le commandant Manuel lut les dix-sept chefs d'inculpation qu'ils avaient dressés au terme d'une délibération dans les règles. On l'accusait d'irrespect envers Mao, de déviance idéologique, de mépriser la vie armée, d'être contre la Chine, d'être par conséquent prosoviétique, staliniste et sympathisante de l'ELN. On la traita de contre-révolutionnaire et on lui rappela ses origines bourgeoises. On lui dit que compte tenu de toutes ces accusations, elle serait condamnée à une peine très dure, mais qu'avant de la prononcer, on lui permettait de faire son autocritique. Sol, qui avait assisté à ce monologue dans une complète impression d'irréalité semblable à de la fièvre, songea à Guillermo et à ses canards moscovites, et souhaita rentrer au Pance le plus vite possible, voire immédiatement. Elle se leva et commença à s'éloigner.

« Mon autocritique ? Pas question ! Quelle bande d'imbéciles… »

Ce fut les derniers mots qu'elle prononça. Elle avait fait demi-tour et s'était écartée des guérilleros quand elle entendit le coup de feu. Elle se sentit projetée vers l'avant, comme si une force puissante l'avait frappée dans le dos, et tomba de tout son long, une balle de .32 dans le corps, surprise de ne pas avoir mal et certaine, mais sans peur, qu'ils s'approchaient d'elle pour l'achever.

Le campement de Raúl se préparait pour le grand rassemblement du commando central. Les dirigeants et les secrétaires des autres détachements arrivaient déjà dans le secteur. Il devait parfois assurer la sécurité, une tâche qu'il appréciait car il pouvait ainsi penser à autre chose qu'au sort réservé à sa mère, détenue au Buen Pastor, à Bogotá, dans des conditions inimaginables (ou qu'il n'imaginait que sous la forme de scènes effroyables), et dans l'impossibilité de donner des nouvelles à ses proches. On lui avait garanti que Valentina aurait les meilleurs avocats, que le plus important était de garder le moral, qu'elle était engagée dans la cause et que le Parti la soutiendrait tant qu'il le faudrait. Un matin, il alla trouver le commandant Fernando pour lui demander qui s'occupait du dossier de sa mère, si le Parti faisait le nécessaire, comme on le lui avait promis, et apprit que Fernando n'était plus là. Il était parti explorer une nouvelle zone, mais les camarades disaient qu'en fait d'exploration, il était allé rendre visite à une femme qu'il avait rencontrée à Bijao.

Les jours s'écoulèrent sans qu'il revienne, ce qui n'était pas normal. Les guérilleros apprirent qu'on l'avait envoyé au nord-ouest d'Antioquia, dans une zone de combats, et une rumeur gênante commença à circuler dans le détachement, semblable à un chien errant : Fernando avait commis une faute disciplinaire grave et le commando central l'avait durement sanctionné. On racontait qu'on l'avait dégradé, mais on parlait aussi d'expulsion et certains allaient jusqu'à dire qu'il avait été fusillé. C'était invraisemblable. Malgré la mauvaise opinion que Raúl avait de cet homme, c'était une des personnes les plus respectées de la guérilla et beaucoup pensaient qu'il finirait peut-être à la tête du Parti. On s'interrogeait tout bas sur la nature de sa faute : une femme, une insubordination, une erreur militaire ? En son absence, on l'évoquait au passé, comme on évoque un mort, comme s'il n'était plus parmi eux, et Raúl comprit peu à peu les raisons de leur mésentente. Fernando, qui venait d'être expulsé des Jeunesses communistes pour ses tendances prochinoises, avait affronté des années plus tôt Pedro León Arboleda – dont l'ascendant sur les troupes ne faisait aucun doute – dans un débat virulent. Arboleda défendait la militarisation comme seul axe possible pour le Parti. Le commandant Fernando soutenait qu'il fallait au contraire travailler avec les classes ouvrières et favoriser ce qu'il appelait la bolchévisation du Parti, et pour lui, le nœud du problème, la raison pour laquelle ce projet stagnait était la suivante : loin de se bolchéviser, le Parti subissait une véritable invasion de petits-bourgeois. Le commandant ne pouvait donc voir Raúl sans penser que dans ces yeux clairs, dans cette éducation artistique pleine de mots français, de beaux transistors et de briquets à gaz se cachaient, bien tapies, la décadence et l'inévitable mort de la révolution.

Un soir, le commandant Armando lui confia une mission importante. Il devait transmettre de toute urgence des documents secrets du Parti dont dépendaient beaucoup de choses, mais il ne pouvait pas en dire davantage.

« Oubliez tout le reste. Cette affaire est capitale. Vous partirez dès demain avec Ernesto. »

Le camarade Ernesto. Raúl était arrivé dans le même autobus que lui, avec sa sœur et Pacho, le jeune Noir qui avait été tué ; ils avaient tous deux participé à la manœuvre de contention de l'armée après la débandade de la Direction nationale dans la vallée du Sinú, mais ils n'étaient pas à proprement parler des amis. Ernesto était le genre d'individu qui donne l'impression de n'avoir jamais ri de sa vie, ou alors le combat avait fait disparaître son sens de l'humour. Bavarder avec Ernesto était si difficile qu'après avoir lutté deux ans pour la cause dans le même détachement que lui, Raúl avait une idée tout aussi floue de sa vie que lorsqu'il l'avait vu pour la première fois, et que le commandant Carlos l'avait présenté comme un leader populaire du Quindío qui s'était entraîné en Albanie. D'un autre côté, Ernesto lui avait inspiré au premier abord un étrange sentiment de confiance : il y a des gens comme ça, avec lesquels on n'irait pas boire un verre d'eau-de-vie mais à qui on confierait en revanche la garde de nos enfants.

« Où faut-il aller ? demanda Raúl.

– Orlando le sait, répondit le commandant.

– Nous partons avec Orlando ?

– Il connaît aussi bien le secteur que les jaguars. Il sait comment aller jusqu'à l'endroit où vous remettrez les documents. Je ne peux pas vous en dire plus, camarade. Question de sécurité, vous comprenez ?

– Oui commandant, je comprends », mentit Raúl.

Ils quittèrent le campement au lever du soleil. Orlando les devançait et ouvrait la voie à Ernesto et Raúl. Une distance d'une vingtaine de mètres les séparait : s'ils étaient pris dans une embuscade, ils ne tomberaient peut-être pas tous. Mais cela rendait la marche plus difficile, chacun d'eux se déplaçant comme s'il était seul. Tous trois portaient leur fusil en bandoulière et un sac à dos rempli de provisions, mais Raúl avait en plus le sac contenant les documents, si léger qu'il avait peine à croire qu'il fallait trois bons combattants pour les acheminer. Dès le matin ses vêtements étaient trempés de sueur, pourtant il ne faisait pas chaud, mais l'air était si moite qu'ils progressaient péniblement, et respirer par la bouche était comme se pencher au-dessus d'une casserole d'eau bouillante. Mais ses jambes et ses poumons, ses pieds dont la peau ne s'effritait plus à l'intérieur des bottes en caoutchouc, lui indiquaient que les centaines de kilomètres qu'il avait parcourus pendant des années l'avaient endurci ; il songea qu'il ne percevait plus la jungle comme un lieu inhospitalier et une bouffée d'orgueil lui fit bomber le torse. Il leva la tête. Un dais de feuilles touffues se refermait au-dessus d'eux, en haut des grands arbres, sans laisser passer le moindre rayon de lumière. Ils ne pouvaient s'orienter qu'en suivant leur guide.

Le guide. À l'arrière, en silence, Raúl admirait ses petits pas de chèvre qui semblaient leur dégager la voie. Paysan à l'origine, Orlando était entré dans la guérilla dès le début ; les créateurs de l'EPL l'avaient choisi dans la région, puis formé jusqu'à ce qu'il soit promu chef de détachement. Intelligent, son côté taiseux le faisait paraître sournois. Il avait deux cicatrices, l'une causée par une machette et l'autre par une balle, qui résumaient l'histoire secrète de ses violences. On disait que lorsque les pionniers s'étaient regroupés pour créer ce qui n'était pas encore la guérilla, il avait eu une altercation avec un ancien combattant d'autres guerres qui l'avait sommé de l'appeler « commandant ».

« Je vais vous appeler par votre nom, et si ça ne vous plaît pas c'est pareil. Si c'est pour me mettre au garde-à-vous devant le premier connard venu, je préfère rejoindre l'armée », lui avait-il dit.

Il fut sanctionné pour avoir proféré des injures, mais les dirigeants reconnurent qu'il avait eu raison de protester. Depuis lors, il avait gravi les échelons sous le regard ravi des commandants, en particulier de Fernando, qui voyait en lui le bolchévisé idéal. Il avait eu une femme et deux enfants dans une vie passée et, bien que personne ne sache où ils étaient, on racontait qu'il leur rendait visite sans avoir à demander de permission, comptant toujours sur la complicité de la direction.

La première nuit ils campèrent sans qu'il se passe rien. Mais le lendemain Orlando se mit à grommeler. Son désir de pester était si manifeste que le murmure qui s'échappait de ses lèvres de vieux grincheux parvenait très distinctement jusqu'aux oreilles de Raúl, qui se trouvait pourtant à quarante mètres. Quand ils lui demandèrent ce qui n'allait pas, Orlando se plaignit qu'ils n'avançaient pas aussi vite que prévu et dit qu'à ce rythme, ils n'arriveraient jamais à temps pour remettre les documents. Ils couraient le risque de ne pas accomplir leur mission car s'ils ne les voyaient pas sur le lieu de rendez-vous, leurs contacts urbains regagneraient leurs bases ou, pire, décideraient de les attendre et se feraient surprendre par une patrouille militaire. Raúl prit alors conscience qu'avec Ernesto, ils ne tenaient pas la distance. Lui qui était satisfait de son endurance n'avait pas envisagé l'hypothèse humiliante selon laquelle Orlando avait ralenti pour les attendre, attendre deux gamins qui malgré leur entraînement à l'étranger restaient des créatures de la ville.

« Avec tout mon respect, camarades, vous manquez encore de pratique en montagne. »

Il décida d'emprunter le chemin habituel, un sentier qui existait depuis l'époque coloniale et qu'empruntaient les commerçants et les trains de mules pour approvisionner les magasins du secteur. On avait expressément interdit aux guérilleros de le prendre, ils y étaient trop exposés, devenaient des cibles faciles et laissaient des traces évidentes pour leurs éventuels poursuivants. Mais ils iraient plus vite et rattraperaient leur retard. Orlando était convaincu qu'il n'y avait pas d'autre moyen pour arriver à l'endroit où il comptait camper. S'ils suivaient un autre itinéraire, ils rateraient leur rendez-vous. Ils parcoururent donc pendant une heure, la dernière du jour, des espaces dégagés où ils voyaient le ciel et où l'air circulait davantage. Ils n'avaient plus à se soucier à chacun de leurs pas des serpents peut-être lovés sous les feuilles mortes.

Ils campèrent sans feu afin d'éviter d'attirer l'attention avec de la fumée ou l'odeur de la fumée. Cette nuit-là, Raúl rêva de sa mère en prison.

Le matin, après avoir mangé, ils se consacrèrent à ce qu'ils appelaient la *minute conspirative*, un rituel de sécurité. Avant de quitter un campement, les hommes convenaient d'un endroit où se retrouver en cas d'affrontement ou d'accident, et si le groupe était nombreux, il arrivait qu'on établisse un mot de passe pour qu'aucun guérillero ne leur tire dessus dans un moment d'incertitude. Le camarade Orlando, seul des trois à connaître la zone et à être capable d'arriver à destination, car il avait la carte de la région dans la tête, décida que ce lieu serait précisément celui qu'ils s'apprêtaient à quitter. Ils effacèrent leurs empreintes et partirent en respectant entre eux les distances conseillées, chacun hormis Orlando voyant le camarade qui le précédait s'éloigner, comptant leurs pas comme les participants d'une course de relais. Ils longèrent une petite gorge aux parois boueuses sur lesquelles coulait un filet d'eau qui serpentait entre des pierres lisses, des dos d'hippopotames immergés, pour rejoindre une heure plus tard un cours d'eau plus tumultueux flanqué de murs rocheux d'une hauteur équivalant à trois hommes. Ils n'avaient pas parcouru cent mètres, au bord de l'eau fraîche qui renvoyait des éclats polis et émettait un murmure amical, qu'ils entendirent des coups de feu.

La première réaction de Raúl fut de reculer de deux pas et d'empoigner son fusil pour riposter. Il était resté en arrière et se mit à tirer vers l'espace vert indéfini d'où provenaient les détonations. Dans ce tumulte, il s'aperçut qu'Ernesto avait rebroussé chemin pour échapper à l'embuscade, et le vit escalader tant bien que mal les parois rocheuses. Il comprit qu'il devait l'imiter. Les balles sifflaient, Raúl avait l'impression que chaque seconde qui s'écoulait lui confirmait que, par miracle, ils n'avaient pas été touchés ; elles criblaient la terre, la pierre ou les grandes feuilles qui bougeaient à peine, à croire qu'elles ne recevaient pas des balles mais des coups. En haut du ravin, il se perdit entre les arbres, se déplaçant accroupi pour retourner d'où ils venaient, puis il distingua Ernesto, qui courait sans son fusil non loin de là : en s'échappant, il avait dû le laisser tomber dans le vide. Ils atteignirent le lieu de rencontre, mais prirent la précaution de se cacher à quelques mètres de là, en haut d'une côte d'où ils pourraient voir Orlando à couvert, et constatèrent tous deux, en silence, qu'ils étaient encore en vie et n'avaient pas une seule égratignure.

Mais Orlando ne revint pas. Ils l'attendirent plus longtemps que ne l'exigeait la prudence. De longues minutes, même après avoir entendu les bruits bien reconnaissables des machettes et des haches qui taillaient les arbres et mutilaient les branches. Ils savaient parfaitement ce que cela signifiait, et en eurent la confirmation en entendant au loin le rotor d'un hélicoptère qui avait dû atterrir dans le champ débroussaillé auparavant par les soldats. À l'évidence, la patrouille les avait repérés sur le sentier principal. Orlando avait commis une erreur et ne revenait pas, et même si Raúl gardait un peu d'espoir, le plus logique était de penser que leur guide avait été tué ou capturé. Vers dix-sept heures, l'heure à laquelle il fait presque nuit dans la jungle, ils eurent l'impression que les bruits étaient plus proches. Leur imagination leur jouait peut-être des tours, songea Raúl, comme lorsqu'il s'amusait à fermer les yeux, enfant, que sa sœur lui chatouillait l'avant-bras et qu'il devait deviner quand elle atteignait le pli du coude. Alors une voix s'éleva. Ils ne distinguaient pas ce qu'elle disait mais savaient qu'ils ne pouvaient plus bouger : s'échapper en pleine nuit sans Orlando attirerait non seulement l'attention des soldats, mais les précipiterait dans une scène cauchemardesque. Ils restèrent donc blottis là, dans un silence complet, celui de la peur, pendant que la nuit tombait, que l'obscurité engloutissait les troncs d'arbres et le vert qui avait rendu Alberto fou, et en quelques minutes à peine, ils ne distinguaient plus la paume de leurs mains.

Combien de temps s'écoula-t-il ? Quinze minutes ou une heure, il n'y avait pas moyen de le savoir. Tout à coup ils se rendirent compte qu'ils entendaient de nouveau les bruits de la jungle. Les soldats avaient dû quitter les lieux ou renoncer à les suivre. S'orienter au beau milieu de la jungle avait toujours été difficile, comme en pleine mer. De nuit, sans pouvoir discerner de quel côté le soleil éclairait la cime des arbres, cela relevait de l'impossible. Raúl et Ernesto se rappelaient avoir marché le matin face au soleil ; ils décidèrent de prendre la direction contraire dès les premières lueurs du jour, le soleil dans le dos. Ils mangèrent un peu, s'assurèrent d'avoir assez de provisions pour leur dernière journée de marche et dormirent en se relayant. Ils passèrent la nuit ainsi, craignant le retour de l'armée, conscients que dans ce secteur tout le monde connaissait Orlando et que le capturer vivant équivalait à obtenir une bonne partie de l'itinéraire menant au campement où étaient réunis certains des leaders de la guérilla. Pour la première fois, Raúl se surprit à souhaiter la mort de leur guide.

Ils étaient tous deux réveillés quand ils entendirent au loin le bruit d'un hélicoptère. Ils se remirent en marche, à la fois résignés et irrités, devinant le chemin qu'il fallait emprunter, respectant toujours des distances de sécurité qui leur semblaient parfois absurdes, se consultant du regard pour s'assurer qu'une pierre ou une fourmilière leur étaient familières, qu'ils avaient bien longé tel ou tel ravin à l'aller. L'hélicoptère survolait toujours la zone, ils en étaient certains même s'ils ne le voyaient pas. Ils tentèrent de le localiser, mais à travers la voûte de végétation ils n'apercevaient que des éclairs bleutés ou la silhouette d'un sapajou à dos rouge sautant d'une branche à l'autre. Pourtant ils entendaient le tournoiement infernal des pales de l'appareil, dont le bruit inexistant continuait de les hanter.

« Il est toujours là, ce salaud, dit Ernesto. Cela fait un jour qu'on marche et il est là, comme s'il nous voyait, et si ça se trouve il nous voit vraiment. Il sait que nous sommes là, camarade.

– Moi je n'entends rien.

– Comment ça ? Il fait du bruit, il est encore là. »

Raúl dressait l'oreille, isolait le craquement de ses pas des sons ambiants et finissait par l'entendre lui aussi, ce bruit. L'hélicoptère était là, un bourdon de l'enfer. En revanche, l'endroit d'où ils étaient partis et où ils avaient campé la veille demeurait introuvable.

« Merde. On s'est perdus », dit Raúl.

Il n'y avait pas moyen de savoir s'ils avaient tourné en rond. Tous les arbres étaient identiques et le soleil s'était égaré dans le ciel. Raúl pensa à la boussole qu'il avait rapportée de Chine, un cadeau de l'Armée rouge le jour où il avait reçu son diplôme, et maudit une fois de plus Fernando, qui l'avait gardée sans lui donner d'explications, moins pour confisquer l'objet d'un autre que dans l'intention d'empêcher par ce geste arbitraire la pénétration de la bourgeoisie dans la guérilla. Il commit l'erreur de la mentionner :

« J'avais une boussole, dit-il.

– Eh bien tu aurais dû l'emporter, tu es con », répondit Ernesto.

Ils auraient pu se disputer si Raúl n'avait pas compris que la jungle les affectait. Dans l'après-midi, il fouilla dans son sac à dos pour y prendre une boîte de lait condensé, mais sa main ressortit vide. Ernesto lui apprit que lui non plus n'avait plus rien à manger, ce qui n'était pas étonnant, leur marche ayant duré deux jours de plus que prévu.

Ils perdirent la notion du temps. Ernesto tendait le cou comme pour réagir à un bruit et poursuivait sa route. Non, ce n'était rien, puis il s'arrêtait de nouveau.

« C'est quoi, ça ? demandait-il, les yeux écarquillés. Tu as entendu ? C'est sûrement un animal. »

Mais Raúl n'avait rien remarqué de particulier. Obstinée et volontaire, la jungle jouait avec eux. Leurs hallucinations prenaient la forme d'un jaguar noir ou déclenchaient dans leur tête le vacarme de ce maudit hélicoptère. Pour tromper la faim du troisième jour – ou du quatrième, impossible de le savoir –, ils sortirent de leurs sacs leurs tubes de dentifrice, mais quelques heures plus tard Raúl ressentit une douleur intense au milieu de la poitrine, comme si la menthe lui avait perforé l'estomac. Ils cherchèrent en vain des racines, des bourgeons – il y en avait parfois –, et en arrivant devant un petit cours d'eau qu'ils n'avaient jamais vu, ils s'aperçurent que leur système digestif était bloqué au point que même une gorgée d'eau ne passerait pas. La jungle conspirait contre eux et leur cacha les serpents, les capybaras, les rivières où ils auraient pu pêcher un poisson-chat ou un tilapia qu'ils n'auraient de toute manière pas pu faire cuire, car le feu ou la fumée auraient attiré l'attention des soldats. Raúl sentait ses jambes flageoler et les odeurs humides lui brûler les narines, puis il eut l'impression que sa tête s'allégeait. Il se rappela sa fausse grève de la faim à l'hôtel de la Paix, la lecture de Gorki et les petits pâtés cuisinés par la mère sacrifiée, et eut honte de songer à des romans dans un moment pareil.

« Arrêtons-nous. On n'y arrivera pas comme ça », dit-il.

Sans qu'ils aient eu besoin de prononcer un mot, ils partageaient la terrible certitude qu'ils ne sortiraient pas vivants de la forêt. Raúl tira les documents du sac, ces papiers à remettre de toute urgence à cause desquels ils en étaient là.

« Il faut les brûler. Si on meurt, il ne faut pas que quelqu'un les trouve », déclara-t-il.

Mais ils ne pouvaient pas allumer de feu (pour les mêmes raisons que celles qui les empêchaient de cuire un poisson), si bien qu'ils décidèrent de les enterrer. Ernesto proposa qu'ils les lisent auparavant, malgré l'interdiction : ils contenaient peut-être des informations, une piste, une indication, un petit détail qui pourraient les aider à retrouver le camp. C'étaient les illusions improbables, désespérées, du dentifrice pour tromper la raison d'un homme se sachant condamné. N'ayant pas même assez d'énergie pour débattre de l'intérêt qu'il y avait à violer le secret des communications, ou pour spéculer sur les sanctions qu'ils risquaient, ils se partagèrent les documents en silence et entamèrent leur lecture. Ernesto exprima le premier ce que pensait Raúl :

« C'est pour ça qu'ils nous ont fait traverser la jungle ? »

Il n'y avait rien dans cette paperasse relative à la réunion plénière qui se tiendrait deux jours plus tard dans les plaines du Tigre. Des listes de noms, de longs discours bureaucratiques, des références au statut du Parti communiste marxiste-léniniste pensée Mao Zedong. Il était question d'un affrontement dans la plupart des pages : les commandants Armando et Fernando étaient profondément inquiets car ils avaient détecté dans la ligne dominante du Parti une grave déviance militariste qui desservait l'essentiel, à savoir la bolchévisation des masses et la création d'une base prolétaire. Dans d'autres rapports, Raúl découvrit une discussion à propos d'un livre dont il n'avait jamais entendu parler, qui définissait dans son titre la Colombie comme le premier Vietnam d'Amérique et dont les phrases citées dans le document dressaient un tableau chimérique sorti tout droit de l'imagination des lointains dirigeants de la ville, sans grand rapport avec les réalités quotidiennes des guérilleros. Raúl apprit que la guérilla était en train de libérer le nord du pays du joug américain, qu'elle avait réussi à créer des bases d'appui sur un rayon de dix mille kilomètres carrés et que, dans dix-sept municipalités de cette région, le pouvoir civil du gouvernement colombien, ces laquais de l'impérialisme yankee, n'avait plus aucune crédibilité. Rien de tout cela n'est vrai, songea Raúl assis au beau milieu de la forêt, ne trouvant que ces quelques mots pour contrer ces révélations.

Il garda le silence en terminant de parcourir les documents, secoua la tête pour indiquer qu'ils ne contenaient aucun renseignement utile. Il ignorait ce qu'avait espéré y découvrir Ernesto : une carte, des instructions magiques pour regagner les plaines du Tigre ? Lui non plus ne semblait pas avoir eu de chance, car dès qu'il eut fini de lire, il se leva pour ameublir la terre à coups de machette. Rassemblant leurs dernières forces, ils creusèrent un trou de leurs mains, y déposèrent le sac de documents comme pour enterrer un chat mort, le comblèrent de terre rougeâtre et recouvrirent le tout de feuilles qui, bien que mortes, restaient lustrées et flexibles. Puis ils suspendirent leurs hamacs pour ne pas avoir à le faire dans l'obscurité et attendirent la tombée de la nuit, car poursuivre leur marche n'avait aucun sens. Avant de s'endormir, l'estomac vide depuis quatre ou cinq jours, Raúl se sentit si faible, si fatigué qu'il eut un instant peur de mourir dans son sommeil. Il osa poser la question qui hantait peut-être aussi son camarade :

« Tu crois qu'on va s'en tirer ? »

Il s'attendait à ce que son camarade lui adresse une formule encourageante pour lui remonter le moral, mais pas à une conversation digne de ce nom, la plus prolifique qu'il ait eue avec Ernesto ou tout autre guérillero durant ses longs mois de militantisme.

Ils parlèrent de leurs familles, de leur entraînement dans des pays lointains, de leurs nostalgies et de leurs peurs. Ernesto lui dit qu'il avait deux frères – l'un d'eux s'était engagé dans la guérilla, comme lui, tandis que l'autre fuyait la politique – et une sœur, qui n'avait pas vingt ans et était déjà une révolutionnaire convaincue appelée à faire de grandes choses. Raúl lui révéla le nom de son père, qui devait être allongé dans son hamac, quelque part à Tierralta ou dans le Paramillo ; ils discutèrent de Sol, qui continuait à militer dans la vallée de la rivière Cauca, et de Valentina, détenue à Bogotá. Il lui parla du vieux Wang, de l'usine de réveille-matin de Pékin, qui résolvait les problèmes en prononçant des phrases mystérieuses. Quand la lumière faiblit et que tout s'assombrit, disait-il souvent, la seule façon de ne pas se perdre consiste à regarder derrière soi. La lumière qu'on laisse nous indique qu'une autre nous attend.

« Les Chinois sont bizarres », murmura Ernesto.

Le lendemain ils se réveillèrent doucement. Ils savaient qu'ils devaient se remettre en route, mais n'étant pas sûrs de pouvoir s'orienter, ils pensaient qu'il n'y avait aucune raison de se hâter. Ils plièrent les hamacs et partirent vers le nord ou là où aurait dû se trouver le nord si les jeux de lumière du dais de verdure ne les trompaient pas. Dans leurs bottes en caoutchouc, ils traînaient les pieds en faisant plus de bruit qu'il n'aurait fallu, mais ils n'avaient plus de muscles pour soulever leurs semelles sur le tapis de feuilles, qui cachait peut-être un serpent fer de lance. Tout à coup, Raúl eut une révélation : ils vivaient leur dernier jour. Dans les tréfonds de sa conscience, il prit congé de sa mère mais de personne d'autre, et s'excusa de mourir aussi bêtement. Plongé dans ses pensées, il eut soudain l'impression que la lumière avait changé. Était-ce encore une de leurs nombreuses illusions d'optique ? Sans doute pas car Ernesto semblait presser le pas, voyant peut-être ce que lui-même venait de voir, un reflet sur les troncs, un vert sans rapport avec le précédent et sur lequel se projetaient des lueurs différentes. Dans le feuillage dense, comme un leurre déposé au fond d'un couloir, ils distinguèrent des éclats éblouissants et, très vite, ils atteignirent une clairière de la taille d'un stade qu'ils reconnurent aussitôt, car c'était eux qui avaient dégagé l'espace à la machette quelques mois auparavant. Les paysans avaient converti cette friche de montagne en rizière, mais Raúl se concentra surtout sur le ciel diaphane que des nuages traversaient avec une liberté insolente. Il regarda Ernesto. Tous deux savaient qu'au-delà du champ ils trouveraient une culture de canne à sucre, et qu'après s'être enfoncés dans la forêt, à deux heures de marche, ils pénétreraient dans la zone de guérilla.

Ils s'étreignirent avec force, heureux d'avoir été ramenés à la vie.

XIX

Au début il y eut des coups de feu chaotiques, des élancements réguliers et térébrants, l'impression qu'on la transportait dans son hamac à travers la jungle du Cauca, des voix qui donnaient des pronostics pessimistes sans que Sol ressente la frayeur qui aurait dû la gagner.

« Elle ne va pas tenir, disait une voix.

– Tant pis. Avec cette fille-là, il n'y a rien à faire. »

Dans les brumes de l'inconscience elle reconnut la voix de Guillermo, puis celle d'un autre individu qui n'était pas Guillermo mais Fausto, et il lui sembla ensuite que son père était son chef d'atelier à l'usine de réveille-matin. Même Carl Cook vint lui parler :

« Du calme, Lilí, tout va bien se passer. »

Par moments elle se rappelait les cahotements du plateau d'un pick-up, les nids-de-poule du chemin à découvert lui faisant l'effet d'aiguilles piquées dans le corps, et à d'autres instants, elle était de retour sur les sentiers de la forêt vierge, entendait les feuilles craquer sous les bottes en caoutchouc et des voix précipitées.

« Vous lui avez déjà fait une transfusion ? Vous aviez du Coaguleno, là-bas ? »

Elle tendait une main pour toucher quelqu'un, sentir le contact d'une autre main, mais ne trouvait que du vide. Parfois elle entendait sa propre voix, suppliante :

« Il faut prévenir ma famille. »

Ne recevant pas de réponse, elle ignorait si elle avait vraiment prononcé ces mots. Elle n'était pas non plus certaine que les personnes qui lui donnaient l'impression de s'agiter autour d'elle étaient réelles. Peut-être que rien n'était réel.

Elle apprit par la suite ce qui s'était passé avant qu'on lui tire dans le dos. Il restait des lacunes, bien entendu, des blancs dans un récit confus : on lui raconta que le détachement, réuni en assemblée présidée par le commandant Manuel, l'avait déclarée coupable des dix-sept fautes qu'on lui imputait et condamnée à mort ; mais elle ne sut jamais pourquoi, après qu'elle se fut éloignée et que Manuel lui eut tiré dans le dos dans l'intention de la tuer immédiatement, on l'avait transportée dans un campement à proximité pour lui administrer les premiers soins.

« D'abord on me tire dans le dos et puis on me soigne. Il faudra m'expliquer comment raisonnent ces salauds », déclara-t-elle plus tard.

Elle devait d'être encore en vie à la chance et à la compassion d'un petit nombre d'individus. Les faits n'étaient pas clairs. D'un côté, son sac à dos en plastique rigide avait été providentiel, car la balle l'avait traversé ainsi que son contenu avant de se loger dans son dos. De l'autre, les formalités bureaucratiques de la guérilla avaient permis d'une manière ou d'une autre à Guillermo d'être informé de cette décision. Il s'était occupé de tout, l'avait fait sortir de la zone de El Tambo et avait attendu qu'elle se remette pour envisager un voyage plus long. Quelques semaines plus tard, il l'accompagna à Medellín. Ils se rendaient chez les grands-parents de Sol et parents de la camarade Valentina, des bourgeois qui représentaient tout ce que la jeune femme et sa famille avaient combattu pendant des années.

« Pourquoi là-bas ? lui avait demandé Guillermo.

– Parce que je n'ai personne d'autre. »

Elle entendait par là que son père était toujours dans les montagnes, de l'autre côté du Paramillo, que son frère se trouvait dans les plaines du Tigre et que sa mère était en prison à Bogotá. Sa famille avait éclaté, la laissant seule au monde.

« Non, pas seule. Je suis avec toi, la corrigea Guillermo.

– Je peux y aller seule.

– Non. Tu n'arriverais même pas jusqu'au coin de la rue. Laisse les gens t'aider, je ne vois pas ce qu'il y a de mal à ça. »

Ils avaient donc surgi un matin, avant le lever du jour, devant la porte de la maison familiale, dans le quartier de Laureles. Le grand-père Emilio leur ouvrit, encore ensommeillé, regarda Guillermo d'un air bizarre et Sol plus normalement.

« Papi, je viens de rentrer d'Albanie et ne trouve pas mes parents », lui dit-elle.

Elle ignorait pourquoi elle avait inventé ce mensonge plutôt qu'un autre, mais elle n'eut pas le temps de s'interroger à ce propos. Don Emilio éclata de rire.

« Ne raconte pas n'importe quoi, ma petite fille ! Tes parents sont dans la guérilla et tu n'as jamais mis un pied en Albanie ! Ce qui compte, c'est que tu sois là. Bienvenue, notre maison est la tienne. Nous voilà à présent tous dans le même bateau. »

Elle se sentit revivre. Ses grands-parents l'emmenèrent à Talara, le domaine qu'ils possédaient dans les montagnes autour de Rionegro, un lieu idyllique entouré de cultures de fleurs. Là, dans l'air pur des montagnes, elle dormait sur un matelas, sous un drap fraîchement repassé et une couverture en laine qui la faisait parfois éternuer, et entama une lente convalescence qui n'était pas seulement celle de son corps blessé. Ne disposant pas des instruments adéquats ni de bloc opératoire, les médecins n'avaient pas réussi à extraire la balle, mais un miracle se produisit dans les tissus de Marianella, et en quelques mois elle s'était rétablie malgré la présence du projectile. Le matin, alors que ces prodiges s'accomplissaient dans sa chair, elle se levait tôt, allait voir le ciel printanier et là, une tasse de café à la main, elle oubliait parfois qu'elle se cachait et qu'à l'extérieur, dans la vraie vie, deux armées la recherchaient et n'hésiteraient pas à la tuer si elles la retrouvaient. Elle pensait aux siens, se demandait où ils étaient et s'inquiétait pour eux. Elle pensait aussi à Guillermo et s'étonnait que d'autres sentiments se mêlent à la reconnaissance qu'elle éprouvait à son égard.

Il passait de temps à autre, sans qu'elle sache jamais d'où il venait, sans doute de loin car il arrivait imprégné de la sueur des marcheurs. Il ne restait jamais la nuit, les grands-parents l'auraient mal pris, mais au cours de ces longues visites, elle se fit une idée plus précise de sa vie. Guillermo lui apprit qu'il avait trois jeunes enfants de son premier mariage, que sa femme était morte très jeune (il ne s'étendit pas sur les causes de son décès), et enfin que depuis plusieurs mois il songeait à quitter la guérilla. Qui aurait cru qu'une femme comme elle, une bourgeoise déracinée, lui montrerait la porte de sortie ?

Les six jours qu'il passa avec Ernesto dans la jungle, dont quatre d'errance, provoquèrent chez Raúl une transformation qui ne fut guère évidente au début mais se révéla peu à peu au cours des mois suivants. À titre d'exemple, connaître le sort que les militaires avaient réservé à Orlando ne l'impressionna pas outre mesure. Blessé lors de l'embuscade, leur guide avait semble-t-il survécu quarante-huit heures avec une hanche réduite en bouillie, se vidant de son sang mais refusant courageusement de parler et d'aider l'ennemi. Il était mort sans trop souffrir – à en croire la version officielle –, dans la cellule d'un village. Apparemment, le cœur de Raúl s'était endurci.

« Mieux vaut lui que nous », confia-t-il à Ernesto.

À la fin de l'année, une autre nouvelle ébranla le camp, celle de la mort au combat du commandant Fernando. On ne connut jamais les circonstances précises de sa fin, mais on racontait que son détachement était tombé dans une embuscade tendue par l'armée dans le nord-ouest d'Antioquia, non loin de la rivière Cauca, alors qu'il se dirigeait vers les plaines du Tigre pour se rendre à l'assemblée du Parti. Après avoir été sanctionné et être tombé en disgrâce – une situation dont tout autre que lui ne se serait pas remis –, il s'était lancé dans une véritable campagne politique en opérant par le bas, s'alliant les bases populaires tout en conservant la loyauté de ses fervents adeptes, et tout le monde l'avait en si grande estime au sein du Parti que dans ses derniers jours de vie, il s'imaginait déjà occuper le poste de secrétaire général. Il n'avait pas eu de chance dans sa première tentative, mais il était clair qu'il comptait assister à l'assemblée des plaines du Tigre pour faire tomber l'actuel secrétaire, Pedro León Arboleda. La fin de 1971 et le début de 1972 – des journées chaudes aux ciels dégagés, avec des vents doux renvoyant sur les vélums une lumière blanche aveuglante – furent marqués par la nouvelle et, longtemps, on eut l'impression que la mort du commandant était le seul événement important au monde. Raúl pensait sans le dire que c'était une délivrance et se berça confusément de l'espoir que cette disparition présageait peut-être un avenir différent à la guérilla.

Il eut très vite l'occasion d'avoir la réponse à cette interrogation lorsque les commandants annoncèrent une opération d'envergure. Armando ne lui décrivit pas la mission en détail et se garda de lui dire où il devait se rendre, mais cette annonce galvanisa les troupes, qui s'étaient dernièrement beaucoup déplacées sans que Raúl comprenne pourquoi, naviguant sur le fleuve Sinú pour aller plus au sud, remontant les plaines de la rivière San Jorge jusqu'au Nœud de Paramillo, passant la nuit en altitude, où il faisait si froid que l'eau gelait au petit matin. Là, dans le paramo, l'air se raréfiait, il avait du mal à respirer et enviait les paysans de la région, qui gravissaient les chemins avec une légèreté de sherpas. De là ils descendirent vers l'ouest, et atteignirent en fin de journée un endroit où les attendait le détachement chargé de leur transmettre les informations. Ils découvrirent alors la mission en étudiant des cartes sur lesquelles on avait tracé un itinéraire au crayon rouge et un dessin du village à prendre, San José de Urama, constitué de maisons en brique bon marché avec des toits de tôle, entourées d'arbres touffus qui les rendaient invisibles à quiconque arrivait par une des deux routes. Prendre le village d'assaut n'était pas difficile, mais Raúl serait en première ligne, affecté aux explosifs car il s'était entraîné en Chine.

Ils se dirigèrent vers l'objectif à trois heures, après un bref discours d'encouragement dans lequel Armando évoqua les fondements de la révolution et l'avenir de la Colombie, et rappela à ses hommes qu'ils étaient tous des héros qui luttaient pour la libération d'un peuple opprimé. Une heure plus tard, ils distinguèrent les lumières de San José. Près de deux cents hommes, certains venus de très loin, encerclaient déjà le village. En progressant à leurs côtés dans la végétation épaisse et sombre, Raúl eut une étrange révélation : tous, y compris lui, avaient envie de se battre. Il avait dans son sac à dos trente bâtons de dynamite et savait parfaitement qu'il devait les faire exploser devant le poste de police où douze hommes dormaient, d'après les rapports de leurs services de renseignement. Ils se placèrent face à la construction. Sur un signe d'Armando, qui dirigeait l'opération, Raúl comprit qu'il était temps de poser la charge.

Il tendit le câble au camarade qui se tenait à ses côtés et longea le mur jusqu'à la porte tout en le déroulant. Au bout du câble se trouvait le détonateur, un dispositif qu'il fallait enfoncer avec fermeté pour qu'il tienne quand le camarade tirerait dessus. Il s'apprêtait à l'introduire dans les bâtons quand ils entendirent des coups de feu de l'autre côté du village. On leur raconta par la suite qu'un groupe de camarades avaient improvisé un barrage pour protéger la manœuvre alors que personne ne leur en avait donné l'ordre. Malheureusement, le premier habitant qui le passa était un ivrogne, les guérilleros évaluèrent très mal la situation et trouvèrent normal de tirer deux fois en l'air quand le soûlard refusa de s'arrêter. En entendant les détonations, le camarade qui serrait le câble entre ses doigts sursauta ou prit peur et se tourna brusquement en actionnant la perle d'allumage avant que Raúl ait eu le temps de s'éloigner.

L'explosion endommagea un de ses bras, les esquilles lui lacérèrent la peau et se plantèrent dans sa chair. Le bras et la main ensanglantés, il sentit une douleur intense au visage et comprit qu'un de ses yeux baignait dans le sang, mais que pour le moment son devoir consistait à récupérer la dynamite. Il eut à peine le temps de le faire et de regagner le parapet, puis les agents de police, alertés par les coups de feu et la déflagration, se postèrent derrière les fenêtres et leur tirèrent dessus. L'aube se levait quand Armando annonça à Raúl qu'il était également blessé à l'oreille ; le jeune homme la toucha et découvrit qu'elle était incomplète, que l'explosion lui avait arraché un grand morceau de chair. La chaleur de la peau et les premiers rayons du soleil avaient séché le sang sur la poudre, qui formait du sourcil jusqu'à la mâchoire une pâte compacte empêchant de voir si l'œil était touché. Les sons alentour lui parvenaient confusément car il avait le tympan abîmé, pourtant il continua de se battre au jugé, sans trop savoir dans quelle direction il orientait son fusil, perdit la notion de l'espace et, peu à peu, cessa de comprendre ce qui survenait.

Ses camarades lui rapportèrent les faits sur le chemin du retour. L'assaut avait été un succès : pendant que quelques guérilleros pillaient la pharmacie et emportaient l'argent de la banque Caja Agraria, d'autres avaient pénétré dans le grenier d'un riche fermier et distribué le grain aux villageois après en avoir gardé quelques arrobes à rapporter au camp. Ils quittèrent les lieux en possession d'un butin généreux – sardines en boîte, lait condensé, crackers Saltinas et *dulce de leche* – dans leurs sacs à dos. Ils montèrent en haut du Paramillo par le sentier qu'ils avaient descendu à l'aller. Raúl écoutait les récits des guérilleros d'une oreille, sans y prêter beaucoup d'attention, inquiet de savoir si l'explosion l'avait rendu borgne. Son fusil, un M1 du conflit en Corée conçu pour la guerre de positions et non pour traverser un haut plateau escarpé, pesait sur son épaule. Armando les avait devancés ou avait préféré rester à l'arrière, Raúl n'en était pas sûr et le cherchait en vain de son œil valide. Ses camarades du campement et d'autres guérilleros qu'il n'avait jamais vus, originaires de la région, formaient un cercle autour de lui. Trois heures s'étaient écoulées depuis leur départ quand ils aperçurent à une centaine de mètres du chemin une maison au toit de tôle semblable à celles de San José, mais plus modeste. Ils se préparèrent aussitôt au combat.

Raúl reçut l'ordre de placer la charge de dynamite qu'ils n'avaient pas utilisée à San José. Quand il demanda qui occupait la maison, on lui adressa une réponse qui tenait en deux mots :

« L'ennemi. »

Il ignorait comment ses camarades en étaient arrivés à cette conclusion, mais n'étant à l'évidence pas informé de ce que tout le monde savait, il fut bien obligé d'obtempérer. Il s'approcha donc de la maison comme il l'avait fait devant le poste de police, plaça la charge de la même manière, mais, cette fois, il connecta le détonateur. Il eut le temps de s'éloigner avant que le camarade, à l'autre bout, l'actionne, et que la flamme nue et la dynamite explosent, faisant voler le toit de tôle en éclats. Il ne restait que les quatre murs de la maison. Il avait posé la dynamite à découvert, déclenchant un vacarme assourdissant qui l'ébranla jusque dans le ventre.

« Sortez, rendez-vous et il ne vous sera fait aucun mal ! » cria un des guérilleros.

Quelques secondes à peine s'écoulèrent avant que quelqu'un réponde que oui, ils allaient sortir, puis les premières silhouettes apparurent sur le seuil à la porte arrachée. Ce n'étaient pas des militaires, ils ne portaient pas d'uniformes et les armes qu'ils levèrent ne faisaient pas partie d'un armement de dotation. Les guérilleros avaient devant eux quatre hommes et une femme. Raúl comprit qui ils étaient, il avait déjà entendu parler de ces individus que le commandant Fernando appelait les « paysans lumpen ». Ils s'organisaient en petites contre-guérillas privées pour défendre qui les payait. Aucun d'eux n'opposa la moindre résistance ; ils se rendirent sans que les camarades aient besoin d'insister, raison pour laquelle la réaction des guérilleros fut tout à fait inattendue : ils les criblèrent de balles sans un mot en visant assez bien pour que la femme soit indemne. Tout d'abord incrédule, puis horrifié, Raúl vit un des soldats s'avancer vers un des corps qui bougeait encore et l'achever à coups de machette, après quoi il s'adressa à la femme blottie parmi les siens, qui poussait des cris hystériques.

« Fiche le camp et va donc raconter à tes amis ce qui vous est arrivé, pour qu'ils comprennent. »

L'incident bouleversa profondément Raúl. Rien de ce qu'il venait de voir ne correspondait à ce qu'on lui avait enseigné en Chine, où la consigne était très claire : si on promet la vie à l'ennemi à condition qu'il se rende, on doit tenir parole, car ce n'est qu'ainsi qu'on obtiendra plus tard la reddition d'autres ennemis. Pourtant il ne formula aucune critique et se garda de dire que l'opération avait été une erreur, que ces morts étaient des paysans et, surtout, que la cruauté n'était pas une composante de la révolution. Le groupe marcha toute la nuit et le jour suivant. Lors d'une halte, quelqu'un lui donna un médicament pour atténuer la douleur de son visage et il se mit à somnoler, si bien que sa tête malade cessa de penser à la scène d'épouvante à laquelle il avait assisté. Il se sentit obligé de remercier son camarade et, convaincu que son corps allait le lâcher d'un moment à l'autre, à demi drogué, parvint même à oublier qu'il ne voyait le monde que d'un œil. À deux reprises, pendant des pauses de quelques minutes, il s'endormit debout, appuyé sur le canon de son M1, et ne se souvint pas de l'heure à laquelle ils finirent par atteindre un endroit où il put se coucher. Le lendemain, à son réveil, il était entouré de camarades, parmi lesquels il reconnut Carlos, le médecin qui avait choisi son nom de guerre, assis à côté de lui avec un seau d'eau chaude et des compresses découpées dans de vieilles chemises.

« Je ne sais pas si j'ai perdu mon œil, camarade, lui dit-il.

– Calmez-vous. Nous allons examiner ça, mais restez tranquille. »

Il lui appliqua des linges humides sur le visage et la pâte sèche fondit jusqu'à ce que l'œil voie la lumière ou que Raúl s'aperçoive que son œil ébloui réagissait à la lumière du jour. Il pleura sans se soucier de le dissimuler : avec un peu de chance, ses larmes de soulagement se mêleraient à l'eau des compresses.

Son rétablissement s'opéra comme un lent miracle. Plus que la douleur de sa peau brûlée, plus que l'angoisse de perdre son œil, l'impression prégnante de ces journées moroses fut la culpabilité. Se sentait-il coupable ? N'ayant jamais rien éprouvé de tel, il lui était difficile d'identifier ce sentiment, mais quand il cherchait à nommer cette sensation il ne lui semblait pas inapproprié de la qualifier ainsi. Il eut brusquement envie de parler à sa mère, pris de la crainte vague et infondée qu'il lui était arrivé malheur en prison. Dans les nuits humides, il s'enroulait dans son hamac comme dans une chrysalide, l'oreille plaquée contre son transistor, non plus dans l'espoir d'écouter de l'opéra mais que le destin lui suggère une piste pour retrouver sa famille. Pendant ce temps son corps se réparait, sa peau se régénérait, l'œil blessé pleurait de manière subite, comme s'il exprimait un chagrin personnel, mais sa vision s'améliorait de jour en jour et sa paupière ne paraissait plus sur le point de se déchirer comme la membrane interne d'une coquille d'œuf. De temps en temps, le fantôme de la leishmaniose – qui avait laissé une cicatrice sur son talon d'Achille – se manifestait, mais c'était le cadet de ses soucis.

Par une de ces journées torrides, son détachement alla effectuer des travaux solidaires dans la maison de paysans, près de Tierralta. Raúl insista pour les accompagner, pensant qu'ainsi il accélérerait sa guérison. Après ce qui lui était arrivé, il n'avait pas envie de rester seul. Une sorte de mélancolie qu'il aurait été incapable d'expliquer s'était emparée de lui, si bien qu'en passant la matinée avec ses camarades, il comptait chasser ses pensées et parler des prérogatives du peuple, de la fuite des capitaux colombiens à l'étranger et de la lutte nécessaire contre les oligarchies. Aux heures plus fraîches de la fin d'après-midi, Raúl attendait les autres au bord d'un terrain pelé où des hommes jouaient au football quand il entendit prononcer un prénom qui le fit sursauter comme si on l'avait frappé à la nuque :

« Sergio ! »

Il se retourna, saisi d'effroi, si brusquement qu'un camarade, pensant à un incident plus grave, empoigna son fusil. Il balaya des yeux la ligne de maisons et trouva ce qu'il cherchait : une jeune femme qui tenait un vêtement à la main – un T-shirt, un slip – courait avec précipitation derrière un enfant nu.

« Sergio ! Viens ici ! » criait-elle.

Ce n'était que cela : une mère essayant d'habiller son garçon turbulent. Mais entendre ce prénom oublié lui remua les entrailles et son malaise persista toute la journée. Les autres guérilleros remarquèrent qu'il avait l'esprit ailleurs et lui demandèrent plusieurs fois s'il allait bien, car il affichait l'expression absente des personnes chez qui la fièvre commence à monter, mais Raúl aurait été incapable de leur expliquer ce qui lui arrivait car il n'y comprenait rien lui-même.

Le dernier jour d'avril, peu après l'anniversaire de ses vingt-deux ans, qu'il passa sous silence, on lui confia sa prochaine mission. Il devait rendre visite aux indigènes. Raúl fut satisfait de cette nouvelle, qu'il considérait comme la preuve qu'on lui faisait de nouveau confiance après l'assaut de San José, mais cela tombait mal : il souffrait depuis quelques jours d'une rage de dents qui perturbait son sommeil. Il décida de ne rien dire et de ne pas laisser transparaître la douleur sur son visage, mais quand il entra dans la tente des commandants, il avait l'impression que sa tête allait exploser d'un moment à l'autre.

« Nous allons tout vous expliquer, camarade, lui dit le commandant Tomás. Vous êtes prêt ? »

Raúl répondit par l'affirmative.

C'était une réserve d'Emberas sur les berges du Río Verde, à un endroit où les montagnes du Paramillo amorçaient leur descente vers les plaines. Des mois plus tôt, de retour d'une longue marche, le détachement de Raúl avait passé la nuit près du village, cinq ou six huttes édifiées autour d'un temple. Peu avant leur arrivée, le commandant Tomás avait multiplié les recommandations, leur conseillant d'être aimables avec les indigènes et de respecter leurs coutumes.

« S'ils vous proposent de la *chicha*, vous la boirez. Même si vous n'aimez pas ça », leur avait-il dit.

Dès qu'ils s'approchèrent des huttes, les Emberas sortirent de l'obscurité, armés de machettes et hurlant dans leur langue, et ne se calmèrent qu'en reconnaissant Tomás, qui tentait depuis longtemps de les rallier à la cause du Parti. Ils semblaient ne pas le voir et n'avoir d'yeux que pour Raúl, qu'ils suivirent du regard dès son apparition et quand ils se dirigèrent vers le temple pour le présenter à leur chef, appelé le *jaibaná*. Tous s'installèrent à leur place autour de ce personnage. Tomás voulut s'asseoir près de lui, comme il l'avait déjà fait auparavant, mais l'homme le repoussa subtilement et fit signe à Raúl de venir le rejoindre. Le silence s'abattit sur les lieux. Il fallut que cet incident se produise pour que le jeune homme comprenne la nature des regards insolents et curieux qui le poursuivaient : ils n'étaient empreints ni d'insolence ni de curiosité, mais d'une fascination pour sa peau blanche et ses yeux verts, qui leur semblaient surnaturels ou magiques. Le jaibaná fut très clair sur ce point :

« Nous vous attendions », déclara-t-il.

Il s'appelait Genaro, parlait un espagnol aux voyelles fermées, avec de temps à autre quelques intrusions de mots de sa langue natale. Ce soir-là, au grand étonnement de tous, il but sa *chicha* sans cesser d'entourer Raúl d'attentions délicates, et finit par demander au commandant Tomás de le laisser dormir dans le temple. C'était un rare privilège auquel même Tomás, au fil de ses relations avec les Emberas, n'avait jamais accédé, et une jalousie enfantine apparut malgré lui sur son visage, mais il fut contraint d'accepter. Raúl resta dans la demeure sacrée, allongé à quelques mètres du jaibaná, tandis que ses camarades suspendaient leurs hamacs à l'extérieur.

Il ne comprit pas pourquoi Genaro et sa tribu l'attendaient, mais peu importait : les dirigeants du Parti cherchaient depuis longtemps une porte d'accès à cette communauté indigène, et ce jeune homme blond venu de la ville, que le chef appelait le « bon *kahuma* », en détenait la clé. On expliqua à Raúl que le Parti avait entre les mains une information capitale : dans le secteur du village, près de l'embouchure du Río Verde, on allait construire dans quelques années un barrage hydroélectrique qui approvisionnerait de manière ostentatoire toute la région en électricité, mais entraînerait la fin des Emberas. Les documents que lut Raúl parlaient de dommages irréparables dans un langage solennel et inquiétant : rupture du système ancestral des valeurs, éradication des coutumes millénaires, mort des rivières sacrées. On y prédisait la disparition du poisson *bocachico*, principale source de protéines des indigènes et produit de base de leur économie ; quant à l'inévitable déforestation, elle entraînerait de graves perturbations dans leur vie spirituelle. Au sein du Parti on s'était mis d'accord : en tant que révolutionnaires, ils avaient le devoir de profiter de la situation pour organiser les indigènes, leur enseigner les bienfaits de la protestation et faire en sorte qu'ils se dressent contre les abus des oligarchies. Telle que Raúl la comprenait, la mission consistait à créer une première cellule au sein de la tribu. « Une étincelle peut mettre le feu à toute la plaine », disait Mao. Raúl était manifestement la personne chargée de déclencher l'incendie.

C'est ainsi que le dernier jour d'avril, Raúl alla se coucher en songeant à l'objectif qu'on lui avait fixé, mais avec une rage de dents si virulente qu'elle n'était plus seulement localisée dans la mâchoire et s'était propagée à tous les os du crâne, où il sentait des décharges électriques. Au matin, il souffrait tellement qu'il lui était désormais impossible de le cacher.

« Vous ne pouvez pas aller boire de *chicha* dans cet état », affirma le commandant Tomás.

Il fit appeler le camarade Carlos, qui n'eut qu'à se pencher au-dessus de la bouche de Raúl pour y découvrir un abcès et s'étonner qu'il ait pu dissimuler son mal aussi longtemps. Il ajouta que la douleur devait être si forte que tout autre que lui se serait évanoui. Il l'emmena immédiatement pour pratiquer une opération chirurgicale qui consista à installer le malade sur une chaise constituée de troncs d'arbres, lui administrer une piqûre contenant une dose de cheval et extraire sa dent à l'aide de daviers à la propreté douteuse. Ce fut le spectacle du jour : réuni autour de la chaise, tout le détachement assista à l'extraction.

« Nous vaincrons en restant unis dans la lutte ! » criaient les camarades hilares.

La dent n'opposa aucune résistance, mais le camarade Carlos prescrivit au patient deux jours de repos absolu. Ce n'est qu'ensuite, quand les risques d'hémorragie et tout signe d'infection furent écartés, qu'il lui donna l'autorisation de partir dans le village des Emberas.

Raúl, le commandant Tomás et un groupe de camarades entreprirent leur marche alors que le mois de mai était déjà entamé. Ils atteignirent le village où les attendait le jaibaná Genaro sous une pluie battante qui agitait les branches et giflait les grandes feuilles des arbres. La stratégie était très simple : les Emberas les recevraient, Raúl ferait semblant de tomber malade et Tomás demanderait à Genaro qu'il l'héberge un ou deux jours, le temps pour eux d'aller accomplir une mission (fictive) dans la région. Bien entendu, Genaro accueillerait Raúl à bras ouverts, l'occasion rêvée pour qu'il lui parle du barrage, des dommages que subirait la tribu, de la résistance populaire et de l'aide que la guérilla était susceptible de leur apporter pour faire respecter leurs droits civils et ancestraux. Mais ces plans limpides furent contrariés avant d'être mis en œuvre, car Tomás confia à Raúl quelque chose qu'il aurait été préférable de lui révéler plus tard.

Il y eut une succession de malentendus. Raúl faisait grise mine parce qu'il avait encore mal dans la bouche après l'extraction – toucher la cavité occupée auparavant par sa dent l'impressionnait autant que le moignon d'une main amputée – ou parce que le fantôme de la douleur planait encore dans sa tête. Quoi qu'il en soit, il n'avait pas l'air dans son assiette, gardait le silence, fronçait les sourcils et paraissait découragé. Tomás se trompa sans doute dans son interprétation, pensant que le jeune homme savait quelque chose qu'il ignorait en réalité, ou qu'on lui avait rapporté des informations connues de tous, et en déduisit que son abattement, le mal-être que trahissait sa mine renfrognée et son silence hostile venaient de là. Il jugea donc opportun de désamorcer ce mécontentement, car le succès de leur visite reposait sur les épaules du jeune homme, et songea sans doute qu'il n'y avait rien de mal à remonter le moral d'un guérillero avant une mission importante.

« Bon, camarade, j'ai une bonne nouvelle à vous annoncer, lui dit-il. Comme vous allez le voir, le Parti a pu apporter à Valentina toute l'aide dont elle avait besoin. »

C'est ainsi que Raúl apprit que sa mère était sortie de prison deux semaines plus tôt. Pourtant on ne lui avait rien dit : quinze jours auparavant, le détachement, ou plutôt le commandement, avait été informé de la libération de la camarade Valentina après treize mois de réclusion, et ce grâce aux diverses démarches des avocats. Mais aucun de ses camarades ne l'avait informé. Dans la soirée, en pleine réalisation de leur plan – Raúl frappé d'un mal imprécis, en compagnie de Genaro, qui lui avait proposé de rester dormir dans le temple après le départ de ses camarades –, il parla au chef du village des projets de construction décidés à Bogotá : pour édifier le barrage, il faudrait inonder la région, faire dévier leurs cours d'eau et bouleverser l'existence des Emberas, mais aussi des paysans. Il pensa à sa mère tout le temps qu'il passa à exposer la situation. Genaro l'écouta patiemment, puis déclara dans son espagnol hésitant :

« Karagabí l'avait prédit. »

Raúl comprit qu'il était vain de lui demander qui était cette personne.

« Pardon ? souffla-t-il.

– Dans son testament, il nous a dit qu'il avait créé l'eau pour nous, pour que nous nous en servions, expliqua le jaibaná. Il a dit qu'il ne fallait rien changer, laisser les choses telles qu'il les avait créées, sans quoi sa malédiction tomberait sur nous et ce serait la fin des Emberas. »

Ils abordèrent le sujet plusieurs fois dans la soirée et le lendemain, mais Raúl avait perdu son enthousiasme, son attention était ailleurs. On avait libéré Valentina, mais avec qui se trouvait-elle et où ? Avait-elle regagné la maison de sa famille à Medellín ? Son père, sa sœur étaient-ils au courant ? Avait-elle repris ses voyages clandestins ou bien était-elle grillée ? La maladie imaginaire qui lui avait servi de prétexte pour rester aux côtés de Genaro lui permettait à présent de l'éviter. Il avait envie d'être seul pour ruminer la trahison de ses camarades, oubliant son désir d'accomplir la mission qu'on lui avait confiée. Il passa la journée dans le temple, allongé sur le sol en terre battue, près de son fusil, son sac à dos en guise d'oreiller, les yeux levés vers le dôme de palme qui faisait office de toit.

Genaro passa le voir dans la soirée, le visage enduit de résines de jagua, la main fermée sur une canne de fromager dont le pommeau avait la forme d'une tête de singe. Deux femmes l'accompagnaient, parées de colliers à trois tours dont les perles colorées bougeaient sur leurs seins nus. Elles se lavèrent les pieds dans l'eau d'un seau rouge avant de franchir le seuil ; l'une d'elles tendit à Genaro une bouteille d'eau-de-vie. Raúl prit conscience qu'il s'agissait d'une cérémonie et que le jaibaná allait le soigner. Ni Tomás ni les autres commandants ne l'avaient prévenu des conséquences possibles de leur ruse grossière. Genaro prit une gorgée d'alcool, puis une poignée de feuilles fraîchement cueillies et entonna un chant en secouant les feuilles dans le vide, entre son visage et celui de Raúl, soufflant sur le jeune homme son haleine anisée lestée de postillons. Il chanta deux heures durant, ne s'interrompant que pour s'exprimer dans sa langue (sur le ton qu'on adopte pour raconter une vieille histoire), mais tout au long du rituel Raúl fut convaincu qu'il ne parlait que de lui. Vers deux heures, Genaro s'approcha de lui à croupetons, saisit sa tête entre ses deux mains puissantes et plaqua sa bouche sur son front, répandant des effluves d'alcool, de basilic et de bois, à croire qu'il était sur le point d'y déposer un baiser, au lieu de quoi il aspira avec une telle force que Raúl sentit ses dents contre son crâne et pensa qu'il aurait des marques le lendemain. Puis Genaro le lâcha comme s'il le repoussait, s'éloigna de quelques pas et vomit sur le sol. Raúl eut alors la certitude incompréhensible que dans cette flaque nauséabonde le jaibaná avait évacué son mal mais aussi ses démons.

Un matin, Marianella se réveilla en entendant des bruits de pneus sur le gravier de l'entrée. En se penchant par la fenêtre, elle vit ses grands-parents. Don Emilio ouvrit la portière arrière de la voiture et tendit la main à quelqu'un qu'il aida à descendre. C'était Luz Elena. Marianella sortit l'embrasser sans se soucier que les gravillons meurtrissent la plante de ses pieds nus. Elle vit la pâle copie de celle qui avait été sa mère – le même corps, certes, mais l'énergie en moins et le visage d'une femme ayant perdu toutes ses illusions –, et comprit qu'un désagrément plus profond qu'une simple contrariété avait empoisonné sa vie. Elle passa les jours suivants dans cette maison devenue un refuge, le seul lieu au monde où elles étaient en sécurité. Elles tissèrent au fil des jours une conversation qui déboucha d'abord sur un projet, puis sur une mission. Mais auparavant, il fut nécessaire que Marianella apprenne ce qui était arrivé à sa mère.

Depuis l'entrée de Fausto dans la guérilla, fin 1969, Luz Elena avait renoncé à l'existence qu'elle menait dans l'appartement de la famille Cabrera Cárdenas et avait emménagé presque définitivement dans une planque, un lieu d'apparence anodine de l'extérieur, mais qui était en réalité une petite base du mouvement où on entreposait des médicaments, des munitions et de l'argent dans des sacs-poubelle noirs. Elle était là depuis plusieurs mois – rythmés par ses allers-retours à Quito et à Guayaquil –, quand la direction du Parti décida de lui confier de nouvelles responsabilités : la garde de trois enfants, les deux fils de Lorenzo et la fille de Camilo, des commandants qui combattaient dans la jungle depuis des années et que leurs femmes avaient quittés pour des raisons que nul ne connaissait.

La camarade Valentina s'occupa d'eux comme une nounou. Elle les nourrissait, les emmenait à l'école tous les matins, chez le médecin quand il le fallait, toujours protégée par ses vêtements élégants, ses colliers de perles et ses manières de grande bourgeoise. Bien entendu, quelqu'un – une professeure ou une infirmière – aurait pu lui demander pourquoi une femme de sa condition avait la charge de ces enfants, mais personne ne le fit, sans doute à cause de l'autorité naturelle de Luz Elena. À l'évidence, le Parti comptait sur les passe-droits dont bénéficiaient les gens issus des classes aisées. Les enfants se prirent d'affection pour elle. Les fils de Lorenzo étaient des garçons timides chez qui la vie étrange qu'ils avaient menée jusqu'alors avait laissé des traces, une sorte de méfiance naturelle à l'égard des adultes et de leur univers. Ils ne semblaient sereins qu'en compagnie de Luz Elena. La fillette n'avait en apparence aucune angoisse : âgée de cinq ans, elle avait déménagé si souvent qu'elle ne cherchait même plus à savoir quand elle prendrait son prochain repas. Tout se passait bien – la vie dans cette planque où la camarade Valentina s'était improvisée mère d'enfants de guérilleros – jusqu'à ce qu'elle soit arrêtée. Personne ne put rien faire pour empêcher que les trois petits se retrouvent à l'Institut du bien-être familial, où on les traita comme des gamins abandonnés en leur octroyant un lit où dormir et de petites doses régulières de pitié. Pendant ce temps, à Bogotá, dans sa cellule, Valentina attendait sans succès la visite d'un camarade ou au moins de l'avocat que le Parti lui avait promis à de multiples reprises.

Mais personne ne vint. Pendant ses treize mois de détention, elle ne reçut pas une seule lettre du Parti, ni même trois lignes pour lui signifier qu'elle n'était pas seule au monde. Elle décida donc de jouer sa dernière carte et de se tourner vers son père. Don Emilio, qui n'aurait jamais pensé que la vie lui réserverait ce genre de surprise, finit par engager un avocat de Bogotá pour que sa fille rebelle ne purge pas entièrement sa peine. Ce ne fut pas facile pour l'homme de loi, car Valentina le reçut en lui disant qu'il y avait un autre prisonnier, son camarade Silvio, dont il devrait également assurer la défense. Don Emilio refusa net, n'ayant évidemment pas l'intention de porter secours à un guérillero : les communistes n'avaient qu'à s'occuper de lui. Mais Valentina campa sur ses positions.

« Soit tu nous aides tous les deux, soit tu ne nous aides pas du tout », lui dit-elle au téléphone.

Ils finirent par sortir ensemble, se rendirent ensemble à la gare routière et firent ensemble le trajet de onze heures de Bogotá à Medellín, avec des billets payés par la famille Cárdenas, à qui leur fille manquait trop.

La déception de Luz Elena fut terrible. Elle se sentait trahie par le Parti auquel elle avait sacrifié des années de sa vie, son couple et ses deux enfants. Elle revint dans sa ville comme on débarque dans un lieu étranger, sans la reconnaître ou la parcourant au hasard, détachée de tout ce qu'elle avait un jour considéré comme lui appartenant. Elle apprit que les cadres du Parti étaient informés de son arrivée et la cherchaient. Un intermédiaire inconnu vint la trouver pour lui transmettre un message de la direction : on lui demandait d'aller récupérer les enfants des commandants à l'Institut du bien-être familial.

« Vous êtes la seule qui puisse le faire, camarade », lui dit-il.

Mais elle lui claqua la porte au nez avec toutes les forces que lui insufflait sa rancœur. Le lendemain, il l'intercepta dans la rue.

« Ils ne les remettront qu'à vous, camarade, parce que vous en avez la garde. Si vous n'y allez pas, ils resteront là-bas.

– Vous me connaissez mal. Dites à vos chefs qu'à compter de maintenant je ne rendrai plus service à qui que ce soit, et surtout pas à ceux qui refusent de me dire où se trouvent les membres de ma famille. »

Depuis plusieurs jours, elle se demandait comment entrer en contact avec son fils. Hormis une lettre qui lui était parvenue incomplète au début de sa détention, elle n'avait eu aucune nouvelle de lui pendant son séjour en prison où, un jour, à force d'insister, elle avait appris d'un émissaire du Parti que Raúl était mort au combat.

« Mon frère est mort ? s'exclama Marianella.

– C'est la dernière nouvelle qu'on m'a communiquée avant ma libération, lui dit Luz Elena. Mais je n'en crois pas un mot. Si c'était vrai, nous l'aurions su par un autre biais.

– Oui. On nous aurait prévenues, lâcha Marianella peu convaincue.

– Tout à fait. Ton père serait au courant et il nous l'aurait dit. »

Les jours suivants, Marianella tenta de vérifier les faits par elle-même, sans succès. Son frère ? Mort ? Non. Elle avait la certitude que c'était faux, et cette conviction ne lui était pas inspirée par la formidable capacité que nous avons à nous mentir quand cela nous arrange. Un matin, après avoir vu sa mère verser au petit déjeuner plus de larmes que toute sa vie durant, elle s'assit au bord de son lit.

« Pourquoi ne pas partir à sa recherche ? » proposa-t-elle.

Elle avait prononcé cette phrase sans y croire, mais sa mère saisit l'occasion au vol. Il ne leur fallut que quelques minutes pour quitter Talara sans un mot, persuadées qu'elles entreprenaient un voyage qui s'achèverait peut-être sur une nouvelle dont elles ne se remettraient pas. Personne n'avait autorisé Marianella à agir de la sorte. Elle songea qu'elle allait sans doute contrevenir à certaines règles, ce qui ne ferait qu'aggraver sa situation au sein de la guérilla, mais elle s'en moquait. Elles arrivèrent à Dabeiba cinq longues heures plus tard, traversèrent la petite ville, laissèrent la voiture dans une rue où aucun véhicule n'avait jamais stationné et pénétrèrent dans la montagne. Elles marchèrent jusqu'à l'endroit où la végétation envahissait le chemin et, de là, s'engagèrent sur un sentier muletier. Marianella avoua à sa mère qu'elle était surprise de reconnaître les lieux. Ses jambes étaient restées longtemps inactives et l'air froid lui brûlait les narines, mais elle avançait comme si son corps était doté d'une mémoire propre, identifiant un moulin qu'elle n'avait vu qu'une seule fois et très vite, en effectuant ce trajet avec son frère et deux jeunes recrues. Elles atteignirent un hameau à la nuit tombée. Marianella s'approcha d'une maison pour exposer leur problème. Elle eut de la chance, car la première personne qu'elle croisa était le paysan qui lui avait donné de l'argent pour payer son billet jusqu'à Medellín.

« Merde alors ! La fille d'Emecías ! »

Elle lui expliqua qu'elle devait de toute urgence retrouver son père et son frère, rappela qu'elle était la camarade Sol, avait milité à l'École Président Mao, et que son frère était le camarade Raúl. L'homme l'écouta patiemment, puis lui dit qu'Emecías avait été dans le secteur six mois auparavant. Il agita une main en direction de Tierralta.

« Maintenant il est sûrement là-bas. C'est à trois jours de marche.

– Et vous pourriez le retrouver ? Et aller ensuite chercher mon frère ?

– Bien sûr ! Seulement il me faut du temps », répondit-il.

Ils convinrent que l'homme irait chercher Emecías, lui dirait que quelqu'un l'attendait et le ramènerait au hameau.

« Et nous, qu'est-ce qu'on fait ? demanda Luz Elena.

– Vous revenez dans deux mois et vous verrez votre papa ici même.

– Mon frère aussi, précisa Marianella.

– Ah, là je ne peux rien vous promettre. »

Ils prirent congé sur cet accord. Marianella et Luz Elena repartirent en sens inverse, épuisées par leur marche. Luz Elena manquant d'air, elles n'échangeaient que de courtes phrases.

« L'important c'est d'en avoir la confirmation. D'être sûres que papa est ici, je veux dire, déclara Marianella.

– Il manque ton frère.

– On va le retrouver, maman. Je te promets qu'on va le retrouver. Après, le plus dur restera à faire.

– Le sortir de là.

– Je ne sais pas comment on va faire pour qu'ils le laissent partir.

– Tu veux dire sans lui faire de mal.

– Oui. Sans représailles. »

Luz Elena resta un instant songeuse avant de reprendre la parole.

« Je crois que j'ai une idée. »

Elle pensait aux trois enfants auxquels elle s'était attachée plus que son simple devoir ne l'aurait exigé. Dans d'autres circonstances, toute la tendresse qu'elle portait en elle ne lui aurait pas permis d'envisager le chantage qui commençait à s'ébaucher dans sa tête, mais cette fois, le bonheur des siens en dépendait. Elle lança :

« S'ils veulent que je fasse sortir les enfants, il faudra qu'ils me laissent voir ma famille. »

Marianella et Guillermo se marièrent en mai, deux mois après la libération de Luz Elena. Ils avaient organisé une cérémonie en petit comité officiée par un prêtre, pour ne pas heurter la morale des grands-parents. Des photographies immortalisèrent le moment où Guillermo passait l'alliance au doigt de sa jeune femme. Il portait une chemise jaune et une veste ouverte pourvue d'une infinité de boutons, Marianella une robe blanche à col rond, sans manches. Elle avait couvert ses épaules nues d'un châle en tissu épais qui lui grattait la peau. Elle paraissait heureuse. Luz Elena, en revanche, n'était pas persuadée du bien-fondé de sa décision.

« Je ne comprends pas pourquoi tu l'épouses. Installez-vous ensemble à la colle, lui avait-elle conseillé.

– Mais je suis amoureuse, maman, alors pourquoi ne pas me marier ?

– Parce que tu n'as aucun recul et que tu ne vois pas certaines choses.

– Lesquelles, par exemple ?

– Ce que tu ressens n'est pas de l'amour, mais de la reconnaissance. Ce n'est pas suffisant pour passer toute sa vie avec quelqu'un. »

XX

Le message était clair mais sans explication : sur ordre du commandant Armando, Raúl devait se rendre au commando central, dans les plaines du Tigre, avec une commission de cinq hommes. Il partirait à l'aube car le lieu de rendez-vous se trouvait à trois jours de marche. Le moment était mal choisi pour se déplacer aussi loin. Dernièrement, le détachement avait réalisé des tâches de renseignement en vue d'une manœuvre militaire d'envergure, la prise d'un quartier général de la contre-guérilla. C'était une opération importante à laquelle deux cents hommes participeraient, et pour Raúl l'occasion de reprendre confiance en lui et en ses capacités, une confiance toujours ébranlée après son accident avec la dynamite (dont il avait encore des séquelles au bras et au visage) et son court séjour chez les Emberas. Fallait-il vraiment qu'il reparte maintenant ?

« C'est pour quoi faire ? demanda-t-il.

– J'en sais autant que vous », répondit Tomás en secouant la tête.

Le lendemain, au lever du jour, ils marchaient déjà depuis deux heures dans les plaines de la rivière San Jorge, toujours en silence et à distance les uns des autres, ce qui arrangeait Raúl, qui voulait rester seul avec ses incertitudes. Qu'était-il donc arrivé pour qu'on le convoque aussi urgemment ? s'interrogeait-il. L'envoyait-on là-bas pour le récompenser ou pour le punir ? Il tuait le temps en se livrant à ces spéculations inutiles lorsqu'il s'arrêtait sur les indications de ses camarades, en mangeant ses bananes plantains accompagnées de riz et de manioc ou en remplissant sa gourde de l'eau des torrents. Il accrochait son hamac pour dormir peu et mal, isolé du sol où rampaient les fers de lance. Originaire du département de Córdoba, le guide avait une moustache clairsemée d'adolescent et le sourire facile, mais ses pattes d'oie laissaient deviner qu'il avait déjà un certain âge. Il essaya plusieurs fois sans succès d'engager la conversation avec Raúl, et y renonça dès le deuxième jour. Quand ils atteignirent les plaines du Tigre, l'homme était tombé dans le silence mélancolique de Raúl, qui n'eut même pas la présence d'esprit de s'excuser de son impolitesse. Il avait la tête ailleurs.

Il passa la nuit dans les plaines. Les instructions étaient précises : la commission qui l'avait accompagné depuis Tucurá l'attendrait là et il partirait le lendemain avec d'autres hommes pour une nouvelle destination. Les guérilleros du premier groupe ignoraient où il allait et ceux qui faisaient partie du second n'étaient informés que de leur lieu d'arrivée. Les règles de compartimentation et un système de secrets élaboré étaient les clés de la survie de tout guérillero. Raúl songea alors qu'il était un acteur jouant dans une pièce dont chaque participant ne connaissait que ses propres répliques. Le matin, avant qu'il se mette en route, le commandant Armando, qui les avait accompagnés, lui révéla la deuxième partie de sa mission.

« Vous allez à Galilea », lui dit-il.

C'était un village inhabité au pied du Paramillo. À cet instant, Raúl comprit qu'il allait voir son père, le camarade Emecías, dont le détachement se trouvait là.

« Nous avons fait de gros efforts pour que vous puissiez vous retrouver.

– Mais pourquoi ? Pourquoi dois-je le voir ?

– De gros efforts », répéta Armando.

Après deux jours et demi de marche, en atteignant Galilea, Raúl découvrit qu'il n'avait fait que la moitié du parcours. Ce hameau n'était pas sa destination finale. Bien entendu, personne ne lui avait rien dit pour la bonne et simple raison que personne n'était au courant : cette information avait elle aussi été compartimentée. Le deuxième groupe se composait de guérilleros plus prudents, moins bavards, à croire que faire partie du commando central leur conférait une certaine gravité, mais ils n'en savaient pas plus que lui (ou feignaient de ne rien savoir). Raúl scrutait leurs visages impénétrables pendant les pauses qu'ils s'accordaient pour prendre leurs repas, se demandant s'ils le reconnaissaient, ou s'ils connaissaient Emecías, mais il fut incapable de déceler quoi que ce soit.

« Nous avons ordre de vous attendre ici, camarade, déclara l'un d'entre eux quand ils arrivèrent. Faites ce que vous avez à faire, vous nous préviendrez quand vous voudrez qu'on vous raccompagne. »

À cet instant, son père vint l'accueillir. Ils se saluèrent avec moins d'effusion que le jeune homme ne l'aurait souhaité. Ils n'avaient eu aucun contact depuis leur dernière séparation, et Raúl prit conscience – assez douloureusement – qu'ils ne se faisaient guère confiance. Il avait l'impression d'interpréter de nouveau le rôle du garçon dans « Le mouchard ».

« Tu veux bien me dire ce qui se passe, papa ?

– On nous attend, répondit Emecías.

– Qui ?

– Ta sœur et ta mère. Elles sont à un jour de marche. Si tu n'es pas trop fatigué on peut y aller tout de suite. »

Ils partirent sur-le-champ. Raúl trouva son père vieilli. Près de trois ans s'étaient écoulés depuis qu'ils s'étaient revus et entre-temps, Fausto était devenu un vieil homme : il n'avait pas perdu ses cheveux, mais ils étaient entièrement blancs, comme les plumes d'un cygne. La peau de son visage s'était creusée sur ses os. En l'étreignant, Raúl avait senti son corps décharné. Il comprit pour la première fois les avantages d'être dans un campement établi dans une région chaude, où il y avait de quoi chasser – pas seulement des vaches et des pécaris, mais aussi des oiseaux de toutes tailles – et où, à la saison des pluies, il suffisait pour pêcher de s'enfoncer dans l'eau jusqu'aux genoux et de planter sa machette dans la berge sablonneuse. Là, sur ces hauteurs voisines du paramo, la nourriture manquait, les corps semblaient se replier sur eux-mêmes, les sourcils étaient toujours froncés et le froid humide vidait les visages de leur sang au point que tous avaient la pâleur des habitants de Bogotá. Raúl apprit par la suite que le détachement avait commis de graves erreurs militaires, raison pour laquelle les combattants, diminués et déprimés, marchaient la tête rentrée dans les épaules, comme pour se protéger de vents glacés.

Au bout de non pas une journée, mais trente-huit heures de marche, ils atteignirent la lisière de la forêt. Emecía remit son fusil aux camarades qui les avaient accompagnés ; Raúl, sans la barrière des arbres, se rendit compte qu'ils avaient descendu un versant escarpé en direction de la route. À mi-chemin entre la forêt et un sentier, à une cinquantaine de mètres des deux hommes, une maison de paysans se découpait contre le gris sombre du ciel nuageux.

« Elles sont sûrement là-bas », dit Fausto.

Avant même que Raúl prenne peur à l'idée de ne pas les trouver, avant qu'il s'imagine les avoir mises en danger par toute cette opération dont il ignorait l'origine, la porte s'ouvrit et il vit les deux femmes, sa mère et sa sœur, souriantes et en larmes, marcher dans leur direction. Luz Elena serra son fils dans ses bras.

« Tu es là. Tu n'es pas mort, murmura-t-elle.

– Je ne suis pas mort, maman.

– Non. Tu es là. »

La nuit fut longue, mais aucun des quatre n'aurait voulu qu'elle s'interrompe plus tôt. Ils dormirent peu, non qu'ils aient beaucoup de choses à se dire, mais parce qu'ils parlèrent de l'avenir. Raúl n'était pas vraiment serein, les délations étant fréquentes dans la région, et le pire des scénarios aurait été de devoir dégainer le revolver glissé dans sa ceinture. La maison était petite – une cuisine et une chambre – et la lumière insuffisante – une seule ampoule faiblarde pendue sous le toit de paille – la faisait paraître encore plus exiguë. Leur hôte leur servit une viande grillée que les hommes dévorèrent et que les femmes dédaignèrent, lui trouvant de vagues relents de charogne. Ne sachant pas ce qu'elles allaient découvrir, Luz Elena avait apporté du thon et des sardines en boîte, du lait condensé, trois boîtes de paracétamol et une bouteille d'Agarol au cas où quelqu'un aurait été constipé, mais ce qui enchanta Raúl, ce furent les cachets d'Alka-Seltzer, qu'il commença à prendre comme pour faire passer la lourdeur non seulement de ce dîner, mais de ceux de ces dernières années.

« Tu es gros. Je ne sais pas comment tu t'es débrouillé mais tu as grossi au combat ! » lui dit Marianella.

Plus que gras, il était bouffi par le paludisme et l'anémie. Luz Elena le vit de plus près lorsqu'elle lui tendit pour qu'il l'essaye la chemise neuve qu'elle lui avait achetée. Quand Raúl retira celle qu'il portait, les vergetures de son ventre brillèrent dans la lumière ténue.

« Mon pauvre garçon. On dirait que tu attends un bébé ! »

Après le repas, ils s'assirent pour discuter. Luz Elena n'y alla pas par quatre chemins.

« On s'en va. On s'en va tout de suite. Ici il n'y a que des fous. »

Emecías lui signala que les hommes qui les avaient escortés étaient à cinq cents mètres et que de l'autre côté, à quelques kilomètres, sur la route qui menait à la mer, l'armée patrouillait sans relâche. Partir maintenant, sans réfléchir, était impossible, voire suicidaire, et s'ils le faisaient ils auraient toute leur vie le Parti à leurs trousses. Lui aussi était déçu, il avait passé les dernières années à affronter la Direction nationale, et quand il avait formulé des critiques à leur dernière réunion, il avait reçu pour toute réponse un ultimatum insultant : soit il se pliait à la situation, soit il rendait sa carte. Raúl, qui déchantait depuis des mois, prit conscience lors de cette réunion familiale qu'il ne se sentait plus en mesure de continuer. Dans les pires moments, il avait pensé déserter, oui, déserter comme un lâche, et ce n'étaient pas ses puissantes convictions qui l'en avaient empêché, mais la peur de décevoir sa mère emprisonnée et son père, dont il avait toujours recherché l'admiration. Mais ils étaient tous réunis sous le même toit, pour la première fois en trois ans, et chacun racontait ses histoires de désillusion et de rage, essayait de traduire par des mots l'impression qu'une force qu'ils ne pouvaient nommer leur avait volé trois années de vie. Dans la semi-pénombre, Luz Elena fut la première à exprimer clairement ses intentions :

« Bon, c'est décidé. Il faut chercher une porte de sortie. Dites-moi comment faire, mais vite. »

Ce n'était pas si simple. Les guérilleros qui s'opposaient aux dirigeants couraient le risque qu'on les taxe de révisionnistes ou de contre-révolutionnaires et que leur réputation soit à jamais entachée de ces fautes ; d'autre part, ceux qui quittaient la guérilla dans de mauvaises conditions s'exposaient à d'imprévisibles représailles. Luz Elena raconta que Silvio, le camarade capturé avec elle à Bogotá, venait d'être exécuté pour des raisons indéterminées.

« Il a été fusillé. Comme ils s'apprêtaient à fusiller Marianella. »

Cette réflexion était sans rapport avec la discussion qui les occupait, mais Luz Elena s'employait à dresser l'inventaire des injustices commises par un monstre imprécis, et tout était bon pour étayer son plaidoyer. Elle aurait voulu qu'ils quittent immédiatement cet endroit, qu'ils passent leurs derniers instants de guérilla dans cette maison de paysans, qu'ils sortent tous les quatre par cette porte et rentrent à Medellín reprendre leur vie de famille, tournés vers l'avenir. Mais Raúl refusa, arguant qu'aucune déception ne justifiait sa désertion et que ses camarades comptaient encore sur lui pour mener à bien une opération.

Luz Elena n'en crut pas ses oreilles.

« C'est pour ça que tu veux retourner là-bas ? Mais c'est fini, on vient de le dire, et toi tu veux les rejoindre, tenter le sort pour voir si, cette fois, ils finissent par te tuer ? Je ne comprends pas. Il y a vraiment quelque chose qui m'échappe.

– Ils m'attendent, maman », se contenta-t-il de répondre.

Ils comptaient se procurer des faux papiers : cartes d'identité, certificats sous d'autres noms de casiers judiciaires vierges et tout ce qu'un militaire exigeait en général à un barrage routier.

« Guillermo pourra s'en charger », proposa Marianella.

Raúl et Emecías apprirent alors qu'en quelques mois elle avait eu le temps de connaître un militant du Parti, veuf et père de trois enfants, qu'elle était tombée amoureuse de lui et l'avait épousé. Les convictions de Guillermo avaient été un jour aussi fortes que la déception qu'il ressentait à présent. À l'époque où Luz Elena avait été emprisonnée, cela faisait longtemps que des doutes dérangeants l'assaillaient. Les Cabrera devaient également faire attention à l'argent. Ce fut l'occasion de révéler à Raúl et à Marianella ce qui s'était passé après leur départ dans la zone de guérilla. Le commandant Iván était allé trouver Emecías et s'était plaint de la précarité financière du Parti. Après avoir consulté Luz Elena, leur père avait vendu les biens de la famille – une de leurs deux voitures, l'appartement de Medellín et un terrain de valeur à Bogotá. L'argent de ces ventes avait fini dans les coffres du Parti.

« Il nous reste quelques liquidités à la banque, mais nous devons bien les gérer », conclut-il.

Par instants leur parvenaient le murmure d'un torrent proche et les grognements des cochons. Là, entourés de ces bruits champêtres, ils échafaudèrent leur plan.

Quand ils se couchèrent, les femmes dans le lit de la maison et les hommes dans leurs hamacs suspendus tant bien que mal aux balustrades de l'entrée, ils avaient un projet bien arrêté. Mais Raúl, qui redoutait encore qu'on le dénonce, eut du mal à trouver le sommeil ; la nuit d'encre était pleine d'yeux et de silhouettes armées. Il lui parut judicieux de prendre un des comprimés de Mandrax qu'il avait dans sa trousse à pharmacie. Ce fut une erreur : l'aube se peupla d'hallucinations floues qui, plus que sous la forme de figures monstrueuses ou de visions menaçantes, se matérialisaient par la sensation incessante de tomber dans le vide, mais au lieu de dégringoler en chute libre, son corps se décrochait peu à peu tandis qu'il se demandait à chaque instant s'il trouverait un nouveau point d'ancrage.

Le lever du jour le réjouit au plus haut point, même si c'était l'aube glaciale du paramo, qui couvre les fenêtres de givre et engourdit les mains. Il sortit de son hamac et s'approcha d'une des vitres opacifiées par le froid. De l'autre côté, sa sœur pliait les couvertures de laine et sa mère passait une main dans ses cheveux.

Au loin un coq se mit à chanter.

Quand Raúl rentra des plaines du Tigre, refaisant à l'envers le trajet de cinq jours qu'il avait effectué à l'aller, personne ne lui posa de questions. En dehors de ce silence, aucun fait extérieur ne vint dévoiler ce qui était pourtant une évidence : sans être informés de tout, les commandants en savaient plus qu'ils ne le montraient. Son père l'avait déjà prévenu. Bien sûr, ils ignoraient que les Cabrera avaient décidé d'abandonner la lutte, mais savaient que Raúl avait vu sa mère et étaient également au courant du chantage qu'elle exerçait sur eux. Il pensait que rien que pour cela, quelqu'un pourrait songer à user de représailles contre leur famille.

« Ne rentre pas à Tucurá. Reste ici, lui avait conseillé Fausto. J'ignore ce qu'ils savent mais plus que tu ne le crois. Ils ont déjà essayé de me faire changer d'avis. Le commandant Adolfo est venu me voir, envoyé par le commando central. Il m'a demandé de ne pas partir, m'a dit que ma vie était ici, qu'ils avaient besoin de moi. Il vaudrait donc mieux que tu ne bouges pas d'ici. On ne sait pas ce qui peut arriver.

– Mais ce serait une désertion, avait rétorqué Raúl d'un ton catégorique. Je ne peux pas faire ça aux camarades.

– C'est dangereux.

– Déserter serait encore plus dangereux, alors oui, je préfère m'exposer. »

Maintenant qu'il était à Tucurá et regardait ses camarades s'approcher de lui pour l'accueillir, deux idées lui passèrent par la tête : tous étaient prêts à risquer leur vie pour lui, mais aucun n'hésiterait à le tuer s'il désertait. Il avait pris la bonne décision.

L'opération qui leur avait coûté des mois de préparation eut lieu deux jours après le retour de Raúl. Selon les renseignements qu'ils avaient obtenus, le groupe de contre-guérilla occupait la maison d'un paysan à deux jours du campement. Le détachement quitta la zone, marcha toute la nuit et resta embusqué le lendemain pour ne pas attirer l'attention ; les conditions étaient favorables, le ciel nocturne dégagé, sans risque d'averses qui auraient tout gâché. Ils savaient qu'ils traversaient des champs où paissait du bétail et que les déplacements importants faisaient paniquer les bêtes, qui prenaient la fuite dans un tonnerre de sabots frappant le sol ; en général, pour que les bovins ne trahissent pas la présence des guérilleros, un guide les devançait avec plusieurs hommes afin d'effrayer et d'éloigner le troupeau. Ils procédèrent ainsi, mais rien ne se passa comme prévu, car en progressant dans l'obscurité, le grand groupe se divisa en deux. Les bêtes effarouchées s'engouffrèrent dans l'espace vide entre les deux groupes et Raúl, à la tête du deuxième, vit les bovins en débandade fondre sur lui dans la nuit, vingt bêtes immenses et lourdes courant à une vitesse invraisemblable et cauchemardesque.

La première vache le fit tomber. Il eut tout juste le temps de s'allonger sur le ventre et de se couvrir la tête à deux mains. Il ne sut jamais combien de bêtes l'avaient piétiné – pas moins de trois en tout cas – et il lui sembla que leurs pattes lourdes comme des pierres s'enfonçaient dans sa chair pendant une éternité. Après la charge il se releva avec difficulté, le dos brisé par les sabots, convaincu que ces coups l'auraient tué s'ils avaient martelé sa nuque. Le lendemain matin, il découvrit du sang dans son urine. Alors que ses camarades s'approchaient de leur objectif, il demanda à être à l'arrière, mais le commandant Armando lui fit une réponse inattendue :

« Au contraire, camarade. Vous partez en tête avec cinq hommes et vous lancerez l'assaut à partir de la porte. »

Raúl songea que cette injonction téméraire était peut-être un privilège déguisé, une marque de confiance, mais sans doute aussi une sorte de sanction avant l'heure, comme si le commandant savait déjà qu'il n'était plus l'un d'entre eux. À cet instant il se demanda brièvement s'il ne pouvait pas refuser d'obtempérer.

Que lui arriverait-il alors ? Mais il préféra obéir et s'acquitta de sa mission de combattant en choisissant cinq camarades fiables. Il obtint même que l'un d'eux lui prête sa carabine San Cristóbal en échange de son fusil, ce qui lui permettrait de tirer en rafales. Le torse plaqué au sol, il rampa jusqu'au portail de la propriété où se trouvaient les soldats de la contre-guérilla. À cet endroit où les vaches venaient brouter dans la journée, l'herbe était haute et il était difficile de progresser sans en avoir des brins dans la bouche et les yeux, mais ses sens étaient ailleurs : dans la nuit d'encre, on risquait toujours une attaque. Il était là, attentif aux sons nocturnes, tentant de dissocier les bruits légers de ses compagnons de ceux de la nature, quand quatre chiens gros comme des panthères surgirent de nulle part et se précipitèrent sur eux en poussant des grognements qui les remplirent d'effroi.

« Qu'est-ce qu'on fait, camarade ? chuchota un homme.

– Vous tirez, ou alors ils vont nous dévorer tout crus. »

Les coups de feu ne durèrent que quelques secondes. Les chiens gémirent sous les balles et s'effondrèrent dans l'herbe, morts et sombres, et les hommes évaluèrent la situation : la contre-guérilla avait forcément entendu les tirs et se dirigeait peut-être vers eux. Raúl ordonna à ses hommes de rester immobiles, c'était leur seule chance de survie.

Étendus à plat ventre dans le pré, ils virent l'aube se lever. Quand le reste de la troupe les rejoignit, ils avancèrent jusqu'à la maison de l'ennemi et la trouvèrent déserte ; le commandant Armando en conclut qu'en s'enfuyant, les vaches avaient été plus bruyantes qu'ils ne l'avaient cru, laissant le temps aux contre-guérilleros de vider les lieux. Sur le chemin du retour, Armando avoua à Raúl qu'en entendant les détonations, il avait pensé qu'ils étaient morts, lui et les autres. Raúl était incapable de savoir s'il y avait du soulagement dans sa voix. Il passa le reste du trajet en arrière pour digérer cette nouveauté : il avait eu peur. Il prit conscience qu'il n'avait encore jamais été en proie à la terreur, qui ressemblait à une douleur en haut du ventre mais aussi à une étrange distraction, à croire que l'important n'était pas là, dans le risque de perdre la vie de manière douloureuse, mais dans le visage de sa mère, ceux de sa sœur et de son père, qui lui apparaissaient comme un concentré de tout ce qui l'attendait s'il survivait. Pendant ces trois années, il avait côtoyé la mort en espérant qu'elle ne le faucherait pas, mais c'était différent ; chaque matin, au réveil, il se réjouissait d'avoir un jour de plus à passer sur terre. Mais ces deux nuits-là il avait eu peur, vraiment peur. *Il était déjà parti*, voilà ce qu'il pensait sans le formuler par des mots.

Plus tard, il apprendrait qu'au même moment, alors qu'il passait des nuits absurdes peuplées de troupeaux en fuite et de chiens assassins, Luz Elena avait eu à Medellín un entretien avec deux membres du Parti pour leur communiquer ses conditions : elle n'irait chercher les enfants des commandants que lorsque son fils et son mari seraient de retour dans leur foyer, sains et saufs, avec assez de garanties lui certifiant que personne n'exercerait de représailles contre eux. Elle ne manqua pas de leur rappeler tout ce que la famille Cabrera avait fait pour eux, tout l'argent, la sueur et la loyauté qu'elle avait investis dans cette cause depuis son retour en Colombie ; elle leur signala aussi que Fausto avait toute la sympathie et le respect du Parti communiste chinois et osa dire que, sans lui, les Colombiens ne seraient rien de plus qu'une secte isolée. Ce n'était peut-être pas indispensable, car au bout du compte la vérité, cruelle, était très simple : si on n'accédait pas à sa demande, les enfants des commandants resteraient à l'Institut du bien-être familial. Les camarades comprirent parfaitement de quoi il retournait.

Les trois semaines qui suivirent furent les plus dures de sa vie. Pour la première fois autant qu'il s'en souvienne, Raúl sentait que son destin n'était pas dans la révolution. Il était cependant toujours là, dans un camp de révolutionnaires, s'entraînait avec eux, mangeait avec eux et chantait en chœur *L'Internationale* avec eux. Les commandants le convoquèrent un jour pour lui annoncer que le commando central avait délibéré à son sujet, et qu'après de longues discussions, on était arrivé à la conclusion que la formation et les qualités du camarade Raúl méritaient d'être mises à profit différemment. On avait donc décidé de le renvoyer en Chine afin qu'il poursuive sa préparation idéologique, milite dans les meilleures conditions possibles et puisse devenir par la suite un acteur incontournable dans le processus révolutionnaire de son pays. C'était évidemment une pantomime, car Raúl savait déjà que son départ avait été arrêté, et les commandants savaient qu'il en était informé, mais tous jouèrent leur rôle à merveille. Après cette journée, il connut des nuits d'incertitude et d'hésitation, troublé par un semblant de nostalgie, regrettant de quitter la jungle, de renoncer à ses rêves, à ses émotions et à tous les projets qu'il avait eus, à toutes les illusions qu'il avait rapportées de Pékin, et de devoir mettre un terme à ces années étranges par cette matinée humide de novembre au cours de laquelle il prépara ses affaires et remit solennellement son fusil au commandant Tomás avant de partir, de refaire la marche de quatre jours qu'il avait déjà entreprise un mois auparavant. Il se rendait à présent au campement du commando central pour y retrouver son père, selon le plan méthodique que la famille avait échafaudé afin que tous deux, Emecías et Raúl, Fausto et Sergio, retournent sans danger à la vie de tous les jours.

Le plan était compliqué mais ils ne devaient prendre aucun risque. Sergio arriva dans la maison de paysans où il avait retrouvé les siens ; son père l'y attendait depuis la veille avec six camarades du détachement. Ils accomplirent soudain un court cérémonial que personne n'avait prévu et qui se déroula tout naturellement. Les guérilleros entonnèrent leurs hymnes habituels, mais jamais Sergio ne les avait entendus chanter avec autant de ferveur.

Ni la fatigue, ni la faim, ni le plomb
ne pourront m'arrêter,
car mon espoir me devance
et mon devoir me pousse vers lui.

Sergio et son père passèrent la soirée seuls, dans un silence pesant qu'ils craignaient de rompre pour s'aventurer dans des discussions obstinées aux conséquences imprévisibles. Sergio aurait aimé lui dire combien il l'aimait, mais il ne trouva pas les mots, à croire qu'il était désormais trop tard pour se dire ce genre de choses. La seule conversation possible traitait des instructions : le lendemain, un camarade les conduirait dans une autre maison et, de là, à cheval, ils couvriraient un trajet de plusieurs heures jusqu'à l'endroit où Marianella les attendrait dans sa voiture, avec des vêtements de rechange pour chacun et les papiers nécessaires pour regagner Medellín sans craindre les contrôles.

« C'est un pont, dit Fausto. Près de la route qui mène à la mer. Si tout se passe bien jusque-là, plus personne ne nous arrêtera ensuite. »

Le lendemain, très tôt, une sentinelle vint leur annoncer qu'une patrouille de l'armée s'approchait. Pendant quelques minutes, Sergio pensa qu'ils avaient eu tort de rendre leurs armes. Il se sentait nu, vulnérable, civil. Quand le même homme revint, porteur de bonnes nouvelles – les militaires avaient bifurqué et s'étaient engagés sur une autre route –, Sergio se demanda s'il parviendrait à s'habituer à une vie en dehors de la clandestinité. Les heures tournaient à leur rythme et les contrariétés s'accumulaient : le guide qui devait les emmener à la deuxième maison ne se présenta pas et ils durent accepter les services d'un jeune homme à la barbe naissante et à l'intelligence limitée, le fils de paysans qui vivaient dans une propriété voisine, que sa mère présenta en ces termes :

« Adalberto n'est pas très futé mais il ne s'est jamais perdu. »

Malgré quelques détours inutiles et un cercle tracé avec une précision de cartographe qui leur fit perdre une bonne heure, Adalberto finit par les laisser devant la maison où ils devaient récupérer des chevaux. Ils s'inquiétèrent que la personne chargée de leurs montures ne soit pas encore arrivée. Nul ne savait pourquoi elle avait un tel retard, mais ils ne pouvaient faire autrement qu'attendre : à pied, le chemin qui leur restait à parcourir leur aurait pris un jour entier. Ils s'assirent dans un couloir sombre et, deux heures plus tard, commencèrent à se dire que quelque chose s'était enrayé dans les rouages de cette journée.

C'est alors qu'ils entendirent les sabots des chevaux. En sortant accueillir le cavalier, il se retrouvèrent en face d'une caricature : un muletier avec ses besaces, coiffé d'un chapeau en feuille de palme et vêtu d'un court poncho. Il était tellement ivre qu'il ne tenait sur sa selle que par miracle, ou parce qu'on lui avait vraiment bien appris à monter. Les deux chevaux étaient attachés à la queue du sien.

« Un sale con ! Voilà ce que je suis, un sale con ! J'ai un sacré retard, bon sang, je suis impardonnable ! s'écria-t-il.

– Calmez-vous, calmez-vous, lui dit Fausto pour le rassurer. Tout va bien, on a encore du temps.

– Du temps… ça m'étonnerait. Non, monsieur, je suis un sale con, c'est tout. Et je vais vous dire un secret : je me suis soûlé, voilà ce qui s'est passé. »

Il avait une prononciation pâteuse, sa dernière phrase faisait l'effet d'une bouillie chuintante, mais son obstination à vouloir la dire était admirable.

« Il faut être un sale con pour faire ce genre de trucs, pas vrai ? »

Il insista tant qu'il devint évident qu'il ne les laisserait pas partir tant qu'ils ne l'auraient pas semoncé pour la forme. Fausto s'approcha de lui d'assez près pour comprendre à son haleine qu'il venait de vomir. Il s'adressa à lui dans un espagnol châtié :

« Oui monsieur. Vous êtes un sale con. Mais si vous voulez bien, allons-y maintenant. »

Ils s'étaient donné rendez-vous avec Marianella à l'entrée du pont, sur le bas-côté – où un véhicule pouvait se garer facilement sans éveiller les soupçons –, à une heure précise – dix-neuf heures –, car ils seraient moins visibles dans l'obscurité. Elle les attendrait dans sa voiture, mais il était dangereux pour eux de rester à l'air libre et à la vue de tous, surtout des patrouilles qu'il n'était pas rare de croiser dans le secteur, de sorte que Sergio et Fausto resteraient au bord du chemin, dans la végétation, comme les figures d'un tableau du Douanier Rousseau, et ne sortiraient de leur cachette qu'au signal convenu, à savoir les phares de la voiture. Allumés, éteints. Allumés, éteints. Rien de plus simple.

Tôt dans la matinée, Marianella était allée demander de l'aide à ses cousins, les fils de la sœur de Luz Elena, qui auraient de toute manière accepté de lui rendre service même si les grands-parents ne leur en avaient pas expressément donné l'ordre. Ils préparèrent leur Nissan tout-terrain de couleur beige, où tout le monde tiendrait en se serrant un peu. Le plan consistait à emporter une guitare et une marmite de nourriture pour ressembler à une famille en promenade le week-end, mais Guillermo avait eu l'idée d'emmener également deux de ses enfants, de trois et cinq ans, pour plus de crédibilité.

« Quand les flics voient des gamins, ils sont moins chiants », avait-il affirmé.

Ils procédèrent donc ainsi. Ponctuels et enthousiastes, les cousins vinrent chercher Marianella et les enfants et quittèrent Medellín avec de l'avance. Mais peu avant d'arriver à Mutatá, en sortant d'un virage délicat, un autobus qui l'avait mal négocié déborda de sa ligne. Ils racontèrent par la suite que le cousin le plus âgé, au volant, avait calculé les distances en une fraction de seconde et pensé qu'il suffirait d'un coup de volant pour éviter le gros véhicule. Ce ne fut pas le cas. Ils se heurtèrent de plein fouet et ne durent leur salut qu'à la vitesse réduite de l'autobus, mais le Nissan fut déporté et sa roue droite percuta une de ces bornes en ciment qui, sur les routes colombiennes, indiquent les distances et servent de monuments funéraires à la mémoire des accidentés de la route. Le pneu explosa, mais quand le cousin se baissa pour inspecter le châssis, il se rendit compte que les dégâts étaient plus importants que prévu.

« Tout le monde va bien ? Les enfants ? » demanda-t-il.

Ils pleuraient mais n'avaient eu qu'une grosse frayeur. Marianella était décomposée.

« Alors là, c'est foutu, on a vraiment foiré ! » s'exclama-t-elle.

Dissimulés au milieu des plantes dans le fossé d'une route de montagne, Fausto et Sergio essayaient de s'armer de patience. Ils n'avaient vu personne sur le pont. Le guide, qui avait retrouvé sa sobriété mais se sentait toujours coupable, proposa d'aller regarder par lui-même s'il n'y avait pas une voiture faisant des appels de phares. Il fit deux allers-retours.

« Je n'ai pas vu de voiture mais il y a des lumières. C'est très bizarre, leur dit-il.

– Quel genre de lumières ? demanda Fausto.

– Là, vous me posez une colle. Tout ce que je sais, c'est que ce n'est pas des phares de voiture. »

Avant que son père ait pu le retenir, Sergio avait bondi hors du fossé.

« J'y vais ! »

Il s'approcha lentement en longeant la route, distinguant à peine la déclivité de l'asphalte, une ligne grise et imprécise dévorée par la forêt tropicale. Le ciel nocturne était fort heureusement dégagé et une lune incomplète faisait ressortir les contours des choses. Il entendit soudain un son doux qui gagna en netteté à mesure qu'il progressait : des cordes de guitare. Ses oreilles lui jouaient-elles un tour ? Qui pouvait bien se mettre à fredonner en pleine nuit dans cet endroit isolé ? Des voix lui parvinrent également, des voix d'enfants qui jouaient ou chantaient, c'était difficile à déterminer.

« Mais taisez-vous, taisez-vous ! » intervint une voix d'homme.

La situation était trop étrange pour qu'il renonce à avancer. Il eut l'impression de parcourir les cinq cents mètres les plus longs de sa vie. Alors, brusquement, la musique s'interrompit et Sergio en déduisit qu'on l'avait vu. Deux lumières clignotèrent dans la toile noire de la nuit. Au lieu d'être soulagé, Sergio crut qu'il jouait de malchance car ces lumières n'étaient pas les feux d'un véhicule, loin de là, mais deux yeux minuscules trop resserrés, peut-être des lampes d'explorateurs. Elles s'allumaient et s'éteignaient comme pour exécuter les consignes convenues, mais n'étaient pas synchronisées. Tout cela ressemblait à une mauvaise pièce de théâtre. Merde, songea-t-il. C'est un piège.

Puis la voix de sa sœur s'éleva dans le silence de la nuit.

« C'est nous ! Vous êtes là tous les deux ? »

Pendant que Sergio et son père changeaient de tenue, Marianella leur raconta ce qui leur était arrivé : l'accident, l'autobus qu'ils avaient attendu plus d'une heure, la crainte de ne pas être au rendez-vous ou qu'un des aléas du destin, qui semblait conspirer contre la famille, contrarie tous leurs plans. Un des cousins avait eu l'idée d'emporter une guitare pour persuader ceux qu'ils risquaient de croiser en chemin qu'ils faisaient une excursion. Par chance, une des lampes était dans la boîte à gants du Nissan. L'autre appartenait à Marianella, qui l'avait glissée sans réfléchir – un réflexe de guérillera – dans le sac à dos contenant les documents qu'elle leur montrait à présent un par un en leur expliquant tout ce que Guillermo avait pu obtenir.

Il y avait là les cartes d'identité provisoires qui leur serviraient jusqu'à ce qu'ils atteignent leurs refuges respectifs, puis ils auraient des passeports, mais cela prendrait du temps et il leur faudrait fournir des photos récentes. Sur le moment, Sergio écouta sa sœur d'une oreille distraite, une part de son cerveau étant sur ses gardes, attentive aux moindres tremblements des feuilles sous la lune timide et à chaque bruit nocturne. La présence de cinq individus au bord d'une route de montagne aurait paru suspecte à n'importe quel agent de police ; mais ils étaient bien obligés d'attendre le prochain autobus. Ensuite, par mesure de sécurité, ils devraient se séparer. Fausto resterait à Talara, dans la propriété des Cárdenas, mais Sergio irait à Medellín passer une nuit chez ses grands-parents avant de se rendre à Popayán, où Guillermo avait des contacts et pourrait l'aider à établir un faux passeport. Quand le bus arriva au bout d'une demi-heure qui leur sembla plus longue du fait de leur nervosité, ils n'avaient pas eu le temps de se dire au revoir, or Sergio savait qu'à compter de cet instant, ils devaient feindre de ne pas se connaître. Il se rappela les plans méticuleux qu'ils avaient élaborés dans la maison du paysan et se rendit compte qu'il ne reverrait son père que lorsqu'ils seraient tous deux parvenus à leur destination finale. En conclusion, ils s'apprêtaient à prononcer les derniers mots qu'ils échangeraient avant longtemps. Il eut l'impression que son père avait les mêmes pensées que lui.

« Eh bien voilà, dit Fausto. On se reverra en Chine. »

Ils montèrent dans l'autobus comme deux étrangers. Fausto s'installa dans la première rangée de sièges et Sergio au fond, loin de lui. De là, il observa les cheveux blancs et éclatants de son père. Par la fenêtre, il regarda ceux qui étaient restés : sa sœur, un enfant blond, un autre brun. Son long entraînement avait fait de lui un maître de la dissimulation : sa sœur était à présent une inconnue et il n'eut même pas l'impulsion de lever la main pour prendre congé d'elle. Il n'y avait pas beaucoup de passagers. Il compta sept hommes et femmes fatigués, supposa qu'ils rentraient d'une longue journée de travail dans les haciendas de la région, les moulins en altitude ou un domaine semblable à celui de ses grands-parents. Tandis que les lampadaires défilaient, il ne pouvait s'empêcher de penser qu'il avait consacré toutes les années de son adolescence et le début de sa vie d'adulte à se préparer à un événement qui n'avait jamais eu lieu. Combien d'efforts physiques et quelles doses d'obstination mentale, de discipline et de vocation, combien de sacrifices avaient été nécessaires pour participer à la merveilleuse mission qui consistait à faire la révolution, à contribuer à la naissance de l'homme nouveau, à changer ce monde pour un autre, où les gens souffriraient moins ou pas du tout ? Et maintenant il était là, fuyant tout cela avec pour seule angoisse celle d'être capturé. Comment ne pas admettre que ces années s'étaient soldées par un échec retentissant ? À vingt-deux ans, installé dans cet autobus sous une fausse identité, laissant derrière lui une cause dans laquelle il avait investi son existence, qui était Sergio Cabrera hormis un raté ? Ces interrogations l'assaillaient encore lorsque le bus s'arrêta devant une boutique au bord de la route. Son père descendit sans un regard ; il le vit s'approcher du comptoir en bois et demander quelque chose, puis le véhicule démarra et la tête aux cheveux blancs resta derrière lui, comme il laissait derrière lui une vie entière, qui se refermait sans lui ouvrir aucune perspective d'avenir. L'autobus avançait dans la nuit noire sur des voies montagneuses. Sergio songea que s'ils avaient un accident, si le véhicule dégringolait et s'il mourait au fond du ravin, il n'y aurait au bout du compte rien à regretter, rien à perdre.

Les deux semaines suivantes furent irréelles, hors du monde ou entre les deux mondes qui encadraient son existence désorientée : celui de la guérilla abandonnée à jamais et l'avenir vide, semblable à un film flou mal projeté sur un mauvais écran. Sergio passa la première nuit de sa nouvelle vie à Medellín, chez ses grands-parents, où il faillit fondre en larmes en se voyant dans la glace du couloir, car il n'avait pas revu le reflet de son corps ni de son visage depuis qu'il avait intégré la guérilla, à dix-neuf ans, et ne se reconnut pas dans l'image d'homme endurci que lui renvoyait le miroir. Sa mère lui avait préparé une valise et un peu d'argent. Tout le monde le traitait comme s'il était revenu d'entre les morts ou, songea-t-il plus tard, comme s'il allait rejoindre le royaume des morts, car personne n'avait aucune certitude quant à ce qui se passerait dans les jours ou même les années à venir. Ils n'avaient arrêté leur plan que dans les grandes lignes. Sergio devait quitter la Colombie pour se rendre à Mexico. Il y retrouverait Luz Elena et ils se débrouilleraient pour prendre ensemble un vol jusqu'à Pékin, où Fausto serait déjà s'il n'avait pas eu de problèmes entre-temps. Quand Sergio demanda ce qu'allait devenir Marianella, sa mère écarquilla les yeux :

« Elle reste ici ! Tu t'attendais à quoi ? C'est une femme mariée, elle ne va pas quitter son mari. En plus, elle est mère de trois enfants, figure-toi !

– Tu ne trouves pas ça bien ?

– C'est son choix », répondit Luz Elena.

Sergio passa toute la nuit dans un autobus. À la gare routière de Popayán, l'homme chargé de l'héberger jusqu'à ce que son passeport soit prêt l'attendait. C'était un agronome qui vivait aux abords de la ville avec son épouse brésilienne et avait été militant des années auparavant, mais sans jamais prendre les armes. Il s'était très vite mis en retrait de tout et aidait de temps à autre Guillermo dans ses missions personnelles. Sergio apprit que son beau-frère, secrétaire politique du secteur de la vallée du Cauca, leader du Front patriotique où on élevait les canards musqués, était depuis des années frappé d'une sorte de schizophrénie révolutionnaire : il avait assez de convictions pour continuer la lutte, mais consacrait beaucoup d'énergie à permettre à des hommes de sortir de la guérilla et à les protéger. Il devint évident à ses yeux que Marianella était en vie grâce à lui. Et à présent, toujours grâce à lui, il pouvait dormir dans un lit confortable et être l'hôte d'une maison luxueuse située dans la périphérie de Popayán. Guillermo avait par ailleurs activé un réseau de complicités pour lui procurer de faux papiers.

Un homme vint le photographier pour son passeport chez l'agronome. Sergio lui demanda si cela prenait du temps.

« Le temps qu'il faudra », répondit le photographe avec ironie.

En attendant, il prit à deux reprises le risque d'aller à Popayán avec l'aide de l'agronome, qui lui donna même quelques conseils car il ne connaissait pas la ville. Après trois ans de jungle, il avait envie de voir du béton, des lumières et les rues embouteillées. Il marcha sans but précis dans la partie la plus récente, découvrit un cinéma où on passait un film au titre incompréhensible, *Orange mécanique*, et en quittant la salle, il songea qu'il avait eu raison de braver les dangers en se rendant à Popayán.

Le photographe arriva sans prévenir un samedi matin. Le passeport inquiéta Raúl tout en l'amusant : les numéros des pages ne se suivaient pas, sa photo semblait avoir été collée par un mauvais élève et ses signes particuliers n'avaient que peu de rapport avec ceux que présentait son visage. D'après le document, il mesurait 1,80 mètre, avait le teint basané, les yeux marron clair et le nez aquilin. En Chine, ses camarades d'école l'appelaient Nez de Dragon. Il en arrivait presque à regretter ce surnom qui le blessait à l'époque. Et voilà qu'il n'avait plus ce nez de dragon ni ces yeux verts qui impressionnaient tant les élèves de l'école Chong Wen. Il ne s'appelait du reste plus Sergio Cabrera Cárdenas et encore moins Raúl, militant de l'EPL, mais Atilio San Juan, et travaillait dans la marine marchande. Le procédé sautait aux yeux : on avait pris deux passeports pour en faire un. Or si c'était évident pour lui, ça le serait aussi pour les autorités.

Heureusement, le groupe qui le soutenait était tout à fait conscient du problème. Le jour du départ, l'agronome l'emmena à l'aéroport de Cali, à cent cinquante kilomètres au nord, comme si Sergio était un passager ordinaire. Pendant les trois longues heures de trajet il demanda à Sergio ce qu'il avait pensé du film de Kubrick, puis lui expliqua brièvement la suite des opérations. Un couple de jeunes gens l'attendrait dans le terminal, devant les comptoirs d'enregistrement, puis tous trois ressortiraient pour contourner l'aéroport et entrer par les cuisines. Guillermo avait mobilisé peu de personnes, mais toutes étaient loyales envers lui, si bien qu'il n'y avait aucun souci à se faire. L'agronome utilisa ces termes – « Il n'y a aucun souci à se faire » – en ignorant que Sergio savait d'expérience que ces quelques mots signifiaient au contraire qu'il y avait toutes les raisons du monde de s'inquiéter. Mais plus tard, après avoir pénétré dans l'aéroport par des portes dérobées situées près des containers remplis d'ordures nauséabondes, après avoir croisé des femmes en tablier blanc et taché et des espaces garnis d'aluminium, Sergio se retrouva dans la salle d'attente des passagers en partance pour Panama et regretta de s'être montré méfiant. Il ne passa aucun contrôle et fut rassuré qu'aucun fonctionnaire colombien n'ait inspecté son faux passeport. Quand il aurait quitté le pays, ce serait différent, mais en Colombie, ce document grotesque n'aurait pas résisté à l'examen d'un officier de police. Il monta à bord en songeant qu'ils avaient surmonté cet obstacle. Il était installé à sa place lorsque la voix d'une hôtesse annonça dans un haut-parleur qu'il y avait un problème technique et que les passagers devaient descendre de l'appareil.

Il eut l'impression accablante que tout était fini. La police l'avait démasqué et était à ses trousses, ou alors quelqu'un l'avait dénoncé. L'homme qui s'était occupé de son faux passeport était une taupe, ou bien l'agronome et sa femme n'étaient pas qui ils disaient être. Il sortit avec les autres passagers et s'assit de nouveau dans la salle d'attente. Au fil de ces longues minutes, il pensa à sa mère et à sa sœur, à Guillermo aussi, dont la stratégie avait déraillé à un moment donné. Vivre dans la peur, vivre en étant poursuivi, vivre en regardant toujours par-dessus son épaule n'était pas possible, il y avait forcément une autre vie à sa portée, mais un élément l'empêchait de se réaliser et, dans quelques secondes, des policiers feraient irruption dans la salle d'embarquement, lui passeraient les menottes et l'emmèneraient pour l'enfermer dans une des prisons de ce pays. Il songeait à cela, considérant que tout était perdu, quand l'hôtesse vint leur dire d'une voix forte que le problème – une jante à changer – était résolu, qu'elle les remerciait de leur patience et s'excusait. Ils pouvaient embarquer, le départ étant imminent.

Sergio pensa qu'il aurait été bien pratique de croire en Dieu, un dieu capable d'inventer ce genre de contretemps pour qu'en faisant la queue pour la deuxième fois et en remontant à bord de cet avion qui l'éloignerait de ce pays, il comprenne combien son désir de partir était grand, de même que la hâte viscérale qu'il éprouvait à rompre avec son existence pour tout recommencer. Il avait encore ces idées en tête quelques minutes plus tard, lorsque l'appareil décolla et partit vers le nord, survola la rivière Cauca, puis les montagnes de la cordillère occidentale. Le ciel était limpide et, par le hublot, Sergio voyait le sol avec une netteté insolente : les terrains présentant toute la palette des verts, l'eau des rivières scintillant comme la lame d'une machette, le territoire de ce pays où de nombreux individus l'avaient meurtri et où il avait

XXI
Épilogue

Comme il me l'a raconté, Sergio Cabrera sortit de la Cinémathèque de Catalogne quarante-quatre ans après les faits, tourna à droite pour gagner la place Salvador Seguí et se dirigea vers la Rambla del Raval. Il était près de vingt-trois heures. Son fils Raúl marchait à ses côtés en observant un silence qui n'avait rien de gênant. Il venait de voir *La Stratégie de l'escargot* et son grand-père à la tête d'un groupe de locataires en colère.

« Ça lui va bien, à papi, d'interpréter ce personnage, avait-il dit à son père.

– Oui, parce qu'il joue son propre rôle », avait lâché Sergio, qui avait l'habitude de dire cette phrase quand on l'interrogeait à ce sujet.

Raúl était très détaché des histoires qui les avaient occupés du jeudi soir – qui paraissait déjà lointain à Sergio – jusqu'à ce samedi soir, à la tombée de la nuit. Pendant trois jours, le cinéaste avait eu des discussions ininterrompues sur le sujet, non seulement dans le cadre de la cinémathèque, mais aussi avec lui-même, à cause de toutes les choses qu'il aurait voulu aborder et avait tues jusqu'alors ; au cours de ce long week-end, il aurait souhaité détailler à son fils de dix-huit ans la vie de son père, qui venait de mourir à quatre-vingt-douze ans, mais il était conscient de n'avoir qu'à peine effleuré ce passé obstiné.

Quoi qu'il en soit, passer un peu de temps avec Raúl l'avait réjoui. Ils s'étaient promenés dans Barcelone comme deux passants anonymes, perdus comme tant d'autres dans la masse informe des touristes, un père et son fils menant leur existence chacun de son côté, se retrouvant pour se dire leur amour et leurs regrets de ne pas se voir plus souvent en se racontant des histoires, la plus ancienne façon d'exprimer sa nostalgie. Depuis des années, Sergio s'était confié à ses amis, lors de dîners ou en voyage, pourtant il n'avait jamais beaucoup parlé de lui avec Raúl, car ce n'était pas dans les habitudes de Fausto et Luz Elena : chez eux, on ne s'étendait pas sur le passé. Il se rendait compte que jamais il n'avait révélé autant de choses à son fils, considérant sans doute qu'il était trop petit pour comprendre ; s'il lui avait déjà expliqué l'origine de son prénom, il était sûr qu'il n'en saisissait le sens que maintenant.

« Putain ! C'est pour ça que je m'appelle Raúl ! s'exclama le jeune homme.

– Disons que tu t'appelles comme moi, ce n'est pas plus compliqué que ça ! »

Il évita de mentionner que ses proches espagnols s'étaient mis en colère quand ils avaient appris pourquoi il avait donné ce prénom à son fils. Il aurait bien voulu exposer ses raisons, mais savait pertinemment que même à ses yeux, elles n'étaient pas claires. Sa première fille s'appelait Lilí, le prénom que les Chinois avaient donné à Marianella à l'époque reculée où ils vivaient à Pékin ; il avait baptisé sa deuxième fille du nom de guerre de sa mère, Valentina. À croire qu'il refusait de se détacher de son passé, pourtant douloureux au point que tous les membres de sa famille essayaient de le laisser derrière eux. C'était le cas de Marianella qui, des années après avoir construit une vie avec Guillermo – dont elle attendait son premier enfant –, avait effectué pendant toute une journée des démarches auprès d'un notaire pour éliminer son premier prénom. Sergio se rappelait la lettre où elle lui annonçait la nouvelle : « J'ai supprimé Sol. Je ne veux plus jamais l'entendre. »

Elle parlait souvent de cela : la souffrance qu'elle ressentait encore à cause de son passé dans la guérilla, les efforts presque physiques qu'elle avait fournis pour oublier tout ce qui avait eu lieu à l'époque, ses regrets, sa culpabilité, sa haine. Oui, elle parlait aussi de sa haine et Sergio, dont les émotions n'avaient jamais atteint la puissance explosive de celles de sa sœur, comprenait parfaitement ce qu'elle voulait dire et pourquoi elle n'avait jamais eu les mots pour exprimer l'intensité de son désenchantement. Quelques années auparavant, en lisant *Vie et destin*, de Vassili Grossman, il était tombé sur une phrase qui avait dépoussiéré ses souvenirs les plus dérangeants : « Parfois les hommes qui vont ensemble au combat se détestent plus les uns les autres qu'ils ne détestent leur ennemi commun. » Il avait envoyé à Marianella une photo de la phrase soulignée, sans l'analyser ni faire de commentaires. Elle lui avait répondu en sept mots amers : « Il n'y a rien à ajouter. » Évidemment, sa manière de supporter le poids du passé échappait à Sergio, qui avait pourtant tenté de la comprendre. Tous les membres de la famille se souvenaient d'un rendez-vous médical, dans les années 1990, où des taches sombres alarmantes étaient apparues sur des radiographies. Un médecin avait même évoqué un possible cancer du poumon avant de découvrir que ce qu'il voyait sur les images n'était pas une tumeur maligne, mais les fragments de la balle qu'un camarade lui avait tirée dans le dos.

« Tu m'offres un verre sur la terrasse ? » demanda Raúl à son père quand ils arrivèrent à l'hôtel après avoir dépassé le chat en bronze de Botero.

Le ciel nocturne était dégagé, le vent faisait trembler la flamme des bougies dans les photophores et ne facilitait pas la tâche aux fumeurs qui voulaient allumer leur cigarette. Si les lumières de la ville n'avaient pas estompé les étoiles, elles auraient été visibles. Ils s'installèrent devant les toits sombres, à cinq chaises de l'endroit où, depuis ce même bar, Sergio avait observé trois jours auparavant Montjuïc d'un œil nouveau en songeant à son père, à ses histoires de guerre civile et à sa vie d'adolescent en exil. À l'âge de Raúl, Fausto Cabrera avait déjà fui son pays et souffrait de la faim en République dominicaine. À l'âge de Raúl, Sergio menait à Pékin une vie paradoxale de garde rouge et d'étranger privilégié, et s'apprêtait à suivre l'instruction militaire du Parti communiste. Et Raúl, qu'avait-il fait ? Il était allé à l'école, comme tous les enfants, avait vécu plusieurs années avec son père en Colombie avant de passer une adolescence ordinaire en Espagne, et à présent il se trouvait là, jeune adulte sur une paisible terrasse dans une ville pacifique, et il buvait une bière. Que Sergio lui ait laissé cette normalité en héritage plutôt qu'une fortune était peut-être préférable. Il était plongé dans ces pensées quand Raúl lui demanda pourquoi il n'était pas allé à l'enterrement de son grand-père.

« Il a été incinéré, précisa Sergio.

– C'est pareil. Pourquoi n'y es-tu pas allé ?

– Je ne sais pas. Je crois que je n'aurais rien eu à dire. »

Un long silence que Sergio connaissait bien s'installa entre eux. Celui des réponses insatisfaisantes.

« J'ai toujours eu ce problème avec lui. Papi était un acteur. Il déclamait des poèmes, vivait de sa voix. Moi je n'ai jamais été comme ça, en tout cas pas en sa présence. Je n'ai jamais été capable de lui parler et il détestait ça. Il disait que mon mutisme le torturait. Rien que pour cette raison, ça ne valait pas la peine que j'y aille. Pourquoi y serais-je allé ? Pour me taire, le torturer une fois de plus, la dernière, avec ce silence qu'il désapprouvait ? Non, il valait mieux que je reste ici.

– Pourquoi tu n'as pas envoyé quelques lignes ?

– Personne ne m'a dit que c'était possible. Ma sœur non plus n'a pas voulu aller au cimetière. Qui aurait lu mon texte ?

– Je n'en sais rien, papa. N'importe qui. Quelqu'un l'aurait lu et maintenant tu te sentirais mieux.

– C'est possible. Mais tu vois, quand tu me demandes pourquoi je n'ai pas voulu assister à ses obsèques, tout ce que je peux te dire, c'est que je ne regrette rien. Demain tu rentres à Malaga et lundi je prends l'avion pour Lisbonne. Mais les journées qu'on a passées ensemble étaient importantes. Pour moi en tout cas.

– Pour moi aussi, papa. »

Sergio tendit un bras et toucha le visage de son fils. En esquissant cette légère caresse, il sentit sous la paume de sa main la rudesse récente d'une peau qui n'était plus celle d'un enfant. Raúl lui posait d'autres questions et il répondait comme il le pouvait, ainsi qu'il l'avait fait les jours précédents, quand tout à coup, sur cette terrasse, une idée absurde à laquelle il n'avait encore jamais songé lui vint à l'esprit. Dans son ordinateur, il avait des photos de cette époque. Il pourrait aussi demander à Marianella de lui en envoyer davantage. Au fil des années, ils avaient scanné ces vieux clichés qui commençaient à s'abîmer, or personne n'avait envie qu'ils disparaissent. Si Raúl ne comptait pas aller se coucher tout de suite, ils pourraient en profiter pour explorer son disque dur.

« Je vais demander l'addition », dit-il en levant la main.

En novembre 1972, Sergio et Luz Elena atterrirent à Hong Kong en ayant l'impression d'avoir échappé à la mort. C'était la fin de leur fuite, du moins le ressentaient-ils ainsi, car jusqu'à la fin ce périple ils avaient regardé derrière eux, persuadés qu'une série de dangers sans visage les menaçaient partout où ils étaient. De manière incompréhensible, tout s'était déroulé comme prévu. Sergio avait inexplicablement pu quitter la Colombie sans incidents, l'employé de la marine marchande Atilio San Juan avait miraculeusement passé sans anicroche le contrôle d'immigration de l'aéroport international de Mexico, et le révolutionnaire désillusionné Sergio Cabrera était monté dans un taxi sans personne à ses trousses. Sergio descendit à l'hôtel Sevilla, rue Bucareli, passa l'après-midi à consulter des livres d'occasion rue Donceles, et le soir venu il entra dans une salle de cinéma miteuse où on passait *Le Dernier Tango à Paris*. Le lendemain, très tôt dans la matinée, il se présenta sans s'être fait annoncer à l'ambassade de République populaire de Chine.

« Je m'appelle Li Zhi Quiang. Mon code est 02911730 et j'ai besoin d'entrer en contact avec la commission militaire du Parti, dit-il.

– Vous êtes le fils du spécialiste Cabrera. Il est venu ici », l'informa l'employé.

Sergio apprit ainsi que son père avait fait le trajet qu'il s'apprêtait à parcourir. Il s'imagina que, malgré ses convictions, il était déjà installé à l'hôtel de l'Amitié. Comme le lui expliqua le fonctionnaire, l'ambassade était ravie d'organiser son voyage de retour en Chine. D'après l'itinéraire, il devrait aller à Hong Kong et, de là, se rendre à Pékin.

« On nous a dit que votre mère vous accompagnerait et qu'elle atterrirait d'ici quelques jours. »

Sergio le lui confirma, mais il eut la sensation, dérangeante comme une couture mal faite sur un col de chemise, que l'ambassade en savait plus que lui sur sa propre vie.

Pendant le long voyage jusqu'à Hong Kong, Luz Elena raconta à son fils ce qui était survenu depuis qu'ils avaient quitté le domicile de don Emilio. Sergio découvrit que sa mère avait tenu parole et était allée chercher les enfants des commandants à l'Institut du bien-être familial ; elle avait été émue aux larmes en les serrant dans ses bras et fut triste de les laisser dans la planque d'une cellule urbaine sans savoir si quelqu'un allait s'occuper d'eux, mais Marianella lui promit que son inquiétude serait entendue par une personne influente. Elle en fit part à Guillermo, qui avait conservé ses contacts après avoir lui aussi quitté la guérilla. Ils vivaient à Popayán. Marianella gagnait à peu près correctement sa vie en dessinant des plans d'architecte : un des frères de Guillermo, ingénieur, lui avait fait faire un essai sans trop d'espoir, dans le seul souci de prêter main-forte à sa famille. Mais elle avait un réel talent qui la surprit autant que les autres. La vie semblait lui sourire.

À la frontière chinoise, le fonctionnaire qui examina son passeport regarda attentivement Sergio, ou plutôt l'employé de la marine marchande Atilio San Juan, avant de déclarer :

« Ça, ça reste ici. »

Sergio eut beau protester et se défendre, son pékinois ne lui servait à rien à Canton. Il fut de nouveau pris d'appréhension, gagné par l'angoisse et la paranoïa, car malgré l'intervention d'un interprète, le passeport ne franchit pas la frontière, confisqué comme la métaphore idiote d'une vie enlisée. C'était incompréhensible :

les autorités chinoises devaient pourtant savoir que c'était un faux document, sans quoi on n'aurait jamais laissé entrer sur le territoire un individu dont le nom ne correspondait pas au code militaire. Il détesta Atilio San Juan ou plutôt manifesta à son égard une jalousie proche de la haine. Il l'enviait parce qu'il aurait aimé être lui : un employé de la marine marchande sans passé ni regrets, sans problèmes, maître de son avenir, qui dormait d'un sommeil paisible. Pour lui, en revanche, les nuits étaient devenues un tourment. Il se réveillait souvent avec une impression d'enfermement qu'il n'avait jamais ressentie auparavant, et dans l'obscurité son cœur s'emballait jusqu'à ce que sa main trouve l'interrupteur de la lampe. Il pensait ensuite à l'histoire de Poe où on enterre un cataleptique vivant et il avait honte. Il ne toucha mot de cela à personne, n'ayant pas envie qu'on croie qu'il avait peur du noir comme un enfant, et parce qu'il ne trouvait pas les mots pour expliquer ce qui lui arrivait. Il songea que ce n'était qu'une question de temps et qu'une fois à Pékin, il remédierait à sa vie brisée et que son existence se poursuivrait normalement.

« Tu ne trouves pas bizarre qu'on puisse changer de monde rien qu'en se déplaçant ? » lui avait demandé Luz Elena en passant la frontière.

Peut-être que Sergio avait besoin de cela, de changer de monde pour recouvrer son bien-être.

Il trouva Pékin familier, étrangement familier, et se réjouit d'être de retour, mais sa joie fut troublée par sa relation détériorée avec Fausto. Il lui semblait parfois que son père était revenu en taisant des rancœurs, comme s'il rendait les autres responsables de l'échec de ses aventures dans la guérilla. Il menait une existence solitaire, ne se levant tôt le matin que pour ses séances de tai-chi-chuan, déjeunant au restaurant de l'hôtel de l'Amitié en dehors des heures habituelles. Il décida alors qu'à sa table on ne parlerait pas de ce qui était arrivé en Colombie, prolongeant en quelque sorte et de manière artificielle les interdits de la vie clandestine, avec pour résultat l'érosion de complicités qui s'étaient lentement tissées. Pendant les repas, les silences devinrent pour Sergio aussi douloureux que la leishmaniose, qui fait pourrir les tissus lentement, sans trop se manifester, jusqu'à ce que la blessure s'aggrave soudainement. Contre toute attente, il prit conscience qu'il avait besoin de parler de la guérilla, si bien qu'il chercha et trouva comment faire. Il reprit contact avec ses vieux amis de l'école Chong Wen, qui organisèrent en son honneur une réunion très similaire à un banquet, autour d'une table pour vingt personnes s'étendant jusqu'à une estrade où cinq de ses anciens camarades louèrent l'internationalisme prolétarien, entonnèrent des chants sous un portrait en couleurs de Mao et acclamèrent le camarade colombien qui s'était engagé dans l'Armée populaire de libération de son pays. Tous le traitaient en héros. Il ne voyait pas comment leur expliquer qu'en son for intérieur, il avait le sentiment d'être un imposteur.

Le plus beau moment de son retour fut ses retrouvailles avec Carl Crook, qui arriva sans prévenir à l'hôtel de l'Amitié peu avant le Nouvel An, car il avait entendu que les Cabrera étaient revenus. Il paraissait plus grand que lorsqu'ils s'étaient quittés, même après avoir retiré la casquette chinoise qui lui faisait encore gagner quelques centimètres, et portait une barbe mal taillée. Il ne cacha pas sa déception en apprenant que Marianella était restée en Colombie et esquissa un sourire de triste satisfaction quand Sergio lui annonça qu'elle s'était mariée.

« J'ai du mal à l'imaginer… mais si tu me dis qu'elle est heureuse… »

Ils avaient de longues conversations à l'hôtel, au magasin de l'Amitié ou au palais d'Été, l'endroit où Carl emmenait autrefois sa petite amie adolescente et rebelle. Ils découvraient qu'ils étaient amis, comme si au terme de nombreuses années sans se voir ils avaient enfin mis un nom sur leur ancienne complicité. Sergio lui raconta tout ce qui lui était arrivé pendant les trois ans et demi où il avait vécu dans la jungle. Il lui parla de Fernando, d'Isabela, de Sol et de Valentina, des chauves-souris vampires. Il lui montra les cicatrices qu'il avait sur le corps et se laissa aller à la mièvrerie de lui décrire des cicatrices d'un autre genre lors d'une de leurs multiples discussions. De son côté, Carl l'informa du sort qu'avait connu sa famille depuis le mois d'avril 1968, lorsque les gardes rouges avaient sorti son père de sa petite cellule pour le transférer à la prison de haute sécurité de Qincheng.

Dès qu'elle avait appris qu'on le changeait d'endroit, Isabel avait entamé des démarches pour le faire libérer. Elle expliquait à qui voulait l'entendre qu'il s'agissait d'une erreur, qu'on l'accusait d'espionnage à tort, car David œuvrait depuis vingt ans pour la cause communiste. Paul, Michael et Carl la regardaient se démener avec dévouement et habileté. Jamais ils ne pensèrent qu'elle n'arriverait pas à ses fins, car tout ce qu'elle entreprenait était toujours couronné de succès. Mais un jour, des mois après l'arrestation de David, on vint la chercher elle aussi. Ses fils – trois adolescents – ne purent rien faire pour enrayer les mécanismes de la Révolution culturelle. La Chine, ce pays où ils étaient nés et avaient grandi, ce pays dont ils parlaient la langue, avait décrété que les Crook étaient une famille d'ennemis, si bien qu'ils se résignèrent à une vie de solitude que Carl compara à celle qu'avaient menée les enfants Cabrera.

« C'est arrivé aux Colombiens, disait-il à ses frères. S'ils ont pu le faire, nous devrions en être capables nous aussi. »

Paul, son frère cadet, apprit à cuisiner merveilleusement ; Michael, le plus physique des trois, évacuait ses frustrations à bicyclette ou en allant nager à l'hôtel, quand la piscine était ouverte ; Carl se consacra à l'étude de la langue anglaise, avec laquelle il n'avait eu que de lointains contacts, comme s'il s'était agi d'un vieil outil et, très vite, il put lire Shakespeare en y prenant plaisir. Quand Isabel fut relâchée – aussi soudainement qu'elle avait été arrêtée –, elle leur révéla l'endroit où elle avait passé ses longs mois de détention. Elle demanda à ses fils de regarder par la fenêtre de leur appartement à l'Institut des langues étrangères et pointa un doigt en l'air, vers un des logements situés dans les étages les plus hauts de l'immeuble voisin.

« J'étais là, leur dit-elle. Et de là je vous voyais tous les jours. Si vous aviez levé la tête, vous m'auriez vue. »

Dès sa libération elle reprit ses démarches en faveur de son mari, toujours pleine d'espoir alors qu'il était détenu depuis quatre ans et demi. Au début, ses efforts semblèrent rester vains, jusqu'à un soir du mois de mai où elle rentra le visage changé. Elle convoqua ses trois fils dans le salon aux chaises russes.

« Nous allons voir papa », leur annonça-t-elle.

Les retrouvailles n'eurent pas lieu à Qincheng mais dans une autre prison de la ville. Les gardiens les conduisirent dans une cour d'architecture classique qui ressemblait davantage à celle d'un temple que d'un centre de détention. Ils attendirent des heures. Carl et ses frères se demandaient ce qu'ils allaient découvrir. Puis leur père apparut, rasé de frais ; il avait tellement fondu que son pantalon était trop grand pour lui, et comme on lui avait confisqué sa ceinture de peur qu'il commette l'irréparable, il le serrait dans une main pour éviter qu'il tombe. Carl l'étreignit, de même que ses frères et sa mère, qui l'embrassa avec fougue, peu soucieuse que les mœurs chinoises désapprouvent les marques d'affection.

« Si je vous avais croisés dans la rue, je ne vous aurais pas reconnus », leur dit David.

Sa voix n'était pas celle que Carl gardait dans son souvenir et ses propos manquaient de chaleur parce que les gardiens restèrent à quelques mètres d'eux durant toute la visite. Isabel et les garçons étaient assis d'un côté d'une large table en bois, David face à eux, comme si on le soumettait à un énième interrogatoire, mais l'important était qu'ils soient réunis, que David soit en vie et que la solitude de la prison ne l'ait pas fait sombrer dans la folie. Et on était en droit de penser qu'il y avait eu des changements à la direction du Parti ou dans la conscience de ce pouvoir anonyme qui l'avait arrêté. Cette visite était peut-être le prélude de temps meilleurs ou même l'annonce de sa libération.

À compter de ce jour, le Parti les autorisa à se voir une fois par mois. Carl parlait de Shakespeare à son père, à qui rien ne faisait plus plaisir, et David lui racontait sa vie à Qincheng. Sa cellule était un rectangle de quatre mètres sur deux avec pour seul mobilier une paillasse, des toilettes et un lavabo en émail.

On lui passait sa nourriture par une trappe qui s'ouvrait à même le sol, ce qui l'obligeait à la prendre accroupi comme un chien. Il avait eu le temps de lire trois fois les quatre volumes des œuvres complètes de Mao dans la traduction anglaise qu'Isabel lui avait envoyée au moment opportun, mais faisait aussi de l'exercice pour renforcer son dos, dans une position lui permettant de voir le ciel – la lune, un oiseau – par la petite fenêtre à barreaux de sa geôle. Tous les deux mois, on le conduisait dans une vaste cellule à l'air libre d'où il pouvait contempler le ciel et les branches d'un arbre qui y pénétraient tels des hôtes indiscrets ; au printemps les mauvaises herbes envahissaient le sol négligé et, parfois, au milieu du chiendent, il découvrait des fleurs de pissenlit. Il en avait cueilli trois, une pour chacun de ses fils, et les avait glissées à l'insu du gardien entre les pages du *Petit Livre rouge*. Un jour, quand on le relâcherait, il leur offrirait son exemplaire.

Paul lui demanda s'il était bien traité, ce à quoi son père répondit qu'on ne l'avait jamais torturé ni agressé. Bien entendu, il détestait la façon dont les gardiens s'adressaient à lui, leurs insultes mesquines et leurs petites humiliations, mais il n'arrivait pas à les haïr. Quand on l'appelait Monsieur le Fasciste d'un ton haineux, il se réjouissait au fond de lui, car détester le fascisme est une qualité. Des mois durant, on ne lui avait pas permis d'accéder à la presse ni à la radio, et il s'aperçut qu'être informé de ce qui survenait dans le monde lui manquait plus qu'écouter de la musique. Lorsqu'on lui proposa de lire *Le Quotidien du peuple*, il accepta sans hésiter, malgré son chinois hésitant, afin de découvrir quel pays avait envahi l'Union soviétique et où en était la guerre du Vietnam. Lorsque les gardiens refusaient de lui donner le journal, il se disait qu'on devait parler de lui. On l'interrogeait régulièrement. Les séances commençaient par la lecture de formules de Mao écrites à l'encre rouge sur un dazibao plus grand que d'habitude :

Indulgence pour ceux qui avouent,
sévérité pour ceux qui s'y refusent.

Mais il n'avait rien à avouer. Un jour, dans un moment de faiblesse – il expliqua qu'il pensait à ses fils et avait envie de les revoir –, il s'inventa une mission d'espionnage sur les territoires libérés dans les années 1940, espérant qu'ainsi on le relâcherait. Mais le lendemain il revint sur ses aveux. Il n'avait jamais vu ses interrogateurs aussi furieux, d'où sa surprise en entendant ce qu'on lui annonça quelques mois plus tard :

« Monsieur Crook, nous allons vous libérer. Il faudra encore attendre, mais c'est pour bientôt. »

On ne lui en dit pas davantage.

L'existence des Crook s'organisait dans la perspective de ces visites mensuelles, avec à l'horizon la libération de David. Ce que faisaient ou cessaient de faire les trois frères et même Isabel dépendait du rendez-vous suivant et des exigences de David : il leur demandait de lui fournir des documents à propos de Lénine, Staline et Mao pour les besoins d'un livre qu'il écrivait dans sa cellule ; leur conseillait de faire de l'activité physique, certes, mais sans cesser d'étudier, car selon Marx et Engels, c'est à cet âge que l'esprit est le plus réceptif ; leur enjoignait de s'informer sur le mouvement ouvrier en Angleterre afin de préparer leur avenir.

« Quel avenir ? explosa Paul un jour. Tu es en prison et tu parles tout le temps de travailler pour la cause et pour la Chine. Regarde ce qu'elle t'a fait, la Chine ! Regarde ce que t'a fait le communisme ! »

Carl était d'accord avec lui.

« La fameuse Révolution culturelle a été la pire des choses qui nous soit arrivée », estima-t-il.

David lui répondit avec une agressivité qu'il n'avait pas manifestée depuis leur enfance.

« Ce n'est pas la faute de la Révolution ou du communisme. La Chine nous a tout donné ! »

La visite se termina dans une tension pleine d'amertume.

Ils ne s'étaient pas revus depuis, avoua Carl à Sergio.

« Et maintenant que va-t-il se passer ? lui demanda ce dernier.

– Si seulement je le savais ! Le plus terrible, c'est que parfois je pense que contrairement à moi, quelque part, quelqu'un le sait. »

À la fin du mois Sergio croisa Carl au magasin de l'Amitié et le trouva si nerveux qu'il crut qu'un malheur était arrivé. C'était tout le contraire : David venait de sortir de Qincheng. Son fils aîné aurait dû s'en réjouir, pourtant il paraissait plus alarmé que satisfait. Sa voix était fuyante, comme s'il aurait préféré ne pas tomber sur Sergio. De nombreux jours s'écoulèrent avant que son ami comprenne ce qui le tourmentait, mais entre-temps ils s'étaient perdus de vue, à croire qu'ils vivaient encore sur des continents différents. Ils se revirent début février et Carl lui fit un récit plus détaillé des faits. David avait été convoqué dans la salle des interrogatoires, non pour être accusé de quoi que ce soit ou protester contre les chefs d'inculpation en avançant toujours les mêmes arguments, mais pour entendre le verdict, un document contradictoire et ridicule. Le premier paragraphe disait que les masses avaient arrêté David Crook, qu'on soupçonnait de fournir des renseignements à l'ennemi ; le second le désignait comme étant le « camarade Crook » et exprimait le souhait qu'il continue à contribuer au maintien de l'amitié entre les peuples chinois et anglais. David eut envie de les envoyer au diable : on l'insultait, on le calomniait. Puis il songea qu'il valait mieux admettre son déshonneur dans un premier temps et chercher à se venger ensuite, lorsqu'il bénéficierait de tous les privilèges qu'octroie la liberté.

« Il est rentré et s'est déjà remis au travail, c'est le plus important », dit Carl à son ami.

C'était vrai. Il s'agissait là de la dernière épreuve à laquelle on soumettait un prisonnier dès lors qu'il était libéré : soit il reprenait le travail et tout se passait bien, soit il restait inactif et demeurait un suspect. En mars, Isabel et David se rendirent à la piscine olympique de l'hôtel de l'Amitié en compagnie de leurs fils, ainsi qu'ils l'avaient fait des années auparavant. Cette fois Sergio les vit monter les marches du perron sans regarder personne et entrer directement dans un des salons où les attendait un comité d'hommes en uniforme, des représentants du ministère de la Sécurité publique. Informés des lettres de protestation que David avait écrites, ils étaient là pour prononcer un nouveau verdict, ou plutôt le même, mais sous une formulation différente. Les masses l'avaient constitué prisonnier, ce point restait inchangé, mais l'enquête effectuée conformément à la loi concluait que David Crook n'avait jamais commis la moindre faute et que le gouvernement chinois le déclarait innocent. On continuait d'espérer que le camarade Crook œuvrerait pour favoriser l'amitié entre les peuples de Chine et d'Angleterre.

Son père réhabilité, sa mère innocentée, Carl commença à s'éloigner de la vie chinoise.

« Je ne peux pas vivre ici, confiait-il à Sergio au cours de leurs longues conversations. Malgré tout ce qu'on lui a fait, mon père ne quittera jamais ce pays, mais moi je ne peux pas rester. Nous avons trop souffert ici. Tu sais ce que me dit mon père ? Que la souffrance est bénéfique à l'homme à condition qu'il y survive. Moi je lui réponds qu'il a raison, mais que quand on n'y survit pas, elle n'est pas si bénéfique que ça. »

Carl s'épanchait, étrangement convaincu que personne n'aurait pu mieux le comprendre que Sergio. En mai, lorsqu'il lui annonça qu'il quittait Pékin et ajouta que leurs discussions lui manqueraient, Sergio eut l'impression qu'il parlait avec sincérité.

« Qu'est-ce que tu vas faire ? lui demanda-t-il.

– Je pars à Londres en car », lui répondit Carl en souriant.

Il ne mentait pas : pendant six mois, avec pour tout bagage un énorme sac à dos, Carl enchaîna les parcours en train, en autocar et même en bateau pour traverser toute l'Asie et arriver dans la ville de son père. Il trouva du travail dans une usine et Sergio reçut des lettres où il se vantait de tout ce qu'il avait appris à Pékin, son habileté à manier les outils ayant fait de lui un ouvrier indispensable.

Ils passèrent la matinée du dimanche à regarder de vieilles photos, comme ils l'avaient déjà fait la veille au soir tandis qu'à l'extérieur, dans le quartier du Raval, les Barcelonais sortaient s'amuser et rentraient se coucher pour ensuite s'éveiller peu à peu. Ils étaient tellement absorbés par ce voyage dans le passé qu'ils en oublièrent le petit déjeuner. Plus tard, une femme au tablier impeccable et à l'accent équatorien leur demanda si elle pouvait faire la chambre. Dans la nuit, pendant qu'ils dormaient, Marianella leur avait envoyé par WhatsApp des photos qu'elle avait scannées ou photographiées à la va-vite pour que de l'autre côté de l'Atlantique Sergio puisse les commenter avec son fils. Elles montraient des visages en noir et blanc ou aux couleurs passées (les visages d'un monde disparu), des immeubles qui renvoyaient à une émotion ou à un souvenir. Sergio et Raúl les parcouraient du regard, assis sur un des lits défaits, en pyjama. Ils avaient le temps car le taxi que la cinémathèque avait commandé pour Raúl passerait le chercher à treize heures – ce qui était un peu exagéré pour un vol prévu à quinze heures. Le programme qu'ils avaient arrêté – la visite du musée Miró et une promenade à Montjuïc – fut tout à coup supplanté par les écrans lumineux où les fantômes d'autrefois faisaient irruption dans le présent.

Deux photos les interpellèrent plus que les autres. Sur la première, on voyait le groupe d'enfants des spécialistes, qui étudiaient la langue et la culture chinoises avant la rentrée scolaire.

« J'y suis et ta tante aussi, bien évidemment. Nous avons treize et onze ans, imagine un peu. Nous étions des gosses, Raúl. Les autres Cabrera de l'hôtel de l'Amitié sont là également, tous les trois, les deux garçons à lunettes et le plus grand de tous. J'allais tuer les moineaux avec l'un d'eux parce qu'ils mangeaient les semis. Des années plus tard, j'ai appris qu'ils étaient retournés en Uruguay et qu'ils avaient rejoint les Tupamaros, une autre guérilla guévariste. J'ai parfois l'impression que tout le monde est entré dans la guérilla, mais ce n'est pas vrai. Eux si. Ils ont quitté la Chine pour faire la révolution dans leur pays. Ça a mal tourné pour eux aussi. Ils ont été emprisonnés, puis se sont exilés en Suède. »

Toute une génération de Latino-Américains – pensa Sergio en regardant la photo des Cabrera uruguayens – avaient voué leur vie à une cause titanesque. Où étaient les Cabrera à présent ? Ils vivaient en Suède, oui, mais où et avec qui, et quels souvenirs gardaient-ils de leur passage dans la lutte armée ? Avaient-ils la sensation qu'on avait pris des décisions importantes à leur place ? Qu'on leur avait volé des années de leur vie ? Leur père était le poète Sarandy Cabrera, un contemporain de Juan Carlos Onetti et d'Idea Vilariño, qui avait traduit Ronsard et Pétrarque et préfacé l'édition espagnole des trente-sept poèmes de Mao Zedong. Qu'était-il devenu ? En quoi son parcours avait-il ressemblé à celui de Fausto Cabrera et quelle influence avait-il exercée sur les résolutions de ses fils ? De temps en temps, Sergio consacrait ses heures de loisir à chercher dans les labyrinthes d'Internet quel avait été le destin de tous les anciens acteurs de ses existences précédentes, et il savait que Sarandy Cabrera était mort en 2005 à Montevideo. À cet instant, à Barcelone, il se demandait si un de ses fils avait fait le voyage depuis la Suède pour assister à ses obsèques.

Sur l'autre photo, Marianella et Carl Crook prenaient la pose, enlacés et souriants, bien qu'ils se fassent leurs adieux car c'était le jour du départ des Cabrera. Tout le monde pensait qu'ils mettaient un point final à leurs années chinoises. En regardant cette image, personne n'aurait pu croire que cette jeune fille sagement vêtue venait de terminer à Nankin son instruction militaire au sein de l'Armée populaire, ni que ce garçon élancé avait passé la nuit précédente à pleurer l'absence imminente de sa petite amie.

« Ta tante a seize ans sur cette photo. Deux ans de moins que toi », lui dit Sergio.

C'était lui qui l'avait prise, mais à présent, aux côtés de Raúl, il n'arrivait pas à se rappeler si à l'aéroport il était conscient des événements qui survenaient simultanément. Marianella s'en allait en Colombie pour s'engager avec bonheur dans la guérilla, comme le lui dictaient ses inébranlables convictions, mais les heures suivantes, après qu'ils eurent posé pour ce cliché et que l'avion pour Moscou eut décollé, Carl rentrerait chez lui, au premier étage de l'Institut des langues étrangères, et le sourire de la photo se contracterait car son père était détenu dans la prison de haute sécurité de Qincheng.

Raúl consulta l'heure sur son téléphone et annonça à Sergio qu'il allait prendre une douche. Il était midi passé et il n'avait pas encore fait sa valise. Il promena un doigt sur l'écran en déclarant que c'était dommage que la photo soit pliée et ait viré au jaune. Personne n'avait jamais songé à en prendre soin ? Sur ce, il s'engouffra dans la salle de bains. Sergio s'étendit sur le lit et resta là, à écouter l'eau couler et les bruits que faisait son fils en se déplaçant. Il regarda distraitement les images en songeant à cette étrange découverte : Raúl vivait dans un monde où une photo détériorée, cette aberration, était inenvisageable ou incompréhensible. Il songea tout à coup à une autre image qui accusait les ravages du temps et la retrouva rapidement dans les méandres de son ordinateur. Il avait oublié qui l'avait prise, mais se souvenait parfaitement de ce moment. C'était le jour où Carl avait quitté la Chine dans l'intention d'aller à Londres et de commencer une nouvelle vie loin de Pékin, de Mao et de la prison où son père avait passé de si longues années. Ils étaient à la gare et Sergio s'était placé près de Carl, comme Marianella cinq ans auparavant. Sur une des photos Marianella partait pour toujours ; sur l'autre c'était Carl qui prenait congé. Les deux clichés se ressemblaient, pourtant leur histoire était différente : deux adieux contradictoires, une personne s'apprêtant à faire la révolution et l'autre qui la fuyait. Puis il se rappela que le photographe était Paul, le frère cadet de Carl, et l'appareil le Nikon que Luz Elena lui avait offert quand ils s'étaient installés à Pékin, une sorte de vote de confiance sur son avenir. L'image était abîmée, oui, mais Sergio ne se rappelait plus la cause de cette dégradation ni quand il avait développé le film. Par association d'idées une vieille formule de cinéaste lui vint à l'esprit : *La foi, c'est croire aux images que le laboratoire n'a pas encore révélées*. C'était exactement ça. Il avait toujours été convaincu qu'on peut ne pas croire en un dieu, quel qu'il soit, mais qu'il faut avoir foi dans la lumière. Car qui maîtrise la lumière maîtrise tout.

En regardant à l'hôtel ses anciennes photos sur le lit défait, le lendemain de la première projection de *La Stratégie de l'escargot* dans un monde d'où Fausto s'était absenté, il s'aperçut que sa mémoire recommençait à lui jouer des tours. La veille au soir, une femme lui avait demandé ce qui avait été le plus difficile sur le tournage. Il avait axé sa réponse sur des problèmes techniques mais aurait préféré lui dire que le plus dur avait été de réaliser un film sur son père, l'histoire d'un vieil Espagnol anarchiste qui pousse à la rébellion les locataires de son immeuble. Ce long-métrage était un hommage à Fausto Cabrera, une lettre d'amour filial sous forme de photogrammes. Dans chaque réplique et dans chaque plan, il avait voulu crier son amour à son père, lui faire part de toute sa reconnaissance et lui dire que de manière mystérieuse il lui était redevable de ce qu'il avait fait de sa vie, depuis ses débuts en tant qu'enfant-acteur, dans un pays où la télévision faisait ses premiers pas, jusqu'à son métier de cinéaste. Entre-temps d'autres événements étaient survenus – douloureux, gênants, inconcevables –, mais *La Stratégie de l'escargot* était un baume capable de cicatriser toutes les blessures, le calumet de la paix, et quand il choisissait l'angle de la caméra, donnait des instructions aux acteurs ou envoyait de la fumée avec une machine afin de tester la lumière, il avait conscience que ce film était le défi de sa vie.

Il se rappela qu'une après-midi, alors qu'ils étaient sur le point de tourner une scène dans une maison en ruine à la façade intacte, mais dont les murs, dans l'univers de la fiction, commençaient à être détruits par les locataires contestataires, Sergio avait voulu connaître les flux de lumière dans cet espace aux zones d'ombre difficiles. Il avait demandé qu'on lui apporte la machine fumigène et aspergé l'endroit de liquide pour que le miracle quotidien s'opère : les rayons de lumière apparurent, droits et solides, si bien définis qu'on était tenté de croire qu'on pouvait les ordonner de la main. Assis sur une chaise, en dehors du plateau, Fausto Cabrera travaillait ses répliques, et en le regardant, Sergio pensa que, comme la lumière, les souvenirs sont invisibles, et de même que la fumée permet de faire apparaître la lumière, il devait y avoir moyen de rendre les souvenirs visibles, une fumée qui les fasse sortir de leurs cachettes afin de pouvoir les ordonner et les fixer à jamais. Sergio était ou avait peut-être été cela, un homme qui envoie de la fumée sur ses souvenirs.

Les écoles de cinéma de Pékin avaient fermé aux premiers jours de la Révolution culturelle et personne ne s'attendait à ce qu'elles rouvrent. Elles n'avaient pas seulement été fermées, mais maudites : leur réputation était fatalement associée à celle de Jian Qing, l'épouse de Mao, une femme ambitieuse et une actrice médiocre d'une autre époque, qui avait exercé un pouvoir démesuré pendant la Révolution et en avait sciemment profité pour étouffer toute manifestation culturelle ne célébrant pas les idées maoïstes. Elle supervisait tout ce qui avait trait aux arts de la scène, mais depuis que Sergio avait quitté Pékin, en 1968, son image s'était brusquement dégradée, ce qui transparaissait sur son visage et dans la rigidité de son sourire. On commençait à l'accuser d'abus dont tout le monde avait été complice. On allait jusqu'à dire qu'elle était séparée de Mao et qu'ils le dissimulaient pour que cela ne nuise pas au mouvement. Fausto observait ce spectacle d'un œil désenchanté.

« Elle va couler et le cinéma avec elle. Moi, à ta place, je songerais à faire autre chose, dit-il à Sergio.

– Mais c'est ça que je veux faire !

– On ne fait pas toujours ce qu'on veut mais ce qui nous permet de survivre. Après tu pourras faire ce qui te chante. J'en parlerai aux gens du bureau. Ils sauront t'orienter mieux que n'importe qui. »

Les officiers du bureau des spécialistes étrangers contrôlaient toutes les admissions dans toutes les facultés pékinoises. Sergio et Fausto s'y rendirent un matin, et après deux heures de conversation Fausto avait pris sa décision : Sergio s'inscrirait en médecine. Il avait été séduit par le programme des *médecins aux pieds nus* : les étudiants suivaient une formation médicale de trois ans et allaient ensuite travailler auprès des paysans et des ouvriers. À la fin de cette période, ils étaient soumis au vote de leurs patients, et si ce dernier était positif, ils pouvaient poursuivre leurs études jusqu'à la fin du cursus.

« Tu seras proche du peuple, lui dit Fausto. C'est ce qui sera le plus utile si on s'engage de nouveau dans la guérilla.

– Quoi ? On va reprendre le conflit armé ?

– On ne sait jamais. Il n'est pas bon de trop s'éloigner de la révolution. »

Sergio ne resta pas trois mois à l'université. Ce fut une coïncidence, mais Luz Elena dut être opérée d'une hernie à ce moment-là. Il lui rendit visite à l'hôpital et arriva à l'instant où les brancardiers la transportaient en salle de repos. Il vit un infirmier soulever sa chemise et aperçut sa cicatrice colorée par le désinfectant, avec des traces de sang sec, et dut s'agripper au brancard pour ne pas perdre l'équilibre. Le médecin, un de ses professeurs à la faculté, remarqua qu'il tournait de l'œil et s'approcha de lui pour lui demander sans prendre de gants s'il pensait vraiment que cette profession était faite pour lui. Sergio songea que non.

Il en eut la confirmation quelques jours plus tard, à son premier cours d'anatomie. Le cursus des médecins aux pieds nus était plus rapide que les autres, comme en accéléré ; plusieurs semaines après avoir assisté aux cours théoriques, Sergio prenait déjà part aux travaux pratiques. De loin, il vit les professeurs soulever un drap qui cachait un cadavre dont ils désignèrent les différentes parties en prononçant distinctement leurs noms. Ce jour-là, il se mit à l'écart, face à une jeune fille qui le regardait timidement, et quand le drap fut retiré il découvrit une femme aux cheveux blancs et à la peau ferme dont le ventre était traversé de haut en bas par une ligne. Il enfonça le bistouri dans le corps mort sans que le sang jaillisse. L'instant d'après il sentit le professeur le tapoter. Il le regardait sans cacher sa déception pendant que Sergio revenait à lui.

« Que se passe-t-il, camarade Li ? Vous n'avez jamais vu un cadavre ? »

Sergio ne savait pas quoi dire. Il avait vu des morts par balle, des gens qui avaient succombé à des maladies tropicales ou à des accidents, mais c'était différent dans le cadre de la guerre, qui laisse des cadavres sur les chemins pour qu'on les voie et qu'on ne les oublie pas. Sergio se souvenait de tous ceux qu'il avait vus comme s'il les avait devant lui, de même qu'il avait eu devant lui le corps de la femme aux cheveux blancs. Pourquoi avait-il donc été si impressionné ? Les morts en temps de paix l'affectaient-ils plus que ceux de la guerre ? Mais le problème était sans doute beaucoup plus simple : après l'échec de la mission révolutionnaire à laquelle il se préparait depuis son enfance, il n'avait plus sa place dans le monde et ne la retrouverait jamais. Il écrivit dans son carnet : *En Chine rien n'est fait pour moi. En Colombie non plus. Je n'ai pas vingt-quatre ans et je me demande déjà à quoi bon continuer de vivre.*

L'après-midi du 1er mai, les Cabrera parcoururent à pied le trajet de plusieurs heures de l'hôtel de l'Amitié jusqu'à la place

Tian'anmen, au milieu des drapeaux rouges, assourdis par les chants révolutionnaires que crachaient les haut-parleurs, quand un homme aborda Fausto et le salua dans un français aux intonations dures. Il était européen, mais portait une veste chinoise, avait des cheveux blancs en bataille et des sourcils épais qui donnaient l'impression de coiffer ses paupières. Une femme au sourire timide l'accompagnait. Fausto leur présenta Luz Elena et ils échangèrent des politesses avant de se donner rendez-vous le dimanche suivant, à l'hôtel de l'Amitié. Quand ils se remirent à marcher, Fausto expliqua à Luz Elena que cet homme était Joris Ivens, qui avait réalisé un des meilleurs films qui soient sur la guerre civile espagnole : *Terre d'Espagne*. Sergio le connaissait de nom, bien entendu, car il avait vu plusieurs fois *Loin du Vietnam* lorsqu'il était à Paris. La partie filmée par Ivens était celle qu'il avait le plus appréciée et il avait à présent la possibilité de lui faire part de son admiration.

Il s'arrangea pour être là le dimanche, quand Ivens et son épouse vinrent à l'hôtel. Elle s'appelait Marceline Loridan et était elle aussi cinéaste. Il vit sur son bras les chiffres tatoués d'un camp de concentration. Elle tenait des propos élégants, cultivés, intelligents. Qu'elle s'entende parfaitement avec Luz Elena n'avait rien d'étonnant. Sergio parla de *Loin du Vietnam* avec un enthousiasme qui ne l'avait pas transporté depuis longtemps et que même Fausto dut remarquer, car il en fit part à Ivens.

« Il veut faire des études de cinéma. Ce n'est pas un débutant : il a joué avec moi, s'y connaît un peu en photographie et a des rudiments de mise en scène. Mais il va devoir attendre qu'on rouvre les écoles et ça, ce n'est pas pour demain. »

Ivens se tourna vers Sergio et le regarda tout en s'adressant à Fausto :

« Eh bien il n'a qu'à venir travailler avec moi. »

Ivens avait déjà réalisé deux films sur la Chine et en préparait un troisième, un documentaire ambitieux en plusieurs parties intitulé *Comment Yukong déplaça les montagnes*. Il y travaillait depuis un an, persuadé que ce serait son chef-d'œuvre.

« Ou plutôt le nôtre », se corrigea-t-il en posant une main sur le bras tatoué de Marceline.

C'était un tournage compliqué, et la présence d'un jeune homme passionné qui connaisse les rouages du cinéma et parle bien le français (afin de pouvoir communiquer avec lui) et le chinois (pour compenser le sien, balbutiant) lui serait très utile. Mais après avoir passé une semaine avec Joris Ivens, Sergio devint plus qu'un simple assistant. Aux yeux des Chinois, Ivens était un héros car il avait filmé la révolution en partageant leur cause, ce qui avait cependant un coût.

« Je ne sais pas encore s'ils me traitent comme un roi ou comme un espion, confiait-il à Sergio. Vous savez, mon jeune ami, que les rois et les espions ont un point commun : on ne leur dit jamais la vérité. J'ai pourtant besoin de savoir ce qui se passe réellement en Chine, et pour cela, il me faut quelqu'un qui connaisse les Chinois et les comprenne, quelqu'un qui aime la Chine, mais pas aveuglément au point de ne pas voir les problèmes qui s'y posent. »

Sergio s'efforça d'être cette personne. Il était l'interprète d'Ivens, mais aussi son informateur ; il l'accompagna au cirque de Pékin pour discuter avec les artistes et dans une usine de générateurs afin de lui permettre d'interviewer les ouvriers. Cet été-là, ils passèrent des journées entières ensemble, de longues journées de douze heures de travail au cours desquelles ils sillonnèrent la ville, des ateliers d'artisans jusqu'à l'opéra ou aux bureaux d'un professeur d'université. Sergio fut le premier surpris de découvrir qu'il était capable d'évoluer dans divers milieux : il avait étudié l'opéra chinois avec son père, travaillé à l'usine de réveille-matin et été garde rouge lorsqu'il était encore lycéen. La vie en Chine n'avait pas de secrets pour lui et il pouvait en outre discuter avec les habitants de ce pays, quels qu'ils soient, quelles que soient leurs occupations, et savait distinguer avec une précision d'orfèvre la vérité de l'imposture et les confessions sincères de la propagande.

« Où étiez-vous ces derniers mois ? lui demanda Ivens. Si je vous avais eu sous la main, ça m'aurait facilité la tâche. »

Il n'avait posé cette question que pour la forme mais reçut de la part de Sergio des réponses très détaillées. Pendant leurs pauses, quand ils déjeunaient de raviolis à la viande ou se détendaient après une journée de travail à la piscine de l'hôtel de l'Amitié, avec Marceline – ou sans elle quand elle tournait ailleurs dans la ville pour les besoins du documentaire –, Sergio lui raconta ses années de guérilla, les circonstances qui l'avaient poussé à s'y engager et les raisons qui l'avaient décidé à en sortir. Ivens l'écoutait avec une véritable fascination.

« Vous avez vécu beaucoup de choses pour quelqu'un d'aussi jeune. Nous devrions raconter votre vie dans un film », suggéra-t-il un jour.

Sergio ne put s'empêcher de songer que cet homme avait filmé la guerre d'Espagne avec Hemingway et conseillé Orson Welles. Ivens s'était pris d'affection pour lui, et même si leur demi-siècle de différence aurait davantage fait songer à un grand-père et à son petit-fils, leurs conversations témoignaient d'une complicité qui était celle de la passion partagée.

« Vous me faites penser à moi quand j'avais votre âge. On a l'impression que la terre va s'arrêter si on ne tourne pas très vite son premier film, mais laissez-moi vous confier un secret : vous avez tout le temps de le faire. »

Sergio trouvait au contraire que son temps était limité : l'été touchait à sa fin, de même que son travail sur le tournage du documentaire et le séjour en Chine d'Ivens et Marceline. Le jour de son départ pour Paris, le cinéaste prit congé de Sergio en lui promettant qu'il le ferait admettre à l'IDHEC. Intégrer l'Institut des hautes études cinématographiques aurait été un rêve pour le jeune homme, qui ne crut pas vraiment à la proposition d'Ivens. Lorsqu'il en parla avec ses parents dans une des salles à manger de l'hôtel de l'Amitié, il le fit sans émotion ni espoir, si bien que la réaction de Fausto le dérangea moins qu'il ne l'aurait cru.

« Il faut d'abord que tu termines tes études. Ensuite, nous verrons, conclut son père.

– Mais c'est ce qu'il veut faire ! Il ne veut pas être médecin ni quoi que ce soit d'autre, Fausto, il veut travailler dans le cinéma ! En plus, c'est de ta faute, alors je ne vois pas en quoi c'est un problème ! protesta Luz Elena.

– De toute manière il ne pourra pas sortir de Chine, affirma Fausto. Il n'a pas de papiers, pas de passeport, et il est sans doute sur les listes noires d'Interpol ! S'il mettait un pied à Paris, il serait aussitôt arrêté, alors ne perdons pas notre temps à envisager l'impossible.

– C'est impossible parce que tu ne veux pas y mettre du tien, poursuivit Luz Elena, démoralisée.

– Ce n'est pas vrai : c'est impossible parce que c'est impossible, voilà tout », martela-t-il, et ses paroles furent sans appel.

Ils eurent ce genre de discussion à plusieurs reprises. Sergio écoutait ses parents comme s'ils parlaient d'un absent, car il lui semblait que cette vie d'étudiant en cinéma à Paris était inaccessible. Il pouvait rêver tout son soûl, mais au fond son père avait raison : sans passeport légal à son nom, toute perspective d'indépendance était illusoire.

En septembre, alors qu'il avait oublié cette histoire, il reçut une lettre de Paris. *Je suis vraiment désolé. Il y a trop de conditions à remplir, trop d'obstacles aussi*, écrivait Ivens. Sergio pensa que ce qu'il avait prévu arrivait et que, malgré ses bonnes intentions, le cinéaste avait échoué. Mais dans les lignes suivantes, Ivens lui demandait de l'excuser car il avait pris l'initiative d'aller frapper à d'autres portes et racontait qu'il avait parlé à ses contacts de la London Film School et avait de bonnes nouvelles. *Si vous voulez, il y a une place pour vous*. Sergio ne montra pas la lettre à ses parents, mais pour la première fois il ménagea un espace dans son quotidien à cet avenir irréel. Il prit en cachette des leçons d'anglais avec une résidente de l'hôtel de l'Amitié, le seul endroit où c'était possible en dehors de l'Institut des langues étrangères. Il n'avait qu'à descendre l'escalier de deux étages pour accéder à la *suite** de la professeure. Il rendit également visite aux Crook à plusieurs reprises pour pratiquer leur langue à leur insu. Il avait pu se procurer les disques des Beatles – des souvenirs d'adolescence indissociables du visage de Smilka –, et passait des heures à essayer de découvrir ce que chantait Lennon dans « A Hard Day's Night », comme si le décrypter était une clé permettant d'accéder à toute la culture britannique. Il s'y appliquait une après-midi en recopiant soigneusement un vers au sens incompréhensible quand sa mère entra dans sa chambre avec un paquet qui venait d'arriver à la réception par courrier international. C'était un passeport légal, avec une photo légale, établi au nom légal de Sergio Cabrera Cárdenas. Seules la signature et l'empreinte digitale n'étaient pas les siennes, pour la raison évidente que ce n'était pas lui qui était allé récupérer le document à Bogotá.

Luz Elena avait intrigué pendant des mois pour l'obtenir, aidée de son père, dont l'influence était encore forte, bien qu'une partie de sa famille se soit engagée dans la voie du communisme. Don Emilio n'avait eu qu'à décrocher son téléphone deux ou trois fois pour que le casier judiciaire de Sergio redevienne vierge, sans passé, en vertu d'une sorte d'amnistie secrète, à la suite de quoi faire faire un passeport avec la signature d'un autre avait été plus facile qu'il ne l'aurait cru. Son passeport à la main, son visage et son patronyme paraissant le regarder sur un document en règle – et non un faux dont les numéros de pages ne se suivaient pas –, Sergio eut l'impression que la vie telle qu'il l'imaginait était enfin à sa portée. Les semaines suivantes, toujours avec la complicité de Luz Elena, il peaufina son projet, écrivit à la London Film School, dont ils reçurent une réponse enthousiaste, puis à Joris Ivens, qui leur souhaita bonne chance, et se prépara à faire part de sa décision à son père le moment venu.

Sergio et Luz Elena ne s'attendaient pas à ce que Fausto accepte facilement, mais ils n'auraient jamais imaginé la virulence de sa réaction. Ils se trouvaient dans le restaurant qui servait des plats occidentaux lorsque Sergio lui révéla ce qui s'était passé ces derniers mois – sa correspondance avec Ivens et son apprentissage de l'anglais.

« Je pars à Londres, papa », conclut-il.

Sans se soucier du regard des gens, la colère prenant sans doute le pas sur la prudence, Fausto se leva et accusa à grands cris sa femme et son fils d'avoir agi dans son dos.

« Vous vous êtes payé ma tête ! Non, c'est pire : vous m'avez trahi ! hurla-t-il.

– Allons, ne fais pas de scandale, intervint Luz Elena, et Sergio détecta dans sa voix une autorité sereine qui lui rappela d'autres altercations. Parlons calmement.

– Calmement ! Vous me trahissez et ensuite vous me demandez de rester calme !

– Personne ne t'a trahi, dit Sergio. J'ai seulement demandé de l'aide et c'est maman qui m'a aidé, pas toi. Je veux faire du cinéma, ma décision est prise. J'aurais aimé avoir ton soutien, mais ce n'est pas le cas. Je ne sais pas à quoi tu t'attendais mais je n'allais pas rester les bras croisés.

– Qu'est-ce que tu dis ! Qu'est-ce que tu dis, bon Dieu ! Toute ma vie je n'ai fait que ça, t'aider !

– Pas là, papa.

– Mais c'est faux ! Ici tu feras de meilleures études. Les universités vont rouvrir dans quelques mois, tout le monde le dit.

– Le problème, c'est que je ne veux pas faire mes études ici. Je veux partir. Tout est prêt et je vais partir. »

Sergio prit alors conscience qu'il pouvait aller plus loin.

« Tu nous as toujours raconté que notre grand-père t'avait soutenu quand tu avais quitté la République dominicaine, enchaîna-t-il. Tu voulais partir pour être acteur, ce qui n'était pas possible dans ce pays. Alors ton père t'a donné l'argent qu'il te fallait, c'est bien ça, n'est-ce pas ? Pourquoi tu ne ferais pas pareil avec moi ? Pourquoi tu ne veux pas être pour moi ce que ton père a été pour toi ?

– Ça n'a rien à voir ! rétorqua Fausto.

– C'est pourtant la même chose. Je suis ton fils et j'ai besoin de ton aide. Je ne te demande même pas d'argent puisque j'en ai.

– Ah oui ? Et d'où le sors-tu ?

– De mes chèques de voyage, dit Luz Elena. Pour son arrivée et son installation, le temps qu'il trouve du travail.

– Je vois. Tu veux faire de lui un bourgeois !

– Non. Je veux l'aider, corrigea Luz Elena. Et puis je fais ce que je veux avec mon argent.

– Très bien. Je vais aller leur parler.

– À qui ? demanda Luz Elena.

– Je vais m'arranger pour qu'on ne le laisse pas sortir du pays. N'oubliez pas qu'il est entré avec un faux passeport. Pour sortir, il faudra que quelqu'un ferme les yeux.

– Tu en serais capable ? Tu pourrais décrocher ton téléphone pour faire échouer les projets de ton fils ?

– Ses projets, ses projets… et les nôtres, de projets ? Tous ceux qu'on a eus, où sont-ils ? » ajouta-t-il après un silence.

Sergio sentit le poids de toutes les frustrations qu'il avait accumulées pendant des années. Celles dont il se souvenait et celles qu'il ignorait.

« Quels projets ? »

Sa propre voix lui sembla changée, mais il était trop tard pour reculer.

« Quels projets avons-nous eus, papa ? Je te pose la question sérieusement parce que je ne vois pas de quoi tu parles. Moi je n'ai jamais eu de projets. Maman et ma sœur non plus. C'est toi qui en as eu, poursuivit-il, et ces paroles très claires étaient inhabituelles, comme s'il venait tout juste d'en découvrir le sens. On est allés en Chine parce que tu l'avais décidé, pas nous ! Le projet de rejoindre l'EPL était le tien, pas le nôtre ! Ç'a été comme ça toute notre vie. Toute notre vie ! Toute notre vie tu nous as fait croire que c'était nous qui décidions mais ce n'est pas vrai : tu te substituais à nous. Toute ma vie j'ai fait ce que tu voulais et je me suis tu pour te faire plaisir. Maintenant j'ai compris, papa. Je sais que rester silencieux n'est pas un trait de caractère, mais une maladie. Je me suis beaucoup tu, c'est sûr. Je me suis tu pour m'adapter à ce qu'on attendait de moi. J'ai vécu dangereusement, or je me rends bien compte que ma vie était pleine de risques que je n'ai pas pris pour moi, mais pour devenir ce qu'on attendait que je devienne, pour être ce que tu attendais de moi. Je ne veux plus être ce jeune homme courageux et prometteur. C'est terminé. À partir de maintenant, ma vie m'appartient. C'est moi qui décide et qui m'occupe de mes projets, qui sont les miens et ceux de personne d'autre. Voilà ce que je veux faire de ma vie, putain ! »

Lorsque le pilote annonça dans trois langues qu'ils commençaient leur descente vers Lisbonne, Sergio fit des calculs et se rendit compte qu'en ce moment même, à Barcelone, on devait projeter *Perdre est une question de méthode*, l'adaptation du roman de Santiago Gamboa. Les spectateurs verraient le film sans lui ; il ne leur décrirait pas le plaisir qu'il avait eu de voir Gamboa apposer sa patte dans l'écriture des dialogues, ni les plaintes émises par son père quand il lui avait proposé de faire une courte apparition dans le rôle d'un curé du Cimetière central. Fausto lui avait rappelé qu'il avait déjà interprété un personnage similaire dans son premier long-métrage, *Une question d'honneur*.

« Encore un prêtre. Comme si je ne savais pas faire autre chose », avait-il dit.

Oui, il aurait pu évoquer ce genre d'anecdotes dans la soirée, après la projection, mais il n'en ferait rien car il ne serait pas là. Pour lui, la rétrospective était terminée. Ne plus jamais tourner les yeux en arrière, songea-t-il en jouant sur les mots. Pourtant c'est ce qu'il faisait à présent, tandis que l'avion perdait de l'altitude dans le ciel portugais et descendait vers l'aéroport où l'attendait Silvia. Il pensait à Fausto, qui était mort, et à Raúl, qui devait déjà être rentré chez lui.

Il lui avait dit au revoir sur la Rambla del Raval. La portière du taxi était ouverte et le chauffeur montrait des signes d'impatience. Sergio s'était alors aperçu que ces adieux ne revêtaient pas le même sens et ne contenaient pas les mêmes émotions pour l'un et l'autre. C'était très bien, car il y a tout un monde entre un homme de soixante-six ans et un garçon de dix-huit. Quand le taxi eut disparu, Sergio regagna le hall de l'hôtel et se sentit si seul sans son fils qu'il écrivit un WhatsApp à Silvia, comme un nageur qui s'agrippe au rebord du bassin. Mais très vite, d'autres mots lui vinrent à l'esprit :

Je sais que tu as besoin de temps et je sais que nos problèmes ne se résoudront pas comme par magie, mais j'ai l'impression de donner des coups d'épée dans l'eau et ça me ferait du bien que tu me dises qu'on est sur la bonne voie. Qu'en penses-tu ?

Il attendit la réponse quelques minutes – obstinées, élastiques, mesquines –, puis pensa qu'il valait mieux qu'il sorte. Il passa l'après-midi à marcher sans but précis dans Barcelone, descendit les Ramblas jusqu'à la statue de Colomb, puis se dirigea vers la Barceloneta par le Moll de la Fusta et refit le trajet en sens inverse. Cette ville avait joué un rôle étrange dans sa vie, depuis l'époque où son père montait sur la terrasse de son immeuble pour contempler Montjuïc, jusqu'à sa courte visite lors d'une escale du bateau qui devait l'emmener en Colombie. Ce voyage avais mis un terme à l'année difficile qui avait débuté à l'hôtel de l'Amitié, en mars 1974, quand Sergio avait dit au revoir à ses parents avant de s'envoler pour Londres. Luz Elena avait dû supplier Fausto de venir saluer son fils après avoir passé des semaines sans lui adresser la parole. À compter du soir où ce dernier l'avait informé du cursus qu'il avait choisi, Fausto s'était muré dans un silence d'animal blessé, dont il ne sortait que pour reprendre ses accusations : son fils l'avait trahi et n'avait pas respecté ses engagements vis-à-vis de sa famille. Il était inutile que Sergio lui explique qu'en voulant faire des études de cinéma, il lui prouvait au contraire toute sa loyauté, qu'il n'aurait pas pris cette résolution s'il n'avait pas admiré son père au point de marcher dans son sillage. Fausto finit par céder, il prit congé de Sergio sur le perron de l'hôtel dans une poignée de main glaciale, puis regagna le hall avant que son fils soit monté en voiture. Cela fit enrager Sergio, qui ne décoléra pas de tout le voyage jusqu'à Moscou, Rome et Paris, ni lorsqu'il prit le ferry de Calais à Folkestone, puis le train pour Londres. Il regarda son passeport avant de descendre à la gare Victoria. Le fonctionnaire du port y avait apposé un tampon daté du 7 juin.

Aujourd'hui je commence une nouvelle vie, songea-t-il.

Il trouvait étrange d'éprouver maintenant la même sensation, à Lisbonne, en arrivant avec Silvia dans le quartier Benfica. Étrange aussi d'avoir le sentiment de rentrer chez lui, car cette ville n'était pas la sienne et ne l'avait jamais été, et qu'il n'avait passé que quelques jours dans cet appartement, la semaine précédente, une semaine qui relevait déjà d'une autre existence. Le trajet de l'aéroport jusqu'à la rue Ferreira de Andrade fit remonter dans sa mémoire l'appel téléphonique où on lui avait annoncé la mort de Fausto. En cherchant une place pour se garer, en tournant le coin de la rue et en atteignant le numéro 19 de cette large artère, le corps d'Amalia endormie serré contre le sien, il comptait les jours qui le séparaient de la triste nouvelle et il lui semblait incroyable que ce soit si récent. Il en parla plus tard à Silvia pendant le dîner, mais elle avait la tête ailleurs.

« J'aimerais que tu viennes avec nous à Coimbra. Ma famille nous y attend demain et ils seraient ravis de te voir, lui proposa-t-elle.

– Moi aussi je serais ravi », acquiesça-t-il.

Ce furent des mots magiques, car au moment de les prononcer il se sentit instantanément soulagé, et en même temps que cette délivrance, la fatigue accumulée ces derniers jours s'abattit sur lui, lui faisant songer aux sacs de sable dont on leste le cou des taureaux avant la corrida. Dès qu'il posa sa tête sur l'oreiller, il sut qu'il s'endormait. Avec le peu de lucidité qui lui restait, il dit à Silvia qu'il avait beaucoup réfléchi au cours du week-end et qu'il avait pris une décision : lorsqu'il arriverait à Bogotá, il contacterait aussitôt Jorge Llano, le psychothérapeute, pour discuter avec lui. Et il verrait dans quelle mesure la Gestalt-thérapie était en mesure de l'aider.

Le lendemain il se réveilla aux aurores. Il enfila les vêtements qu'il portait la veille dans l'appartement encore sombre et sortit. Le ciel lisboète était dégagé, les rues paraissaient humides, comme si on les avait nettoyées à l'aube, la ville donnait l'impression d'avoir été réinventée. Il fit le tour du pâté de maisons, traversa le petit parc qu'Amalia aimait tant, mais il eut froid dans ces espaces ouverts et décida de rentrer plus tôt que prévu. Il s'arrêta à la pâtisserie Califa pour prendre un café et acheter quelques croquettes sucrées. La femme qui le servit le reconnut et le salua en espagnol. Sergio lui en fut si reconnaissant qu'il prit six croquettes, deux pour chacun d'entre eux, qui partiraient pour Coimbra d'ici une heure ou deux. Il imagina leur trajet en voiture, pareil à celui qu'ils avaient effectué en sortant de l'aéroport – Silvia au volant, Amalia assoupie sur le siège pour enfant, lui installé à la place du copilote –, mais par une belle journée ensoleillée. Au début de leur liaison, ils étaient déjà allés à Coimbra pour que Sergio rencontre la famille Jardim Soares, de sorte qu'à présent, pendant qu'il marchait entre la pâtisserie Califa et l'immeuble de Silvia, il se représentait parfaitement leur itinéraire : ils descendraient le quartier Benfica jusqu'à Belém, longeraient le fleuve et gagneraient la zone de l'Expo, et avant de s'engager sur l'autoroute ils verraient l'eau hérissée de brillants, comme toujours quand il y a du soleil, le ciel limpide et les mouettes planant non loin de là, les Lisboètes commençant leur journée avec leurs proches, comme lui-même s'apprête à le faire en regagnant l'appartement. Silvia lui ouvre et une fois à l'intérieur il se rend compte qu'elle et Amalia sont déjà attablées, alors il pose les croquettes sur la table et Amalia pousse un cri de joie ; Silvia, son portable dans une main, le soulève et dit à Sergio quelque chose qu'il ne comprend pas. Elle finit de mâcher ce qu'elle a dans la bouche, avale une gorgée de jus d'orange et lit le message qu'il lui a écrit la veille, dans l'après-midi. Elle lit *Je sais que tu as besoin de temps*, et aussi *j'ai l'impression de donner des coups d'épée dans l'eau*, puis sa question, *Qu'en penses-tu ?* Elle regarde Sergio et lui dit :

« Je pense que oui, on est sur la bonne voie. »

Note de l'auteur

Une rétrospective est une œuvre de fiction, mais elle ne contient aucun épisode imaginaire. C'est loin d'être un paradoxe ou ça ne l'a pas toujours été. Pour citer un exemple que j'aime bien, dans le *Diccionario de construcción y régimen*, de Rufino José Cuervo, le verbe « feindre » a cette acception :

« Modeler, concevoir, donner forme à quelque chose ; a) pour désigner des objets physiques tels que des sculptures et objets similaires, tailler. »

Ce que j'ai tenté de faire dans ces pages s'en rapproche : le propos de la fiction a consisté à extraire la figure de ce roman de la gigantesque parcelle de montagne qu'est l'expérience de Sergio Cabrera et de sa famille telle qu'elle m'a été révélée pendant sept ans de rencontres, qui se sont soldées par trente heures de conversations enregistrées. D'après les archives sonores de mon téléphone portable, la première a eu lieu le 20 mai 2013 dans mon bureau, à Bogotá ; Sergio commence à parler de la série qu'il vient de terminer, tournée en partie dans une maison peuplée de fantômes (bien qu'à sa grande désillusion aucun ne lui soit apparu), puis nous entrons dans le vif du sujet. Sur le dernier enregistrement, ce n'est plus Sergio qui s'exprime, mais Carl Crook qui, assis chez lui, dans le Vermont, le 10 août 2020, m'a montré sur Zoom le bracelet que portait Marianella en 1967, et a eu la générosité, les jours suivants, de traduire pour moi des extraits de son journal chinois. Entre ces deux dates j'ai échangé d'innombrables courriers et SMS avec Sergio et Silvia, Marianella et Carl, reçu des photographies de leurs archives personnelles et consulté des documents dont l'invraisemblable survivance m'est apparue comme une preuve supplémentaire de l'entêtement du passé ; et pendant que j'écrivais d'autres livres, j'ai cherché dans l'obscurité la forme qui convenait le mieux à celui-ci. Quand la pandémie du coronavirus a éclaté, j'étais en passe de trouver sa voix et de découvrir son architecture. Je suis désormais convaincu que l'écriture a donné un agencement et un but aux journées chaotiques du confinement, qu'elle m'a permis à plus d'un égard de conserver un semblant de lucidité au cœur de cette vie centrifuge. En d'autres termes, ordonner le passé d'autrui a été la façon la plus efficace de combattre le désordre de mon présent.

L'épigraphe peut être lue (et j'aimerais qu'il en soit ainsi) dans ce sens. Ces mots figurent dans la préface de *Joseph Conrad : a Personal Remembrance*, un livre de Ford Madox Ford qui m'a tenu compagnie et nourri, bien que j'aie suivi une autre stratégie. L'auteur s'apprête à nous raconter la vie d'un ami et la phrase complète est la suivante : *Car, dans notre vision des choses, un roman devrait être la biographie d'un homme ou d'un fait, et toute biographie, celle d'un homme ou d'un fait, devrait être un roman, dans la mesure où la biographie comme le roman, s'ils sont conçus avec efficacité, sont des interprétations des faits qui constituent les vies humaines.* L'idée d'interprétation me plaît. C'est ce que je me suis plus d'une fois retrouvé à faire avec les événements qui composent la vie de Sergio Cabrera. Face au formidable magma de ses expériences et de celles de sa sœur, mon travail de romancier a été de conférer à ces épisodes un ordre allant au-delà du récit biographique, un ordre capable de suggérer ou de révéler des significations non visibles dans le simple inventaire des faits, car elles relèvent de formes différentes de connaissances. Les romans ne font pas autre chose. C'est ce à quoi nous nous référons, je crois, quand nous parlons d'imagination morale : la lecture de la vie d'autrui, qui implique d'observer afin de conjecturer ou de sonder l'évidence pour découvrir un univers caché ou secret. L'interprétation fait également partie de l'art de la fiction ; que le personnage soit réel ou inventé est dans la pratique une distinction improductive et superflue.

En plus des personnes mentionnées plus haut, qui m'ont donné de leur temps et prêté leurs souvenirs – me permettant ainsi de les modeler, les sculpter, leur attribuer une forme –, *Une rétrospective* a une dette particulière envers Santiago Gamboa et sa générosité, Pilar Reyes et María Lynch pour leur complicité, le bistouri éditorial de Carolina López et le jugement de narrateur de Ricarco Silva. Pour écrire les passages sur le jeune Fausto Cabrera, j'ai eu recours à son livre *Una vida, dos exilios*, et je me suis tourné vers *The Autobiography of David Crook*, les mémoires du père de Carl, pour reconstruire certaines périodes de sa vie. D'autres personnes m'ont soutenu de manière moins tangible, parfois sans le savoir, et je tiens à leur témoigner toute ma gratitude (et à les libérer de tout engagement). Il s'agit d'Héctor Abad Faciolince,

Nohora Betancourt, Javier Cercas, Humberto de la Calle, Guillermo Díez, Jorge Drexler, Luz Elena Echeverry, Gabriel Iriarte, Carmenza Jaramillo, Mario Jursich, Li Chow, Alberto Manguel, Javier Marías, Patricia Martínez, Hisham et Diana Matar, Gautier Mignot et Tatiana Ogliastri, Mónica Reyes et Zadie Smith. La présence de Mariana est d'une tout autre nature ; elle a accompagné l'écriture de ce livre en luttant contre tout l'univers au cours de cette année traversée par tant de fléaux.

Table

Références bibliographiques

Roland Barthes, *Mythologies*, © Seuil, 1970.

Miguel Hernández, « La chanson de l'époux soldat », traduit de l'espagnol par Dominique Aubier, *Esprit* n° 242, septembre 1956.

Antonio Machado, « Proverbes et chansons », in *Poésies*, traduit de l'espagnol par Sylvie Léger et Bernard Sesé, © Gallimard, 1973.

César Vallejo, « Un homme passe, un pain sur l'épaule… », in *Poèmes humains* suivi de *Espagne, écarte de moi ce calice*, traduit de l'espagnol par François Maspero, © Seuil, 2011.

Poésies complètes de Mao Tsé-Toung, traduit du chinois par Guy Brossollet, © L'Herne, 1969.

Maxime Gorki, *Mes universités*, traduit du russe par Michel Dumesnil de Gramont, © Les Éditeurs français réunis, 1971.

RÉALISATION : NORD COMPO À VILLENEUVE-D'ASCQ
IMPRESSION : NORMANDIE ROTO IMPRESSION S.A.S. À LONRAI (61)
DÉPÔT LÉGAL : AOÛT 2022. N° 149594 (2202245)
Imprimé en France